ÉTUDE ÉCONOMIQUE

SUR

LES TARIFS DE DOUANES.

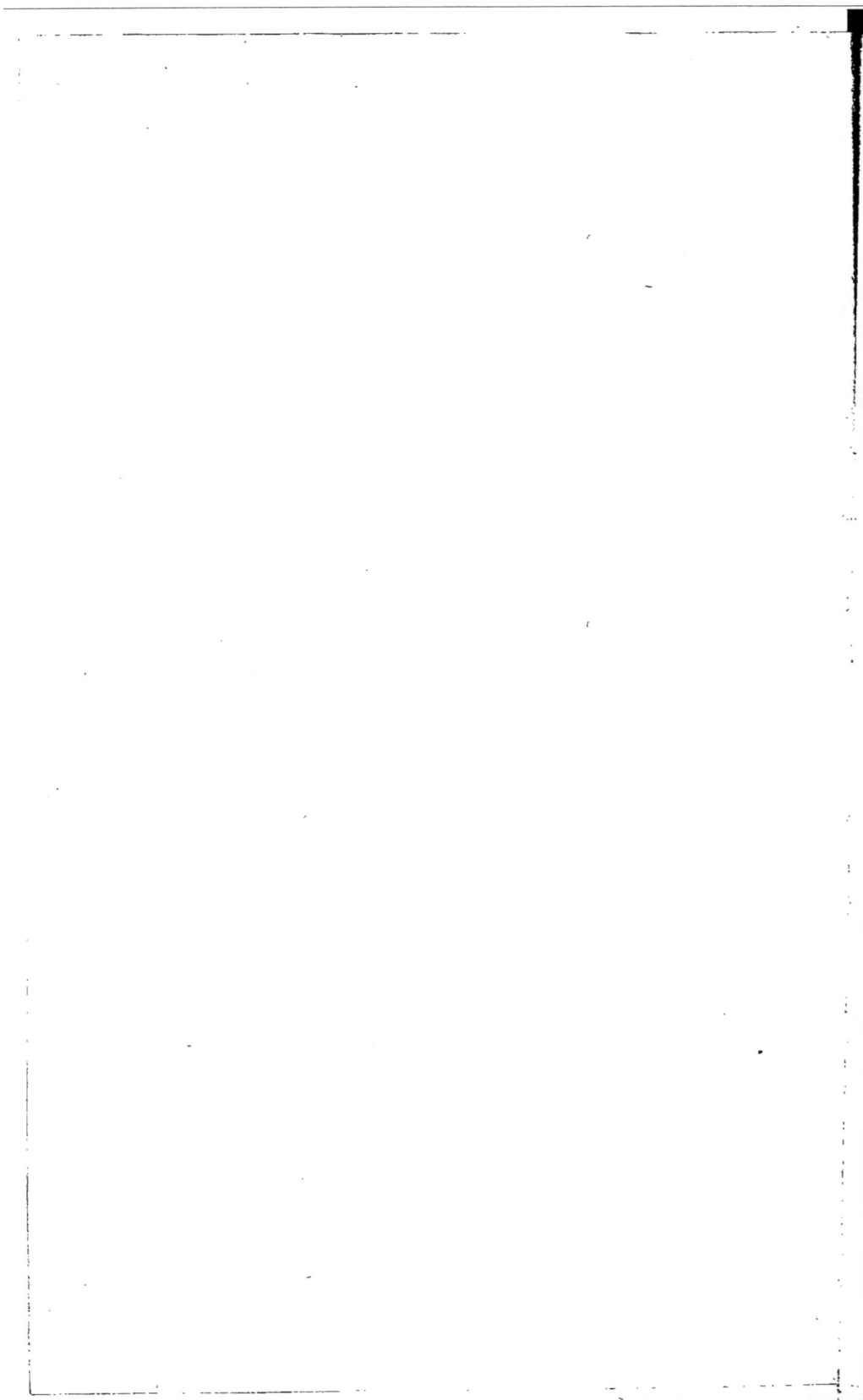

ÉTUDE ÉCONOMIQUE

SUR LES

TARIFS DE DOUANES

PAR

M. AMÉ,

DIRECTEUR DES DOUANES ET DES CONTRIBUTIONS INDIRECTES A BORDEAUX.

PARIS

GUILLAUMIN & Cᵉ, LIBRAIRES

Éditeurs du Journal des Économistes, de la Collection des principaux Économistes,
du Dictionnaire de l'Économie politique,
du Dictionnaire universel du Commerce et de la Navigation, etc., etc.

RUE RICHELIEU, 14.

1859

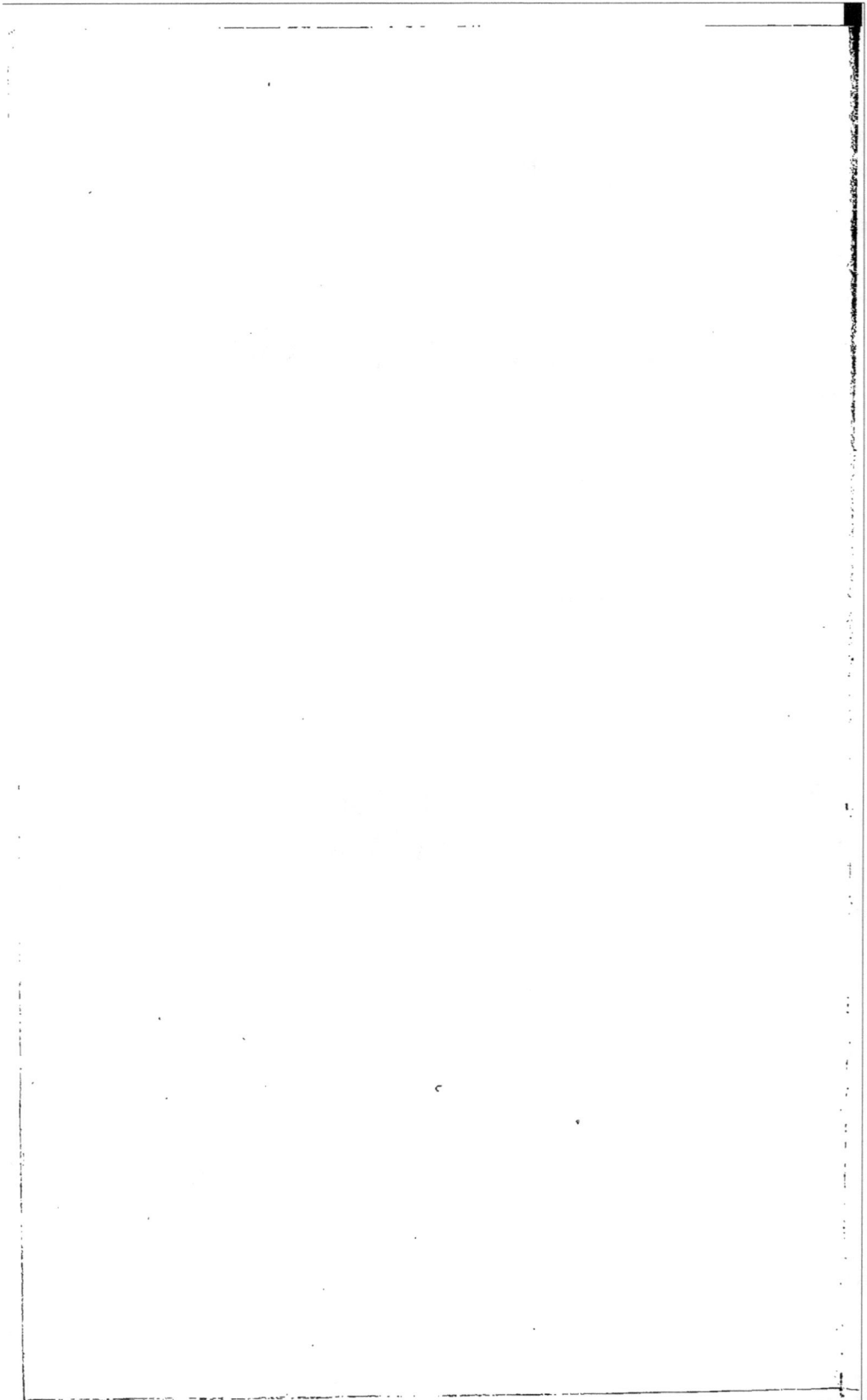

AVERTISSEMENT

Depuis près de deux siècles, les questions de douanes occupent, en France, une place importante dans l'arène des discussions publiques. Le système protecteur et ce qu'on appelle le libre-échange ont eu des défenseurs habiles et convaincus. De part et d'autre, on a laissé peu de chose à dire sur les points de doctrine. Mais on ne s'est peut-être pas suffisamment attaché à dégager les faits d'obscurités qui en ont altéré, parfois, le caractère.

Quand on les recherche aux sources officielles, on voit l'Administration, toujours en lutte avec des intérêts exclusifs, amenée fort souvent à subir des prétentions qu'elle jugeait peu légitimes. Le Gouvernement impérial, lui-même, n'a pas échappé aux résistances qu'avaient rencontrées, dans leurs tentatives libérales, quelques-uns des ministres de la Restauration et de la Royauté de 1830. Néanmoins, étendant aux tarifs de douanes sa puissante initiative, dans les limites légales où elle était renfermée, il a émondé l'arbre de la protection; et si nous nous hasardons aujourd'hui à mêler notre voix au débat, c'est parce que nous avons pu observer le résultat décisif de ses réformes.

Notre livre se divise en deux parties.

Dans la première, nous avons essayé de préciser les causes de l'établissement et de la durée du système prohibitif.

Dans la seconde, après avoir exposé les considérations générales qui nous paraissent condamner la théorie de la protection excessive, nous avons examiné spécialement le régime des marchandises prohibées, des fontes et des fers, des matières dites matières premières, des grains, des bestiaux, des denrées coloniales, des vins, des droits de sortie, des primes et de l'industrie maritime.

Si nous aidions, par ce travail, à faciliter l'étude des combinaisons commerciales les mieux appropriées aux besoins des temps modernes, notre but serait atteint.

Bordeaux, le 25 novembre 1858.

ÉTUDE ÉCONOMIQUE

sur

LES TARIFS DE DOUANES.

PREMIÈRE PARTIE.

HISTORIQUE.

CHAPITRE PREMIER.

COLBERT.

Les Douanes avant Colbert. — A quelle époque elles ont fonctionné comme instrument de protection. — Lignes intérieures; tarifs de 1664 et 1667. — Opinion sur l'œuvre de Colbert. — Situation de l'industrie française. — Difficultés avec la Hollande et l'Angleterre. — Développement des mesures prises par Colbert.

I.

Dès les temps les plus reculés, les gouvernements ont prélevé sur le bénéfice des échanges internationaux une part pour le trésor public : de là l'origine des douanes. On en retrouve la trace dans les premiers siècles de l'histoire des peuples modernes. En France, le régime féodal en fit un droit de vente ou de circulation. A mesure que le pouvoir monarchique gagna du terrain, les impôts particuliers se confondirent dans les droits exclusifs du roi ; mais cette transformation sim-

plifia peu notre système de traites. Vainement les États
de 1564 et de 1614 demandèrent-ils que les lignes
de douanes fussent toutes reportées aux frontières du
royaume. Les habitudes prises, l'ignorance des lois de
la production et de la circulation, des nécessités financières mal appréciées étouffèrent la protestation du bon
sens, et l'on devait voir Colbert lui-même, soutenu par
la toute-puissance et par le prestige de Louis XIV,
échouer, en partie, dans sa tentative de supprimer les
lignes intérieures.

II.

A quelle époque les taxes de douanes, à l'origine
toutes fiscales (1), furent-elles employées pour la première fois comme instrument de protection ? On a long-
temps attribué à Colbert cette révolution économique.
Bien avant lui, cependant, l'Espagne, la république de
Venise, l'Angleterre, avaient pris des mesures qui constituaient de véritables actes de protection industrielle.
Philippe le Bel et Philippe le Long défendirent aussi la
sortie des laines comme matières propres aux fabriques.
A la suite de nos malheureuses guerres d'Italie, François Ier attira de ce pays en France un grand nombre de
fabricants, et, pour encourager leurs travaux, frappa
les velours et les draps de soie étrangers d'un droit
d'entrée de deux écus d'or par pièce. Les draps et les
lainages d'Espagne avaient été antérieurement prohibés
au profit des draps du Languedoc. Une ordonnance de
janvier 1572, citée par M. Henri Martin, combina la
prohibition à l'entrée des toiles, des passements d'or et

_____

(1) Elles furent d'abord perçues exclusivement à la sortie. On trouve, à
cet égard, des détails intéressants et nombreux dans l'*Histoire de l'Administration en France*, par M. Dareste de la Chavanne.

d'argent, des velours, des satins, des armes, des harnais, des tapisseries, avec la défense d'exporter les
lins, laines, chanvres et filasses, « afin que les sujets
» du roi se puissent mieux adonner à la manufacture
» et en tirent le profit que fait l'étranger, lequel vient
» acheter communément, à petits prix, les dits lins,
» chanvres, etc., les transporte et fait mettre en œuvre,
» puis, après, apporte les draps et linges, qu'il vend
» à prix excessifs. » C'est bien la donnée précise et
complète du système protecteur, formulée dans nos lois
près d'un siècle avant l'administration de Colbert.

III.

Loin d'inaugurer, comme on l'a dit, le régime prohibitif, le premier tarif de cet homme d'État fut préparé sous une inspiration éminemment libérale. Colbert
voulait supprimer toutes les lignes intérieures avec les
taxes spéciales qu'on y prélevait, et ne plus faire percevoir qu'aux frontières du royaume des droits uniformes d'entrée et de sortie. Malheureusement, les intérêts particuliers que pouvait menacer l'abandon des
douanes provinciales se joignirent aux susceptibilités
politiques de quelques pays d'État (1) pour renouveler
l'opposition qui s'était déjà manifestée en 1564 et en
1614. Quoique profondément convaincu de l'utilité de
son œuvre, Colbert, si ferme d'habitude, crut devoir
céder, et sa réforme ne reçut qu'une application fort
imparfaite.

(1) « Ces provinces, éloignées du centre, opiniâtrément attachées, moitié
» par peur du fisc, moitié par préjugé et par vanité, à ce qui leur restait des
» priviléges que les rois avaient juré de leur conserver lors de leur réunion
» à la France, aimaient mieux continuer à voir la ligne des douanes entre
» elles et le reste du royaume qu'entre elles et l'étranger. » (H. MARTIN.)

Le long préambule de l'édit qui promulgua le tarif de 1664 est un véritable traité sur le régime des douanes à cette époque. Il signale avec énergie les étranges complications qui s'y étaient introduites et les difficultés sans nombre qu'elles créaient à toutes les opérations commerciales. Avec nos idées actuelles, nous ne pourrions guère comprendre comment une grande partie de nos provinces put demander le maintien d'un pareil ordre de choses, si nous ne voyions pas encore tous les jours jusqu'où va, parfois, l'empire de certains précédents.

Le tarif de 1664 était, du reste, très-modéré. Celui de 1667 fut beaucoup plus restrictif. Il porta les droits, de 40 livres par pièce de 25 aunes, à 80 livres pour les draps de la Hollande et de l'Angleterre. Il les éleva, pour ceux de l'Espagne, dont la prohibition avait été supprimée, de 70 livres à 100 par pièce de 30 aunes. Il doubla les taxes sur les camelots et les toiles des Provinces-Unies, sur les molletons de la Grande-Bretagne, sur les dentelles de Flandre. Des augmentations considérables atteignirent la mégisserie, les tapis et quelques autres articles fabriqués. Mais ces tarifications n'avaient rien de prohibitif, et se trouvaient, en définitive, assez peu nombreuses. La plupart des produits étrangers restaient toujours soumis à des droits purement fiscaux. Conformément à notre ancienne législation, les blés étaient admis en franchise et imposés seulement à la sortie. Les bestiaux, selon l'espèce, étaient également exempts ou reçus à des droits très-modiques. Les laines en masse n'étaient imposées qu'à deux livres par quintal; les huiles d'olive, à 22 sous; les houblons, à 8 sous; les chanvres, à 10 sous; les lins, à 16 sous; les fers en barres, à 12 sous; les fers ouvrés, à 20 sous; les aciers, à 28 sous. Les droits de la mercerie et de la quincaillerie variaient de 32 sous à 5 livres, et les laines filées les plus fines, teintes ou écrues, ne payaient pas, non plus, au-delà de 5 livres.

IV.

Nous ne voulons pas mettre au jour un nouveau paradoxe historique en essayant de faire de Colbert le précurseur de l'école de Smith. Ses règlements de fabrication, si rigoureusement appliqués, suffiraient seuls pour indiquer qu'il n'était pas l'homme de la liberté commerciale. La véritable pensée de son tarif de 1667 est, d'ailleurs, nettement exprimée dans ses préambules d'édits et dans sa correspondance. Mais l'ensemble de ses actes repousse la solidarité qu'on a voulu établir entre ses doctrines de douanes et les exagérations de ses continuateurs. Avec son esprit pratique, il se refusa, malgré les obsessions dont il fut l'objet, à admettre le principe des prohibitions (1) ; il avait le sentiment de l'heureuse influence qu'exerce sur la prospérité des peuples l'abondance des denrées de consommation, et si l'on compare ses tarifs au régime qui subsiste encore aujourd'hui, après toutes les réformes déjà décrétées par le Gouvernement impérial, on reconnaîtra qu'il reste beaucoup à faire pour rendre aux transactions internationales le degré de liberté que leur avait laissé Colbert.

V.

Il est utile de rappeler ici que nos travailleurs avaient su conquérir, par leurs propres forces, une place honorable sur les principaux marchés du monde. Malgré

---

(1) M. Pierre Clément rapporte même un fait d'où l'on peut conclure que Colbert n'entendait accorder à nos principales manufactures qu'un appui très-temporaire.

la décadence dont se plaignait Colbert avec un peu d'exagération, nos fabriques exportaient en Angleterre et en
Hollande-des quantités considérables de produits nationaux (1). Elles envoyaient dans le Levant et dans le midi
de l'Europe beaucoup de draps communs ou mi-fins. On
lit dans des représentations du commerce de Paris, de
1654, commentées dans les observations économiques
de Forbonnais, que les draps d'or et d'argent, les
passements et dentelles d'or et de soie, les rubans, la
mercerie, la quincaillerie, les chapeaux, les toiles, la
bonneterie, les bas de toute espèce, les savons, etc.,
alimentaient depuis long-temps, en France, un commerce d'exportation fort important, et l'on s'explique
ainsi que les contemporains aient pu contester, dans
l'intérêt même de notre industrie, l'opportunité de nouvelles mesures restrictives de nature à provoquer des
représailles de la part des nations rivales.

VI.

Le tarif de 1667, dirigé surtout contre les fabrications de la Hollande, avait soulevé dans ce pays d'unanimes réclamations. Les protestations de son gouvernement, quelque vive qu'en fût la forme, n'étaient encore
que l'écho très-affaibli des sentiments pleins d'amertume
de l'opinion publique. Après trois ans de négociations
infructueuses, les Hollandais, à l'exemple de l'Angleterre, élevèrent les droits sur divers produits français.
A ce premier acte succéda bientôt la prohibition de nos
vins et de nos eaux-de-vie. Colbert répondit par des
dispositions rigoureuses contre la marine hollandaise.

(1) D'après les tableaux, plus ou moins exacts, annexés par Arnould à son
ouvrage sur la balance du commerce, la France aurait exporté en Hollande,
dans l'année 1658, pour 72 millions de francs de marchandises diverses.

Cette lutte commerciale fut l'une des causes de la guerre de 1672. Si la France, à la paix de Nimègue, obtint l'annexion de la Franche-Comté et de plusieurs places des Pays-Bas espagnols, la Hollande, de son côté, atteignit le but essentiel qu'elle s'était proposé : la suppression, à son profit, du tarif de 1667. Les produits anglais y demeurèrent soumis ; mais, quelques années après la mort de Colbert, les nécessités de la politique devinrent plus pressantes. A la fin du XVIIe siècle, la France soutenait une guerre souvent malheureuse. L'état désespéré du roi d'Espagne Charles II faisait pressentir de nouvelles complications, et Louis XIV, pour obtenir la paix, consentit (1) à sacrifier aussi à l'Angleterre le tarif qui avait déjà créé tant de difficultés.

La guerre de la succession, commencée en 1702, était venue déchirer le traité de Riswick. Dès que quelques paroles de paix purent être échangées, l'Angleterre et la Hollande demandèrent le rétablissement des stipulations de 1697. M. le marquis de Torcy, qui prit une grande part aux longues négociations dont la paix d'Utrecht fut le résultat, rapporte dans ses Mémoires que le gouvernement anglais désirait, en outre, engager la France à conclure un traité spécial de commerce. Ce projet n'eut pas de suite. Satisfaite de la reconnaissance de sa nouvelle dynastie, de la démolition des fortifications de Dunkerque (2) et des concessions importantes que lui faisait l'Espagne, l'Angleterre n'insista même pas pour ramener la France aux dispositions commerciales arrêtées à Riswick ; mais la Hollande, plaçant

(1) Traité de Riswick, 1697.
(2) La clause relative à la démolition des fortifications de Dunkerque fut annulée par l'article 17 du traité de 1783, qui termina la guerre d'Amérique.

toujours au premier rang les intérêts de son négoce et de sa marine, ne voulut renoncer à aucun des avantages qui lui avaient été accordés. Louis XIV dut céder, et le traité d'Utrecht exempta de nouveau les Provinces-Unies du paiement des droits établis en 1667.

VII.

Liée ainsi vis-à-vis de la Hollande, la France conserva toute sa liberté d'action à l'égard des autres peuples; elle en usa largement pour aggraver ses tarifs. Les intérêts privés, encouragés par les premières concessions de Colbert, et se prévalant des sévérités excessives de la législation anglaise, se montrent de plus en plus exclusifs. Un arrêt de 1701, provoqué par les juges et consuls de la ville de Rouen, prohibe un grand nombre de produits de la Grande-Bretagne. Certains manufacturiers obtiennent l'interdiction d'importer en France des étoffes de l'Inde. L'arrêt de 1716 prescrit de brûler celles qui seront saisies. Le 8 juillet 1721, le Gouvernement renouvelle, *sous peine de mort,* la défense de vendre, d'acheter et de faire usage des tissus de l'Inde et de la Chine. Plusieurs autres arrêts interviennent dans le même esprit en 1724, 1726, 1733 et 1738. Le système réglementaire se complique en même temps de rigueurs nouvelles. A la sortie, au contraire, le tarif devient plus libéral. Plusieurs taxes locales sont supprimées. Quelques provinces restées en dehors des cinq grosses fermes s'y réunissent, et l'on arrive, de la sorte, aux préliminaires du fameux traité de 1786.

CHAPITRE II.

TRAITÉ DE 1786.

Projets de 1669 et 1713; état de l'opinion en France; traité de 1783. — Opposition dans les deux pays contre la convention de 1786. — Clauses principales de cette convention. — Son caractère et ses effets.

I.

Le traité de 1786 a bien souvent défrayé les débats de la tribune et de la presse, et l'on discute encore aujourd'hui sur les résultats qu'il aurait pu avoir, pour chacun des deux peuples, si les événements de la Révolution n'en avaient pas brusquement suspendu l'effet.

Depuis plus d'un siècle, il avait été question, à diverses reprises, d'une convention de cette nature. En 1669, un projet fut arrêté et communiqué par Colbert aux représentants du commerce français. Les principales objections vinrent de l'Angleterre. Ce furent encore les protestations des fabricants de la Grande-Bretagne qui contribuèrent le plus, en 1713, à faire échouer la tentative dont nous avons parlé au chapitre précédent.

Au moment où fut préparé le traité de 1786, les écrits des économistes de l'école de Quesnay, qui avaient eu beaucoup de retentissement, ceux des encyclopédistes, qui devaient en avoir un plus durable, enfin la guerre d'Amérique, avaient mis à la mode, parmi les hautes classes de la société française, une sorte d'esprit de cosmopolitisme. Le système protecteur était décrié, non pas assurément dans les fabriques, mais dans les salons, alors tout-puissants. On disait qu'il perpétuait les rivalités nationales et dépravait les populations en les poussant

à la contrebande. Ces idées prévalurent dans les conseils de Louis XVI, et M. de Vergennes se montra empressé à insérer dans le traité de 1783 un article ainsi
conçu : « Les deux puissances contractantes travailleront
» à de nouveaux arrangements de commerce sur le pied
» de la réciprocité et de la convenance mutuelle. » Il
paraît même, d'après des détails rappelés par M. Lacre-
telle (1), qu'une condition secrète faisait de cette clause
une obligation étroite, et contribua beaucoup à la conclusion de la paix.

II.

Cependant les négociations marchèrent lentement. On
vit dans les deux pays ce qui s'est produit chaque fois
que des traités de commerce ont semblé devoir modifier
les conditions d'existence de certaines industries. En
pareil cas, l'une des parties contractantes ne saurait obtenir un avantage sans faire à l'autre un sacrifice quelconque, et les intérêts particuliers que le sacrifice doit
atteindre cherchent naturellement à s'y soustraire. C'est
l'un des inconvénients des traités de commerce. A l'annonce de la convention projetée, beaucoup de manufacturiers français donnèrent le signal d'alarme. L'Administration, qui avait exagéré les doctrines restrictives de
Colbert, prit parti pour nos industriels contre la diplomatie. En Angleterre, les réclamations des fabricants
n'atteignirent pas, cette fois, les mêmes proportions.
Mais l'opposition politique fomentait la résistance, et l'illustre Fox, qui devait être, plus tard, un si chaleureux
prôneur de la paix avec la France, combattit avec force

(1) Histoire de la France pendant le XVIIIe siècle.

le traité. Trois années s'écoulèrent ainsi avant que la
convention pût être conclue ou ratifiée (1).

III.

Le véritable intérêt de cette convention était renfermé dans l'article 6, qui désignait les marchandises
dont elle modifiait, dans l'un et l'autre pays, le régime
douanier. En réalité, l'Angleterre ne nous faisait que
des concessions presque illusoires; ses réductions de
droits s'appliquaient, en grande partie, à des objets
que nos voisins fabriquaient aussi bien et à aussi bon
marché que nous. Si nos articles de modes, bien supérieurs, alors comme aujourd'hui, aux similaires anglais,
si nos gazes, nos batistes, nos linons, nos glaces étaient
aussi l'objet de dégrèvements plus ou moins considérables, par leur nature même ils allaient seulement
aux classes aisées de la société, et la diminution de la
taxe dont ils étaient frappés ne devait guère contribuer
à en vulgariser l'usage. Restaient nos vins. A leur égard,
la réduction était d'environ 50 p. 100, et il semble, au
premier aperçu, qu'un tel allègement devait imprimer
une grande activité à la consommation; mais la nouvelle taxe était encore exorbitante, puisqu'elle s'élevait
à 1,295 fr. par tonneau, c'est-à-dire à plus de 1 fr. 25
par litre. Évidemment ce droit ne devait laisser accès,
sur le marché de la Grande-Bretagne, qu'à nos seuls
vins de luxe. Avant tout, le ministère Pitt avait voulu
éviter de diminuer l'usage de la bière et des boissons
chaudes, et de compromettre par là le produit de la

(1) Suivant Arnould, le Gouvernement français désirait le traité plus vivement encore que le cabinet anglais, et ce fut pour en hâter la conclusion
qu'il prescrivit, en 1785, des dispositions réglementaires fort rigoureuses
contre le commerce de la Grande-Bretagne.

drêche et de l'impôt sur le thé. D'ailleurs, les vins de
Portugal, long-temps peu recherchés en Angleterre, y
étaient généralement préférés, depuis quelques années,
aux vins de France, et cette préférence se trouvait favorisée par le traité de Méthuen, d'après lequel les premiers ne devaient jamais payer plus des deux tiers de
la taxe applicable aux nôtres. Tout indiquait donc
que la seule clause en apparence avantageuse pour nous
dans la convention de 1786 aboutirait à une déception.

Il ne devait pas en être de même pour l'Angleterre.
Certainement on ne doit pas juger le traité sur l'état
actuel de l'industrie de la Grande-Bretagne. Ainsi, pour
le fer et ses applications, elle n'avait pas encore la prépondérance qu'elle a acquise depuis ; mais, pour d'autres produits qui formaient, à cette époque, des branches fort importantes de l'industrie manufacturière chez
les deux nations, sa supériorité était incontestable. Déjà
en possession des précieuses machines dues au génie
des Watt, des Hargreaves, des Crompton, les Anglais
fabriquaient notoirement mieux et à meilleur marché
que nous les tissus de coton, certaines espèces de
draps, la quincaillerie, divers articles fort usuels de
mercerie fine et commune, la sellerie, la faïence, la
poterie. Or, le traité n'assujettissait ces différents produits qu'à un droit de 10 à 12 p. 100 de la valeur ; la
sellerie seule était tarifée à 15 p. 100. Encore est-il à
remarquer que ce ne furent là que des taxes nomi-
nales. Si les difficultés d'application inhérentes à toute
perception de droits à la valeur font perdre aujourd'hui
au Trésor 15, 20, 25 p. 100 de l'impôt, malgré les
perfectionnements introduits dans le service des douanes, le tarif de 1786 ne devait pas équivaloir, pour
nos fabricants, à une protection de plus de 7 à 8 p. 100.

Il paraît même que des négligences et des fraudes de tout genre vinrent l'atténuer bien davantage, car Dupont de Nemours, dans sa polémique avec la Chambre de commerce de Normandie, déclarait que les perceptions effectuées sous l'empire de la convention de 1786 n'avaient pas dépassé 3 à 4 p. 100. Dans ces conditions, l'Angleterre devait trouver un accès facile sur notre marché pour plusieurs de ses produits.

En ne considérant que les intérêts généraux du pays, il aurait été peu raisonnable de se plaindre si nous avions reçu des avantages équivalents. Un traité de commerce qui ne favoriserait pas les importations chez les deux peuples contractants ne serait, en effet, qu'un stérile passe-temps de diplomates; mais, comme on l'a vu, la part qui nous était faite était fort restreinte. Les réclamations furent presque générales. La Chambre de commerce de Normandie se fit remarquer par la vivacité de ses doléances (1). Dupont de Nemours, l'un des inspirateurs de la nouvelle convention, la défendit avec talent (2). Toutefois, sans les émotions d'une autre nature qu'excitèrent les premiers événements de la Révolution, le Gouvernement aurait sans doute été amené à ouvrir des négociations pour modifier le traité, et il aurait trouvé d'actifs auxiliaires dans la Grande-Bretagne, dont les fabricants, eux aussi, se disaient sacrifiés aux manufacturiers français (3).

(1) Observations de la Chambre de commerce de Normandie sur le traité de commerce entre la France et l'Angleterre.
(2) Lettre à la Chambre de commerce de Normandie sur le Mémoire qu'elle a publié relativement au traité de commerce avec l'Angleterre.
(3) C'est ce qui explique certaines paroles de Pitt, qu'on a commentées comme on devait commenter plus tard celles de sir Robert Peel, sans considérer qu'elles avaient pour but de rassurer l'opinion en Angleterre.

IV.

Est-il vrai que le dommage pour la France fut aussi
grand qu'on l'a prétendu? Les écrivains qui, même de
nos jours, ont dénoncé le traité de 1786 comme ayant
anéanti l'industrie française ne se sont-ils pas faits les
organes de doléances exagérées? Ont-ils suffisamment
tenu compte des causes politiques de perturbation industrielle qui coïncidèrent avec la convention? Avant
sa conclusion, la contrebande des produits anglais
s'exerçait sur nos frontières avec activité; la prime
d'assurance s'élevait à 10 ou 12 p. 100. La plus grande
partie des marchandises qui alimentaient le commerce
interlope dut donc, à la faveur du traité, prendre place
dans les transactions régulières sans qu'il y eût là une
cause de souffrance pour notre industrie. Les relevés
officiels qui nous sont parvenus sur le mouvement commercial de 1787 à 1792 sembleraient même indiquer
que les exportations de la France pour l'Angleterre
s'étaient accrues, de l'une de ces années à l'autre, au
moins autant que les importations de la Grande-Bretagne, et l'on pourrait en conclure que le traité avait
amené chez nous un déplacement plutôt qu'une diminution de production; mais ces relevés, outre qu'ils sont
peu complets, n'offrent pas des garanties d'exactitude
telles que nous puissions en tirer avec sécurité des in-
ductions précises. Il est certain que les contemporains
étaient généralement peu favorables au traité. L'un des
rapporteurs des comités de commerce et d'agriculture à
l'Assemblée nationale, M. Goudard, le désignait comme
désastreux. Dans sa réponse à M. Goudard, M. de Boislandry, partisan très-chaleureux de la liberté absolue
des échanges, reconnaissait aussi que le traité avait été

préjudiciable à nos manufactures (1). En définitive, les conséquences réelles qu'il aurait pu avoir à la longue ne sauraient être précisées. Bordeaux continuera à le signaler comme l'un des actes les plus utiles de la diplomatie française; Rouen y verra toujours une de ses erreurs les plus funestes (2). Tout ce qui nous paraît démontré, c'est, d'une part, que les négociateurs français ne possédaient pas, au même degré que les diplomates anglais, la parfaite connaissance de la situation et des besoins de l'industrie des deux États (3); en second lieu, que l'Administration, chargée d'appliquer un droit à la valeur de 10 à 12 p. 100, ne se trouva pas en mesure de combattre des fraudes considérables, dont eurent également à souffrir le Trésor et nos fabricants.

(1) *Moniteur universel* du 1er décembre 1790.

(2) La Chambre de commerce de Rouen, dans un Mémoire adressé à Louis XVIII, déclarait que *la Normandie souffrit presque seule* du traité de 1786.

(3) M. Eden, négociateur anglais, fit preuve de beaucoup d'intelligence et d'habileté.

CHAPITRE III.

TARIF DE 1791.

Projet de réforme de M. de Calonne; complication des droits de traite; discussion du tarif de 1791 à l'Assemblée constituante. — Esprit de ce tarif;
critiques dont il est l'objet.

I.

La Révolution approchait à grands pas. La première
assemblée des notables, ouverte à Versailles le 22 février 1787, se sépara, le 25 mai suivant, après avoir
préparé diverses réformes financières dont la discussion,
dans le Parlement de Paris, devait être le signal de la
convocation des États-généraux. M. de Calonne avait
proposé, notamment, de supprimer les lignes de douanes
et d'adopter un tarif uniforme (1). Mais l'heure n'avait
pas encore sonné. Notre organisation des traites devait
suivre la fortune des autres institutions de l'ancienne
monarchie et ne succomber qu'avec elles.

C'est par un décret des 30, 31 octobre 1790, converti
en loi le 5 novembre, que l'Assemblée constituante ordonna l'abolition des traites à l'intérieur (2). Un second

(1) Les droits les plus élevés du projet de M. de Calonne ne dépassaient
pas 20 p. 100 de la valeur.

(2) Nous croyons devoir reproduire ici textuellement l'article 3 de cette
loi, parce qu'il indique quelle était encore, en 1790, l'étrange complication
des droits de traites :

« A compter du premier décembre prochain, les tarifs particuliers de 1664,
» 1667, 1671, de douanes de Lyon, de douanes de Valence, de 4 p. 100 sur
» les drogueries et épiceries, de foraine, de tables de mer, de 2 p. 100 d'Arles,
» du denier Saint-André et liard du Baron, ceux de la patente du Languedoc,
» foraine et traite d'Arzac, de la gabelle et foraine du Béarn; ceux de la comp-
» tablie, du droit de convoi, de la traite de Charente, de la prévôté de La Ro-

décret (1ᵉʳ décembre) détermina l'esprit dans lequel le nouveau tarif devait être conçu. En fixant à 20 p. 100 de la valeur le maximum des droits, il admit, en principe, que quelques marchandises étrangères seraient écartées par la prohibition.

Cette dernière disposition ne fut pas adoptée sans débat. L'un des membres de l'Assemblée constituante, M. de Boislandry, se rendit même l'interprète des doctrines de la liberté absolue du commerce. Le rapporteur, M. Goudard, se plaça à un point de vue très-différent, et il attaqua avec beaucoup de vivacité les tendances des ports de mer. Mais, au fond, le comité dont il était l'organe se montrait peu exclusif. Il reconnaissait, en effet, qu'un droit de 10 p. 100, s'il était possible d'en assurer la perception exacte, suffirait pour protéger efficacement les industries les plus exposées à la concurrence de l'étranger. C'était justifier les stipulations du traité de 1786. C'était proclamer qu'il ne fallait alors à nos manufactures ni prohibitions, ni taxes élevées. Nous insistons sur ce point parce qu'il nous paraît essentiel de préciser quel était l'état de l'opinion

---

» chelle, de courtage à Bordeaux, de la prévôté de Nantes, de Brieux, et
» ports et hâvres en Bretagne ; d'issue foraine, traverse et haut conduit,
» transit et tonlieu dans la Lorraine, le Barrois et les évêchés, le droit de
» passage sur les vins de Lorraine, entrant dans le pays Messin, le tarif des
» péages d'Alsace, qui tiennent lieu des droits de traite dans cette province ;
» les péages du Rhône, celui du Paty, celui de Péronne, et généralement
» tous les péages royaux ; ceux pour les droits d'abord et de consommation,
» et tous autres tarifs servant à la perception des droits sur les relations de
» diverses parties du royaume, entre elles et avec l'étranger, cesseront d'a-
» voir leur exécution et demeureront annulés, ainsi que les droits de cour-
» tage et mesurage à La Rochelle, de premier tonneau de fret, de branche de
» cyprès, de quillage, de tiers retranché, de parisis, de coutume des ci-de-
» vant seigneurs, de traites domaniales à la sortie, et ceux d'acquits et d'at-
» tribution attachés aux offices des maîtrises des ports et autres juridictions.»

à l'approche de la crise d'où est sorti le régime prohibitif de la Restauration. Entre les défenseurs de la liberté
du commerce et les protectionistes, il n'y avait guère que
des divergences spéculatives. Si les faits eussent été
mieux étudiés, les premiers auraient aperçu qu'un tarif
dont les taxes maximum seraient limitées à 10 p. 100
devait laisser une latitude très-suffisante aux relations
internationales et devenir presque exclusivement fiscal.
Parmi les libres-échangistes modernes, il n'en est pas
un qui ne considérât ce régime de douanes comme le
triomphe radical de ses doctrines. Mais, en 1790, on
dissertait plus qu'on n'observait. En commerce, comme
en politique, ce n'était pas seulement la liberté pratique
que poursuivaient les esprits ardents, c'était le nom surtout, le mot plus que la chose. Du reste, sous le coup
des réclamations soulevées par le traité de 1786 et des
abus qu'avait signalés Dupont de Nemours, la majorité
de l'Assemblée nationale devait craindre qu'on ne par-
vînt à éluder la plus grande partie des nouvelles taxes.
Tout indique que ce fut uniquement par ce motif qu'elle
se décida à prohiber un certain nombre de marchandises.

II.

On remarque même, quand on examine le tarif préparé d'après les bases posées par le décret du 1er décembre, que l'Assemblée avait voulu plutôt concéder à
des intérêts alarmés le principe des prohibitions qu'en
faire une application sérieuse, car elle ne frappa d'exclusion absolue, à l'entrée (1), que les confections de

_____

(1) A la sortie, la prohibition atteignait diverses matières premières dont
la conservation avait été jugée utile à notre marine ou à l'industrie, notam-

toute sorte, les fils de lin et de chanvre, l'or et l'argent faux filés sur soie, les ouvrages de verrerie, les bâtiments de mer, les huiles de poisson autres que celles provenant des États-Unis d'Amérique, le corail en poudre, les eaux-de-vie, moins celles de vin, les médicaments composés, la fausse rhubarbe, les sels de quinquina et de rhubarbe, le sel de nitre, le salpêtre, le tabac fabriqué, enfin la poudre à tirer, les cartes à jouer, le sel marin et le sel de salines, qui étaient l'objet d'une législation spéciale. Il n'y avait là, comme on le voit, qu'un bien petit nombre d'articles dont la prohibition pût avoir une véritable portée économique.

Pour la plupart des produits industriels, pour ceux-là mêmes que la concurrence étrangère semblait menacer le plus, les droits étaient calculés de manière à rester au-dessous du maximum de 20 p. 100 déterminé par le décret du 1er décembre. Les draps fins étaient taxés à 3 fr. la livre; les draps communs, à 1 fr. 50; les basins, piqués et velours de coton, à 1 fr. 50; la bonneterie de laine, à 1 fr.; la bonneterie de coton, à 1 fr. 40; les mousselines, à 4 ou à 3 fr., selon qu'elles étaient brodées ou non brodées; les cotons filés, teints ou non teints, à 2 fr. 25 (1). La mercerie commune, la coutellerie étaient imposées à 20 fr. par quintal marc; la quincaillerie commune, à 10 fr.; la faïence et la poterie de grès, à 12 fr. Le comité de commerce et d'agriculture avait d'ailleurs demandé l'affranchissement complet *des productions in-*

---

ment les bois de construction, les cartons gris ou pâte de papier, les drilles, les tans et écorces à tan, les futailles vides ou en bottes, le bois merrain, les lins teillés ou apprêtés, le minerai de fer, les poils propres à la chapellerie et les soies grèges, les soies à coudre, les soies ouvrées en trame, ainsi que la bourre de soie.

(1) Ils valaient alors 15 fr. la livre.

*dispensables à la subsistance et des matières premières
les plus utiles à nos fabriques.* Les grains, farines et bestiaux de toute sorte, les laines, le lin, les peaux et cuirs furent tirés à néant sur le tarif. Les fers en gueuses furent également admis en franchise, et les fers en barres ou en verges furent soumis au modique droit de 1 fr. à 1 fr. 10 par quintal.

Le tarif de 1791 ne faisait donc encore qu'une part assez faible aux exigences des partisans du système restrictif. Aussi ne tarda-t-il pas à être attaqué. On reprocha à l'Assemblée nationale de n'avoir pas suffisamment sauvegardé les intérêts de l'industrie et de l'agriculture. Mais elle se refusa à remanier son œuvre. D'ailleurs, la France se trouvait engagée avec l'Angleterre, jusqu'en 1798, dans une convention diplomatique qu'il ne lui était pas possible de modifier par ses lois intérieures. Or, c'était surtout l'industrie de la Grande-Bretagne que redoutaient déjà nos manufacturiers, et des rigueurs dont elle devait rester affranchie auraient abouti seulement à exclure, à son profit, de notre marché, les productions des autres peuples étrangers.

CHAPITRE IV.

BLOCUS CONTINENTAL.

Prohibition des produits anglais; décret de proscription du 9 octobre 1793. — Graves difficultés d'exécution. — Message du Directoire; loi du 10 brumaire an V. — Activité de la contrebande. — Instances de l'Angleterre, à la paix d'Amiens, pour obtenir un traité de commerce; refus persistant du premier Consul; mémoire de M. Portal. — Décrets de Berlin et de Milan; droits énormes sur les denrées coloniales; décret de brûlement du 8 octobre 1810. — Impression que ce dernier décret produit en France et à l'étranger; attitude des manufacturiers. — Résultat du blocus continental.

I.

Les événements ne devaient pas tarder à abréger la durée du traité de 1786. Le 1er février 1793, la Convention nationale déclara la guerre à l'Angleterre. Par un second décret, en date du 1er mars, elle commença cette lutte acharnée de tarifs, dont les violences malheureuses devaient contribuer à la chute de l'Empire et léguer à la Restauration des difficultés qu'elle ne sut pas surmonter. L'article 2 prohibait l'entrée en France des marchandises de la nature de celles que fabriquait plus spécialement l'Angleterre. L'art. 3 ne permettait l'admission de tous autres produits manufacturés qu'au moyen de pièces établissant qu'ils provenaient des fabriques des États avec lesquels la France était en paix. On s'aperçut bientôt qu'on avait usé avec peu de prudence d'une arme à deux tranchants. Un décret du 19 mai 1793, provoqué par le Comité de commerce, dut déclarer le certificat d'origine non exigible pour certaines denrées ou marchandises nécessaires à notre consommation ou à notre industrie, et supprimer ou réduire, dans une forte proportion, les droits d'entrée de plusieurs objets analogues. Mais les complications du moment surexcitaient, au plus haut degré, l'animosité des esprits contre la Grande-Bretagne ; les meneurs feignaient de croire, quelques-uns même pensaient de bonne foi, que les intrigues du cabinet de Saint-James étaient la principale cause des obstacles suscités à la marche de la Révolution. N'espérant pas vaincre l'Angleterre par les armes, on voulait l'atteindre dans son industrie, et les hommes qui gouvernaient alors la France trouvèrent le décret du 1er mars à la fois incomplet et trop indulgent dans ses dispositions pénales. En conséquence, le 9 octobre 1793, la Convention *proscrivit* du sol français toutes les marchandises fabriquées ou manufacturées en Angleterre, en Écosse, en Irlande et dans tous les pays soumis au gouvernement britannique. Elle prononça la peine de vingt ans de fers, non seulement contre quiconque coopérerait directement ou indirectement à l'importation ou à la vente des produits proscrits, mais encore contre les auteurs de simples affiches ou annonces portant des dénominations ou des signes anglais. Enfin, d'après l'article 4, toute personne convaincue *de se servir* de marchandises de la Grande-Bretagne devait être réputée suspecte et punie comme telle.

II.

Ce décret démontra de nouveau que la violence fait toujours dépasser le but. Il avait, d'ailleurs, créé d'inextricables difficultés en ne déterminant pas les marchandises qui devraient être considérées comme produits anglais. L'exécution littérale en était donc à peu près impossible. La tolérance du Gouvernement à l'égard des prises faites par nos corsaires (1) contribua à abaisser la barrière qu'on avait voulu placer entre notre marché et l'industrie de la Grande-Bretagne. On s'abstint de rechercher à l'intérieur les produits anglais, et nos magasins, en 1796, en étaient d'autant mieux pourvus, que le régime révolutionnaire avait porté à beaucoup de nos fabriques un coup dont elles n'avaient pu encore se relever.

III.

Le Directoire, à son tour, crut devoir essayer de contraindre la Grande-Bretagne à cesser les hostilités, en reprenant l'œuvre de la Convention contre l'industrie anglaise. Dans un message adressé au Conseil des Cinq-Cents, le 16 octobre 1796, il proposa des résolutions nouvelles et s'exprima ainsi : « Voulez-vous ranimer » votre commerce, relever vos manufactures, rétablir » vos ateliers? Voulez-vous priver nos ennemis de leur » plus grande ressource pour nous faire la guerre? Voulez- » vous forcer le gouvernement britannique à traiter sin- » cèrement de la paix? Un des plus puissants moyens de » parvenir à ce grand but de prospérité publique sera » de prendre les précautions les plus efficaces pour pros- » crire, *jusqu'à la paix*, le débit et la consommation des » marchandises anglaises dans toute l'étendue de la Ré- » publique (2). » Ces quelques lignes indiquent clairement le résultat qu'on désirait atteindre. Bien que le Directoire parlât de relever le commerce et l'industrie,

---

(1) Dans la discussion à laquelle donna lieu la loi du 31 octobre 1796 (10 brumaire an V), il fut constaté qu'on avait vendu, en grande partie pour la consommation, depuis trois ans, pour plus de quarante millions de denrées ou de marchandises anglaises.

(2) *Moniteur universel* du 21 octobre 1796.

c'était, avant tout, la paix avec l'Angleterre qu'il poursuivait. Boissy d'Anglas, dans le Conseil des Cinq-Cents,
Dupont de Nemours, dans celui des Anciens, attaquèrent quelques-unes des dispositions du projet. Mais l'intérêt politique l'emporta, et les propositions du Directoire furent converties en loi le 31 octobre 1796 (10
brumaire an V).

Cette loi prohibait l'importation des marchandises provenant soit des fabriques, soit du commerce anglais,
et elle défendait de vendre, d'exposer en vente ou d'annoncer par des affiches les dites marchandises; le tout
sous peine de confiscation, d'une amende égale au triple
de la valeur des objets saisis et d'un emprisonnement
de cinq jours à trois mois. L'article 5 énumérait les objets qui devaient être réputés, quelle qu'en fût l'origine,
provenir des fabriques anglaises. Aux termes de l'article 13, tous objets de fabrique étrangère non compris
dans l'article 5 et non prohibés par les lois antérieures,
ne pouvaient être admis en France que sur certificats
constatant leur fabrication dans des pays avec lesquels
nous n'étions point en guerre. De plus, il était enjoint
aux détenteurs de produits anglais précédemment importés d'en remettre, dans les trois jours, un état dé-
taillé aux administrations locales, et ces produits devaient
rester, jusqu'à nouvel ordre, sous le sceau des munici-
palités. Sauf la pénalité, qu'on avait adoucie de manière
à la rendre applicable, c'était toujours le décret de proscription du 9 octobre 1793, complété par des mesures
accessoires destinées à en faciliter l'exécution.

IV.

Le Gouvernement directorial ne pouvait guère s'attendre à rencontrer une complète soumission là où avait

échoué l'inexorable volonté des comités de la Convention. Les intérêts commerciaux sont essentiellement cosmopolites. Beaucoup de produits anglais étaient devenus, depuis long-temps, un besoin pour nos consommateurs et pour plusieurs de nos fabriques. On recourut à la fois, pour les introduire, à la ruse et à la fraude ouverte. Les Anglais empruntaient le pavillon neutre pour faire pénétrer leurs marchandises en France. Nos manufacturiers, nos négociants ne reculaient pas devant des factures simulées et de fausses estampilles. La loi du 10 brumaire paraissant presque aussi impuissante qu'avait pu l'être le décret du 9 octobre 1793, des mesures destinées à en fortifier l'action furent adoptées le 18 janvier 1798.

Elles atténuèrent encore fort peu la contrebande. Parmi les objets que la loi de brumaire an V réputait provenir des fabriques anglaises, figuraient les sucres raffinés en pain ou en poudre. Or la stagnation forcée de notre commerce direct avec les colonies avait mis les raffineries nationales hors d'état d'approvisionner la République. Il fallait bien que la fraude se chargeât d'y pourvoir. Aussi s'exerçait-elle audacieusement. Dans les départements réunis surtout, elle se montrait d'autant plus active, que les tribunaux étaient fort disposés à absoudre les prévenus, sous prétexte de nullités dans les procès-verbaux (1). Les pouvoirs publics, malgré l'acharnement de la lutte contre la Grande-Bretagne, jugèrent une transaction indispensable. La loi du 9 floréal an VII décida que tout procès-verbal rédigé suivant des formes prescrites serait cru jusqu'à inscription de faux. Mais, en

(1) Rapport présenté par M. Lecouteulx au Conseil des Anciens, dans la séance du 26 germinal an VII. (*Moniteur* du 1ᵉʳ floréal suivant.)

même temps, elle remplaça la prohibition absolue qui frappait les sucres raffinés par un droit d'entrée de 40 fr. par 100 kilogrammes.

V.

Telle était la situation à l'avènement du Consulat (novembre 1799). La bataille de Marengo allait donner quelques mois de repos à l'Europe. La Grande-Bretagne consentit la dernière à la paix. Mais enfin, après six mois de négociations sur les préliminaires de Londres, le traité d'Amiens fut signé (27 mars 1802). L'Angleterre prétendit alors que la conclusion de la paix devait avoir pour résultat d'anéantir toutes les lois adoptées dans notre pays contre son commerce et son industrie. Le premier Consul ne l'admettait pas. Il répondit et fit expliquer dans le *Moniteur* du 28 vendémiaire an X, que les engagements commerciaux, rompus par la guerre, ne pouvaient renaître qu'en vertu d'un nouvel acte indépendant des conditions de la paix. Le cabinet anglais, comprenant qu'il demanderait en vain le rétablissement des stipulations de 1786, proposa de conclure un nouveau traité de commerce. Il y attachait d'autant plus de prix, que l'annexion de la Belgique à la France enlevait au Royaume-Uni un de ses principaux débouchés. Mais, sur ce point encore, le premier Consul manifesta une opposition inébranlable. Sans se refuser à quelques concessions partielles, il ne voulait pas ouvrir nos marchés aux produits que les Anglais tenaient le plus à nous offrir, tels que les tissus de coton et les quincailleries. La Grande-Bretagne, de son côté, hésitait à sacrifier les fabriques de soieries qui s'étaient développées chez elle pendant la guerre. Des contestations s'élevaient aussi pour d'autres produits.

D'ailleurs, les deux gouvernements n'étaient pas animés de dispositions assez conciliantes pour rendre les rapprochements faciles. Le cabinet de Saint-James n'avait pas exécuté complètement les clauses du traité d'Amiens. L'aristocratie anglaise, qui avait cru la France ruinée, et qui, dans ses excursions, la trouvait prospère, n'entendait pas nous laisser en possession de la prépondérance politique et de l'extension territoriale que les guerres de la Révolution nous avaient données. Peut-être le premier Consul ne s'attacha-t-il pas suffisamment, non plus, à éviter toute cause d'irritation nouvelle. La guerre se ralluma en mai 1803, avant que les négociations commerciales eussent abouti (1).

Cependant le ministère anglais, dans ses tentatives pour arriver à la conclusion d'un traité de commerce, avait été secondé par quelques-uns de nos ports de mer. Bordeaux avait adressé au premier Consul, sous la date du 28 floréal an X, un mémoire rédigé par M. Portal, devenu, plus tard, ministre de la marine. Dans ce mémoire, présenté au nom du Conseil de commerce de la Gironde, M. Portal demandait au Gouvernement de préparer une nouvelle convention avec l'Angleterre, et de stipuler surtout en faveur de nos produits agricoles. Mais, quoique fort habile, son argumentation ne pouvait évidemment ni ébranler les convictions du premier Consul, ni prévaloir contre les passions politiques qui poussèrent à la rupture du traité d'Amiens.

VI.

Quand le désastre de Trafalgar eut fait avorter les

(1) D'après une dépêche rapportée par M. Thiers, l'Empereur se montrait persuadé que le refus de conclure un traité de commerce avait été la cause de la rupture de la paix d'Amiens.

projets de descente du camp de Boulogne, on s'attacha
de plus en plus à la pensée de frapper la Grande-Bretagne dans son commerce et dans son industrie. La Convention et le Directoire avaient essayé vainement d'é-
carter les produits anglais du sol français. L'Empereur
voulut tenter une œuvre plus difficile. Il ne s'agissait de
rien moins que d'isoler l'Angleterre du monde commercial. Le décret de Berlin, du 21 novembre 1806, fut le
signal de cette audacieuse entreprise. Il défendit toute
communication et tout échange avec les Anglais. Le 23
novembre 1807, un autre décret, daté de Milan, déclara ·
saisissables tous les bâtiments qui auraient touché en
Angleterre. Le 17 décembre suivant, un nouveau décret
de Milan mit les Iles-Britanniques en état de blocus, et
ordonna la capture de tout navire, français ou étranger, qui aurait souffert la visite des bâtiments anglais.
Les tarifs furent modifiés dans le même esprit. La loi
du 30 avril 1806 avait frappé les denrées coloniales d'un
impôt très-élevé. Les sucres tête et terré devaient payer
100 fr. par 100 kilogrammes, le poivre et le café 150 fr.,
le cacao 200 fr. En réalité, c'était l'Angleterre qui, depuis la guerre, nous approvisionnait de ces denrées. Le
8 février 1810, l'Empereur en doubla les droits (1). Six
mois après, le 5 août, il les augmenta encore. Les cafés
et les sucres terrés durent payer 400 fr., le poivre
600 fr., le cacao 1,000 fr., la canelle fine, la muscade,
2,000 fr. ! Des taxes aussi exorbitantes devaient inévitablement surexciter la contrebande, dont les spéculations s'étaient organisées sur une grande échelle. Elle
ne s'exerçait pas seulement sur les denrées coloniales.

(1) Le doublement s'appliquait à tous les produits des deux Indes qui n'é-
taient point frappés de prohibition.

Beaucoup de produits de l'industrie anglaise, que la mode recherchait toujours malgré la loi, pénétraient aussi en fraude sur le territoire de l'Empire. Nos manufacturiers, plus exigeants à mesure que le système des douanes devenait plus exclusif, provoquaient de nouvelles rigueurs. Ce stimulant était inutile. Malheureusement pour la France et pour lui-même, l'Empereur n'était que trop décidé à poursuivre son œuvre ; il rendit le fameux décret du 8 octobre 1810.

Ce décret instituait des Cours prévôtales, appelées à connaître exclusivement du crime de contrebande et à juger en dernier ressort. Il prononçait contre les entrepreneurs de fraude en marchandises et denrées prohibées, contre les assureurs, les intéressés et les complices des dites entreprises, la peine de dix ans de travaux forcés et de la marque des lettres V. D., le tout sans préjudice de dommages-intérêts *proportionnés aux bénéfices qu'ils auraient pu réaliser.* Il créait, en outre, sur toutes les frontières, des tribunaux spéciaux, dits tribunaux ordinaires des douanes, chargés de la poursuite des délits de fraude en matière d'objets non prohibés, et punissait de quatre ans de travaux forcés les auteurs et complices de ces délits. Pour compléter ces mesures répressives, le titre VI prescrivait de brûler publiquement les marchandises prohibées dont la confiscation aurait été prononcée.

VII.

A l'annonce du décret du 8 octobre, un immense cri de réprobation s'éleva en Angleterre. Dans le reste de l'Europe, en France même, le but ne justifia pas, aux yeux de tous, la violence des moyens. Pour ramener l'opinion, l'Administration fit insérer dans le *Moniteur* du

9 décembre 1810 une notice sur la législation des douanes anglaises relativement au commerce français. On y rappelait plusieurs statuts par lesquels le gouvernement de la Grande-Bretagne, à dater du règne de Georges II, avait ordonné de brûler, en cas de saisie, divers produits de notre industrie. Mais, si les hommes clairvoyants et désintéressés n'approuvaient pas, en général, les dispositions excessives du décret du 8 octobre, la plupart de nos manufacturiers s'en félicitaient hautement. Pour eux, le point essentiel était de s'affranchir de plus en plus de la concurrence anglaise. Les Chambres de commerce ou les Chambres consultatives d'Elbeuf, d'Amiens, de Troyes, d'Avignon, de Nîmes, etc., firent parvenir à l'Empereur des adresses de remercîment. Quelques-unes se faisaient remarquer par la violence de leurs attaques contre l'Angleterre. « Depuis les con
» fins de la Méditerranée jusqu'au fond de la Baltique,
» disait Elbeuf, s'élèvent des barrières qui font refluer,
» sur leurs propres côtes, les ballots anglais si justement
» proscrits. De toutes parts s'allument des feux vengeurs
» qui réduisent en cendres ces étoffes qu'une criminelle
» avidité avait osé introduire dans un sol qui les re
» pousse, et c'est ainsi que, par un auto-da-fé général,
» ces fiers bretons viennent expier sur le continent leurs
» forfaits mercantiles (1). » Étranges aberrations de l'intérêt privé !

En exécution du décret du 8 octobre, des quantités considérables de produits fabriqués furent brûlées sur divers points. Ces opérations s'accomplissaient avec solennité. Les autorités civiles et militaires prenaient place dans l'enceinte au milieu de laquelle s'élevait le bûcher;

(1) *Moniteur* du 1er janvier 1811.

la force armée formait la haie; les douaniers brisaient les caisses, montraient les marchandises aux assistants, et les jetaient ensuite dans les flammes (1). Triste spectacle assurément, du moins au dehors des fabriques rivales, pour ceux-là mêmes qui attendaient du blocus continental l'humiliation de l'Angleterre.

VIII.

Hélas ! c'est à la nôtre qu'il devait servir. Assurément il n'est plus permis, aujourd'hui, de se méprendre sur les causes réelles des désastres qui jetèrent sur le rocher de Sainte-Hélène. le fondateur de la dynastie napoléonienne. L'admirable histoire de M. Thiers a éclairé d'une lumière irrésistible ces dernières années, bien glorieuses encore, mais à jamais funestes, qui séparèrent Wagram de Fontainebleau. Napoléon Ier, ne voulant tolérer dans le monde d'autre volonté que la sienne, devait fatalement rencontrer quelque jour un Moscou et un Leipsig. Mais la pensée dont le blocus continental fut l'expression a certainement contribué à égarer son âme ardente : quand l'Empereur dépossédait, en 1808, la dynastie espagnole, creusant ainsi de ses propres mains l'abîme où devaient s'engloutir ses vieilles bandes jusque-là invincibles; quand il affrontait, en 1812, les immenses périls de la gigantesque campagne de Russie; quand il refusait à l'Autriche, en 1813, d'abandonner les villes anséatiques, c'était surtout le commerce anglais qu'il croyait avoir en vue.

---

(1) Le *Moniteur* enregistrait les actes de brûlement. On lit, par exemple, dans le numéro du 26 janvier 1811 :

« Le brûlement des marchandises anglaises saisies par les douaniers ou » capturées par les navires français a commencé, hier, à Dantzig. On estime » la valeur de ces marchandises à un million. »

Il ne devait pas lui être donné d'en ébranler les solides fondements. On a beaucoup exagéré, en effet, en prétendant que les Iles-Britanniques, dans les dernières années de l'Empire, étaient gravement menacées de fléchir sous le poids de leurs produits invendus. Sans doute, le commerce des denrées coloniales avait souffert; les droits énormes dont elles étaient frappées dans les pays soumis à la domination française en avaient sensiblement réduit la consommation. Il arriva plusieurs fois que les magasins anglais en furent encombrés, et l'on vit un journal, *the Commercial Magazine,* proposer, en 1812, de défendre l'usage du cacao dans la marine pour remplacer ce produit des colonies espagnoles par du café des colonies anglaises. Certaines branches de l'industrie manufacturière avaient également éprouvé des crises plus ou moins prolongées. Mais c'était plutôt la suite du développement désordonné de la fabrication que de l'hostilité de la France. Si la guerre avait resserré, sur quelques points, la consommation des marchandises anglaises, elle leur avait ouvert de nouveaux débouchés dans tous les pays alliés. La Grande-Bretagne, dont le numéraire avait presque entièrement disparu dès les premières années de la Révolution, ne pouvait solder en or ou en argent ni ses subsides aux puissances coalisées, ni ses propres armées. Elle s'acquittait en billets souscrits par ses négociants, qui, à leur tour, savaient trouver le moyen d'expédier à leurs correspondants des denrées ou des fabrications dont le produit servait au paiement des traites. C'était un stimulant très-actif (1) pour le commerce anglais. L'Empereur lui-

(1) « C'est ainsi, fait remarquer Adam Smith, à l'occasion de faits analo-
» gues déjà observés de son temps, qu'au milieu de la guerre étrangère la

même le favorisait par son système d'exceptions, et la Grande-Bretagne était si peu affaiblie par le blocus, qu'elle finit par mettre obstacle à l'usage des licences, devenues l'une des ressources importantes du trésor impérial (1). On put ainsi constater, en 1814, qu'on s'était mépris en France sur la situation de la Grande-Bretagne comme l'Angleterre, avant la paix d'Amiens, s'était trompée sur l'état de notre pays.

» plus destructive on voit quelquefois beaucoup de manufactures parvenir » à un état très-florissant. »

(1) Pour cette année (1813), ne pouvant plus espérer la paix de la détresse de l'Angleterre, et n'ayant à l'attendre que des batailles qui allaient se livrer en Allemagne, voulant de plus rendre aux villes de Bordeaux, de Nantes, du Hâvre, de Marseille, quelque activité commerciale, Napoléon avait accordé une quantité de licences telle qu'on pouvait considérer comme presque rétabli le commerce avec l'Angleterre, et qu'il s'était cru autorisé à évaluer à 100 millions l'impôt ordinaire des douanes. Aussi les rôles étaient-ils intervertis, et tandis que deux années auparavant Napoléon torturait l'Europe pour interdire les relations avec l'Angleterre, c'était l'Angleterre maintenant qui, s'apercevant des avantages que procuraient à son ennemi les communications par *licences*, travaillait à les rendre impossibles.

(M. THIERS. — *Histoire du Consulat et de l'Empire.*)

CHAPITRE V.

TARIFS DE LA RÉPUBLIQUE ET DE L'EMPIRE.

Crise des subsistances et nombreux expédients qu'elle provoque. — Effet de l'instabilité des tarifs; produit des droits de douanes; loi de l'an XI; réclamations des fabricants. — Loi du 30 avril 1806. — Motifs de l'élévation excessive des droits sur les cotons; modifications diverses. — Situation que crée au commerce le régime des douanes dans les dernières années de l'Empire; accroissement des recettes; progrès de l'industrie.

I.

Dans le chapitre précédent, nous n'avons envisagé le régime des douanes, sous la République et sous l'Empire, que dans ses rapports avec la lutte engagée contre la Grande-Bretagne. C'est là, surtout, ce qui en déterminait le véritable caractère, et nous n'avons pas cru devoir scinder des faits étroitement liés entre eux. Nous allons maintenant jeter un coup-d'œil sur les modifications qui furent adoptées dans un autre ordre d'idées.

Au moment où fut mise en vigueur la loi organique du 22 août 1791, l'horizon politique était déjà fort assombri. Des résistances malheureuses, quoique inévitables peut-être, avaient précipité la marche des événements révolutionnaires. L'Assemblée constituante se sépara, le 30 septembre, sans avoir révisé son tarif, et la Législative, dans sa courte session, s'occupa peu des douanes.

La Convention nationale se trouva, dès les premiers jours, en présence de nécessités matérielles fort impérieuses. La crise des subsistances s'aggravait. Le fameux décret du maximum, du 29 septembre 1793, la rendit plus intense. Pendant toute la durée de cette crise, on

ne toucha guère au tarif des douanes qu'à l'occasion des
approvisionnements. Le décret du 5 décembre 1792
avait prononcé la peine de mort contre ceux qui tente-
raient d'exporter des grains (1). Le 15 août suivant, la
Convention avait prohibé, sous peine de dix ans de fers,
la sortie des comestibles, du savon, de la soude, du charbon de terre, de l'acier, du papier, des draps, des étoffes
et des bonneteries autres que de soie. Elle défendit également l'exportation des armes, des bois, des brais et
des résines, des chanvres, des cires, des cotons filés,
des cuirs ouvrés, des cuivres, des fers, des harnais, des
huiles, des laines filées, des liéges et d'une foule d'autres productions nationales. Mais ce n'est pas en resser-
rant les moyens d'écoulement qu'on encourage le travail.
Lorsque tant de causes politiques contribuaient déjà
à le paralyser, des restrictions administratives devaient
ajouter au mal. Aussi la Convention ne réussit-elle pas
à retenir les denrées sur nos marchés par les prohibitions de sortie. Elle voulut alors en provoquer l'importation. Le 31 janvier 1795, elle décréta que les droits
établis par le tarif de 1791 seraient diminués des neuf
dixièmes, des huit dixièmes ou de moitié sur une foule
de produits. Les choses n'en allèrent pas mieux. De plus,
les producteurs se plaignirent de la position désavantageuse que leur faisait la nouvelle loi. Le Gouvernement
directorial, pour leur donner apaisement, releva, le

(1) La prohibition des grains à la sortie, très-fréquente sous l'ancien régime, avait été renouvelée par une loi du 21 septembre 1789. Cette prohibition subsista jusqu'en 1804. Diverses exceptions furent alors autorisées,
et le principe de l'échelle mobile, qu'on devait étendre plus tard aux importations, fut appliqué à la sortie des céréales. D'après les bases adoptées
en 1806, les droits d'exportation variaient de 2 fr. 50 c. à 8 fr. par 100 kil.,
et la prohibition était rétablie lorsque le prix moyen du blé s'élevait à 24 fr.
l'hectolitre.

23 novembre 1796, la plupart des droits d'entrée qu'on avait abaissés. Il essaya, en même temps, de rendre à l'agriculture et à l'industrie manufacturière les débouchés que leur avait enlevés l'exagération des prohibitions de sortie. Enfin, la loi du 28 avril 1797 (9 floréal an VII) fut préparée dans le double but de donner des encouragements à l'industrie et de relever les revenus du Trésor.

II.

L'instabilité des tarifs avait presque toujours compromis, dans cette longue série de tentatives, les intérêts qu'on voulait protéger. On ne supplée point par des expédients économiques aux lois naturelles du travail et à l'ordre intérieur. La production se relevait lentement. Le revenu brut des douanes n'avait guère représenté, pendant la tourmente révolutionnaire, plus du double des frais de perception (1). Malgré la confiance générale qu'inspirait le gouvernement consulaire, il n'avait pas dépassé, en l'an X, 42 millions, réduits, par les frais de recouvrement, à 34 millions environ. Ce devait être, pour une administration réparatrice, l'objet de sérieuses méditations.

En présentant au Corps législatif la loi du 28 avril 1803 (8 floréal an XI), le rapporteur, M. Collin de Sussy, s'attacha tout d'abord à établir que le nouveau projet, pré-

---

(1) Les produits bruts de toute nature recouvrés par les préposés des douanes, en 1792, s'élevèrent à 20,485,164 livres. Voici dans quel ordre étaient classés, à cette époque, les principaux bureaux de perception :

Bordeaux...................... 3,566,193 livres.
Lorient .... 2,428,676 id.
Le Hâvre..................... 1,804,442 id.
Dunkerque.................... 1,726,015 id.
Nantes........................ 1,558,565 id.
Marseille .... 1,451,435 id.

paré après le traité d'Amiens, ne devait pas donner à l'Angleterre les satisfactions qu'elle réclamait. Il consacra, en effet, le principe de la protection (1). Les manufacturiers ne tardèrent pas à en demander une application plus énergique. Se prévalant des circonstances difficiles qu'avait traversées la France, ils prétendaient que les fabriques nationales ne se relèveraient jamais tant qu'on ne leur assurerait pas, au moyen d'un régime de douanes rigoureux, l'approvisionnement exclusif du marché national. Et cependant ils se trouvaient affranchis de la concurrence anglaise par la loi de l'an V. C'étaient surtout les fabricants de toiles de coton qui poursuivaient sans cesse l'Administration de leurs doléances. Le droit considérable imposé par la loi de floréal an XI sur les toiles blanches (800 fr. par 100 kilog.), n'avait pas suffi pour les rassurer, et ils sollicitaient la prohibition absolue.

III.

La loi du 30 avril 1806 la décréta à l'égard des mousselines, des toiles de coton blanches et peintes, des toiles de fil et coton, des couvertures de coton et des cotons filés pour mèches. Dans la discussion préparatoire qui avait eu lieu au Conseil d'État, où l'on avait appelé plusieurs manufacturiers expérimentés, quelques orateurs avaient contesté l'utilité de cette exclusion. Mais les fabricants l'emportèrent. Les cotons filés, dont ils avaient demandé aussi la prohibition, furent tarifés, sans dis-

(1) Les dispositions relatives au tarif n'en étaient, du reste, que la partie secondaire. L'organisation du régime des entrepôts en formait l'objet principal. Les articles 17 et 30 admettaient au drawback les sucres raffinés et les savons.

tinction de degré de finesse, à 700 fr. par 100 kilog. (1).
Des augmentations de droits plus modérées frappèrent la
bimbeloterie, la mercerie commune, etc. Celles qui
atteignirent le fer en barres, la tôle, le ferblanc, le
laiton, étaient purement fiscales. Les cotons en laine,
admis jusque-là en franchise, ou moyennant de très-
faibles droits, furent taxés à 60 fr. par quintal. Le Gouvernement voulut ainsi compenser en partie la diminution de 8 à 10 millions qu'allait causer, dans le revenu
des douanes, la prohibition des toiles de coton. « Ce
» droit, exposait le rapporteur, est sans inconvénients
» réels pour le fabricant, puisqu'il n'a plus à craindre la
» concurrence des tissus étrangers, et il sera peu sen-
» sible pour le consommateur, parce qu'il n'augmentera
» que dans une très-faible proportion le prix de la
» toile (2). » Il paraît, toutefois, qu'on en redouta l'influence sur nos exportations, car l'article 25 de la loi
accorda une prime de 50 fr. par 100 kilog. à la sortie
des tissus fabriqués avec des cotons soumis à la taxe de
60 fr. Le principe du drawback reçut de la sorte une
nouvelle consécration.

IV.

La taxe sur les cotons ne devait pas tarder à être remaniée. L'Empereur, toujours préoccupé des moyens
d'atteindre la Grande-Bretagne dans son industrie, avait
conçu le projet de substituer l'usage de la toile de lin à

(1) M. de Collin de Sussy avait dit à ce sujet :
« L'Empereur n'a pas cru que le moment de défendre l'entrée des cotons
» filés fût arrivé, parce qu'il est constant que nos filatures ne peuvent encore
» fournir des numéros assez fins pour la fabrique des mousselines. »
(*Moniteur* du 27 avril 1806.)
(2) *Moniteur* du 27 avril 1806.

celui des toiles de coton. Il offrait le prix d'un million à quiconque inventerait un procédé de filature mécanique applicable au lin. Pour donner, de plus, à l'industrie linière une protection indépendante de celle que lui assurait la prohibition des toiles de coton étrangères, il imposa les cotons en laine du Levant, le 5 août 1810, à 400 fr. par 100 kilog.; ceux des États-Unis, à 600 fr.; ceux du Brésil et quelques autres, à 800 fr. (1). Les cotons de Naples, qui ne pouvaient jamais subvenir qu'à une faible partie de nos besoins, conservèrent seuls la faveur du droit de 60 fr.

Le décret du 5 août portait, en outre, à 100 fr. le droit des bois de teinture moulus, afin d'affranchir nos propriétaires de moulins d'une concurrence dont ils ne cessaient pas de se plaindre. Celui du 11 juillet précédent avait augmenté quelques autres taxes et prohibé l'entrée des savons et des soudes. Le 12 septembre de la même année, l'Empereur accorda à nos pêches la protection d'un droit élevé sur l'huile de poisson, sur la morue, sur le poisson sec, et il greva aussi de droits considérables, dans l'intérêt du fisc, un grand nombre de substances propres à la pharmacie. Quelques autres modifications analogues intervinrent encore avant la chute de l'Empire. Mais elles étaient d'une importance économique secondaire, et, sauf les changements que nous venons d'indiquer, on peut considérer le tarif de 1806 (2) comme ayant réglé jusqu'à la Restauration les relations d'échange de la France avec les peuples étrangers autres que l'Angleterre.

(1) Quand l'importation de ces cotons s'opérait par les bords du Rhin, la taxe était réduite à 200 fr.

(2) Il ne dénommait que les denrées ou marchandises dont il modifiait la taxe. Celles qui n'y étaient pas comprises restaient généralement placées sous l'empire du tarif de 1791.

V.

La proscription des produits de la Grande-Bretagne et l'exagération du tarif des denrées exotiques, se combinant, d'une part, avec les nécessités politiques ou fiscales qui firent recourir aux licences, de l'autre, avec les dispositions de l'Empereur à se prêter aux réclamations incessantes des fabricants, dans la pensée de préparer, pour l'avenir, de redoutables concurrents aux manufacturiers anglais, créèrent aux consommateurs et au commerce, dans les dernières années de l'Empire, une situation très-difficile. Les contemporains ont gardé le souvenir de ce système d'autorisations spéciales qui rendaient licites, moyennant tribut, des opérations interdites par la loi; ils n'ont pas oublié ces mesures anormales qui ne permettaient l'introduction par mer des marchandises étrangères, quelle qu'en fût l'origine et l'espèce, qu'à charge par les importateurs d'exporter à leurs risques et périls, en présence des croisières anglaises, des contre-valeurs équivalentes en marchandises nationales (1); ils se rappellent ces saisies trop souvent arbitraires qui venaient encore accroître, dans les pays conquis, l'hostilité des populations contre la France, et les dispositions étranges qu'il fallut prendre, dans certains cas, pour la perception de l'impôt des douanes (2).

(1) Ici encore on avait pu s'autoriser d'un exemple, déjà bien ancien, donné par la Grande-Bretagne. Dans le XVe siècle, les marchands étrangers admis à établir des comptoirs en Angleterre furent assujettis à l'obligation d'acheter des marchandises du pays avec l'argent qu'ils retiraient de leurs importations.

(2) Le maréchal Davoust, pendant l'occupation de Hambourg, fut obligé, par suite de l'énormité des droits, d'en autoriser le paiement en nature. Ainsi, pour les bois de teinture, *le propriétaire disposait d'une bûche sur dix; les neuf autres formaient la part du trésor impérial !*

Quoi que l'on fasse, ce sera toujours un mauvais instrument de guerre, parce qu'il n'agit, lorsqu'on veut l'employer ainsi, qu'en violentant les intérêts et les besoins. Heureusement pour nos finances, l'amélioration introduite dans la partie réglementaire de la législation des douanes, venant seconder l'ordre intérieur dû à la main ferme du chef de l'État, avait atténué l'effet de tant de circonstances propres à mettre obstacle au progrès des recettes. Le produit des douanes s'était élevé à plus de 102 millions en 1811, à 95 millions en 1812, à 98 millions en 1813. A la vérité, le territoire continental de la France était alors beaucoup plus étendu qu'aujourd'hui. Mais si l'on tient compte de la contrebande qu'excitaient l'élévation des droits et l'abus des prohibitions ; si l'on considère que les importations régulières de café, évaluées à 14 millions de kilog. en 1802, n'avaient pas atteint 6 millions de kilog. en 1813 ; que les quantités de sucre colonial soumises aux droits étaient descendues, dans la même période, de 33 millions de kilog. à 7, on trouvera dans l'accroissement du revenu des douanes la preuve manifeste de l'élasticité des ressources de notre pays. Ajoutons que nos industriels, appelés à concourir avec leurs rivaux de la Belgique et des provinces rhénanes, momentanément devenus français, ne s'étaient pas trouvés hors d'état de soutenir la lutte. Des capitaux considérables avaient été engagés dans les fabriques de tissus. Les établissements métallurgiques, quoique restés en arrière pour les procédés de travail, s'étaient multipliés. Nos quincailleries, nos cuirs, nos articles de sellerie avaient été l'objet de notables améliorations. Nos produits de luxe avaient grandi dans une égale proportion. Le reculement de nos frontières et les débouchés que nous avaient long-temps assurés au de-

hors les marches triomphales de nos armées avaient assurément beaucoup contribué à ces progrès industriels.
Mais il serait injuste de ne pas les attribuer aussi, en
partie, à l'intelligence et aux efforts de nos fabricants.

CHAPITRE VI.

1814.

Graves embarras à la suite de l'invasion. — Ordre de M. le comte d'Artois sur les denrées coloniales et sur les cotons. — Attitude du Gouvernement et des manufacturiers; préparation de la loi du 17 décembre 1814. — Discussion sur la prohibition des sucres raffinés. — Incident sur la révision des tarifs par voie d'ordonnance. — Denrées des colonies étrangères. — Ancien régime des fers; situation de l'industrie métallurgique; circonstances exceptionnelles qui motivent l'élévation des droits; déclaration du Gouvernement.— Les prétentions des maîtres de forges devant la Chambre des députés; erreur d'appréciation. — Projet de loi sur les laines; législation précédente; introduction en France des races mérinos; vaste projet de l'Empereur Napoléon Ier. — Intérêts divers en présence à la tribune; portée de la loi du 25 novembre 1814.

I.

Cependant, au moment de l'invasion, de grandes quantités de produits anglais se présentèrent sur nos marchés. « A la suite des 400 mille hommes qui avaient foulé le » sol français, marchaient, naviguaient des marchan- » dises disposées d'avance pour tirer parti de nos dé- » faites (1). » Les rapports établis entre la production et les débouchés ou les prix de vente se trouvèrent renversés. Naturellement l'Angleterre profitait des circonstances pour stipuler en faveur de son commerce. Le nouveau gouvernement de la France ne voulait pas lui accorder toutes les concessions qu'elle sollicitait et s'exposer ainsi à aggraver les embarras de la situation; il ne trouvait pas même sage de supprimer purement et

____

(1) Rapport de M. Éméric David à la Chambre des députés, sur une pétition de fabricants de fils et tissus de coton. (*Moniteur* du 29 septembre 1814.)

simplement les prohibitions spéciales décrétées contre
la Grande-Bretagne depuis 1793, car il eût, de la sorte,
replacé un grand nombre de produits anglais sous l'empire du tarif de 1791, qu'on n'avait pas jugé suffisamment protecteur. D'un autre côté, la Belgique et les
provinces rhénanes, dont l'industrie avait contribué,
pendant vingt ans, à la richesse de la France, étaient re-
jetées parmi les pays rivaux. Les fabricants du Nord
demandaient instamment à être préservés de cette
concurrence. La Chambre de commerce de Rouen avait
écrit au roi Louis XVIII, le 27 mai 1814 : *La prohibition est de droit politique et social* (1). A l'occasion de
la pétition que nous venons de rappeler en note,
M. Delhorme, député de l'Aisne, s'était écrié à la tribune : *Il faut maintenir, il faut rendre éternelle la
prohibition de tous les fils et tissus étrangers.* On se
trouvait conduit, en définitive, à refondre le tarif. Mais
une telle œuvre réclamait de longues études, et le Gouvernement dut se borner à prendre d'urgence et à soumettre aux Chambres les mesures les plus indispensables.

II.

Son premier acte (2), en matière de douanes, émana
de M. le comte d'Artois. Par un ordre du 23 avril 1814,
ce prince substitua des taxes modérées aux droits énor-

(1) Elle ajoutait : « Depuis le fabricant qui a employé tous ses moyens
» pécuniaires à former un établissement jusqu'à l'ouvrier qui y trouve un
» moyen d'existence pour lui et sa famille, tous réclament, et avec raison
» sans doute, le droit de fournir exclusivement à la consommation du pays
» qu'ils habitent. »

(2) Nous ne parlons pas de l'abolition du système continental, que les
événements militaires avaient déjà rendu complètement illusoire, lorsque
M. le comte d'Artois prescrivit, le 17 avril 1814, d'en suspendre l'exécution.

mes qui grevaient les denrées coloniales, et remplaça par un simple droit de balance la tarification prohibitive des cotons en laine. Sans nul doute, M. le comte d'Artois, en signant cet ordre, crut adopter, au grand avantage de tous, une mesure essentiellement réparatrice. Mais il est bien rare que les questions de douanes les plus simples en apparence ne se lient pas à des intérêts fort opposés. Les détenteurs de denrées coloniales et de cotons prétendirent qu'on les sacrifiait (1). En réalité, la dépréciation qu'avaient subie leurs marchandises était antérieure à la réduction des droits. Les événements militaires en étaient la véritable cause, car ils avaient ouvert de toutes parts nos lignes de douanes à l'invasion des produits étrangers. C'était là un fait consommé. D'ailleurs, il était difficile de prévoir l'époque où le service des douanes serait assez fortement réorganisé pour combattre avec succès la contrebande si l'on continuait à la stimuler par des droits exorbitants, et les entrepôts regorgeaient de marchandises qu'il n'était pas possible de soumettre à de lourdes taxes en présence des denrées similaires introduites en franchise ou moyennant une faible prime d'assurance. L'ordre du 23 avril était donc impérieusement commandé par les nécessités du moment. Il fallut le maintenir.

III.

La loi du 17 décembre 1814 (2) vint bientôt mettre

---

(1) Par une pétition adressée à la Chambre des députés, les fabricants d'étoffes de coton avaient demandé une indemnité de 30 millions.

(2) Cette loi fut surtout une loi réglementaire. Les changements peu nombreux qu'elle apportait au tarif s'appliquaient principalement aux denrées coloniales, aux toiles et aux outils. Les prohibitions et les droits établis sur les autres marchandises étaient provisoirement maintenus.

en lumière les tendances diverses qui devaient désormais se manifester si souvent dans les discussions parlementaires sur les douanes : d'un côté, les partisans de la liberté commerciale ; de l'autre, les intérêts privés poussant aux restrictions les plus étroites ; au milieu, le Gouvernement acceptant le système protecteur, sans vouloir l'exagérer, mais entraîné presque toujours audelà des limites qu'il aurait cru prudent de ne pas dépasser.

Comme nous l'avons dit, les fabricants engagés dans le régime créé par la loi de brumaire an V se montraient fort alarmés. M. le baron Louis, ministre des finances, s'efforça de les rassurer par son exposé des motifs. Toutefois l'attitude générale des représentants officiels de l'État n'annonçait pas des intentions bien arrêtées. Le Gouvernement aurait désiré concilier la protection avec la levée des prohibitions. Sans formuler encore cette réforme dans son projet transitoire, il semblait disposé à la préparer. M. Béranger, directeur général des contributions indirectes (1), alla même jusqu'à déclarer que les douanes, au lieu de servir de moyen direct pour faire fructifier l'industrie, devaient fonctionner surtout comme branche de revenus (2). Mais le rapporteur de la commission de la Chambre des députés, M. de Francoville, défendit, dans un travail fort étendu, les doctrines les plus restrictives, et l'on put juger qu'il avait exactement reproduit la pensée de la majorité.

(1) Une ordonnance royale du 17 mai 1814 avait prononcé la suppression des directions générales des droits réunis et des douanes, et la réunion de leurs attributions sous le titre de Direction générale des Contributions indirectes.
(2) *Moniteur* du 24 novembre 1814.

IV.

Dès l'ouverture des débats, la question de doctrine fut posée à l'occasion des sucres raffinés. Le Gouvernement proposait de remplacer par un droit de 120 fr. par 100 k. la prohibition dont ils avaient été de nouveau frappés. La commission trouvait la concession dangereuse et la repoussait. La discussion fut vive. Nos raffineries n'étant pas alors en mesure de suffire aux besoins de la consommation française, il était à craindre que l'exclusion des raffinés étrangers n'eût pour résultat de faire passer dans les mains des contrebandiers l'impôt que le projet réservait à l'État. Différents orateurs, entre autres Messieurs Sylvestre de Sacy, Labbey de Pompières et Le Hir, attaquèrent le principe même de la prohibition; mais ils rencontrèrent d'énergiques contradicteurs. D'après M. Dufort, député de la Gironde, les raffineries françaises ne pouvaient pas affronter la concurrence étrangère. Représentant d'un port de mer, qui avait tout intérêt à transporter la plus grande quantité possible de sucres bruts, M. Dufort n'hésita pas à sacrifier aux besoins de sa cause le système de liberté commerciale que Bordeaux avait depuis long-temps proclamé. MM. de Francoville et Lezurier de La Martel se joignirent à lui, et la prohibition fut votée à la majorité de 99 voix contre 91.

V.

Les mêmes dispositions se firent jour à l'occasion du titre V, qui conférait au Gouvernement la faculté de modifier le tarif en cas d'urgence.

Dans le projet de M. le baron Louis, cette faculté était générale et absolue. L'article 34 portait que des ordonnances du roi pourraient provisoirement augmenter ou diminuer les droits de douanes, tant à l'entrée qu'à la sortie ; établir ou défendre des entrepôts ; prohiber ou permettre l'importation et l'exportation de toutes marchandises. La rédaction du Ministre souleva de nombreuses objections. Les partisans du régime prohibitif soupçonnaient le Gouvernement de pencher vers des concessions dangereuses pour notre industrie ; les défenseurs d'un système de commerce plus libéral appréhendaient, au contraire, qu'il ne se laissât entraîner à sacrifier les intérêts généraux des consommateurs aux exigences des grands manufacturiers. M. Le Hir rappela l'abus qu'avait fait le gouvernement impérial de la latitude que lui avait donnée la loi du 29 floréal an X (1). Ces observations eurent pour résultat de faire modifier l'article 34. Mais, ici encore, la majorité se préoccupa exclusivement de la protection, car, en laissant à l'Administration le pouvoir de restreindre l'entrée des marchandises étrangères, soit par une augmentation de taxe, soit même par la prohibition, elle ne lui permit de diminuer les droits qu'en faveur des matières premières nécessaires aux manufactures.

VI.

La loi du 17 décembre devait consacrer un principe que n'avait pas admis notre ancienne législation. Avant la Révolution, il était interdit d'importer en France les denrées des colonies étrangères. Non seulement les nôtres suffisaient à nos propres besoins, mais nous en réexportions, chaque année, des quantités considérarables (2). A la Restauration, la situation était bien dif-

(1) L'article 34 du projet présenté par le Gouvernement était la reproduction à peu près textuelle de l'article 1er de cette loi.

(2) Il est difficile de préciser le chiffre de ces réexportations. Dans l'*His-*

férente. La perte de Sainte-Lucie, de Tabago et de l'Ile-de-France, que le traité du 30 mai avait assurées à l'Angleterre, l'émancipation de Saint-Domingue surtout, resserraient dans de fort étroites limites notre production nationale. Elle n'était plus en état de subvenir à notre consommation. Les fabriques de sucre indigène ne livraient encore que des produits de qualité inférieure et peu abondants. La force même des choses obligeait donc à recevoir les denrées des colonies étrangères. La loi du 17 décembre pourvut à cette nécessité. Mais elle différencia le tarif de manière à ce que les denrées étrangères, sauf de rares exceptions, ne dussent trouver accès sur nos marchés qu'après l'écoulement des produits similaires de nos colonies. Pour les sucres bruts, qui en formaient le principal article, la surtaxe votée par les Chambres était de 50 p. 100.

VII.

Des projets de loi spéciaux, proposés et discutés à peu près en même temps que la loi du 17 décembre 1814, réglaient la tarification des fers, des laines et des grains (1).

Avant la Révolution, les fers étaient placés, en France, sous un régime particulier. La dîme sur le produit des mines faisant partie des droits régaliens, on y avait assujetti les fers. Elle fut convertie, plus tard, en droit

---

toire du Consulat et de l'Empire, M. Thiers en porte la valeur à 150 millions de francs, tandis que M. Necker, dans son travail sur l'Administration des finances de la France, ne la fixe qu'à 75 millions. Il paraît que beaucoup de denrées coloniales dont on simulait la réexportation pour les soustraire au droit de consommation, restaient frauduleusement dans l'intérieur du royaume.

(1) Voir, pour les grains, le chapitre VIII.

de marque, et, pour en assurer le recouvrement, on soumit les usines à l'exercice. Le tarif de 1791 maintint ce droit de marque indépendant de la taxe d'entrée sur les fers étrangers (1). Mais, comme les anciens édits, il rangea les fers et les aciers dans la catégorie des matières premières et ne les frappa que d'un très-faible droit de douanes. On ne s'arrêta point aux prétentions des maîtres de forges, qui, à diverses époques, avaient réclamé, eux aussi, l'appui du système protecteur. Le doublement de droits ordonné en 1806 fut purement fiscal et ne porta qu'à 4 fr. la taxe d'entrée sur les fers en barres. C'était, en quelque sorte, la continuation du régime de concurrence qu'avaient toujours supporté nos établissements métallurgiques. Il n'avait point comprimé l'essor de leur prospérité. En 1789, nos forges et nos aciéries approvisionnaient la plus grande partie de notre marché. Dans les dernières années de l'Empire, on comptait, dans les seuls départements de l'ancienne France, 315 hauts-fourneaux et 859 feux d'affinerie (2) qui suffisaient à peu près à tous les besoins de la consommation. Mais, à la libre concurrence des temps antérieurs à la Révolution, vingt-deux ans de guerre avaient substitué une véritable prohibition de fait, et nos forges, assurées de l'alimentation d'un marché national agrandi par la conquête, s'étaient laissé distancer par l'étranger dans les procédés de fabrication. En 1814, le commerce nous apporta du dehors d'immenses quantités de fers qu'il put livrer, droits compris, à 30 et 40 p. 100 au-dessous du prix ordinaire des fers français de qualités égales. La

(1) L'ordonnance du 21 juin 1680, *sur le fait des entrées, aydes et autres droits y joints,* contenait un titre spécial au droit de marque et à l'exercice.
(2) M. Moréau de Jonnès.

position de nos maîtres de forges devenait difficile. Une ordonnance royale, du 12 août, prescrivit de détenir en entrepôt, jusqu'à la publication d'une nouvelle loi, tous les fers étrangers qui n'avaient pas encore été soumis aux taxes d'entrée, et, huit jours après, le ministre des finances en présenta le projet à la Chambre des députés.

Le Gouvernement proposait un tarif gradué qui fixait à 15 fr. par 100 kilog. la taxe des fers en barres les plus répandus dans le commerce et dont le prix sert ordinairement d'étalon. L'article 2 disposait que les fers et aciers mis en entrepôt, en vertu de l'ordonnance du 12 août, seraient assujettis aux nouveaux droits.

Lors de la présentation de ce projet, les fers étrangers en barres se vendaient en entrepôt de 30 à 35 fr. par 100 kilog. Le droit de 15 fr., élevé par le décime à 16 fr. 50, équivalait donc à 50 p. 100 de la valeur, et créait, au profit de l'industrie métallurgique, une protection qui devait peser lourdement sur le consommateur. Le Ministre ne dissimula pas, dans son exposé des motifs, qu'il ne s'était pas décidé sans regret à s'écarter ainsi de tous les précédents de la législation française sur les fers. Il ajouta que cette concession était subordonnée, dans la pensée du Gouvernement, à la condition par les maîtres de forges « de tendre à l'économie » et aux procédés les plus simples, de renoncer au dan- » gereux bénéfice du monopole et de faire de continuels » efforts pour atteindre à tous les perfectionnements déjà » découverts ou à découvrir. Nous espérons, disait le » Ministre en terminant, pouvoir, aux prochaines ses- » sions, demander la réduction successive du tarif dans » la proportion des changements que le nouvel ordre de » choses apportera au prix des bois et à celui de la main-

» d'œuvre. » La commission de la Chambre des députés, malgré les influences qui s'agitaient autour d'elle, s'exprima par l'organe de son rapporteur, M. Dufougerais, dans le même sens que le Ministre, tant une taxe élevée sur les fers heurtait alors toutes les idées admises jusque-là.

VIII.

Les maîtres de forges avaient demandé la prohibition absolue des fers étrangers. Repoussés par le Ministre et par la commission, ils adressèrent une pétition à la Chambre elle-même. Leurs prétentions n'y manquèrent pas de défenseurs. L'on vit dans cette discussion ce qu'on devait remarquer dans beaucoup de circonstances : les convictions se former d'après les intérêts de localités. Les députés des départements métallurgiques ne trouvaient pas le projet suffisamment protecteur ; les représentants des ports de mer déclaraient qu'il l'était trop. Au nombre des premiers, M. Damp-Martin, du Gard, se fit surtout remarquer par l'ardeur de ses doctrines restrictives. *Exporter le plus possible et laisser importer le moins possible*, tel était, selon lui, en matière commerciale, l'unique ressort de la prospérité des États, *l'importation traînant à sa suite des conséquences aussi funestes qu'inévitables.* Il se prononça pour la prohibition. MM. Bouffey et Augié conclurent aussi pour une prohibition temporaire. D'autres proposèrent d'accorder aux maîtres de forges une prime de fabrication. Dans les rangs opposés, M. Dufort, qui devait réclamer si vivement, quelques jours après, l'exclusion des sucres raffinés, protestait à la fois contre la prohibition et contre l'aggravation du tarif. Mais la Chambre des députés ne modifia le projet (1) que pour y introduire quelques nouvelles dispositions restrictives.

Dans la pensée du ministère et des pouvoirs législatifs, la nouvelle loi ne devait établir qu'un régime transitoire destiné à fournir aux maîtres de forges les moyens de traverser une crise accidentelle. On ne s'était pas rendu compte du développement que préparait à la fabrication anglaise l'heureuse position de ses houillères et de ses gisements de minerai de fer. Au moment de la Révolution, la France ne connaissait guère que les fers de Suède et de Russie. En 1814, c'étaient encore les seuls dont on redoutât sérieusement la concurrence pour l'avenir. Lorsqu'on aperçut, un peu plus tard, que la puissance de la production et du bon marché était ailleurs, les intérêts qu'on avait voulu sauvegarder à la Restauration s'étaient emparés d'une grande influence politique, et la France se trouva enchaînée à un système qu'elle n'avait cru adopter que pour un petit nombre d'années. Nous aurons à y revenir.

IX.

Si, pour les fers, on n'avait pas bien discerné la situation, pour les laines on se trompa complètement.

Le projet de loi présenté à la Chambre des députés, le 1er octobre, par M. Becquey, directeur général de l'agriculture, du commerce, des arts et manufactures, disposait, notamment, qu'il serait perçu, *à la sortie* des laines mérinos et métisses, un droit de 30 fr. par quintal métrique, réduit à 15 fr. pour les laines en suint, et que les mêmes laines, ainsi que les laines communes

(1) Il fut adopté à la majorité de 159 contre 19. La Chambre des pairs se borna à rejeter la disposition spéciale aux fers entreposés.

lavées ou en suint, venant de l'étranger, seraient admises, *à l'entrée,* sous le simple droit de balance.

Pour apprécier le véritable caractère et la portée de ce projet, il faut se rendre compte des divers intérêts qui se trouvaient en présence.

L'introduction en France des races espagnoles est peu ancienne. C'est seulement sous le règne de Louis XVI que fut formé, au moyen de certaines concessions de Sa Majesté Catholique, l'établissement de Rambouillet (1). Quelques beaux résultats furent obtenus, et une sorte d'engouement pour l'élève des mérinos s'empara de nos propriétaires. Mais leurs frais d'exploitation étaient considérables. Au lieu de rechercher les procédés d'acclimatation les plus économiques, nos éleveurs fondèrent une véritable industrie de luxe. L'accroissement de la production, joint à la concurrence étrangère, ayant fait baisser le prix des laines, les éleveurs de mérinos ne trouvèrent plus à placer les leurs avec avantage, et le découragement succéda à l'enthousiasme. La race espagnole, loin de se multiplier en France, tendait plutôt à décliner. La loi du 30 avril 1806, en prohibant l'exportation des brebis ou moutons mérinos et métis, ne changea pas l'état des choses. En 1811, l'Empereur défendit aux propriétaires de couper, à l'avenir, leurs béliers de race pure (2). Sur la demande des éleveurs, il frappa aussi d'un droit de 30 fr. par quintal métrique les laines fines venant des états du Nord, et d'une taxe de 10 fr. les laines communes de cette origine (3). Ce n'était là que la partie

(1) Un essai tenté sous le ministère de Colbert n'avait pas réussi.
(2) Décret du 8 mars.
(3) Décret du 2 décembre 1811.

accessoire d'un gigantesque projet qu'il conçut vers la
même époque : il voulait appliquer les fonds de l'État
à créer des dépôts de béliers en nombre suffisant pour
croiser les 9 millions de brebis qu'on jugeait nécessaires
à notre approvisionnement en laine. Mais une telle entreprise, en supposant que le succès en fût possible, réclamait des fonds et des soins que les circonstances ne
permettaient pas d'y consacrer. On forma seulement 28
dépôts de béliers, que les maladies eurent bientôt dé-
cimés. La plupart des propriétaires des troupeaux destinés à être croisés attendirent en vain les animaux qui
leur étaient annoncés, et la situation qu'on avait voulu
améliorer empira de plus en plus.

X.

En 1814, on était généralement d'accord pour réclamer la suppression des dépôts de béliers et l'abrogation
du décret de 1811. Une ordonnance royale y pourvut.
Les propriétaires demandaient, en outre, la faculté d'exporter en franchise les laines; ainsi que les animaux
producteurs. Les fabricants de drap voulaient, de leur
côté, que l'abandon des droits d'entrée établis en 1811
sur les produits du Nord se combinât avec l'interdiction
d'exporter des laines nationales. Le Gouvernement,
dans son projet de loi, avait cherché à tout concilier.

Avec ses bonnes intentions, il ne satisfit personne.
Éleveurs et fabricants, tous se plaignirent. La commission de la Chambre des députés, prenant parti pour les
premiers, combattit la tarification des laines fines à la
sortie. M. le général Augié, propriétaire de troupeaux,
alla plus loin : il demanda le renversement complet du
principe même de la loi, c'est-à-dire l'affranchissement
des laines françaises à l'exportation, et le maintien, à

l'entrée, du droit de 30 fr. sur les laines fines du Nord. C'est le système qui devait prévaloir un peu plus tard. M. Chabaud-Latour, au contraire, signala la faculté d'exporter les laines, même avec les droits de 15 et 30 fr., comme devant être le signal de la décadence des fabriques de draps. Il manifesta la crainte que les Anglais ne cherchassent à monopoliser tout le produit de nos troupeaux et ne se retirassent de nos marchés après avoir consommé la ruine de nos manufactures. « Le » commerce de nos jours, s'écria-t-il, s'est constitué en » état de guerre contre la société. Il n'est plus occupé à » porter l'abondance, mais à créer des disettes factices, » et c'est pour les créer que se forment ces effrayantes » réunions de capitaux, ces véritables conspirations » commerciales contre les peuples, conspirations qui » n'ont pour but que d'étouffer les industries naissantes » et de renverser celles mêmes qui, par leur longue » durée, paraissaient devoir être éternelles. » Il ne fut pas difficile au rapporteur de la commission, M. Rigaud de l'Isle, de faire justice de ces exagérations, devant lesquelles ne reculent jamais, aujourd'hui comme en 1814, les intérêts atteints par nos lois de douanes : nos fabriques de draps, avant la Révolution, étaient très-florissantes et ne manquaient point de matières premières, quoique la France, où l'on produisait peu de laines mérinos, fût obligée de les demander à l'Espagne. Le projet du Gouvernement, adopté sans amendement par les deux Chambres, reçut la sanction royale sous la date du 25 novembre 1814.

Mais, ainsi que nous l'avons indiqué, la nouvelle loi ne devait évidemment pas atteindre le but qu'on s'était proposé. Le ministère voulait principalement faire cesser le découragement des éleveurs de moutons mérinos. Or la

concession qu'on leur faisait, en permettant l'exportation des laines fines et celle des animaux producteurs,
était dérisoire. Puisqu'il leur était si difficile de les vendre sur le marché national, comment auraient-ils pu,
après avoir payé le droit de sortie et la taxe d'entrée
qui les attendait à l'étranger, aller y soutenir la lutte
avec avantage? Leurs espérances à cet égard n'étaient
qu'une illusion, tandis que la suppression de la taxe
d'entrée établie en 1811 sur les laines du Nord leur retirait une protection réelle. La loi, préparée surtout en
faveur des propriétaires de troupeaux, ne pouvait donc
profiter qu'aux manufacturiers. Nous en verrons plus
loin les résultats et la transformation.

CHAPITRE VII.

1816. — 1817. — 1818.

Dans quel ordre d'idées la loi de 1816 réforme le tarif. — Discussion sur les cotons en laine. — Tendances de la nouvelle Chambre des députés ; droit de recherche à l'intérieur consacré par amendement. — Caractère de la loi nouvelle. — Propositions formulées à la tribune à propos de celle du 27 mars 1817. — Ports francs ; leur origine et leur prospérité. — Régime spé-cial substitué à la franchise de Marseille. — Étranges manifestations que provoque un projet de loi sur le transit des denrées coloniales à travers l'Alsace. — Loi du 21 avril 1818; prétentions croissantes des prohibitio-nistes.

I.

Pendant que s'accomplissaient les mesures rappelées au chapitre précédent, le Gouvernement faisait étudier la refonte générale de nos tarifs de douanes. Louis XVIII, avant les Cent-Jours, avait ordonné de la préparer. Ce fut l'objet de la loi du 28 avril 1816 (1).

Le Gouvernement, cette fois, se proposait pour premier résultat une augmentation de produits. La situation des finances était critique, et le ministère, réduit à demander plusieurs taxes nouvelles, devait naturellement se préoccuper des moyens d'améliorer le revenu des douanes (2).

C'était, avant tout, aux denrées coloniales et aux cotons en laine qu'il voulait réclamer une plus forte part d'impôt. Mais, à ces deux éléments principaux de recette, venaient s'ajouter un très-grand nombre d'articles

(1) La loi du 2 novembre 1815 régla seulement quelques dispositions de détail spéciales aux denrées coloniales.

(2) L'augmentation que le Gouvernement voulait obtenir des douanes était de 15 millions.

divers restés sous le régime du tarif de 1791. L'Assemblée constituante avait fait un travail d'ensemble dont les différentes parties étaient généralement bien coordonnées. Les changements introduits dans ce travail sous la République et l'Empire en ayant détruit l'harmonie, il n'existait plus de rapport entre la tarification des denrées ou fabrications que réglait encore la loi de 1791 et celle des marchandises qu'avaient atteintes les augmentations survenues depuis. Le nouveau projet de loi régularisait cette situation. Il touchait aussi dans un esprit fort sage au tarif de sortie, qu'il dégageait d'un grand nombre de prohibitions ou de taxes exagérées, afin d'accorder à l'agriculture le plus précieux, le plus inattaquable, du moins, des encouragements, c'est-à-dire la libre disposition de ses produits. Il levait, notamment, l'interdiction d'exporter le cuivre et l'étain bruts, les chanvres, les graisses et suifs, le houblon, le lin, les peaux et les bestiaux.

II.

L'intérêt économique de la discussion porta sur la tarification proposée pour les cotons en laine et les houilles, sur la substitution d'un droit d'entrée à la prohibition qui repoussait les eaux-de-vie de genièvre, les rhums et les tafias, sur l'extension des droits différentiels établis, pour la première fois, en 1814, au profit de notre pavillon (1), enfin, sur la défense d'introduire des denrées coloniales par la voie de terre.

On a vu que les cotons en laine, assujettis, sous l'Empire, à des droits exorbitants, ne furent plus taxés, en 1814, qu'à un simple droit de balance. La nouvelle ta-

_____

(1) Voir, pour les droits différentiels, le chapitre XXV.

rification, graduée suivant les provenances, fixait le droit sur les cotons des États-Unis à 40 et 55 fr., selon que les importations avaient lieu par navires français ou étrangers. A la Chambre des députés (1), M. Magnez-Grandprez, M. le comte Beugnot, M. de Brigode combattirent vivement cette disposition. Les cotons figurant au premier rang des matières premières, il leur paraissait contraire à toutes les règles de l'Administration française d'en élever le prix par des taxes d'entrée. M. le comte Beugnot proposa même de renoncer à la prohibition des tissus pour remplacer le produit qu'on attendait du droit sur les cotons en laine. Ce ballon d'essai ne pouvait pas aller bien loin. M. de Saint-Cricq, directeur général des douanes, expliqua que le droit de 40 fr. ne représenterait pas plus de 2 1/2 p. 100 sur les tissus moyens et plus de 1/4 p. 100 sur les tissus fins. Une aussi faible aggravation de prix ne lui semblait pas devoir restreindre la consommation intérieure. Les besoins du Trésor étaient impérieux. Une prime de 50 fr. par 100 kilog., payable à la sortie des tissus de coton, devait empêcher le droit d'entrée de modifier les conditions de notre exportation, et la proposition du Gouvernement fut acceptée.

III.

La Chambre se rallia aussi au projet du ministère pour l'abandon de la prohibition des peaux à la sortie. Dans plusieurs départements, les débouchés manquaient pour ce produit, et l'intérêt agricole l'emporta sur les réclamations des industriels qui employaient les cuirs. A l'égard des houilles, la majorité de la Chambre jugea

(1) La Chambre des pairs vota sans discussion la loi de finances de 1816.

même que le projet faisait une trop belle part à nos mines d'Anzin et d'Aniche. Mais, sur d'autres questions, elle se montra, comme celle de 1814, beaucoup plus restrictive que l'Administration. Elle maintint notam-·ment, malgré les efforts de M. de Saint-Cricq, la prohibition absolue des eaux-de-vie autres que de vin, repoussa l'introduction par terre des denrées coloniales, et refusa d'autoriser la création de l'entrepôt que le Gouvernement proposait d'établir à Lille.

Sur ce dernier point la lutte fut vive. Les ports de mer voulaient que les denrées coloniales ne pussent pénétrer sur le territoire que par la voie maritime. MM. Richard (de la Loire-Inférieure), Pontet, Pardessus, de la Marre, soutenaient que c'était la seule qui fût naturelle pour les arrivages d'outre-mer. Les villes placées sur la frontière demandaient, au contraire, à pouvoir profiter des avantages de leur situation et à ne pas être contraintes d'aller chercher à de longues distances les denrées qu'elles pouvaient se procurer à leurs portes. M. le prince de Chimay, au nom de Charleville, M. Wendel, au nom de Lille et de Metz, combattirent les prétentions exclusives des ports de mer. Mais l'intérêt maritime triompha.

Le projet de loi touchait à quelques points essentiels de la législation pénale des douanes, et la majorité de la Chambre donna à l'Administration des moyens de répression que le ministère n'avait pas jugé utile de demander.

Les tribunaux spéciaux institués par le décret du 8 octobre 1810 ayant été supprimés en 1814, les faits de contrebande étaient rentrés sous la juridiction des tribunaux ordinaires. Aux termes des articles 15 et 16 de la loi du 17 décembre, tous les actes individuels étaient de la compétence des juges de paix, et les tribunaux correctionnels connaissaient des introductions opérées par bandes. Le Gouvernement proposait de renvoyer devant les cours prévôtales, rétablies pour des cas d'une autre nature, les individus coupables de crimes de contrebande commis avec attroupement et port d'armes. Dans sa pensée, ce n'était pas le fait de fraude, c'était l'attroupement avec armes qui seul devait entraîner cette compétence exceptionnelle. La commission fut d'avis de saisir les cours prévôtales dès qu'il s'agirait d'introductions tentées, même sans armes, par trois fraudeurs marchant à cheval ou par une bande de six hommes à pied. M. Cornet d'Incourt voulait aller plus loin. Il présenta un amendement qui substituait la peine des travaux forcés à celle de l'emprisonnement pour tous les délits de contrebande. La Chambre, heureusement, se refusa à suivre jusque-là les partisans de la répression. Elle rejeta l'amendement de M. Cornet d'Incourt. Mais, sans s'arrêter aux protestations qu'élevèrent, en faveur du droit commun, M. le baron Pasquier et M. de Serre, elle vota les conclusions de sa commission.

La Chambre céda aux mêmes tendances en sanctionnant une autre modification fort grave apportée par la commission au travail qui lui était soumis. L'action du service des douanes avait toujours été restreinte dans une zône limitée des frontières ou du littoral. Si la loi du 10 brumaire an V s'était écartée de ce principe, c'était sous la pression de circonstances essentiellement exceptionnelles, et la Restauration s'était empressée d'y revenir. Il paraissait devoir être désormais à l'abri de toute atteinte. Mais le Conseil général de l'agriculture et du commerce insista pour que divers produits pussent être recherchés partout, dans les dépôts de l'intérieur aussi bien qu'à la frontière. La commission fit une proposition dans ce sens. Le ministère crut prudent de s'y rallier pour éviter une nouvelle défaite, et l'argumentation de MM. Magnez-Grandprez, d'Escorbiac, Delbrel ne parvint pas à détourner la majorité de la consacrer par son vote. Il fut décidé que les cotons filés, les tissus et tricots de coton et de laine, et tous autres tissus de fabrique étrangère prohibés seraient recherchés et saisis dans toute l'étendue du royaume. La Douane reçut ainsi, en dehors de l'initiative du Gouvernement, un pouvoir rigoureux dont l'exercice, inévitablement lié au droit de visite domiciliaire, n'a pas cessé de soulever des plaintes, quoique l'Administration se soit toujours attachée à n'en user qu'avec une extrême réserve.

IV.

Au total, la loi du 28 avril 1846, malgré la place considérable qu'elle occupe dans le code des douanes, est surtout digne d'attention, au point de vue économique, comme ayant consacré, par son silence, les rigueurs de tarif de la période révolutionnaire et de l'ère impériale. En 1814, on s'était occupé seulement de quelques réformes urgentes; la question importante des prohibitions ayant été réservée, il fut encore permis de supposer qu'elle recevrait une solution conforme aux idées qui avaient prévalu en 1791. Mais, en 1846, la doctrine de la restriction avait reconquis du terrain, et, après la loi du 28 avril, il devint évident que le régime commercial de la France resterait long-temps engagé dans la voie où l'avait jeté la guerre.

V.

L'année suivante, une nouvelle loi de douanes fut

rendue sons la date du 27 mars. Le projet du Gouvernement avait principalement pour but de compléter, de régulariser dans quelques détails, les mesures antérieurement adoptées. Aussi la discussion qui s'engagea à la Chambre des députés (1) eut-elle presque exclusivement pour objet des amendements puisés en dehors des dispositions formulées, soit par le Gouvernement, soit par M. Magnez-Grandprez, rapporteur de la commission. M. Dugas de Varennes, organe des réclamations des Chambres consultatives de Saint-Étienne et de Saint-Chamond (Loire), proposa de reporter à l'ancien taux de 1,530 fr. par 100 kilog. le droit de 817 fr. afférent aux rubans de velours fabriqués à l'étranger, et de taxer à 5 fr. par hectolitre la houille importée par terre. M. le général Augié, propriétaire d'un des plus riches établissements métallurgiques du Berry, réclamait une augmentation de 10 fr. par quintal sur les fers étrangers fabriqués au laminoir. M. Becquey, directeur général de l'agriculture et du commerce, appuyait lui-même cette proposition au nom des intérêts de la Haute-Marne, dont il était le député : « Nos maîtres de forges, disait-il, » sont tellement découragés, que des coupes de bois » appartenant à Monsieur, frère du Roi, ont été récemment mises en vente sans trouver d'acheteurs ! » Mais M. de Saint-Cricq signala les graves inconvénients qu'il y aurait à improviser, de la sorte, des dispositions de tarif sans étude préalable de la part de l'Administration, sans examen dans les bureaux. La Chambre eut la sagesse d'apercevoir l'écueil, et rejeta toutes les propositions incidentes qui lui étaient soumises.

(1) La Chambre des pairs vota encore, sans discussion, sur le rapport de M. le comte Garnier, le projet de loi tel que l'avait adopté l'autre Chambre.

VI.

L'année 1817 fut encore marquée par la transformation du régime de franchise qui avait été rendu à la ville
de Marseille en vertu d'une loi du 16 décembre 1814.

L'établissement des ports francs remontait à l'administration de Colbert. Il en dota Marseille, Bayonne et
Dunkerque. Les relations entre les peuples n'étaient
point alors aussi multipliées qu'aujourd'hui. Beaucoup
de nos produits, dont la consommation paraissait susceptible de s'étendre au dehors, y étaient peu connus.
Notre marine se développait lentement. Il pouvait donc
y avoir un véritable avantage à créer, sur quelques
points bien appropriés, des marchés en possession de
toutes les facilités nécessaires pour attirer les marchandises étrangères utiles à nos fabriques et pour donner de
nouveaux moyens d'écoulement à nos propres produits;
les ports francs pouvaient faire, en quelque sorte, l'of-
fice de foires permanentes ouvertes à toutes les nations
et à toutes les industries. La situation géographique de
Marseille, Bayonne et Dunkerque, non moins que les
anciens priviléges dont avaient joui ces trois ports, les
désignaient au choix du Ministre. Marseille, depuis la
décadence des brillantes républiques italiennes, était à
la tête du commerce du Levant; Bayonne, à cheval sur
le golfe de Gascogne et sur le principal passage des Pyrénées, était le centre le plus important de nos échanges
avec l'Espagne; Dunkerque, racheté depuis peu, reliait
notre commerce à l'Angleterre et à la mer Baltique.
Aussi les espérances de Colbert ne furent-elles pas trom-
pées. Les trois ports francs qu'il avait créés virent bientôt affluer les capitaux, et, sous cette action toujours

féconde, leur commerce et leur marine grandir rapidement.

A Marseille, la franchise se combina avec des dispositions particulières destinées à concentrer dans ce port
tout le commerce de la France dans les Échelles. Plus
tard, quelques modifications furent apportées à ce régime.
La loi du 1er août 1791, relative aux relations de Marseille
avec l'intérieur du royaume, les colonies et l'étranger,
tout en limitant dans son application le principe de la
franchise, le consacra de nouveau. Mais le niveau d'é-
galité que promena partout la Convention ne pouvait
manquer d'atteindre les priviléges commerciaux. Une
loi du 31 décembre 1794 supprima les franchises de
Dunkerque, de Marseille et de Bayonne (1). La Convention avait hésité cependant à l'égard de Marseille, et peut-
être aurait-elle maintenu, en faveur de ce port, les dispositions de la loi du 1er août 1791, si le rapporteur du
comité de commerce n'eût fait remarquer qu'elles ne
serviraient à rien pendant toute la durée de la guerre.

Quoi qu'il en soit, à dater de 1795, il n'y eut plus de
ports francs sur le territoire de la République. A la paix
d'Amiens, on parla de les rétablir. Les intérêts locaux,
prétendant que la suppression des franchises avait ag-
gravé la stagnation commerciale amenée par la guerre,
demandaient à rentrer en possession de leur ancien régime de liberté. Il est certain que Marseille, Dunkerque
et Bayonne y avaient trouvé la source de grands bénéfices. A Marseille, ils étaient presque toujours restés
dégagés d'abus sérieux. Il n'en avait pas été de même à

_____

(1) Un arrêt du Conseil, du 14 mars 1784, avait étendu la franchise à un
quatrième port, Lorient, dont on voulait faire l'un des principaux entrepôts
du commerce de l'Union-Américaine. Mais on l'avait bientôt trouvée plus
gênante qu'utile, et la loi du 20 avril 1790 en avait prononcé la suppression.

Dunkerque et à Bayonne ; la franchise y avait donné lieu à une contrebande fort active, et une partie notable des dépôts de marchandises étrangères formés dans ces deux ports s'écoulaient à l'intérieur. Ce fut l'un des motifs qui détournèrent le gouvernement consulaire de rétablir les ports francs ; il craignit qu'ils ne devinssent le siége d'un interlope considérable, et ne voulut pas offrir aux Anglais, par cette voie, les moyens d'écoulement qu'ils recherchaient pour leurs produits en proposant à la France un traité de commerce. L'Administration objectait aussi que les franchises, loin d'offrir désormais les mêmes avantages qu'autrefois, n'auraient plus pour résultat que d'enlever aux manufactures nationales, au profit de l'industrie étrangère, les capitaux nécessaires à leur progrès. Cet argument n'était peut-être pas bien décisif, et le jour où le perfectionnement du système des entrepôts permettrait d'en opposer de plus solides à l'institution des ports francs n'était pas encore venu. Mais la rupture de la paix d'Amiens ayant dépouillé le débat de tout intérêt d'actualité, les choses en restèrent là.

VII.

En 1814, la question des ports francs se réveilla. Les réclamations de Bayonne et de Dunkerque, qu'aucun intérêt public ne justifiait plus, furent écartées. Celles de Marseille avaient trouvé de l'écho dans le pays. La Chambre de Lyon et le Conseil général du commerce les avaient appuyées. Gênes, Livourne, Trieste venaient de reprendre leurs institutions de liberté commerciale. On pouvait craindre que les marchands étrangers ne refluassent vers ces trois ports s'ils ne trouvaient pas des facilités semblables dans l'une de nos villes de la Méditerranée, et le Gouvernement se détermina à présenter à la Chambre des députés, le 4 novembre, un projet de loi spécial sur la franchise de Marseille.

Cependant on ne songeait pas à reconstituer un régime de liberté complète et à rendre aux habitants les priviléges particuliers qu'ils avaient anciennement obtenus. Décidé à restreindre l'exception aux facilités indispensables pour la prospérité du commerce du Levant, le Gouvernement voulait se borner à réorganiser à peu près le système mixte institué par la loi du 1er août 1791. Mais il n'était pas en mesure de le formuler en dispositions précises ; il proposait donc aux pouvoirs législatifs de ne consacrer par la loi que le principe du rétablissement de la franchise, et de laisser à l'Administration le soin d'en déterminer l'exécution par voie d'ordonnance. Chaudement défendu par MM. Lezurier de la Martel, Girard, Raynouard, d'Astorg, Éméric David, le projet rencontra peu de contradicteurs. Il fut adopté par les deux Chambres et devint la loi du 16 décembre.

Conformément à l'article 2, une ordonnance royale du 20 février 1815 régla les diverses conditions de la franchise de Marseille. Mais, pendant les vingt années qui venaient de s'écouler, beaucoup de changements s'étaient opérés dans les habitudes locales. D'un autre côté, le système des entrepôts, quoique peu développé encore, avait été mieux étudié. Il résultait de ce double fait, d'une part, un plus grand besoin de liberté pour les rapports de Marseille avec les autres parties du territoire ; en second lieu, moins de difficulté à remplacer par des équivalents les avantages réels de la franchise. Les Marseillais ne tardèrent donc pas à reconnaître que les concessions stipulées en leur faveur dans l'ordonnance de 1815 ne les dédommageaient pas suffisamment des inconvénients graves attachés à un ordre de choses qui les séparait par une ligne de douanes du reste du royaume, et, tandis que Dunkerque insistait de nouveau pour obtenir le rétablissement de son port franc (1), Marseille, éclairée par sa dernière expérience, demandait déjà, sinon à se replacer dans le droit commun, du moins à sacrifier une partie des priviléges de son commerce avec l'étranger pour rentrer en possession de toute sa liberté de relations avec l'intérieur, soit par cabotage, soit par terre.

À la suite des observations produites par les représentants des intérêts engagés dans la question, intervint l'ordonnance du 10 septembre 1817, qui substitua à la franchise un système tout exceptionnel de concessions et de faveurs. On peut les résumer ainsi :

Exemption de toutes les taxes de navigation à l'égard des navires étrangers et du droit de tonnage pour les bâtiments français ;

Suppression de la surtaxe établie par l'article 7 de la loi du 28 avril 1816 pour celles des marchandises du Levant, de la Barbarie et des autres pays situés sur la Méditerranée, que le tarif n'imposait pas à un droit principal de plus de 15 fr. par 100 kilog. ;

Admission en entrepôt, sous divers régimes, de toutes les marchandises prohibées ou autres ;

Autorisation de réexporter les marchandises étrangères sur des navires d'un tonnage inférieur à celui fixé par les lois ;

---

(1) M. de Vaublanc, ministre de l'intérieur, présenta à la Chambre des députés, le 22 avril 1816, un projet de loi pour le rétablissement de la franchise de Dunkerque. Mais ce projet, très-faiblement motivé, n'aboutit pas. Il ne pouvait être question de reconstituer la franchise de Dunkerque au moment même où l'on allait supprimer de nouveau celle de Marseille.

Extension du transit à toutes les marchandises, à l'exception de celles qui étaient frappées de prohibition, des liquides et autres objets non susceptibles d'être emballés ;

Enfin, rétablissement de la prime accordée par la loi du 28 avril 1803 pour l'exportation des savons fabriqués à Marseille avec des matières étrangères.

A l'époque où ces dispositions furent adoptées, elles constituaient de fort larges priviléges. La faculté de l'entrepôt, généralisée à Marseille, celle du transit, qui y recevait un grand développement, étaient encore renfermées, partout ailleurs, dans des limites fort étroites. Peu à peu la loi commune est devenue plus libérale. Mais, indépendamment de quelques règles spéciales d'emmagasinement pour les marchandises étrangères admissibles en entrepôt réel, Marseille a conservé jusqu'à nos jours l'exemption des droits de tonnage et de surtaxe que lui avait accordée l'ordonnance de 1817, et cette dérogation à la loi générale, quelque bien motivée qu'elle puisse être, a plus d'une fois excité des réclamations de la part de nos autres ports.

VIII.

Nous touchons à une loi, celle du 21 avril 1818, dont une disposition secondaire donna lieu à de très-vifs débats, et fit éclater de nouveau cet antagonisme d'intérêts que soulèvent presque toujours les questions de douanes. Nous la rappellerons avec quelque détail, parce qu'elle nous paraît un curieux spécimen des préoccupations qui pesaient sur le Gouvernement.

Il s'agissait d'une proposition faite en faveur des départements du Rhin. De temps immémorial, la plus grande partie des denrées coloniales que la Suisse de-

mandait à la Hollande transitait à travers l'Alsace. Lors
de la réunion de cette province à la France, Louis XIV
ne voulut pas la priver des bénéfices qu'elle retirait du
passage des marchandises étrangères. Ce transit local
fut maintenu et subsistait encore en 1793, époque à
laquelle la Convention le supprima. Atteinte par le droit
commun qui interdisait le transit des denrées coloniales
arrivant par terre, l'Alsace n'avait pas cessé de réclamer. Le Gouvernement crut devoir enfin accueillir
ses vœux. L'article 34 du projet de loi étendait la
faculté du transit aux denrées de l'espèce entrant par
Strasbourg et destinées à sortir par Saint-Louis. Il semblait qu'une latitude aussi restreinte, et subordonnée
d'ailleurs à toutes les précautions propres à prévenir les
abus, n'était guère susceptible de soulever de graves
objections. Le ministère expliquait qu'il voulait uniquement ramener sur la rive gauche du Rhin un transit
ancien qui s'était reporté sur la rive droite. Mais les
ports de mer jetèrent les hauts cris. Mémoires, articles
de journaux, pétitions aux Chambres, ils employèrent
tous les moyens d'influence et de publicité pour réagir
contre la proposition. Autoriser le transit des denrées
coloniales de Strasbourg à Saint-Louis, c'était, disait-on,
remettre en question l'avenir de notre marine; c'était
sacrifier nos ports à ceux de la Hollande. Sans se dissimuler l'exagération de ces craintes, la commission
chargée par la Chambre des députés d'examiner le projet du Gouvernement conclut au rejet de l'article 34.
Ce fut au tour des Alsaciens à protester. La discussion
s'engagea bientôt dans l'enceinte législative, et n'y fut
pas moins ardente qu'au dehors. On eût dit que l'un des
plus grands intérêts du pays était en cause. Cédant à
des considérations plus politiques que commerciales,

M. le comte Corvetto, ministre des finances, M. le duc
de Richelieu, ministre des affaires étrangères, vinrent
prêter l'appui de leur parole au directeur général des
douanes et aux députés de l'Alsace, M. Metz et M. Kern.
Mais leurs efforts échouèrent contre la persistance de
M. Richard (de la Loire-Inférieure), de plusieurs autres
députés de l'intérêt maritime, et du rapporteur de la
commission, M. Morgan du Belloy. L'article 34 fut repoussé à la majorité de 101 voix contre 96. Il fallut
que le Gouvernement reproduisît sa proposition l'année
suivante. Dans l'intervalle, il avait chargé un agent supérieur de l'administration des douanes (1) d'aller éclair-
cir en Suisse et en Allemagne les faits contradictoires
qu'on avait signalés. D'après son rapport, fruit de
consciencieuses investigations, la Suisse ne tirait pas de
la Hollande au-delà de la moitié des denrées coloniales
que lui fournissaient nos propres ports de mer. D'un
autre côté, les frais de transport ne devaient pas être
moins élevés par la rive gauche du Rhin que par la rive
droite. La concession ne pouvait donc pas donner une
grande extension à ce transit, et toute la question se
réduisait par conséquent à savoir s'il n'était pas juste et
utile de permettre à l'Alsace d'en disputer une partie
à l'Allemagne.

Malgré l'évidence des faits, la nouvelle proposition
du ministère rencontra encore une forte opposition.
MM. Duvergier de Hauranne, Caumartin, Bégouen,
Richard, le comte Beugnot lui-même, persistèrent à la
combattre. Mais la Chambre la vota, à la majorité de
106 voix contre 89 (2).

(1) M. Morogc, inspecteur général.
(2) Loi du 26 mai 1819.

IX.

Parmi les dispositions réglementaires de la loi du 21 avril 1818, celles qui complétaient les moyens d'exécution pour la recherche dans l'intérieur des tissus prohibés soulevèrent aussi une résistance sérieuse. A ce sujet, M. Laisné de Villevêque soutint qu'une sévère prohibition exercée aux frontières et dans l'intérieur pouvait seule prévenir la chute totale de nos manufactures de coton. Il fallait, à son avis, adopter contre la contrebande une législation de fer. Il demandait donc que les tribunaux pussent prononcer contre les fraudeurs dix années de prison et une amende décuple de la valeur des marchandises illicitement importées. Cette fois encore, la Chambre ne voulut pas adopter des propositions qui rappelaient trop les mesures violentes de temps peu éloignés; mais elle donna avec empressement au Ministre les nouvelles armes qu'il avait été conduit à réclamer pour assurer l'application de la loi de 1816 (1).

Les deux premiers articles du même projet de loi apportaient quelques changements aux tarifs d'entrée et de sortie. La Chambre y trouva l'occasion de faire de nouvelles concessions aux protectionnistes exagérés. C'est ce qui eut lieu pour les fils de laiton propres à la fabrication des épingles. Nos propriétaires de tréfileries s'étaient plaints de la réduction votée, l'année précédente, à l'égard de ce produit. Bien qu'ils ne livrassent guère que 300 mille kilog. de laiton filé, tandis que nos fabriques d'épingles, dans les cantons de Laigle et de

(1) Le droit de recherche à l'intérieur avait excité de vives réclamations. Le commerce de Paris, notamment, avait protesté par une lettre couverte de 300 signatures. Mais les villes de fabriques avaient pétitionné, de leur côté, dans le sens des propositions de M. de Villevêque.

Rugles (Orne et Eure), en consommaient 900 mille kil.,
le Gouvernement proposait une échelle de droits qui reportait la taxe de 24 à 65 fr., et la Chambre, allant
plus loin, la fixa à 100 fr. les 100 kilog. Elle maintint
également, contre la proposition de l'Administration, la
prohibition de sortie des poils propres à la chapellerie.
Ce ne fut pas non plus sans opposition que passa une
mesure bien inoffensive relative à l'admission des débris
d'ouvrages en fonte (têts et blocailles) destinés pour les
forges situées dans le rayon des douanes. Par suite des
dernières délimitations, certaines fabriques de la frontière éprouvaient de grandes difficultés d'approvisionnement. Il y en avait même dont les hauts-fourneaux se
trouvaient sur le territoire étranger. Une telle situation
réclamait quelques facilités. Sans vouloir toucher à la
prohibition établie par la loi du 21 décembre 1814 à
l'égard des gueuses de moins de 400 kilog., le Gouvernement, appuyé par la commission, demandait une
exception pour les débris susceptibles d'être utilisés.
Mais on la repoussait comme pouvant compromettre
l'industrie nationale, et l'on dut encore soutenir une
longue discussion sur ce point, tant les exigences prohibitives grandissaient à mesure qu'on leur faisait plus
de sacrifices.

CHAPITRE VIII.

LOIS DE 1814, 1816, 1819, 1820 ET 1821
SUR LES GRAINS.

Principes admis en matière de grains dans les temps antérieurs à la Restauration; réforme de Turgot; décret de l'Assemblée constituante. — La loi du 13 décembre 1814 consacre de nouveau la libre importation. — Mesures adoptées en Angleterre; influence qu'elles exercent en France; apparition des blés de la mer Noire; proposition d'étendre aux céréales le système protecteur; dispositions de la Chambre; vote de la loi de 1819. — Élévation de la surtaxe. — Nouveau projet écarté par la commission, qui y substitue un système beaucoup plus restrictif; discussion approfondie; adoption de la loi de 1821.

I.

De tous les temps, les pouvoirs publics, en France, avaient exclusivement envisagé la question des céréales dans ses rapports avec les consommateurs. Ils plaçaient les besoins alimentaires des populations au-dessus de tous les autres intérêts de l'agriculture et du commerce. Attirer les subsistances de l'étranger, retenir, autant que l'exigeaient les circonstances, celles que produisait le pays, tel était l'objet de leur sollicitude. Sous la République et sous l'Empire, de même que sous l'ancien régime, on avait constamment permis la libre entrée des grains, et les lois de douanes en avaient interdit ou restreint la sortie chaque fois que l'état des récoltes avait inspiré quelques inquiétudes pour les approvisionnements.

Malheureusement, les effets de ce régime furent en partie neutralisés, pendant plusieurs siècles, par des règles de police intérieure qui entravaient la circulation des grains entre les diverses parties du territoire. Les provinces agissaient les unes vis-à-vis des autres comme l'État vis-à-vis de l'étranger. A la première apparence de disette, chacune d'elles défendait de transporter des grains dans les provinces voisines. Il suffisait même, pour déterminer la prohibition, qu'une province, connaissant l'existence de besoins dans une contrée rapprochée, craignît des enlèvements trop considérables. Une sorte de muraille s'élevait ainsi autour des localités dont les récoltes avaient manqué, et des populations mouraient de faim à côté de provinces abondamment pourvues. Un tel état de choses resserrait nécessairement la production et le commerce des grains, car les agriculteurs et les négociants, dépouillés de la faculté de porter leurs denrées sur les marchés les plus favorables pour eux, se voyaient souvent forcés de les vendre à vil prix. C'était l'une des causes les plus décisives de ces fréquentes disettes que notre histoire a dû enregistrer.

Les économistes du dix-huitième siècle s'occupèrent beaucoup du commerce des grains. Turgot fut l'un de ceux qui proclamèrent avec le plus d'autorité la nécessité de le dégager de toute entrave à l'intérieur. Parvenu au pouvoir, il donna un exemple assez rare en appliquant les principes qui avaient contribué à fonder sa réputation, et l'arrêt du Conseil de 1774, provoqué par lui, décréta la libre circulation des grains dans toute l'étendue du royaume.

Mais l'on n'a pas raison, en un jour, des erreurs populaires. Habituées à veiller elles-mêmes sur leurs approvisionnements, les provinces ne renoncèrent pas sans murmure à ce droit. L'arrêt de 1774 ayant coïncidé avec une mauvaise récolte, les populations s'insurgèrent sur plusieurs points pour empêcher l'enlèvement des blés. Il fallut recourir à la force pour les soumettre. Des troubles de même nature se renouvelèrent à diverses reprises au commencement de la Révolution. Les campagnes ameutées arrêtaient, pillaient les convois de grains, et poursuivaient les marchands dénoncés à leurs violences sous le nom d'accapareurs. Dans ces conjonctures, le concours des administrations provinciales faisait souvent défaut au pouvoir central. Les unes, par crainte du désordre, les autres, par préjugé, donnaient leur appui moral à la résistance que rencontrait l'arrêt de Turgot. Même de nos jours, nous avons pu tous assister à des scènes semblables. L'Assemblée constituante se préoccupa de la situation. Le 29 août 1789, elle décréta que la vente et la circulation des grains et farines seraient libres dans toute l'étendue du royaume. Le 18 septembre suivant (loi du 21), elle décida que toute opposition à ce décret serait considérée comme un attentat contre la sûreté et la sécurité du peuple. Le principe du libre transport des grains dans l'intérieur se trouva définitivement consacré, et les quelques restrictions qui y furent apportées depuis eurent seulement pour but de prévenir les exportations frauduleuses.

II.

En 1814, le régime des grains, à la sortie, était fixé par les décrets des 22 juin, 11 juillet, 10 août et 1er novembre 1810, qui en avaient successivement interdit le transport à l'étranger par les divers points du territoire. Aucune restriction n'existait à l'entrée. Les agriculteurs se plaignaient de la position qui leur était ainsi faite. Livrés à la concurrence des autres pays lorsque les récoltes y étaient bonnes, ils demandaient, comme une juste compensation, de pouvoir, à leur tour, envoyer leurs denrées sur les marchés étrangers quand les prix y seraient plus élevés qu'en France. En principe, il n'y avait rien à objecter à cette demande. Elle devait même sembler d'autant plus opportune que plusieurs récoltes abondantes nous donnaient un excédant de grains considérable. L'ordonnance du 26 juillet, qui leva provisoirement la prohibition de sortie, pourvut aux exigences du moment. Mais le Gouvernement, craignant de voir la France exposée, après avoir expédié au dehors l'excédant de ses bonnes années, à manquer, dans les mauvaises, d'une partie des grains dont elle avait besoin, hésitait à la placer sous l'empire d'une liberté permanente d'exportation. Il jugea devoir s'en tenir aux anciens errements de l'administration française : *faculté d'exporter sous réserve de certaines restrictions commandées par les nécessités de la consommation intérieure; liberté absolue des importations.* Le projet de loi présenté à la Chambre des députés, le 13 septembre 1814, par M. l'abbé de Montesquiou, fut conçu dans cet esprit.

Ce n'est pas que les agriculteurs ne signalassent déjà le dommage que les importations de grains étrangers leur semblait pouvoir causer à la production nationale et à la propriété foncière. A la Chambre des députés, MM. Laur (de l'Hérault), Martin Saint-Jean, Passerat de Silane, Clément insistèrent pour qu'il y fût mis des restrictions. Mais la commission, représentée par M. Poyféré de Cère, se prononça formellement, avec le ministère, contre toute taxe à l'entrée des grains, et le projet du Gouvernement fut adopté dans ses dispositions essentielles (1).

(1) M. Becquey, directeur général de l'agriculture, prononça dans la discussion les paroles suivantes : « Sur le continent, où la cherté et le bon

III.

La loi du 28 avril 1816 admit les mêmes principes, car l'impôt de 50 centimes par quintal métrique dont elle frappa l'introduction des blés et des farines n'était, en quelque sorte, qu'un simple droit de balance, sans influence possible sur la production ou sur la consommation. Mais celle du 16 juillet 1819 vint renverser l'économie séculaire de notre législation des grains et subordonner l'intérêt du consommateur à celui du producteur, en établissant pour l'entrée un système de droits et de prohibitions analogue à celui qu'on n'avait mis en usage, jusque-là, que pour la sortie. Plusieurs circonstances concoururent à cette transformation.

Au moment où fut présentée et discutée la loi du 2 décembre 1814, les lois céréales, dont l'abolition constitue le fait capital de la glorieuse administration de sir Robert Peel, n'existaient pas encore en Angleterre. Avec la paix, les prix élevés qu'y avaient atteints, pendant la guerre, les produits de l'agriculture nationale, ne pouvaient plus se soutenir. Il était nécessaire que l'aristocratie, propriétaire du sol, réduisît le taux des fermages ou trouvât le moyen d'assurer aux fermiers des prix en rapport avec leurs redevances. Elle proposa et fit adopter des mesures qui avaient pour but avoué de rapprocher le cours du blé de 80 schellings par quarter (1).

» marché ne sont séparés quelquefois que par une barrière politique, par » une ligne idéale et imperceptible; en France, où le pain est l'aliment sans » lequel nous ne concevons pas la vie de l'homme, où le renchérissement de » son prix est une diminution de substance pour le pauvre; ni la justice, » ni l'humanité, ni la prudence, ne veulent qu'il soit défendu de recourir au » marché qui présente l'aliment à moins de frais. »

(1) Comme on le voit fort souvent dans les questions de cette nature, le but de la loi fut en grande partie manqué; le prix du blé, lorsque sir Robert Peel opéra sa réforme, n'était, en moyenne, que de 45 fr. par quarter.

Ces mesures soulevèrent, au sein des classes ouvrières, une violente opposition. Chacun comprit qu'il s'agissait beaucoup moins de protéger l'agriculture que de sauvegarder les revenus de l'aristocratie, et, dans ce pays si plein de respect pour la légalité, l'autorité fut obligée, pour assurer la liberté du vote, de placer le parlement sous la protection de la force armée. Telle fut l'origine de la nouvelle loi anglaise.

Les vues qui l'avaient inspirée devaient inévitablement réagir en France. Le parti dominant cherchait surtout son point d'appui parmi les propriétaires du sol, et devait se montrer favorable à tout ce qui touchait au développement ou à la prépondérance de l'intérêt agricole. Cependant les prix de nos céréales ne subissaient pas la baisse énorme dont s'était inquiétée l'aristocratie anglaise. Après s'être maintenus, de 1800 à 1814, au taux moyen de 21 fr. 34 c. l'hectolitre, nos blés s'étaient cotés, en 1848, à 24 fr. 65 c. (1). Il n'y avait donc là rien d'alarmant pour le producteur. Mais les propriétaires, au lieu de fixer leurs regards sur des moyennes, auraient désiré conserver les prix de quelques années exceptionnelles. Leur blé s'était vendu 26 fr. 13 c. en 1811, 34 fr. 34 en 1812, 28 fr. 34 en 1846, 36 fr. 16 en 1817. Relativement à ces prix, les cours de 1848, que la baisse menaçait encore, devaient paraître insuffisants.

Un fait, dont on exagéra singulièrement les résultats, mais qui n'en avait pas moins une portée réelle, vint fournir aux intéressés un puissant moyen d'action. Pendant nos luttes de la République et de l'Empire, la cul-

---

(1) Nous n'avons pas besoin d'expliquer que ces moyennes, formées sur l'ensemble des marchés, doivent présenter des différences assez fortes avec les prix constatés dans certaines régions particulières.

ture des céréales dans les plaines de l'Ukraine avait pris une notable extension. Écartés de nos marchés, soit par la fermeture des détroits, soit par le blocus de nos ports, les blés de cette région se montrèrent tout à coup, lors de la paix, à Toulon et à Marseille. La disette qui suivit la seconde invasion devait faire attacher un grand prix à ce secours inattendu. Loin de songer à l'éloigner, le Gouvernement, par une ordonnance du 22 novembre 1816, accorda aux négociants français ou étrangers une prime d'importation réglée à raison de 5 fr. par quintal métrique de froment ou de farine de froment, de 3 fr. 50 par quintal métrique de seigle ou de farine de seigle, et de 2 fr. 50 par quintal métrique d'orge ou de farine d'orge. Quoique ces primes dussent cesser d'être payées au 1er septembre 1817, elles purent contribuer à donner un nouvel essor à la production russe. Les arrivages de blés de la mer Noire continuèrent. C'était une menace pour nos propriétaires du Languedoc, que l'émancipation de Saint-Domingue avait déjà privés d'un de leurs principaux débouchés (1) et qui, pendant la guerre, avaient approvisionné presque exclusivement le marché de la Provence. Quand tant d'autres industries cherchaient à s'abriter sous la protection des tarifs, ils ne pouvaient pas balancer à demander le même appui. Leurs réclamations furent vives, leurs plaintes fort amères, et le Gouvernement, déjà préparé par l'exemple de l'Angleterre, encouragé aussi par les mesures que d'autres États, la Sardaigne, l'Espagne, le Portugal, prenaient contre l'importation étrangère, se décida à proposer un régime qui, pour la première fois en France, devait étendre aux grains le système protecteur.

(1) Avant la Révolution, il était expédié par Bordeaux, sur St-Domingue, environ 400 mille quintaux de farine par an.

A la Chambre des députés, le rapporteur de la commission, M. Lainé, se rallia aux propositions du ministère; il les aggrava même sur quelques points. Cependant il avait été exposé dans les bureaux que les importations dont on s'alarmait étaient à peine suffisantes pour nourrir la France pendant quelques jours. M. Lainé ne le contesta pas. Mais, selon lui, ce n'était pas à ce point de vue qu'il fallait se placer. Les arrivages étrangers devaient être examinés dans leur influence sur les prix; il importait peu, dès lors, de savoir si cette influence provenait des quantités ou de l'opinion, et, du moment où elle agissait avec assez d'intensité pour abaisser les cours dans une proportion notable, il était urgent de chercher un remède au mal. Dans la discussion, d'autres considérations furent produites. On représenta les classes pauvres comme étant les premières intéressées à ce que les blés se maintinssent à un prix élevé. C'était, disait-on, le moyen d'encourager les propriétaires à développer leur culture et à conserver ainsi aux ouvriers les éléments de leur salaire et de leur subsistance. MM. de Villèle et Pasquier, notamment, parlèrent en ce sens. M. Voyer d'Argenson protesta vainement par les paroles chaleureuses que nous croyons devoir reproduire (1),

(1) « J'en appelle à tous ceux qui ont habité le fond des campagnes; ils » verront ce qu'ils ont vu mille fois : à mesure que le prix des denrées s'é- » lève, la nourriture du pauvre devient plus grossière; de l'usage du méteil » il passe à celui de l'orge, de l'orge à la pomme de terre ou à l'avoine. Je » ne veux pas chercher à vous émouvoir, Messieurs; je ne puis cependant » oublier que j'ai mis en herbier vingt-deux espèces de plantes que nos ha- » bitants des Vosges arrachaient dans nos prés pendant la dernière famine; » ils en connaissaient l'usage en pareil cas par la tradition de leurs pères; ils » l'ont laissée à leurs enfants, et c'est à peine si ces plantes, cueillies à l'é- » poque dont je vous parle, sont complètement desséchées au moment où » nous examinons s'il faut combattre législativement l'avilissement du prix » des grains. »

bien qu'on les ait déjà citées. La Chambre était décidée
d'avance à suivre sa commission ; elle se borna à écarter
divers amendements qui tendaient à fortifier la protection, et adopta le projet à la majorité de 134 voix
contre 28 (1).

IV.

Dès l'année suivante, les pouvoirs publics eurent
encore à s'occuper de la question des grains. La surtaxe
établie par l'article 1er de la loi de 1819 n'avait pas
suffi pour assurer à nos navires la préférence du commerce. Depuis la fin du dernier siècle, il s'était formé,
dans l'Archipel, une marine beaucoup plus économique
que la nôtre. Les Génois, les Ragusains, naviguant
aussi à meilleur marché que nous, se joignaient à elle
pour disputer aux bâtiments français les transports de
la Méditerranée. Sur cent quarante navires chargés de
grains, venus de la mer Noire et de Constantinople dans
les huit mois qui avaient suivi l'application de la loi de
1819, dix seulement étaient français. Des armateurs de
Marseille et de Toulon ayant réclamé, les surtaxes furent augmentées (2). D'après les chiffres dont on s'était
prévalu, il paraissait évident que cette mesure resterait
impuissante. Elle ne pouvait guère aboutir qu'à élever
les droits d'entrée, et tout annonce que c'est le véritable
résultat qu'en attendait la majorité de la Chambre.

(1) La nouvelle loi, qui divisait le territoire en trois classes, combinait
l'application d'un droit fixe avec des taxes supplémentaires dont la quotité
variait selon le cours des blés à l'intérieur, et prohibait l'importation lorsque
les prix étaient descendus à 20 fr. dans la première classe, à 18 fr. dans la
seconde, à 16 fr. dans la troisième.
(2) Ce fut l'objet d'une disposition introduite par voie d'amendement dans
la loi du 7 juin 1820.

Les saisons vinrent déjouer ses prévisions. Trois bonnes récoltes successives, obtenues en 1818, 1819 et 1820, pesèrent heureusement sur les cours et neutralisèrent l'action qu'on aurait voulu produire. La France n'avait pas seule été favorisée. Les grands centres de production, au dehors, étaient abondamment pourvus, et les blés étrangers, malgré l'application du droit permanent, du droit proportionnel et de la surtaxe de navigation, continuaient à se présenter sur le marché de la Provence. Toutefois il n'en avait guère été livré à la consommation, en 1819, au-delà d'un million d'hectolitres. L'effet de ces importations s'était même trouvé atténué par les exportations que quelques-uns de nos départements avaient opérées. Balance faite, elles n'offraient qu'un excédant de 700,000 hect., quantité bien faible relativement à la consommation annuelle de la France. Mais, s'appuyant sur la donnée générale déjà invoquée par M. Lainé, les propriétaires prétendaient que la concurrence des blés étrangers contribuait d'une manière énergique à déprimer les prix. Le ministère ne jugeait pas qu'il y eût là des intérêts vraiment légitimes à satisfaire. D'ailleurs les plaies qu'avait ouvertes la disette de 1816 et 1817 saignaient encore. Ne devait-on pas y regarder de près avant de garrotter de plus en plus le commerce extérieur des grains, lorsqu'il était établi que ce commerce, en possession d'une liberté entière, encouragé par des primes et des facilités de toute sorte, nous avait à peine procuré, à l'époque de la dernière famine, de quoi pourvoir la France de pain pendant six à sept jours? L'attitude des Chambres, saisies par voie de pétition, ne permit pas au Gouvernement de se renfermer long-temps dans la réserve qu'il s'était d'abord imposée. Entraîné par les exigences parlementaires, il

voulut, du moins, limiter autant que possible les concessions nouvelles qu'elles réclamaient, et le ministre de
l'intérieur présenta, le 8 mars 1821, un projet de loi qui
modifiait seulement la subdivision et les marchés des
départements de la première classe, sans altérer l'échelle
des prix régulateurs adoptés en 1819.

V.

Quoique cette modification dût encore avoir pour résultat d'aggraver assez notablement les conditions de
l'importation sur tout le littoral de la Méditerranée, les
propriétaires la déclarèrent insuffisante. La commission
de la Chambre des députés pensa avec eux que les besoins de notre agriculture demandaient davantage, et elle
greffa sur les propositions du Gouvernement des combinaisons beaucoup plus favorables aux réclamations qui
s'étaient élevées. Le travail dans lequel le rapporteur,
M. Carrelet de Loisy, développa ses vues, fut le point
de départ d'une des discussions parlementaires les plus
longues et les plus importantes qui se soient établies sur
le régime des céréales.

En réalité, la commission soumettait à la Chambre
un projet nouveau. Il ne s'agissait de rien moins que de
rendre l'importation des blés étrangers impossible par
les ports de la Provence avant que les blés indigènes y
eussent atteint le prix de 28 fr. Aussi le ministre de
l'intérieur, au moment où s'ouvrit la discussion, crut-il
devoir commencer par faire des réserves pour sauvegarder la prérogative royale. Discutant ensuite les appréciations de la commission, il expliqua qu'on avait
beaucoup exagéré le bas prix des blés à Odessa. Ils
étaient cotés, en effet, sur la place de Marseille, malgré
l'activité des arrivages, à 23 fr. l'hectolitre; d'où il

fallait bien conclure qu'ils n'avaient pas autant d'action qu'on le prétendait sur le prix des grains indigènes. Le Ministre reconnaissait que l'exclusion des produits exotiques favoriserait l'écoulement de ceux des bassins de la Garonne et de la Saône ; mais il demandait s'il fallait, pour donner des débouchés à ces contrées, obliger les départements qui ne récoltaient pas assez de grains pour leur consommation à les acheter à haut prix ; s'il fallait détruire notre commerce des blés dans le Levant ; si l'on voulait enfin, par des dispositions exorbitantes, anéantir les entrepôts, qui se fermeraient, sans nul doute, le jour où le commerce n'espérerait pas pouvoir, de temps à autre, les écouler pour la consommation. M. Straforello et M. Roux, députés des Bouches-du-Rhône, s'attachèrent surtout à signaler l'influence que de nouvelles restrictions devaient exercer sur le commerce de Marseille. Le côté politique de la question pouvait donner lieu à des rapprochements dont l'opposition ne manqua pas de s'emparer. M. Voyer d'Argenson, qui avait si énergiquement combattu, en 1819, la première application du régime protecteur aux céréales, renouvela ses protestations. Benjamin Constant, toujours incisif, excita fréquemment, par ses attaques, les murmures de la Chambre. Ils lui inspirèrent une de ses phrases les plus acérées : « Interrompu sans cesse par une espèce » d'effervescence qui s'est emparée des propriétaires, » des possesseurs de denrées, je ne puis m'expliquer » comme je le voudrais. Je me bornerai à vous dire » qu'il est fâcheux de voir que vous faites renchérir » les denrées que vos terres produisent et dont vos » greniers sont remplis (1). » L'opposition n'admettait

(1) *Moniteur* du 30 avril 1821.

pas tout entière que le projet de la commission sacrifiât les classes pauvres. Manuel lui-même vint le défendre à la tribune. M. Humblot-Conté, beaucoup plus absolu, soutenait que la prohibition devait être la règle ordinaire de notre législation sur les céréales. Pour lui, le bas prix des grains, en poussant les ouvriers à la paresse, rendait la main-d'œuvre rare et chère. Il fallait par conséquent s'attacher, dans l'intérêt de la production manufacturière, à faire en sorte qu'ils ne pussent vivre sans un labeur assidu. Comme si le travailleur n'avait besoin que de pain et n'était pas constamment surexcité, dans un état de civilisation tel que le nôtre, à augmenter ses consommations! Un député du Tarn, M. de Lastours, ne voyait aussi dans les propositions de la commission qu'un faible palliatif au danger qui menaçait notre agriculture. Il voulait que l'on s'occupât d'organiser un système de réserve pour prohiber ensuite toute importation de grains étrangers. M. le général Demarçay, défenseur ardent des intérêts agricoles, proposa un projet en dix-huit articles qui avait également pour base l'organisation de réserves départementales formées au moyen de greniers souterrains, supprimait le régime des classes et n'admettait l'importation étrangère que lorsque les grains indigènes auraient atteint le prix de 30 fr. par hectolitre. M. Ganilh, que ses études spéciales firent écouter avec faveur, prétendit que le commerce des grains avec l'étranger avait toujours été ruineux pour nous, parce que nous avions constamment vendu à vil prix et acheté fort cher, et il s'attacha à prouver, après MM. de Lastours et Demarçay, qu'un système de réserve bien organisé, en maintenant les grains à leur prix naturel, permettrait seul de concilier tous les intérêts. Il est à remarquer que la Provence,

dans cette discussion, ne faisait pas unanimement cause
commune avec Marseille. M. Gasquet, député du Var,
soutint le projet de la commission. Suivant cet orateur,
la culture du blé, autrefois florissante dans le pays qu'il
représentait, avait succombé sous l'action de l'importation libre. Il cita une délibération des états de Provence,
en date de 1633, qui suppliait le roi *d'interdire l'entrée
des blés dans la contrée, fors et excepté les cas où le
prix du blé excéderait, sur les lieux maritimes, 16 livres
la charge,* équivalant au prix de 26 fr. 50 c. l'hectolitre.
Il demanda qu'on y relevât la production en assurant de
bons prix aux producteurs. Mais ce fut M. de Villèle,
entré depuis quelques mois au ministère, qui eut l'influence la plus décisive sur l'opinion de la Chambre.
Chose assez singulière ! Cette influence s'exerça contre
les propositions du Gouvernement au profit du projet de
la commission, et l'on vit ainsi le ministre de l'intérieur
combattu par le ministre des finances que combattaient,
à leur tour, le directeur général des douanes et M. Hély
d'Oissel, commissaire du roi. L'œil fixé sur les producteurs de la Haute-Garonne, qui l'avaient envoyé à la
Chambre, M. de Villèle fit valoir leurs prétentions avec
beaucoup d'habileté. Trop sensé pour s'exagérer l'action
matérielle de l'importation des blés dans un pays tel que
la France (1), il s'efforça d'en grossir l'effet moral. Son
argumentation rallia la majorité. Le projet de la commission fut voté, à l'exception d'une disposition qui aurait enlevé au Gouvernement la faculté de modifier les
marchés régulateurs par voie d'ordonnance. La Chambre

_____

(1) On lit dans son discours : « Si les quantités de grains importées dans
» un royaume qui en consomme autant que la France n'ont aucune influence
» réelle sur son approvisionnement, l'effet moral de l'importation n'en est
» pas moins immense. »

des pairs le sanctionna à la suite d'une courte discussion dans laquelle on entendit M. le marquis d'Herbou-
ville, M. le comte Dejean, M. le marquis de Catellan,
et M. Benoist, commissaire du roi. Ce n'est que posté-
rieurement à la révolution de 1830 que les pouvoirs
législatifs devaient être appelés à s'occuper de nouveau
du régime des grains.

CHAPITRE IX.

LOI DU 7 JUIN 1820.

Pression des intérêts privés pour l'extension du régime protecteur. —
Aciers. — Cachemires. — Nankins. — Laines; antagonisme des éleveurs
et des manufacturiers; changement de système adopté par amendement.
— Fromageries. — Nouvelles prohibitions; dispositions diverses.

I.

Nous revenons à la loi du 7 juin 1820, sur laquelle
nous avons passé pour ne pas scinder l'exposé des modifications introduites dans le régime des grains.

Dans la période où nous sommes entré, les Chambres
de commerce et le Conseil supérieur, journellement
excités, tantôt par les armateurs, tantôt par les propriétaires fonciers ou par les manufacturiers, ne cessaient
de soumettre au Ministre des demandes particulières,
et si le pouvoir élevait des objections, s'il hésitait entre
des réclamations souvent contradictoires, presque toujours fort exagérées, on en appelait, par voie de pétition,
aux assemblées législatives.

La force des choses le voulait ainsi. Dès que le Gouvernement avait été conduit à accepter, en grande
partie, comme faits réguliers, les actes prohibitifs que
la guerre avait imposés à la Convention et à l'Empire,
chaque classe de producteurs, plus ou moins atteinte
dans le prix de ses consommations ou de ses instruments de travail par les concessions faites à d'autres,
devait réclamer une part des avantages de la protection. Nous allons encore trouver dans l'élaboration de la

loi du 7 juin 1820 quelques nouveaux témoignages de la pression que subissait à cet égard l'Administration.

II.

La loi du 17 décembre 1814, en élevant les droits sur les fers étrangers, n'avait pas augmenté dans une aussi forte proportion la taxe sur les aciers, sur les limes, les faulx, les scies et autres instruments dont l'acier forme la base. On avait voulu favoriser, par la modération du droit, les approvisionnements que l'agriculture et les arts industriels étaient obligés de tirer de l'étranger. Après avoir ainsi expliqué, dans son exposé des motifs, la différence établie en 1814 entre la tarification des fers et celle des aciers, M. de Saint-Cricq déclarait que les fabriques françaises étaient parvenues, depuis lors, à produire en abondance des aciers égalant en qualité les meilleurs aciers étrangers. Le rapporteur de la commission de la Chambre des députés disait également que cette partie de notre fabrication avait fait *d'étonnants progrès*. Si un tel résultat avait pu être obtenu sous l'empire du tarif de 1814, il aurait dû sembler naturel d'en conclure que ce tarif accordait à nos aciéries une protection suffisante. Mais les intéressés ne l'admettaient pas. Dans l'ordre d'idées qui tendait à dominer de plus en plus, les progrès accomplis n'étaient qu'un titre à des faveurs nouvelles. Les fabricants d'acier et d'outils demandèrent donc un supplément de protection, et le Gouvernement, entraîné par les concessions qu'il avait déjà faites, proposa d'élever les droits, savoir : sur l'acier forgé, de 45 à 60 fr.; sur l'acier fondu, de 30 à 100 fr.; sur les faulx, de 60 à 100 fr.; sur les outils de fer rechargé d'acier, de 100 à 140 fr.; et sur les limes et râpes, de 50 à 80, 200 et 250 fr., selon l'espèce. Ces modifications, adoptées par les deux Chambres, étaient l'une des principales dispositions industrielles du projet de loi.

III.

La prohibition des cachemires avait été signalée comme étant à la fois sans objet et illusoire; sans objet, car l'industrie des cachemires n'était pas et ne pouvait jamais devenir nationale en France; illusoire, parce que le service le plus régulier devait demeurer impuissant pour empêcher l'entrée d'un tissu qui, sans rien perdre de sa valeur, se présentait à l'introduction déguisé par mille moyens. Le Gouvernement voulait donc l'abandonner et la remplacer par un droit de 20 p. 100. Il expliqua que cette mesure ne ferait pas baisser le prix des articles d'imitation produits par nos manufacturiers, puisque le droit de 20 p. 100 était supérieur à la prime de contrebande. Mais les protestations n'en furent pas moins pressantes. Elles prévalurent dans la commission de la Chambre des députés. Le rapporteur (M. Morgan du Belloy), M. le baron de Turckeim, M. Delessert, les défendirent à la tribune, et la majorité, craignant qu'une modification quelconque au régime restrictif n'en menaçât la stabilité, vota à l'unanimité le maintien de la prohibition.

IV.

Une discussion à peu près de même nature s'engagea au sujet des nankins de l'Inde. Par exception à la prohibition qui frappait les tissus de coton, les nankins étaient admis moyennant un droit de 40 et 45 cent. par mètre, représentant environ 60 p. 100 de la valeur. Dans un mémoire de 1814, la Chambre de commerce de Rouen en avait demandé l'exclusion (1). Le Gouvernement n'avait pas cru devoir adhérer à cette demande. Les fabricants de la Seine-Inférieure la reproduisirent dans une pétition adressée à la Chambre des députés. Roubaix s'associa à leur démarche. Mais l'Administration persista à juger peu opportun de prohiber un tissu dont nos manufactures ne fournissaient que des imitations fort imparfaites, que la mode recherchait alors avec empressement, et qu'il était toujours facile d'introduire en fraude. Un intérêt maritime se rattachait, d'ailleurs, à cette question : notre commerce, depuis long-temps banni des Indes-Orientales, venait d'en reprendre la route. Sans être un élément de fret bien important, les nankins contribuaient à former les cargaisons de retour de tous nos bâtiments. La commission proposa, comme moyen terme, de prohiber seulement ceux qui seraient apportés des entrepôts ou sous pavillon étranger, et de réduire, au contraire, le droit à 5 fr. par kilog. (environ 40 p. 100) pour les importations directes de l'Inde par navires français. Sur les observations de M. de Villèle, la Chambre adopta cette transaction, vivement combattue cependant par MM. Cabanon (de la Seine-Inférieure), Poteau d'Hancarderie, de Brigode, Laisné de Villevêque, Ternaux, qui réclamaient la prohibition absolue.

V.

La production agricole fut également l'objet, dans

(1) La même Chambre, dans une brochure du 17 janvier 1817, relative à l'application des mesures répressives adoptées en 1816, disait encore : « Le » seul remède (à la fraude) serait la prohibition absolue des nankins de » l'Inde, que *remplacent si avantageusement, d'ailleurs, ceux de Roubaix* » *et de Rouen.* » Apparemment les consommateurs n'étaient pas de cet avis, puisqu'on réclamait la prohibition avec tant d'insistance.

cette occasion, de débats intéressants. Nous devons noter surtout la discussion qui s'établit sur les laines, et le changement de système qui s'ensuivit.

Ainsi que nous l'avons déjà fait observer, la loi du 25 novembre 1814, conçue dans le but d'améliorer la situation des éleveurs français, devait avoir pour résultat de l'empirer. Depuis cette époque, ils avaient plusieurs fois réclamé soit auprès du Gouvernement, soit auprès des Chambres. A mesure que se généralisait l'application du principe protecteur, notre régime des laines pouvait paraître une sorte de contre-sens. Mais les fabricants de draps n'avaient point perdu l'espèce de prépotence que leur avait accordée Colbert. Les droits imposés à la sortie des laines fines, la prohibition d'exporter les laines communes, l'admission en franchise des laines étrangères de toute qualité, leur offraient des facilités d'approvisionnement qu'ils ne voulaient pas abandonner. Avec cet égoïsme des intérêts de corporation encore plus exclusifs peut-être que les intérêts privés, ils repoussaient toute concession. Et pourtant leurs produits étaient protégés par la prohibition de tous les similaires étrangers!

Le directeur général des douanes, M. de Saint-Cricq, alors en possession de l'initiative des lois de tarif, hésitait entre des prétentions qui se heurtaient avec emportement. Il s'abstint de faire entrer les laines dans le nouveau projet de loi. Mais les organes des éleveurs formulèrent leurs vœux en amendements. MM. le général Demarçay, Laisné de Villevêque, Leseigneur proposèrent de supprimer les droits de sortie à l'égard des laines françaises et de taxer à l'entrée les laines étrangères. Après un débat préalable dans lequel M. de .Saint-Cricq fut amené à déclarer que le système des

amendements présentés à la Chambre lui paraissait le
plus propre à concilier tous les besoins, ils furent ren-
voyés à la commission, qui déposa son rapport supplémentaire dans la séance du 5 mai.

Elle demanda, par l'organe de M. Morgan du Belloy :
1° de réduire les droits de sortie sur les laines fines à
25 et 50 cent. par 100 kilog. ; 2° de substituer à la
prohibition d'exporter les laines communes un droit de
50 cent. et 1 fr. ; 3° de laisser sortir les béliers, moutons, brebis et agneaux, moyennant un droit de 50 cent.
à 1 fr. par tête; 4° de tarifer à l'entrée, savoir : les
laines fines lavées, à 60 fr. par 100 kilog. ; les laines
fines en suint, à 20 fr. ; les laines communes lavées, à
15 fr. ; et les laines communes en suint, à 5 fr. Elle
proposa, en outre, d'accorder à l'exportation des draps
et étoffes de laine une prime calculée de manière à
assurer au fabricant exportateur une véritable subvention, car elle devait être acquittée sans justification
préalable du paiement des droits d'entrée, c'est-à-dire
pour les tissus fabriqués en tout ou en partie avec des
laines indigènes comme pour ceux qui proviendraient
exclusivement de laines étrangères. C'est sur cette combinaison que s'établit la discussion.

En général, les arguments produits de part et d'autre
à la tribune se ressentirent beaucoup trop des préoccupations exclusives qui les avaient inspirés. D'après
M. Cabanon, l'établissement d'un droit sur les laines
étrangères allait rendre l'industrie tributaire de l'agriculture. M. de Villèle, au contraire, affirmait, au nom
des éleveurs du Midi, que les fabricants avaient fait la
loi aux propriétaires de troupeaux en se concertant
pour réduire le prix des laines sans diminuer celui des
draps. Au fond, le tarif de la commission, adopté par

la Chambre à une grande majorité, était réglé de manière à ne pas dépasser 5 p. 100 de la valeur des laines. Il ne pouvait donc raisonnablement exciter ni les plaintes des fabricants ou du commerce, ni celles des consommateurs ou des puissances étrangères. Mais on devait, quelques années plus tard, déduire du principe qui avait prévalu des conséquences beaucoup moins modérées.

VI.

Le droit sur les fromages, fixé par Colbert à 2 fr. 40 et 5 fr. environ par 100 kilog. (1), suivant les provenances, établi uniformément à 4 fr. 50 en 1791, porté à 6 fr. le 7 septembre 1807 par suite du rétablissement de l'impôt du sel, avait été doublé en 1816. Malgré cette taxe, représentant en moyenne 20 p. 100 de la valeur des fromages, les importations étaient considérables. Les propriétaires du Doubs et du Jura sollicitaient une tarification qui les préservât mieux de la concurrence étrangère. Après avoir vainement réclamé, dans ce but, l'intervention du Gouvernement, il adressèrent à la Chambre une pétition qui fut renvoyée à la commission des douanes. D'accord avec M. de Saint-Cricq, elle jugea qu'un droit de 20 p. 100 protégeait très-suffisamment nos fromageries. La question touchait aussi à d'autres intérêts dont on devait se préoccuper. D'une part, les fromages de Hollande, compris pour les deux tiers dans nos importations, étaient indispensables pour nos approvisionnements maritimes, et nous fournissions en retour aux Pays-Bas d'assez grandes quantités de vins et d'eaux-de-vie. En second lieu, la Suisse prenait

(1) Le tarif porte : 24 sols et 50 sols le cent pesant.

en France, en échange des fromages qu'elle nous envoyait également, la plus forte partie des sels nécessaires à sa consommation et beaucoup de produits industriels. Elle s'était déjà plainte du dommage que causait à son agriculture le droit de 12 fr. établi en 1816. Néanmoins, M. Guittard, du Cantal proposa par amendement d'élever la taxe à 20 fr. En appelant l'attention de ses collègues sur le chiffre des importations, évaluées à 60 mille quintaux, il proclama la nécessité de combiner le tarif de manière à *balancer par le prix des fromages étrangers la supériorité que leur qualité leur donnait sur les nôtres.* M. Courvoisier appuya l'amendement de M. Guittard. M. le baron de Turckeim, M. du Belloy et M. de Saint-Cricq se réunirent pour le combattre. Il fut rejeté après une épreuve douteuse. Mais M. Laisné de Villevêque déposa tout aussitôt un second amendement qui portait le droit à 15 fr., et la Chambre l'adopta à une forte majorité.

VII.

Parmi les autres modifications consacrées par la loi de 1820, nous citerons, comme se rattachant plus étroitement au système protecteur, la prohibition des tissus de soie ou d'écorce, purs ou mélangés, originaires de l'Inde. L'ancienne exclusion dont ils étaient frappés était tombée en désuétude pendant nos longues guerres; à la paix, les premiers retours de l'Inde réveillèrent les craintes des manufacturiers de Lyon, Nîmes et Avignon, et l'on voulut donner satisfaction à leurs nombreuses réclamations. Le projet de loi prohibait, de plus, les tissus de bourre de soie, façon cachemire, dont le droit avait déjà été porté de 7 à 45 fr. par l'ordonnance du 29 septembre 1819. Il élevait la taxe sur les ferblancs

7

de 60 à 80 fr., et l'augmentait sur les aluns, soudes, natrons et autres produits dérivant du salpêtre (1). La commission demanda la prohibition des extraits de bois de teinture afin de rendre à notre marine le fret qu'elle perdait en ne transportant plus, au lieu des bois eux-mêmes, que des extraits réduits à 2 ou 3 p. 100 de la matière première. Ne devait-on pas proposer, plus tard, d'obliger nos colons à nous expédier, au lieu de sucres, les cannes en nature? Elle sollicita l'élévation de la sur-taxe applicable aux huiles d'olive importées par navires étrangers. Nos fabriques de poteries de grès appelèrent ensuite son attention. Les produits de l'espèce n'avaient pas encore été l'objet d'une tarification spéciale, de sorte qu'ils étaient traités comme les articles de poterie de terre grossière, taxés par la loi de 1791 à 2 fr. 20 seulement par 100 kilog. La commission fixa le droit à 10 et 15 fr., selon leur nature. Toutes ces dispositions furent votées.

Mais, en fortifiant la protection, les membres de la commission surent prendre l'initiative d'une réforme que le Gouvernement désirait sans oser la provoquer. Nous voulons parler du régime des dentelles, tarifées en 1814 à 15 p. 100 de la valeur. Ce droit n'avait rien en soi d'exagéré pour un produit de luxe. Toutefois, présentant une grande valeur sous un très-petit volume, susceptibles de se diviser en fragments presque impalpables et de se prêter ainsi à mille moyens d'introduction clandestine, les dentelles péné-traient en fraude moyennant une prime d'assurance de beaucoup inférieure au droit. « Que l'on maintienne une

(1) Le projet apportait aussi quelques modifications importantes au tarif de sortie et donnait une grande extension au régime des primes.

» prohibition, disait le rapporteur, avec la certitude
» qu'elle sera violée, nous venons de voir, à l'occasion
» des cachemires, et tout le monde avoue, relativement
» aux cotons filés très-fins, que c'est quelquefois un
» inconvénient inévitable, une conséquence forcée du
» régime prohibitif; mais que, pour une marchandise
» que l'on n'a nulle intention de prohiber, on maintienne
» une quotité de droit impossible à percevoir, c'est une
» faute gratuite dont on ne saurait trop tôt se relever. »
La distinction était peut-être bien subtile. La prohibition des cachemires dont nos manufacturiers ne devaient
jamais fournir que de pâles imitations, celle des cotons
à numéros élevés, que les mousseliniers et les tullistes
étaient contraints de demander à l'étranger, puisque nos
filateurs n'en fabriquaient pas, ne se justifiaient certainement pas mieux qu'un droit de 15 p. 100 sur les dentelles. La commission proposait de l'abaisser à 5 p. 100;
ses conclusions furent adoptées.

Les nouvelles concessions faites au régime protecteur
ne répondirent pas encore à toutes les prétentions qui
se manifestèrent, soit par voie de pétition, soit dans la
discussion. Ainsi M. Dumeilet voulait faire porter le
droit sur les coutils de 140 à 280 fr.; M. de Loynes
réclamait une tarification spéciale et une augmentation
de droits sur les chanvres courts; M. Barthe-Labastide,
afin de relever l'exploitation du solicor (1) dans le département de l'Aude, dont il était le député, proposait
d'assujettir les fabricants de soude à payer la moitié de

(1) Le solicor est une plante alcaline qui croît le long de la mer, dans le
département de l'Aude particulièrement, sur des terrains trop imprégnés de
sel pour produire autre chose, et qui avait atteint, pendant les guerres de la
Révolution et de l'Empire, avant l'invention de la soude factice, un prix
fort élevé.

la taxe de consommation applicable aux sels qui leur
étaient livrés. D'autres sollicitaient une plus forte protection pour les matières résineuses du département
des Landes, bien que le tarif de 1814 eût sextuplé les
droits qu'avait déterminés, pour ces produits, la loi de
1791. Les fabricants de Lille et de Roubaix se plaignaient de la tolérance de l'Administration à l'égard des
importations de filés anglais et réclamaient une forte
aggravation des peines édictées contre les détenteurs.
Sans la résistance du ministère, on ne se fût pas arrêté.

CHAPITRE X.

LOI DU 27 JUILLET 1822.

Effet des surtaxes établies en 1816 sur les sucres étrangers; discussion relative au système colonial. — Plaintes des colons; embarras du Gouvernement; propositions qu'il soumet aux Chambres. — Nouveau débat sur le régime colonial; élévation considérable de la surtaxe des sucres étrangers; résultat imprévu de cette mesure. — Ancienne législation sur les bestiaux; vues du ministère; propositions beaucoup plus restrictives de la commission. — Réclamation des États étrangers; discussion animée; adoption du projet de la commission. — Augmentation des droits sur les laines en dehors de l'initiative du Gouvernement. — Situation de l'industrie métallurgique; plaintes des maîtres de forges; adoption d'un nouveau tarif représentant 120 p. 100 du prix du fer anglais. — Lins, sumacs, alquifoux et autres matières diverses. — Vote d'amendements élevant les droits sur un grand nombre d'articles qui ne figuraient pas dans le projet de loi, notamment sur les riz, les huiles, les suifs, les chanvres, les viandes fraîches et salées. — La Chambre des pairs. — Caractère de la loi de 1822.

I.

La question coloniale avait occupé une place importante dans la discussion de la loi du 7 juin 1820.

D'après l'une des dispositions de l'article 3 de celle du 28 avril 1816, les sucres bruts des colonies françaises étaient taxés, sans distinction d'espèces, à 45 fr. par 100 kilog., et les sucres terrés à 70 fr., tandis que les sucres étrangers étaient assujettis, suivant les provenances et la nationalité du navire importateur, à des droits qui variaient, pour les bruts, de 60 à 90 fr., pour les terrés, de 95 à 125 fr. Pour les importations directes, les seules qui pussent faire l'objet des grandes spéculations commerciales, la surtaxe établie au profit de nos colonies était ainsi, en minimum, de plus de 33 p. 100.

Elle avait produit les résultats qu'on s'en était promis, car, sur 39 millions de kilog. de sucre importés en France, en 1849, nos colonies en avaient fourni 34 millions, l'étranger 5 millions seulement. Cependant les colons se plaignaient de la situation qui leur était faite; ils demandaient à la fois la prohibition des sucres étrangers et une forte réduction de droits sur leurs propres sucres. L'Administration reconnaissait bien qu'il y avait lieu, pour rester fidèle à l'esprit du système colonial, de ménager à nos établissements d'outre-mer la plus grande partie possible de l'approvisionnement métropolitain. Mais la loi de 1846 y avait pourvu, et le Gouvernement ne voulait ni repousser d'une manière absolue le secours des sucres étrangers, ni renoncer à percevoir sur cette denrée la taxe dont les produits étaient entrés dans les prévisions budgétaires. Cédant toutefois aux doléances des colonies, il proposait d'augmenter la surtaxe de 5 fr. pour les importations de sucres étrangers par navires français, et de 10 fr. pour les transports opérés sous d'autres pavillons. Il admettait, en outre, que les sucres bruts de l'Inde, dont le bas prix et l'aspect créaient la concurrence la plus redoutable pour nos Antilles, fussent assimilés, quant aux droits, aux sucres terrés. La commission adhérait en principe à ces modifications, et ne présentait que des amendements secondaires.

C'était annoncer qu'on voulait s'engager définitivement dans le système colonial. L'exposé des motifs ne laissait à cet égard aucun doute. Or l'émancipation de Saint-Domingue et nos désastres maritimes avaient singulièrement diminué l'importance de nos possessions. La Guadeloupe et la Martinique se relevaient avec peine. Presque tous les planteurs y étaient obérés, et la plupart des expéditions que les ports de mer y avaient faites depuis la Restauration étaient loin d'avoir donné des résultats avantageux. En regard de cette situation se présentaient les populations de l'Amérique du Sud, qui avaient proclamé leur indépendance. Établies sur un sol d'une admirable fertilité, elles ne demandaient pas mieux que de multiplier leurs échanges avec la France. N'était-ce point vers ces contrées que pourrait être utilement dirigée, à l'avenir, l'activité de nos ports de mer? M. Basterrèche, député de Bayonne, insista pour que le Gouvernement, au lieu de resserrer par une augmentation de droits sur les sucres étrangers les liens du pacte colonial, recherchât les moyens de le dissoudre loyalement, et préparât des combinaisons susceptibles d'agrandir la sphère de nos relations dans l'Amérique méridionale. M. Lainé, tout en se plaçant à un autre point de vue, signala également la nécessité d'ouvrir au commerce français de nouveaux débouchés. Dans son opinion, les Indes orientales pouvaient nous les offrir si l'on ne mettait pas obstacle aux relations que nos armateurs essayaient d'y former. Déjà, par une loi du 10 mars 1849 relative à l'exploitation du salpêtre, on avait élevé à 72 fr. 50 c. le droit d'entrée applicable à ce produit, que nos navires, à leur retour de l'Inde, étaient dans l'usage de prendre comme lest. Augmenter la surtaxe des sucres, c'était, disait M. Lainé, fermer de plus en plus au commerce une route dans laquelle il ne s'était pas lancé sans péril. Il ne lui fut pas difficile, d'ailleurs, de combattre les imputations dont le commerce des Indes orientales avait été l'objet de la part de quelques orateurs, parmi lesquels figurait M. Laisné de Villevêque, qui, remontant aux Romains et aux Carthaginois, accusait l'Inde d'avoir absorbé la plus grande partie des

métaux précieux que ces peuples avaient tirés des mines
de l'Espagne et de l'Asie-Mineure.

Le Gouvernement n'avait pas entendu que son projet
de loi pût faire mettre en question l'existence même de
notre système colonial. M. de Saint-Cricq ne voulut
donc pas suivre M. Basterrèche sur le terrain où il
s'était placé. Ramenant le débat dans des limites plus
étroites, il s'attacha surtout à démontrer que les droits
sur les sucres de nos colonies n'étaient pas assez élevés
pour restreindre la consommation, et qu'on n'aboutirait, si l'on voulait les réduire, qu'à diminuer, sans
profit pour les colons, les recettes du Trésor. Mais il
concéda à M. Lainé que les productions des colonies
étrangères de l'Inde comportaient quelques modifications
de détail au projet amendé par la commission. Il abandonna aussi l'assimilation qu'avait d'abord faite le Gouvernement entre les sucres bruts d'au-delà du Cap et
les autres. La Chambre adopta, sur tous ces points, les
idées de M. de Saint-Cricq.

II.

L'augmentation de la surtaxe avait suffi pour écarter
presque complètement les sucres étrangers de notre
consommation; ils n'y étaient entrés, en 1821, que pour
2 millions 600 mille kilog. D'un autre côté, le marché
métropolitain s'élargissait de plus en plus pour nos planteurs de la Martinique et de la Guadeloupe, qui y avaient
placé, l'année précédente, près de 50 millions de kilog.
de sucre, alors qu'ils ne nous en livraient guère, avant
la Révolution, au-delà de 20 millions de kilog. Ils pouvaient donc sembler n'avoir plus rien à demander à
l'action législative. Mais, d'après les représentants des
colons, l'élévation du droit comprimait le marché, et

les sucres étrangers, bien que repoussés de notre approvisionnement par la surtaxe, encombraient les entrepôts, prêts à déborder en cas de hausse, exerçant de la sorte l'effet d'une loi de maximum. Au moment où fut présenté le projet de 1822, ceux de nos Antilles se vendaient dans nos ports, droits en dehors, 76 fr. les 100 kilog. Les frais de transport, d'embarquement, de débarquement, de commission et autres étaient évalués à 40 fr., ce qui réduisait la part des colons à 36 fr. par 100 kilog. pour leurs dépenses d'exploitation, l'intérêt de leurs capitaux et la rémunération de leur industrie. Or ils disaient ce prix tout à fait insuffisant. Les armateurs alléguaient que toutes leurs opérations sur les sucres se résolvaient en pertes. D'innombrables mémoires demandaient qu'il fût porté remède à cet état de choses par la prohibition absolue des sucres étrangers et par le dégrèvement des sucres coloniaux. Le Gouvernement éprouvait un sérieux embarras. Il ne pouvait méconnaître les souffrances de la production et du commerce des colonies. Mais la situation du Trésor ne permettait pas d'abandonner une partie notable d'un impôt aussi bien assis que l'était celui des sucres. Il n'était pas possible, en second lieu, de songer à écarter entièrement de notre marché les sucres étrangers tant que la production des colonies nationales, à peine en état de satisfaire aux besoins du moment, ne se trouverait pas en position d'exciter la consommation ou d'en suivre les progrès. Il fallait pourtant prendre un parti, et le ministère se décida à proposer de doubler la surtaxe applicable aux sucres étrangers. La commission de la Chambre des députés s'arrêta à la même combinaison. Toutefois, établissant ses calculs sur de nouvelles données, elle admit que les colons, pour continuer utilement

leur industrie, devaient pouvoir vendre leurs sucres sur
les lieux à raison de 60 fr. les 100 kilog.; et, dans le
but de les mettre en mesure d'obtenir ce prix, elle éleva
encore de 10 fr. chacun des articles du tarif préparé
par le Gouvernement à l'égard des sucres rivaux. Ainsi,
tandis que les sucres de nos Antilles étaient reçus à
49 fr. 50 les 100 kilog., décime compris, les similaires
étrangers apportés dans nos ports, par navires français,
devaient être taxés à 99 ou 104 fr. 50, selon leur provenance de l'Inde ou des autres pays hors d'Europe. Le
ministère s'étant rallié aux propositions de la commission, c'est sur ce terrain que s'ouvrit le débat.

III.

Réduit à son expression la plus simple, le nouveau
tarif tendait à assurer aux colons 60 fr. au lieu de 36 fr.
par 100 kilog. de sucre, en imposant aux consommateurs de la métropole, sur leur approvisionnement de
50 millions de kilog., une surcharge de 12 millions de
francs.

Les défenseurs de l'intérêt colonial ne se montraient
pas encore satisfaits du prix de 60 fr. Ils soutenaient,
en outre, que les sucres de l'Inde pouvaient être livrés au-
dessous des cours qui avaient servi d'élément aux calculs
de la commission, et ils persistaient à demander la prohibition de tous ceux qui ne proviendraient pas de nos
colonies. M. de Vaublanc, entre autres, prit plusieurs fois
la parole pour faire triompher cette prétention. M. de
Ses maisons voulait que les sucres étrangers ne fussent
admis que lorsque les cours auraient dépassé, dans les
ports de Marseille, Bordeaux, Nantes et le Hâvre, un
minimum déterminé. M. de Monteron n'était pas moins
exclusif, et s'étonnait même de ce qu'on ne cultivât pas

encore la plante à thé pour cesser *de nous rendre tribu-*
taires des extrémités de l'Asie.

Ces opinions absolues n'aboutirent qu'à rendre la contradiction plus vive. « Dans le système actuel, dit M.
» Alexandre de Laborde, ce ne sont point les colonies qui
» appartiennent à la métropole, c'est la métropole qui pa-
» raît être dans la dépendance des colonies; ce ne sont
» point vingt mille habitants qui s'approvisionnent chez la
» puissance qui les protége, c'est cette puissance qui re-
» nonce à l'avantage de tous les autres marchés pour ne
» consommer que les produits de ces vingt mille habitants
» et les payer un tiers en sus de ce qu'ils lui coûteraient
» ailleurs. » Et, en effet, depuis que les édits de 1668
et 1784 avaient ouvert quelques-uns de nos ports coloniaux à certaines importations étrangères, ils tiraient des
États-Unis des salaisons, des morues, des bois et beaucoup d'autres articles de première nécessité, de sorte
que le monopole du marché, loin d'être réciproque,
n'existait plus qu'en faveur des planteurs. Mais on
insista plus particulièrement sur l'existence même du
pacte colonial. MM. Laisné de Villevêque, Ganilh,
Basterrèche, le signalèrent comme ayant fait son temps.
Ils ne comprenaient pas que la France, après la perte
de ses principales colonies, pût songer à conserver à
grands frais des établissements secondaires qui ne nous
offraient plus que des débouchés d'un faible intérêt et
dont la défense, en cas de guerre, nous créerait de graves
embarras. M. le général Sébastiani, M. le général Foy,
se prononcèrent aussi pour la liberté du commerce colonial. « Les Antilles ne sont plus, lit-on dans le dis-
» cours du général Foy, ni les jardins ni les fiefs de
» l'Europe. C'est une illusion de notre jeunesse à laquelle
» il faut renoncer. La nature les a placées sur les rivages

» de l'Amérique. Avec l'Amérique est leur avenir. C'est
» comme entrepôts de commerce, comme grand marchés
» placés entre les deux hémisphères qu'elles figureront
» désormais sur la scène du monde. Malheur aux colo-
» nies elles-mêmes, ajouta-t-il, si des souvenirs trom-
» peurs les entraînent vers un avenir chimérique ! »
Comme en 1820, la situation de l'Amérique du Sud fut
l'un des éléments du débat. Les républiques qui s'y
fondaient combattaient encore pour leur indépendance.
L'opposition parlementaire voulait pousser notre Gouvernement à les reconnaître, et le général Foy s'attacha
à faire ressortir les brillantes perspectives que les populations de ces contrées, une fois définitivement affranchies de l'Espagne, pourraient ouvrir à notre commerce.
Cependant le général Foy et les orateurs qui combattaient
avec lui le projet ne proposaient pas d'abandonner tout
à coup les colonies à leurs propres destinées. Mais ils
voulaient qu'on vînt en aide aux planteurs par le dégrèvement de leurs sucres, et non par une élévation de
droits sur les sucres étrangers.

La commission, représentée par son rapporteur, M. de
Bourrienne, le Gouvernement, par l'organe du ministre
des finances et de M. de Saint-Cricq, repoussèrent ces
prétentions opposées. Au fond, tout le monde proclamait
que la situation des colons était embarrassée : tout le
monde voulait, quelle que fût la diversité des avis sur
les besoins de l'avenir, la rendre moins difficile. Ce point
admis, il fallait bien favoriser le placement avantageux
de leurs sucres sur les marchés de la métropole, car ils
ne produisaient pas autre chose, et ils ne pouvaient
guère, leur en eût-on donné la faculté, écouler cette
denrée à l'étranger, puisqu'ils n'étaient pas en mesure
de la vendre à aussi bas prix que leurs rivaux. Il ne

s'agissait pas, d'ailleurs, d'agrandir leurs débouchés, celui qu'ils trouvaient alors en France absorbant toute leur production ; il suffisait de leur procurer des prix plus satisfaisants, et M. de Saint-Cricq s'attacha à démontrer que l'élévation de la surtaxe des sucres étrangers pouvait conduire à ce résultat sans compromettre une branche essentielle du revenu des douanes. Du reste, il aborda de front, cette fois, l'examen du pacte colonial. Il ne contesta pas que les circonstances ne dussent introduire dans le commerce général de nouvelles combinaisons ; mais nos colonies, quoique singulièrement appauvries, offraient encore à notre marine et à notre industrie un marché qu'il lui paraissait peu prudent de sacrifier à des perspectives au moins fort éloignées. Seulement, en défendant la cause des colons, M. de Saint-Cricq ne pensait pas qu'il fallût aller au-delà des dispositions du projet amendé. Le ministre des finances et la commission se refusèrent avec lui à toute concession plus étendue, et la Chambre, par son vote, s'associa complètement à leurs vues.

Le résultat des mesures prises, dans cette occasion, en faveur des colonies, devait étrangement déjouer les prévisions qui les avaient inspirées. On se proposait de préserver les planteurs des Antilles de la concurrence étrangère, et l'on assura le développement de la sucrerie indigène, qui leur préparait des dangers bien plus sérieux. A la faveur du haut prix que créaient sur le marché national le maintien de la taxe de 49 fr. 50 à l'égard de nos sucres coloniaux et l'exclusion des sucres étrangers, la fabrication du sucre de betterave, dont personne ne se préoccupa, put atteindre, de progrès en progrès, le moment où, trop forte pour être sacrifiée, elle disputerait avec avantage aux produits exotiques le marché métropolitain. Si l'on eût aperçu, en 1822, le terme de la voie dans laquelle on s'engageait, on eût probablement cherché à donner à la difficulté coloniale une solution très-différente. Ce n'est pas la seule fois que le régime protecteur ait fait naître et grandir, à côté des intérêts qu'on voulait favoriser, des intérêts nouveaux, souvent très-opposés, qui venaient, à leur tour, susciter des complications imprévues.

IV.

La loi en discussion embrassait plusieurs autres questions fort importantes aussi. Au premier rang figuraient celles qui se rattachaient aux bestiaux, aux laines et aux fers. Notre législation ancienne adoptant, à l'égard des bestiaux étrangers, le même principe que pour les blés, les avait toujours admis en franchise ou moyennant de faibles droits. Le tarif de 1664 les taxait à 50 sous par tête, qu'ils fussent gras ou maigres, grands ou petits; celui de 1791 les exemptait complètement. En 1816, on les frappa d'un droit trop modéré pour pouvoir être considéré comme une protection : il était de 3 fr. par tête de bœuf. Les produits agricoles étant restés, jusque là, en dehors du régime prohibitif, il était naturel qu'on ne songeât pas à l'appliquer aux bestiaux. D'autres motifs d'abstention se présentaient : les désastres qui avaient accompagné la chute de l'Empire avaient diminué notre approvisionnement et amené en France une armée d'occupation qu'il fallait nourrir; ce n'était pas le moment de repousser le secours des bestiaux étrangers. L'évacuation de notre territoire vint modifier la situation. Nos herbagers se trouvèrent privés tout à coup d'un débouché d'une certaine importance. La réduction de notre effectif militaire réagit également sur eux. Il devait en

résulter et il en résulta, en effet, une baisse assez notable dans le prix des bestiaux. Les éleveurs de la
Suisse, de l'Allemagne, des Pays-Bas, éprouvant aussi
le contre-coup des événements, cherchaient à répandre
leurs produits sur nos marchés. Dans les deux années
1820 et 1821, ils avaient introduit, par nos frontières
de l'Est et du Nord, plus de quatre-vingt mille bêtes à
cornes. Ce n'était, sans aucun doute, qu'une bien faible
partie de notre approvisionnement. Néanmoins, on n'hésita pas à attribuer exclusivement à la concurrence étrangère la baisse de prix de nos bestiaux, et à signaler le
remède dans l'élévation du droit de douane. Des pétitions
dans ce sens furent adressées au Gouvernement et aux
Chambres. On avait déjà tellement généralisé l'application du système protecteur, qu'il n'était guère possible
d'en refuser l'appui à l'une des branches les plus précieuses de notre production agricole. Le ministère proposa, en conséquence, de frapper les bœufs gras étrangers d'un droit de 30 fr. par tête, représentant en
moyenne 10 p. 100 de la valeur, et d'adopter des taxes
analogues à l'égard des autres espèces de bestiaux.

Cette concession ne satisfit pas les intéressés. Plusieurs
d'entre eux demandaient la prohibition absolue des
bestiaux étrangers. La commission de la Chambre des
députés ne voulut pas aller d'abord jusque-là. Mais, en
proposant d'élever le droit sur les bœufs gras à 50 fr.,
elle déclara que cette nouvelle tarification n'assurerait
pas encore à nos éleveurs une protection assez efficace.
La commission, disait le rapporteur, M. de Bourrienne,
croit n'avoir qu'indiqué la route à suivre.

V.

Le projet du Gouvernement avait suffi pour alarmer

les états voisins. Le rapport de M. de Bourrienne excita
de nombreuses réclamations. Le *Moniteur* du 28 avril
1822 fit connaître que le chargé d'affaires de la Suisse
près la cour des Tuileries avait protesté. Les Pays-Bas,
la Bavière, le duché de Bade menacèrent d'user de représailles. Dans la Chambre des députés de Carlsruhe,
M. Bossermann proposa de prohiber tous les produits
du sol et des fabriques françaises et d'en interdire
même le transit, si la France persistait dans son système
de douanes.

Trop d'intérêts se groupaient dans notre pays, depuis
quelques années, autour du régime prohibitif pour que
ces manifestations ne fussent pas vaines. Le Gouvernement s'était rallié aux propositions de la commission.
Dans les débats qui s'ouvrirent, le 28 juin, à la Chambre des députés, des amendements encore plus restric-
tifs furent présentés. M. d'Estourmel demanda que le
droit sur les bœufs gras fût porté à 60 fr.; M. d'Or-
glande, à 70 fr.; M. le général Sémélé, à 80 fr.;
M. Humblot-Conté, à 100 fr. Benjamin Constant, cher-
chant à couvrir sa retraite par quelques précautions
oratoires, déserta les principes qu'il avait énergiquement
défendus, en 1820, dans la discussion de la loi sur les
grains, et vota pour le droit de 60 fr. L'entraînement
était général. Cependant quelques protestations se firent
entendre. « La France, dit M. de Laborde, est un des pays
» de l'Europe où l'habitant des classes inférieures vit le
» plus mal et travaille cependant davantage. La viande
» y est un objet de luxe. » L'exclusion des bestiaux
étrangers ne lui semblait pas le moyen d'améliorer cet
état de choses. MM. Chauvelin et Bignon auraient désiré
plus de réserve dans la protection, afin de conjurer au
moins les représailles. Dans ce conflit d'opinions diverses,

M. de Saint-Cricq, suivant l'une de ses habitudes de discussion, exposa que les droits proposés étaient à la fois nécessaires et suffisants : nécessaires, parce que les herbagers de la Normandie, du Maine, du Poitou, n'obtenaient un prix rémunérateur qu'autant qu'ils vendaient la viande sur pied 50 centimes la livre, tandis qu'ils étaient obligés, depuis quelque temps, de la livrer à 42 centimes ; suffisants, parce que le bétail étranger, généralement coté sur les lieux 35 centimes la livre, grevé d'environ 5 centimes de frais de conduite et de 10 à 11 centimes que représentaient les nouveaux droits, ne pourrait plus être vendu sur nos marchés au-dessous de 50 centimes. La Chambre en jugea ainsi. Elle adopta le droit de 50 fr. par tête de bœuf gras, et vota également toutes les autres dispositions concertées entre le Gouvernement et la commission pour la tarification des bestiaux, sauf quelques modifications de détail destinées à équilibrer les diverses taxes.

VI.

La loi du 7 juin 1820 n'avait admis que quatre classes de laines : les laines fines lavées, les laines fines en suint, les laines communes lavées, les laines communes en suint. Les droits d'entrée qu'elle avait établis ne dépassaient pas, en moyenne, 5 p. 100 de la valeur. Cependant les importations étaient descendues de 10 millions de kilog., chiffre indiqué par M. de Saint-Cricq en 1820, à moins de 7 millions, et rien n'annonçait dès lors l'utilité d'une aggravation de tarif. Aussi le Gouvernement ne la demanda-t-il pas. Il proposa, au contraire, des classifications intermédiaires qui tendaient à affaiblir la taxe des laines lavées à froid. Mais l'élan était donné. Le cours des laines, subissant les fluctuations ordinaires du com-

8

merce, avait baissé, et il n'en fallait pas davantage pour
que les intéressés se crussent fondés à réclamer à la
douane une protection plus énergique. La commission
entra dans leurs vues. Elle éleva le droit des laines fines
et doubla celui des laines communes, qui faisaient presque
exclusivement l'objet de nos importations. Les éleveurs
ne se tinrent pas encore pour satisfaits. M. de Puyval-
lée, croyant la France en mesure de produire toutes
les laines nécessaires à nos fabriques, demanda que les
droits fixés par la commission fussent augmentés de
100 p. 100. M. Siryeys de Mayrinhac voulait aussi
que le tarif de la commission fût doublé, sinon pour les
laines fines, du moins pour les laines communes. M. de
Saint-Cricq combattit ces exagérations. Le chiffre de
nos importations n'indiquait pas que la loi du 7 juin
1820 eût été mal combinée, puisque les dispositions de
cette loi, destinées à concilier les intérêts des manufacturiers et ceux des éleveurs, loin de tendre à la
prohibition des laines, avaient eu pour but de laisser
l'industrie française libre dans le choix des qualités, et
de la préserver d'un accroissement indéfini dans les
prix. MM. Duvergier de Hauranne, Cabanon, Jaubert
alléguèrent, en outre, que les éleveurs vendaient leurs
produits à des prix très-suffisants, et qu'il n'était pas
sensé de repousser l'importation de certaines espèces de
laines étrangères absolument indispensables à nos manufactures. Tout ce qu'ils purent obtenir, c'est que la
Chambre ne dépassât point le projet de la commission.
Les primes à la sortie furent augmentées dans la même
proportion que les taxes d'entrée.

VII.

Pour les fers, la tarification qu'il s'agissait de modifier était un peu plus ancienne; elle remontait aux premiers mois de la Restauration.

A l'époque où fut présentée et discutée la loi du 21 décembre 1814, on ne connaissait en France, comme nous l'avons dit, que les fers du Nord, exclusivement traités au bois et au marteau. Ils se vendaient alors, dans nos entrepôts, 36 fr. les 100 kilog., et l'on se proposa de fixer le droit d'entrée de manière à élever ce prix au niveau de celui qu'on croyait nécessaire à nos usines métallurgiques. La taxe de 16 fr. 50 ne permit plus aux fers de la Suède et de la Russie de s'offrir sur nos marchés au-dessous de 52 à 53 fr. On parvint ainsi à en resserrer l'importation dans des limites fort étroites. Mais les fers anglais prirent leur place. Fabriqués au laminoir et à la houille, ils étaient livrés en entrepôt, au commencement de 1822, à 22 ou 23 fr. Avec le droit ils ne revenaient qu'à 39 fr., et les nôtres, quoique supérieurs en qualité, étaient tombés, depuis quelques années, à 40 fr. Ce cours cessait-il d'être rémunérateur? On pouvait en douter, car M. de Saint-Cricq avait déclaré, en 1814, que plusieurs de nos usines étaient en mesure de vendre à moins de 40 fr., et de notables progrès avaient été accomplis dans les huit années suivantes. Cependant les métallurgistes se prévalurent des circonstances pour réclamer une nouvelle aggravation de droits. Les propriétaires de forêts, toujours écoutés, ayant un immense intérêt à ce que les maîtres de forges ne fussent pas trop vivement incités à abaisser leurs prix de revient, se joignirent à eux. Ce fut dans cette situation que le Gouvernement proposa d'élever à 24 fr. (26 fr. 40 avec le décime) le droit sur les fers à la houille et au marteau, pour qu'ils ne pussent être présentés désormais qu'à 48 ou 49 fr.

Le projet de loi augmentait encore dans une plus forte proportion le droit sur les fontes en gueuses de 400 kilog. et au-dessus, seules admises pour la consommation. En 1814, on avait jugé que nos hauts-fourneaux n'en produisaient pas de suffisantes quantités pour nos affineries, et on ne les avait taxées qu'à 2 fr. Sous l'empire de ce tarif, les importations s'étaient rapidement accrues : de 7 à 800 mille kilog., chiffre constaté en 1814 et 1815, elles s'étaient élevées, en 1821, à 7 millions de kilog. Le système qui prévalait devait faire considérer cet accroissement comme un véritable désastre pour notre industrie. On assurait, d'ailleurs, que les besoins d'approvisionnement dont on s'était préoccupé en 1814 n'existaient plus au même degré. La valeur courante des fontes étant ordinairement égale au tiers du prix des fers en barres, le ministère proposa d'assujettir au droit de 8 fr. par 100 kilog. toutes celles qui seraient importées par mer. Les fontes introduites par terre, chargées de plus de frais et toujours nécessaires à quelques usines de la frontière, devaient acquitter la moitié de cette taxe.

Le nouveau tarif représentait à peu près 120 p. 100 de la valeur des fontes et des fers étrangers rendus dans nos ports. Et pourtant il ne calma pas toutes les alarmes! Les maîtres de forges des départements de la Nièvre, de la Gironde, des Landes, de la Meuse, de la Vienne, des Deux-Sèvres, de l'Aude et des Pyrénées-Orientales, ayant adressé des pétitions à la Chambre, la commission spéciale qui fut chargée de les examiner manifesta la crainte que le droit de 26 fr. 40 ne préservât pas notre industrie métallurgique de la concurrence anglaise. Les maîtres de forges de l'Eure avaient demandé, de leur côté, que les fontes étrangères fussent, sinon prohibées, du moins frappées d'un droit de 10 fr., et le rapporteur qui rendit compte de leur pétition émit l'avis qu'il y avait lieu de l'accueillir.

Cette fois, la commission saisie du projet de loi comprit qu'il n'était pas possible, si l'on ne voulait pas adopter le principe de la prohibition absolue des fontes et des fers étrangers, d'aller beaucoup au-delà des propositions du ministère. Elle se borna en conséquence à porter les nouveaux droits à 9 fr. pour les fontes et à 25 fr. en principal pour les fers en barres.

C'est particulièrement sur le droit relatif aux fontes que s'étendit le débat. Quelques réclamations s'élevèrent bien encore au sujet des sacrifices que l'on imposait au pays en faveur des maîtres de forges et des propriétaires de forêts. Mais il était évident que l'immense majorité de la Chambre ne voyait dans l'aggravation de cette partie du tarif que la réparation d'une erreur commise en 1814, et qu'elle était bien décidée à repousser les fers anglais fabriqués à la houille et au laminoir, comme elle avait repoussé les fers du Nord traités au bois et au marteau. A l'égard des fontes, au contraire, une certaine hésitation se manifestait. Beaucoup de nos usines trouvaient avantage à s'approvisionner de fontes étrangères pour les convertir en fer. Pour ces établissements, de même que pour les fabriques de machines, la fonte était une matière première dont la bonne qualité importait à un haut degré. Or M. Duvergier de Hauranne, s'appuyant sur un avis émis par le Conseil des manufactures, affirmait que les fontes françaises, généralement aigres et cassantes, étaient loin d'offrir les qualités des fontes douces de nos voisins. MM. Lainé, Ternaux, de Laborde, se réunirent à lui pour demander ou le maintien de l'ancien droit, ou, du moins, qu'on ne

le fixât pas à plus de 4 fr. Mais on répondit que nos
fontes étaient susceptibles d'acquérir toute la douceur
des fontes anglaises. On prétendit même que le Berry,
le Nivernais, la Normandie, l'Alsace et la Franche-
Comté en produisaient déjà de meilleures pour la fabrication du fer. Ce fait accepté, la question était jugée,
car il n'y avait plus de motifs pour que la Chambre,
scindant en deux parties l'industrie métallurgique, livrât
nos fontes à la concurrence dont elle entendait affranchir
les fers. Elle adopta donc toutes les dispositions du travail de la commission.

VIII.

Dans le projet qui avait été soumis à l'Assemblée, le
lin, le sumac, l'alquifoux, tous objets que l'on pouvait
ranger dans la classe des matières premières, figuraient,
ainsi que beaucoup de productions diverses, pour des
augmentations de droits destinées à assurer au travail
national une plus forte protection. On n'avait pas même
oublié les roseaux de jardins!

Pour les lins, surtout, l'augmentation était considérable. Deux bonnes récoltes successives avaient naturellement amené une baisse dans les cours. Favorisée
par les mêmes circonstances, la Belgique cherchait à
écouler chez nous une partie de ses produits, et ses
importations en lins, évaluées en 1819 à 1,226,000 kil.,
avaient atteint en 1821 le chiffre de 2,192,000 kil. De
là une autre cause de dépression dans les prix. Les
agriculteurs du département du Nord suivirent l'exemple qui leur était donné de toutes parts, et sollicitèrent
l'appui d'un tarif plus élevé. Le Gouvernement ne pouvait pas leur refuser ce qu'il avait accordé pour tant
d'autres productions. Il proposa de porter la taxe, pour

les lins teillés, de 3 à 10 fr., et, pour les lins peignés, de 6 à 20 fr. La commission, adoptant le chiffre du ministère à l'égard des teillés, fixait à 30 fr. le droit des lins peignés. Cette dernière tarification ne souleva pas d'objections dans la Chambre. Pour les teillés, M. Duvergier de Hauranne fit observer que la nature de nos eaux ne nous permettait pas d'obtenir certaines qualités que nous fournissait la Belgique, et il demanda, dans l'intérêt des fabricants de toiles, que le droit de 3 fr. ne fût pas augmenté. Mais, dans la pensée de la majorité, il s'agissait, avant tout, de relever les cours. On objecta donc que plus le lin teillé de la Belgique aurait de qualité, plus il aurait de valeur, et plus, dès lors, il ferait obstacle à ce que le cours du nôtre s'améliorât. Les deux nouveaux droits furent votés. L'impôt sur les fils fut élevé dans la même proportion.

Le sumac, principalement employé pour la tannerie et pour la teinture de certaines étoffes, nous avait toujours été fourni par la Sicile, l'Espagne et le Portugal. Nous n'en produisions que de faibles quantités. Depuis quelques années, nos agriculteurs du Midi, ceux du Vaucluse en particulier, avaient donné de l'extension à cette culture. Ils désiraient, eux aussi, le monopole du marché, et ils ne cessaient de pétitionner pour qu'on le leur assurât par l'action du tarif. Mais les fabricants avaient adressé à la Chambre des réclamations en sens contraire. Ils assuraient que nos sumacs étaient loin de posséder les propriétés des sumacs de Sicile pour la tannerie et qu'ils ne pouvaient pas remplacer, non plus, les sumacs d'Espagne et de Portugal pour la teinture des draps et des indiennes. Le ministère, pressé par les producteurs, ne crut pas devoir s'arrêter à ces objections. Il proposa d'élever le droit de 15 à 25 fr., et la

Chambre, malgré l'opposition de MM. Duvergier de Hauranne, Strafforello, le général Sébastiani, Méchin, adopta cette nouvelle taxation.

La disposition relative à l'alquifoux provoqua également une assez vive discussion. Cette substance minérale, d'un grand usage dans le Midi pour les fabriques de poterie, nous venait principalement de l'Espagne. On en exploitait aussi quelques gisements dans le Dauphiné, et le Conseil général des mines, s'associant au vœu des propriétaires, avait exprimé l'avis qu'il y avait lieu d'encourager leurs opérations en augmentant le droit de douane sur les alquifoux étrangers. Le ministère, rallié à la commission, le portait de 5 à 10 fr. C'était à peu près 25 p. 100 du prix à la frontière. Relativement à beaucoup d'autres droits protecteurs, celui-ci n'avait rien d'exorbitant. Mais on disait l'alquifoux d'Espagne de qualité supérieure, quoique moins cher que le nôtre, et M. Strafforello, M. de Puymaurin, M. de Lameth n'admettaient pas qu'il fallût, afin de favoriser quelques exploitations sans importance, élever le prix d'une matière première indispensable à nos poteries. Le droit de 10 fr. ne fut pas moins voté.

IX.

La commission de la Chambre des députés ne se borna pas à aggraver le projet du Gouvernement dans ses dispositions sur les sucres, sur les bestiaux, sur les laines, sur les fers, sur les lins, etc. ; elle prit l'initiative de plusieurs modifications restrictives. D'autres furent le résultat de propositions individuelles formulées dans le cours des débats. Nous allons les rappeler.

Quoique le droit de 100 fr. par 100 kilog., précédemment établi sur les faulx, représentât 58 p. 100 de la valeur de la marchandise, la commission, faisant droit aux réclamations de quelques fabricants du Midi, proposa de le porter à 150 fr., soit à 87 p. 100.

Les riz du Piémont, introduits par terre ou par navires français, étaient tarifés à 4 fr. par 100 kilog.; ceux de l'Inde payaient 1 fr.; ceux des autres pays hors d'Europe 2 fr. Plusieurs motifs semblaient commander de ne pas élever ces droits. Nous ne produisions pas de riz. Il offrait un précieux élément d'échange pour notre commerce dans le Levant, que le système protecteur restreignait déjà beaucoup. Enfin c'était un auxiliaire fort utile pour l'alimentation de ceux de nos départements qui récoltaient le moins de céréales. Ces considérations ne prévalurent pas aux yeux de la commission. Elle jugea que la tarification des riz, adoptée à une époque où les blés étaient admis en franchise, n'était pas compatible avec le nouveau régime qu'avaient créé les lois de 1819 et 1821, et, procédant par analogie, elle conclut à ce qu'ils fussent taxés, soit au double du droit fixé pour le froment quand il ne serait pas prohibé, soit, en cas de prohibition, au triple du droit applicable au froment avant que cette prohibition intervînt. C'était là, surtout, dans la pensée de la commission, un moyen accessoire pour atténuer le bas prix des blés, dont la dernière législation n'avait pu relever les cours.

Les huiles d'olive ne devaient pas échapper à sa sollicitude. Malgré le droit de 25 fr. par 100 kilog. qui les atteignait, il en était importé des quantités considérables. C'était tout simple, puisque les quelques départements du Midi où l'on peut cultiver l'olivier étaient bien loin de suffire à la consommation du pays. L'Italie et l'Espagne, qui nous en fournissaient le plus, recevaient en

échange beaucoup d'articles de notre fabrication. Les
riches savonneries de Marseille pouvaient aussi se trouver compromises si l'on surchargeait de nouveaux droits
leur principal aliment. Mais les propriétaires de la Provence se plaignaient de la mévente de leurs huiles. Les
agriculteurs du Nord, de leur côté, demandaient une
protection plus efficace pour développer la culture des
plantes oléagineuses. Une autre circonstance encore
poussait la commission à élever le tarif. On sait que la
loi de finances de 1816 avait frappé les huiles d'un droit
de consommation de 40 fr. par 100 kilog., indépendant
de la taxe de douane spéciale aux huiles étrangères. La
perception de cet impôt présentait de graves difficultés. Beaucoup de consommateurs parvenant à s'y soustraire, il ne rapportait pas plus de 3,200,000 fr., et
l'Administration annonçait l'intention d'y renoncer si on
lui donnait, en supplément sur le droit de douane,
l'équivalent du revenu dont elle ferait abandon. Ces
motifs réunis déterminèrent la commission à porter le
droit d'entrée sur les huiles étrangères de 25 à 35 fr.

Dans la discussion, MM. Roux, le général Sébastiani,
Laisné de Villevêque, Manuel, combattirent le tarif des
riz. MM. Cabanon, Duvergier de Hauranne, Strafforello,
repoussèrent la surtaxe des huiles. Mais la majorité de
la Chambre, étroitement unie à sa commission et à M. de
Saint-Cricq, vota tout ce qu'ils lui demandaient de
concert. Elle décida même, sur la proposition de M. de
Frémicourt, que l'augmentation du droit atteindrait toutes les huiles grasses exclusivement propres aux fabriques, aussi bien que les huiles comestibles. Appelée
ensuite, par un amendement de M. d'Estourmel, à sta-
tuer sur le tarif des suifs, qui étaient imposés à 2 fr. 50
et 5 fr., suivant le mode d'importation, elle fixa les

droits à 15 et 18 fr. pour les mettre en rapport avec les taxes applicables aux bestiaux. Sur la demande de M. Drouillet de Sigalas, elle concéda une plus forte protection à nos producteurs de chanvre, de bois et de goudron. M. Renouard de Bussières, se prévalant des votes antérieurs de la Chambre, obtint, en faveur de nos fabriques de bleu de Prusse, que le droit sur le similaire étranger fût porté à 210 fr. Les viandes fraîches, admises jusque-là à 50 cent. par quintal métrique, et les viandes salées, tarifées à 8 et 11 fr., furent taxées, les unes à 8 fr., les autres à 20 et 23 fr. Il n'y eut pas jusqu'aux peaux de phoque préparées dont M. Labbey de Pompières, si libéral dans les questions politiques, ne fît élever le droit à 6 fr. pièce, pour que nos mégisseries n'eussent pas à souffrir des progrès réalisés depuis peu en Angleterre dans ce genre de travail.

X.

Si l'on se reporte à la loi du 27 juillet 1822, on verra que cette nomenclature, pourtant bien étendue, n'est pas encore complète. Voté par la Chambre des députés, dans la séance du 4 juillet, à la majorité de 217 voix contre 78, le projet fut présenté, le 8, à la Chambre des pairs. Le rapporteur de la commission, M. le comte de Sussy, ne mit en doute que l'opportunité des augmentations demandées à l'égard des huiles et des sumacs. Dans les débats, des objections plus radicales furent soulevées. M. le comte de Ségur, M. le marquis de Marbois, votèrent le rejet de la loi parce qu'elle leur paraissait sacrifier à quelques industries l'intérêt du plus grand nombre et exposer la France à de fâcheuses représailles. M. le baron Pasquier aurait aussi désiré que notre tarif devînt moins exclusif. Mais

ces protestations isolées restèrent sans écho, et le projet,
appuyé par M. le comte de Polignac, par M. le comte
Cornet, par M. le comte Chaptal, par M. le ministre des
finances et par M. de Saint-Cricq, fut adopté, le 25
juillet, par 107 voix sur 114. Le Roi le sanctionna
le 27 (1).

XI.

« En tout, Messieurs, avait dit M. de Laborde, la loi
» que vous allez rendre est essentiellement *privilégiaire ;*
» c'est une prime que toute la France va payer aux co-
» lons, aux maîtres de forges, aux nourrisseurs de bes-
» tiaux de la Normandie. » C'était, du moins, une éclatante consécration du système restrictif; c'était pousser
l'Europe dans les voies tourmentées où elle suivait l'Angleterre et nous. M. le baron Pasquier définissait ainsi
la situation : « Chaque nation s'est, pour ainsi dire,
» retranchée sur les hauteurs. Il faudra bien, à la lon-
» gue, abandonner cette position et redescendre dans
» la plaine. » Chose digne de remarque! Bien peu d'orateurs, dans la discussion de la loi du 27 juillet, soutinrent l'extension de notre régime protecteur pour son
mérite propre. Ce n'était point parce qu'il était bon et
utile en soi, c'était surtout, répétaient presque toujours
les défenseurs de ce système, parce que les autres peuples l'appliquaient que nous étions forcés nous-mêmes
de le compléter. C'est absolument ce qu'on disait en
Russie, en Allemagne, en Espagne et en Italie : « La
» France veut tout faire chez elle, imitons-la. » Au

(1) La loi de 1822 réduisait différentes taxes de sortie et mettait les primes relatives aux fils et tissus de laine en rapport avec les droits appliqués
à l'entrée aux matières premières.

fond, il était de l'essence même du système protecteur, tel qu'on l'avait entendu depuis 1814, de se généraliser. Mais la discussion de 1822 n'en offrit pas moins le triste spectacle d'un pêle-mêle d'intérêts privés en ébullition, là où l'on n'aurait dû s'inspirer que de l'intérêt général du pays.

CHAPITRE XI.

1825 A 1830.

Situation du marché des grains; suppression de l'entrepôt fictif. — Les producteurs de laines. — Fixation du droit à 30 p. 100 de la valeur. — On fortifie encore, malgré l'opposition du Gouvernement, la protection relative aux bestiaux. — Industrie chevaline.— Houblons. — Nouvelles exigences de la production agricole et manufacturière. — Question des toiles. — Proposition sur les cotons. — Aciers; exagération du prix des fers; débat qui en résulte; le Gouvernement déclare que les maîtres de forges ont abusé de la position. —Modifications diverses ; primes de fabrication pour les lainages. — M. de Saint-Cricq; commission d'enquête de 1828; le ministère propose de détendre le système protecteur.

I.

Avant d'aborder la loi du 17 mai 1826, qui compléta l'organisation du système protecteur de la Restauration, nous devons noter celle du 15 juin 1825 (1), qui, sans toucher au tarif, avait introduit dans le régime des grains un changement plus grave par son esprit que par sa portée réelle.

D'après l'un des principes de notre législation, l'entrepôt fictif n'était accordé qu'aux denrées coloniales françaises. En fait, on l'avait étendu aux grains étrangers. Ils en jouissaient non seulement dans les ports, mais encore dans diverses villes de la frontière, Strasbourg, Sierck, Thionville, Charleville, Givet, Lille et Valenciennes. Cette tolérance, que l'article 14 de la loi du 27 juillet 1822 avait implicitement consacrée, était née de la force même des choses. Tant que les grains avaient pu être importés en exemption de droits, le commerce

(1) Il n'en était pas intervenu depuis 1822.

avait pour unique but, en les plaçant sous le régime de l'entrepôt, de se réserver la faculté de les renvoyer librement à l'étranger, et l'Administration n'avait pas à se préoccuper de tentatives de soustraction. Quand le système protecteur fut appliqué aux grains, la situation changea, et l'on prétendit que les marchands de blé, ceux de Marseille notamment, abusaient des facilités de l'entrepôt fictif pour livrer en fraude à la consommation des quantités considérables de céréales étrangères. L'imputation était peu fondée ou, du moins, fort exagérée. Les formalités qu'exigeait le service des douanes ne permettaient guère d'opérer des soustractions sur une grande échelle, et si quelques substitutions avaient eu lieu, elles avaient obligé les entrepositaires à exporter, en échange des blés étrangers introduits illicitement, une égale quantité de blés français. Mais les intérêts alarmés ne raisonnent pas. D'abondantes récoltes avaient, cette fois encore, neutralisé l'effet des mesures restrictives. Malgré la loi du 4 juillet 1821, les prix de nos grains ne se relevaient pas, et les producteurs de plusieurs départements étaient convaincus que la fraude s'était substituée aux importations régulières. Quoique très-bien fixé sur le véritable état des choses, le Gouvernement, cédant à l'entraînement général, présenta à la Chambre des députés, le 29 avril 1825, un projet de loi qui supprimait l'entrepôt fictif des grains, à dater du 1er septembre suivant, et le remplaçait par l'entrepôt réel. Le rapporteur de la commission, M. de Lastours, déclara que cette disposition, quelque insuffisante quelle fût, *était l'expression d'un vœu national*. M. Strafforello et M. Roux, à la Chambre des députés, M. le comte Siméon, à la Chambre des pairs, la combattirent avec beaucoup de vigueur. Ils ne pouvaient pas admettre que

l'on sacrifiât à des craintes imaginaires les légitimes
convenances du commerce. Mais les majorités se prononcèrent contre eux, et le projet, amendé dans ses dispositions accessoires, devint momentanément loi de l'État.

II.

Diverses ordonnances, intervenues depuis 1822,
avaient établi la plupart des dispositions que la loi de
1826 était destinée à consacrer. Déférées aux Chambres,
elles avaient été l'objet, en 1824 et en 1825, de deux
exposés de motifs et de deux rapports de commissions
bien étudiés. Le temps ayant manqué pour la discussion
publique, le nouveau projet du Ministre était le fruit de
ces différents travaux. L'agriculture, qui ne cessait pas
de se considérer comme sacrifiée à l'industrie manufacturière, y obtenait encore différentes concessions. La
plus importante s'appliquait aux laines.

En 1822, on avait doublé la taxe sur les laines
communes, les seules qui vinssent alors du dehors en
quantités un peu considérables. Les prix ne se relevant
pas, les éleveurs se plaignirent avec amertume de ce
qu'on n'avait point fait assez pour eux. Dans la discussion de 1823 sur le budget de 1824, la Chambre des
députés retentit de leurs doléances. L'attitude que M. de
Saint-Cricq avait prise en 1822 indiquait qu'une nouvelle
aggravation ne lui paraîtrait pas justifiée. Mais les influences territoriales étaient toutes-puissantes. M. de
Saint-Cricq, n'espérant pas sans doute les dominer, jugea
plus sage de se placer à leur tête, et il provoqua l'ordonnance du 14 mai 1823, qui augmentait les droits sur
les laines dans une énorme proportion. La taxe la plus
faible (laines communes brutes) était portée de 10 à
30 fr. par 100 kilog.; la plus forte (laines surfines lavées

à chaud), de 60 à 240 fr. Il semblait que les éleveurs avaient obtenu ainsi satisfaction entière, car, dans les sept derniers mois de 1823, il ne fut plus introduit que 900 mille kilog. de laines étrangères. Au commencement de 1824, les importations en laines communes reprirent un peu plus d'activité. Elles avaient atteint, dans les neuf premiers mois, 2,500,000 kilog., et l'on s'écria, tout aussitôt, que le but de l'ordonnance de 1823 était manqué. Peut-être eût-il été plus naturel d'en conclure, ou que nos fabricants, habitués à faire emploi de certaines espèces de laines étrangères, ne croyaient pas pouvoir s'en passer, ou que les producteurs français voulaient leur imposer des conditions par trop onéreuses. Mais les prétentions des éleveurs croissaient avec leurs succès. Saisie de leurs réclamations, la commission chargée par la Chambre des députés de l'examen du projet de loi de douanes présenté en 1824, proposa d'y faire droit en surtaxant encore les laines de qualités inférieures, et l'ordonnance du 20 décembre suivant réalisa ce vœu. Elle éleva les droits des laines communes à 40 fr., 100 fr. et 106 fr. par 100 kilog., selon qu'elles étaient brutes, lavées à froid ou lavées à chaud. La nouvelle ordonnance qui intervint sur les douanes quelques mois après, le 13 juillet 1825, ne modifia que légèrement ces taxes. Mais elle porta de 73 et 79 fr. à 300 fr. les droits applicables aux laines teintes de toutes sortes.

III.

Le projet de loi de 1826 consacrait la transformation que ces diverses ordonnances avaient fait subir au régime des laines. Cependant l'expérience avait révélé de graves imperfections dans le mode de perception. L'échelle de droits établie sur le double élément de l'espèce et de la valeur des laines, n'était pas assez étendue pour que les taxes fussent véritablement proportionnelles. Toutes les laines brutes qui ne valaient pas plus de 1 fr. 20 c. par kilogramme, payaient 40 fr. par quintal ; toutes les laines surfines de plus de 7 fr. 50 payaient indistinctement 240 fr. Or certaines laines du Levant, de la Barbarie, de quelques provinces d'Espagne ne valaient pas plus de 60 à 80 centimes, tandis que les belles laines de Saxe, dites *laines électorales*, étaient cotées jusqu'à 24 et 30 fr. par kilog.; de sorte que, parfois, le droit représentait, pour les premières, 70 à 80 p. 100, et n'atteignait pas, pour les autres, 8 à 10 p. 100. Ce fut pour faire disparaître cette inégalité que la commission proposa de convertir les neuf subdivisions de taxes inscrites au projet, en un droit uniforme de 30 p. 100 de la valeur. Mais, retirant en partie d'une main ce qu'elle donnait de l'autre, elle demanda qu'il fût fixé, pour chaque espèce, des *minimum* de prix, 1 fr. pour les laines brutes, 2 fr. pour les laines lavées à froid, 3 fr. pour les laines lavées à chaud, ce qui devait avoir pour résultat d'imposer encore les basses qualités à 50 et 60 p. 100 de leur valeur réelle.

La discussion fut moins vive qu'en 1820 et 1822. Personne n'osa plus mettre en question le principe de la protection à l'égard des laines indigènes. MM. Strafforello et de Puymaurin, qui attaquèrent seuls cet article du projet, protestèrent uniquement contre l'exagération des propositions de la commission. M. Dudon, au contraire, les trouvait trop modérées. M. de Saint-Cricq les défendit, et elles furent intégralement adoptées.

IV.

La distinction établie, par la loi de 1822, entre les

bestiaux gras et les bestiaux maigres, avait donné lieu à des difficultés. Le service des douanes était souvent en désaccord avec les redevables sur la classification des animaux. Il est certain qu'il n'était pas toujours aisé de discerner si un bœuf était arrivé au degré de nourriture qui devait le faire passer de la classe des bœufs maigres dans celle des bœufs gras. Les éleveurs assuraient qu'on avait souvent trompé les employés et demandaient que le fort droit fût appliqué dans tous les cas. En admettant qu'il y eût quelque chose de vrai dans leurs allégations, toujours est-il que les importations annuelles de bœufs, évaluées à 27,000 têtes avant 1822, étaient descendues en 1825 à 12,000, dont 8,000 avaient été soumises à la taxe de 50 fr. Les chiffres officiels étaient donc rassurants. D'autres motifs détournaient le Gouvernement d'adopter une mesure qui équivalait, en définitive, à une augmentation de droits sur les bestiaux. Ces droits, on se le rappelle, avaient excité chez nos voisins une vive irritation. Les représailles ne s'étaient pas fait attendre. Les Pays-Bas, notamment, avaient surtaxé plusieurs de nos produits industriels et prohibé l'entrée de nos vins par la voie de terre. On négociait avec le cabinet de La Haye pour obtenir le retrait de ces dispositions hostiles. Aggraver l'une des tarifications qui les avaient provoquées n'était pas le moyen de faciliter l'action de notre diplomatie. L'Alsace avait aussi, dans cette question, des intérêts opposés à ceux du Poitou et de la Normandie. De temps immémorial, elle entretenait ses exploitations agricoles au moyen de bœufs et de vaches maigres qu'elle tirait de la Suisse et du duché de Bade. Déjà atteinte par le tarif de 1822, elle repoussait avec énergie le nouveau régime que sollicitaient les départements producteurs. Tout considéré, le Gouvernement ne crut pas qu'il y eût lieu de le proposer. La commission s'en abstint également. Mais M. de Beaumont usa de son initiative pour le formuler en amendement; M. Bourdeau l'appuya, et M. de Saint-Cricq, habitué cependant à être écouté par la Chambre, le combattit en vain.

V.

La production chevaline avait aussi fait valoir ses prétentions. Sous l'empire de la loi du 28 avril 1816, qui ne taxait les chevaux et juments qu'à un droit de 15 fr. par tête, l'importation était assez considérable. Dans les sept premiers mois de 1825, il avait été introduit 1,910 chevaux entiers, 10,066 chevaux hongres et 3,551 juments. L'État profitait le premier de ces importations, car elles étaient destinées en partie à la remonte de l'armée, que notre production n'était pas encore en mesure d'assurer complètement. Selon les éleveurs, c'était un motif de plus pour protéger notre industrie chevaline par un tarif élevé, afin de soustraire la France à la nécessité de demander au dehors des remontes qui, en temps de guerre, pourraient tout-à-coup lui manquer. L'ordonnance du 13 juillet 1825 porta le droit à 50 fr. par tête (1). Cette disposition fut d'un effet immédiat. Dans les cinq derniers mois de l'année, les importations se trouvèrent réduites à 2,836 têtes. Rien ne semblait donc justifier une nouvelle aggravation du droit, et le projet en discussion ne fit que reproduire le chiffre inscrit dans l'ordonnance. M. Ber-

---

(1) Lorsqu'on eut besoin, quinze ans plus tard, sous le ministère de M. Thiers, de compléter l'effectif de nos régiments, fallut-il moins recourir à l'étranger?

thier demanda qu'il fût élevé à 100 fr. Mais le ministre
des finances signala les inconvénients qu'une taxe exagérée pourrait entraîner pour l'agriculture elle-même,
et la Chambre vota le droit de 50 fr.

VI.

On avait plusieurs fois remanié la tarification des houblons. Imposés à 10 sous par quintal en 1664, admis en
franchise en 1791, atteints par la loi du 28 avril 1816 d'un
droit principal de 15 fr. par 100 kilog., ils avaient été
taxés, en 1820, à 45 fr. (1). La transition était un peu
brusque. Les houblons étrangers, notamment ceux de
Vornberg et de Poperinguen, étaient indispensables aux
brasseries des départements du Nord et de l'Est, et le
droit de fabrication qui frappait la bière était encore un
motif pour ne pas rendre trop difficile l'approvisionnement des brasseurs. En 1826, les houblons se vendant
200 fr. environ les 100 kilogrammes, le droit de 45 fr.
(49 fr. 50 avec le décime) équivalait à 25 p. 100.
Nos houblonnières, déjà en progrès en 1820, avaient
continué à se développer. Comme on l'avait fait précédemment, on se prévalut de ce succès même pour
demander une plus forte protection. Le Gouvernement
se laissa entraîner à porter le droit à 60 fr. (2) Cette disposition, insérée dans le nouveau projet de loi, parut
insuffisante aux producteurs. Ils désiraient un chiffre
plus élevé, et M. Ricard, député du Gard, appuya leur

(1) Par suite d'une erreur d'expédition, la loi promulguée le 7 juin 1820 ne
fixait le droit qu'à 50 fr. Ce fut l'objet d'une ordonnance rectificative en date
du 2 août.
(2) Ordonnance du 13 juillet 1825.

vœu à la tribune, en invoquant à la fois, avec plus de
zèle que de logique, l'intérêt des houblonniers et celui
de la production vinicole. La Chambre se borna à sanctionner l'article en discussion.

VII.

Elle doubla, en même temps, les taxes afférentes aux
légumes secs, aux graisses de poisson et au blanc de
baleine. Les modifications relatives aux produits industriels étaient nombreuses, et elles avaient toutes pour
objet des augmentations de droits. Nous mentionnerons,
notamment, les tóiles et autres tissus de fil, dont le tarif
était quadruplé sur certaines espèces, les couvertures de
laine, portées de 102 à 200 fr., les tapis de laine et fil,
la passementerie, surtaxés à peu près dans la même proportion, l'acier fondu, les marbres, les cordages de
chanvre, les bougies de blanc de baleine, élevées de
85 à 200 fr., les plumes à écrire apprêtées, portées de
120 à 240 fr. Divers produits chimiques étaient frappés
de prohibition. Plusieurs de ces articles provoquèrent
des discussions spéciales. Mais ce fut, surtout, à l'occasion des toiles et des aciers que le débat s'anima.

VIII.

Dans les dernières années de l'Empire, le tarif général
frappait les tóiles écrues sans apprêt d'un droit de 50 fr.
par 100 kilog. Au moment où la Belgique, qui en produisait de grandes quantités, se trouva séparée de la
France, il fut question d'élever ce droit à 100 fr. Ce fut
l'objet d'une des dispositions du projet de loi présenté le
24 septembre 1814. Mais deux intérêts fort tranchés se
trouvaient en présence. Pendant que les fabricants de
la Bretagne et de la Normandie réclamaient pour qu'on

éloignât du marché national les toiles belges, les nombreuses blanchisseries du département du Nord, habituées depuis plusieurs années à s'en approvisionner en
exemption de droits, demandaient au contraire l'abaissement du tarif. D'un autre côté, les toiles belges entrant
toujours comme assortiment dans nos expéditions au
dehors, il était à craindre que l'on ne nuisît, si on les
repoussait, à l'écoulement de nos propres produits. Cette
double considération détermina la Chambre de 1814,
non seulement à écarter la taxe de 100 fr., mais encore
à réduire à 25 fr. celle qui se trouvait établie. En 1816,
le Gouvernement, excité par les fabricants de toile, proposa d'en revenir au tarif antérieur à 1814. La Chambre
adopta une combinaison mixte : en maintenant le droit
de 25 fr. pour les toiles écrues sans apprêt, elle le porta
à 35 fr. pour les toiles de huit à treize fils, et à 60 fr.
pour celles de treize fils et au-dessus. Le tarif modéré
de 25 et 35 fr. ne devait, d'ailleurs, être appliqué qu'en
faveur des importations effectuées par le seul bureau de
Lille. En 1818, une quatrième classe fut créée pour les
toiles de vingt fils et au-dessus, qui furent tarifées à 85 fr.
En 1820, M. Leclerc de Beaulieu demanda qu'elles fussent frappées de prohibition ou, du moins, d'une très-
forte augmentation de droits. Signalant le remplace-
ment de la toile par le coton comme une véritable cala-
mité pour la France, il s'écriait : « Ne traiterez-vous pas
« les fabriques de toile de tout temps françaises comme
« les manufactures récentes de coton ? » M. de Vaublanc,
qui voulait pousser le système restrictif jusqu'à ses dernières limites, M. de Kergariou, réclamaient aussi, comme
une conséquence naturelle de ce qu'on avait fait pour
les étoffes de coton, la prohibition absolue des toiles et
tissus de lin étrangers. Ce fut M. de Saint-Cricq qui s'y

opposa. « Nous ne devons pas tout prohiber », répon-
dit-il. Il fit remarquer, en même temps, que, si nous
importions pour 22 millions de toiles, nous en exportions pour 40 millions, ce qui n'annonçait pas, de notre part, un grand désavantage dans ce genre de fabrication. Le projet de loi de 1826 effaçait toute distinction
entre les toiles écrues avec ou sans apprêt, admettait six
classes au lieu de quatre et échelonnait le droit, de 30 fr.
pour les toiles de sept fils et au-dessous, à 350 fr. pour
les toiles de vingt fils et au-dessus. Les toiles blanches,
mi-blanches ou imprimées, déjà rangées dans des catégories particulières, étaient taxées, suivant leur degré
de finesse, au double des mêmes droits.

Dans la pensée du ministère, ces taxes, provisoirement
appliquées en vertu de l'ordonnance du 13 juillet 1825,
devaient représenter environ 15 p. 100 de la valeur.
Il paraît qu'elles s'élevaient, en réalité, à 18 ou 20 p. 100.
Elles furent attaquées à la fois, par les uns comme exagérées, par les autres comme trop faibles. La Belgique
avait fait partie de la France pendant près de vingt ans,
et cependant nos fabriques s'étaient soutenues, ce qui
semblait prouver que les toiles belges et les nôtres, de
qualités différentes, avaient leur emploi dans le commerce
et la consommation, et pouvaient fort bien prospérer
simultanément. MM. de Gères, Gautier, Potteau d'Hancarderie, l'assuraient. M. Leclerc de Baulieu, au contraire, en proposant par amendement d'augmenter encore
les droits inscrits au projet, exposait, avec MM. de Cha-
rencey et de Kergariou, que les ventes annuelles du
département de la Mayenne, autrefois de 17 millions,
se trouvaient réduites à 4. Mais si les populations de la
Mayenne fournissaient beaucoup moins de toiles de fil
qu'autrefois, elles fabriquaient beaucoup plus de tissus

de coton. Il y avait donc là un déplacement d'industrie plutôt qu'une diminution de travail. Comme on l'avait fait remarquer, d'ailleurs, dans la discussion sur les bestiaux, ce n'était pas au moment où l'on négociait avec la Hollande pour obtenir des concessions qu'il pouvait être opportun d'imposer sur ses toiles des droits trop élevés. M. de Villèle objecta, de plus, que notre situation industrielle s'était assez améliorée pour qu'il fallût être sobre désormais de droits prohibitifs. La Chambre, d'accord avec sa commission, adopta le projet du Gouvernement, et les défenseurs d'un régime de douanes modéré durent considérer ce résultat comme un succès, tant on se laissait aller alors à exagérer toutes les taxes.

VIII.

L'industrie des toiles provoqua une autre proposition qui souleva encore un débat très-vif. Ainsi que nous l'avons dit, c'était le coton, et non pas la concurrence étrangère, qui diminuait le plus le nombre de nos tisserands de fil de lin. M. le vicomte de Saint-Chamans, auteur d'un ouvrage consacré à la défense du système protecteur (1), voulait attaquer le mal à sa source. Le coton se travaillait surtout dans les fabriques, le lin dans les campagnes ; le coton nous était fourni par l'étranger, le lin par notre agriculture. M. de Saint-Chamans trouvait là un double motif pour arrêter l'essor des fabriques de tissus de coton. Il proposait, en conséquence, d'élever de 40 à 150 fr. par 100 kilog. le droit d'entrée sur les cotons longue soie, et de 20 à 100 fr. le droit sur le coton courte soie. M. de Lescure, M. Berthier, adop-

(1) Du Système d'impôt fondé sur le principe d'économie politique (1820).

tèrent la pensée de cet amendement. C'était vouloir faire intervenir les douanes, non plus seulement contre l'étranger, mais encore dans les rapports des diverses branches du travail national. C'était sacrifier l'une des plus précieuses conquêtes de l'industrie moderne. C'était oublier que le coton était déjà un immense élément d'échange, de fret, d'activité manufacturière, et que, si nous en achetions pour 50 ou 60 millions, nous vendions à l'étranger, dès cette époque, pour près de 40 millions de tissus de coton. Le rapporteur de la commission, M. de Saint-Cricq, M. de Lastours, M. Humann, combattirent l'amendement de M. de Saint-Chamans, et la Chambre le rejeta.

IX.

L'article relatif aux aciers portait de 100 à 120 fr. le droit sur les aciers fondus en barres, et de 70 et 100 fr. au taux uniforme de 140 fr. le droit sur les tôles et les filés. Comparés au prix des aciers étrangers, ces nouveaux droits équivalaient à près de 100 p. 100. Ils étaient donc, en quelque sorte, prohibitifs. Or les aciers fondus fabriqués dans les établissements anglais d'Hasmann et de Marshall avaient, pour certains emplois industriels, une incontestable supériorité sur les nôtres. Était-il utile et nécessaire de les écarter dans le but d'encourager nos aciéries, déjà fort en progrès, à se développer et à améliorer leurs procédés? C'est ce qu'admit la Chambre en adhérant au projet qui lui était présenté.

Mais, à l'occasion des aciers, plusieurs orateurs remirent en question le tarif des fers, qui touchait à des intérêts bien autrement importants. Les faits survenus depuis 1822 avaient encore déjoué les prévisions des

pouvoirs législatifs. Si, d'une part, la production s'était
beaucoup développée; si la fabrication du fer au charbon
de bois, presque exclusivement pratiquée en France antérieurement à 1822, s'était élevée de 80 à 96 millions
de kilogrammes; s'il s'était fondé sur notre territoire,
pour l'affinage à la houille et au laminoir, 35 établissements qui fournissaient déjà 70 millions de kilogrammes;
si l'on en voyait en construction une quinzaine, dont la
production ne devait pas être évaluée à moins de trente
millions de kilog., les prix, d'un autre côté, avaient
dépassé, malgré l'aiguillon de la concurrence intérieure,
la limite de 50 fr. par 100 kilog. qu'on avait entendu
leur assigner, et s'étaient élevés, dans le courant de
1825, sous l'influence de quelques circonstances accidentelles, jusqu'à 65 fr. Le renchérissement des bois
était aussi fort considérable, car il était au moins de 30
p. 100 en moyenne, et, sur certains points, de 50. Il
était constant que les maîtres de forges et les propriétaires de forêts, favorisés par une extension de besoins
plus rapide que ne pouvait l'être le progrès de la
production, avaient réalisé d'immenses bénéfices. Le
Gouvernement lui-même avait dû le reconnaître dans
l'exposé des motifs du projet de loi et avouer qu'*on avait
abusé de la position*. En 1790, nos maîtres de forges vendaient le fer, avec bénéfice sans doute, à raison de 32 fr.
par 100 kilog. La différence, en ne calculant même
que sur 50 fr., prix admis comme nécessaire en 1822,
représentait, pour la production de 1825, un excédant
de dépense de 30 millions. Elle était beaucoup plus forte
si l'on comparait nos prix aux prix habituels des fers
anglais. La grande question des chemins de fer commençait, d'ailleurs, à préoccuper les esprits. Nos établissements métallurgiques n'avaient pu compter sur

l'immense débouché que devait créer cette invention ; ils
n'étaient pas en mesure d'y pourvoir, et il était à craindre, dès lors, que les prix de 1825 ne se maintinssent
long-temps, peut-être même qu'ils n'augmentassent encore, au grand préjudice de l'agriculture, qui consomme
beaucoup de fer en ustensiles de toute sorte, des arts
industriels et de l'ouverture des voies ferrées. Divers
orateurs proposèrent, par ces motifs, d'abaisser le tarif
des fontes et des fers. M. de Puymaurin voulait qu'il fût
diminué d'un tiers. M. de Burosse présenta un amendement qui le réduisait de moitié. Subsidiairement, M. Roux
demanda que les fers étrangers importés pour la construction des chemins de fer fussent admis en franchise.
Mais, en s'attaquant aux tarifs des fers, on menaçait
des positions considérables et l'on ébranlait les fondements
mêmes du système protecteur. Les représentants de nos
départements métallurgiques, entre autres MM. Terrier
de Santane, Devaux, Hyde de Neuville, combattirent
avec énergie tous les amendements. Selon eux, les prix
ne s'étaient momentanément élevés que parce que les
bénéfices de la fabrication devaient d'abord couvrir une
partie des capitaux engagés dans les vastes constructions
nécessaires pour l'emploi des nouvelles méthodes. Il fallait donner aux maîtres de forges le temps de rentrer
dans leurs avances, et savoir attendre de l'action naturelle de la concurrence intérieure une réduction de prix
qui ne coûterait rien alors à la richesse nationale. Le
Gouvernement, malgré le fait grave qu'il avait proclamé,
s'étant associé à ces observations, le tarif de 1822 fut
maintenu.

X.

Le projet de loi modifiait les droits d'un certain nombre de produits exotiques dans le but d'en favoriser, au moyen du jeu des surtaxes, l'importation sous pavillon français. L'article 2 allégeait diverses productions, autres que les sucres, de nos colonies des Antilles, de la Guyane, du Sénégal et de Bourbon. La Chambre vota également sans opposition l'application du régime du drawback aux plombs et aux cuivres ouvrés, aux peaux apprêtées, aux chapeaux de paille, d'écorce et de sparterie. Elle l'étendit aux savons expédiés par tous les ports du royaume, régla de nouveau celui qui avait été établi pour les sucres et adopta, pour les tissus et fils de laine, des allocations réglées d'après les changements introduits dans la tarification de la matière première.

Pour ces derniers produits, ce n'était pas simplement d'un drawback qu'il s'agissait. Le Gouvernement proposa et la Chambre admit un système qui accordait aux exportateurs une véritable prime de fabrication : non seulement les allocations étaient payées à la sortie des fils et tissus de laine, sans distinction de l'origine de la matière employée à les fabriquer, mais encore *on les calculait de manière à tenir compte aux manufacturiers français de la plus value donnée aux laines nationales par l'action de la protection.* C'était aller au-delà de ce qui pouvait paraître juste. Néanmoins il se trouva des orateurs pour demander que les nouvelles primes, si largement fixées, fussent encore augmentées. M. de Villèle s'y opposa avec vivacité, et la Chambre s'en tint aux propositions de sa commission (1).

----

(1) Un débat fort animé s'éleva, à cette occasion, relativement aux anciennes quittances des droits payés à l'entrée des laines étrangères. Il y avait là une question très-simple en elle-même, mais que les intérêts privés étaient parvenus à compliquer étrangement.

Voté à la majorité de 260 voix contre 21, le projet dont nous venons de reproduire les principales dispositions économiques fut présenté à la Chambre des ·pairs dans la séance du 25 avril. Le rapporteur, M. le baron Portal, ne parut pas avoir conservé un souvenir fidèle du mémoire qu'il avait rédigé en 1803, car il y défendit des doctrines bien différentes, et la Haute-Chambre, après avoir entendu M. le baron Pasquier, M. le duc Decazes, M. le comte Roy, M. de Broglie, M. de Saint-Cricq, le ministre des finances, échanger diverses observations sur certaines questions spéciales, adopta aussi ce projet à une très-forte majorité.

XI.

La loi de 1826 fut le dernier acte de douanes des assemblées législatives de la Restauration. Dès le mois de mars 1824, M. de Saint-Cricq avait quitté la direction générale des douanes pour occuper la présidence du *Bureau du commerce et des colonies*. Mais il avait conservé, dans sa position nouvelle, le soin de préparer les lois de tarif. Les connaissances approfondies, la lucidité d'esprit, le bonheur d'à-propos qu'il avait plus particulièrement déployés dans les débats relatifs à la loi de 1822, l'avaient beaucoup grandi dans l'opinion des Chambres, et il soutint encore avec éclat presque tout le poids de la dernière discussion.

Les majorités imposantes qui avaient adopté ses doctrines n'avaient pu les faire prévaloir sans opposition. En dehors des Chambres, les récriminations étaient encore plus ardentes qu'à la tribune. Beaucoup d'industries se plaignaient des charges que leur imposait le tarif. Chacun demandait la protection pour ce qu'il fabriquait, et la liberté d'importation pour ce qu'il ne fabriquait pas. En lutte avec tous ces intérêts individuels, qui se montraient souvent à nu avec la plus complète naïveté, le Gouvernement jugea utile, en 1828, de former, sous la présidence de M. de Saint-Cricq, une commission d'enquête chargée d'examiner de nouveau quelques-unes des questions fondamentales de notre régime protecteur.

On vit là ce qui s'est toujours rencontré en France lorsque le pouvoir, au lieu de prendre l'initiative des réformes utiles, a voulu amener à un sacrifice volontaire les intérêts que ces réformes devaient atteindre. L'industrie des fers et des fontes, qu'on mettait principalement en cause, se défendit avec énergie. Elle promettait bien, comme en 1814, comme en 1822, de se trouver en mesure, dans un avenir peu éloigné, d'accepter la lutte avec l'étranger; mais elle repoussait, pour le présent, toute modification aux tarifs.

La commission n'admit pas que la situation faite à la production et à la consommation par les dernières lois de douanes pût se prolonger long-temps. Elle signala la nécessité d'étudier plus attentivement les véritables besoins de chaque industrie, *en présence des dommages que pouvait créer une protection excessive.* Pour les fers, en particulier, elle proposa de ne maintenir les droits établis que pour une période de cinq ans. Son rapport fut suivi d'un projet de loi que M. de Saint-Cricq, devenu ministre du commerce, présenta à la Chambre des députés le 21 mai 1829.

Amené par l'opinion à proposer la réduction de la taxe sur les fers, M. de Saint-Cricq voulut adoucir la transition autant que possible. Il demanda que les droits fussent abaissés d'un dixième seulement en 1835 et d'un autre dixième en 1838. Son projet de loi ne s'appliquait pas uniquement aux produits métallurgiques. Il réduisait dans une très-forte proportion la surtaxe relative aux sucres étrangers du continent et des îles de l'Amérique, et diminuait aussi les droits d'entrée sur les soies. Il était surtout digne d'attention par des dispositions réglementaires d'un grand intérêt. La formation du ministère Polignac et les événements graves qui en furent le résultat, empêchèrent la discussion de ce dernier travail de M. de Saint-Cricq.

CHAPITRE XII.

DE 1830 A 1835.

État de l'opinion en 1830. — Large extension du transit et du régime des entrepôts maritimes. — Création d'entrepôts intérieurs ; vive agitation et singulières manifestations à ce sujet. — Le Gouvernement signale les imperfections de l'échelle mobile en matière de grains, et propose de remanier le système. — La commission altère profondément la pensée libérale du projet de loi. — Discussion à la Chambre des députés. — Opposition que rencontre le ministère dans ses projets de réforme. — Enquête de 1834.

I.

Parmi les hommes que la révolution de 1830 avait rapprochés du Pouvoir, plusieurs s'étaient montrés fort hostiles au régime protecteur. M. Duchâtel était désigné comme le principal rédacteur du fameux manifeste du comité vinicole de la Gironde. Des publicistes proclamaient la nécessité d'élargir la base de nos relations internationales, au moment où nos institutions politiques devenaient plus libérales. On parlait de féodalités manufacturières à renverser pour compléter l'œuvre des barricades de Juillet. L'opinion publique semblait accepter ces manifestations. Mais les intérêts menacés ne s'endormirent pas. Les grands industriels qu'abritait le système prohibitif profitèrent avec habileté de ce qu'il y avait d'excessif dans les prétentions de leurs adversaires. Ils exposèrent au roi Louis-Philippe qu'on allait susciter de nouveaux périls en compliquant une situation déjà fort difficile par elle-même des embarras inséparables d'une réforme de tarifs, et ils parvinrent ainsi à échapper aux premiers entraînements.

10

Nous ne nous proposons pas de reprendre un à un tous les actes de douanes survenus de 1830 à 1858. Un grand nombre de lois spéciales, d'ordonnances ou de décrets, plusieurs traités de commerce, l'enquête de 1834, les délibérations des conseils généraux de l'agriculture et du commerce nous entraîneraient, si nous voulions les suivre pas à pas, bien au-delà des limites que nous entendons assigner à notre étude. Après avoir rappelé, dans les pages précédentes, comment s'était fondé le système protecteur, nous nous bornerons à recueillir, dans les faits postérieurs à 1830, les indications indispensables pour constater dans quel esprit les gouvernements et les assemblées parlementaires ont modifié les lois de douanes.

II.

Les premières propositions (1) que les ministres du roi Louis-Philippe soumirent aux Chambres ne touchaient pas au tarif : elles consacraient, en les améliorant, des mesures déjà mises en vigueur par l'ordonnance du 29 avril 1831, relativement aux transits et aux entrepôts.

Ces deux institutions, fondées en 1687, avaient été supprimées peu de temps après, sur la demande des fermiers généraux, qui n'y voyaient que des risques de fraude et des frais de surveillance. Rétablies plus tard, réglées par les lois du 8 floréal an XI et du 17 décembre 1814, étendues par quelques dispositions postérieures, elles étaient encore fort incomplètes. On se rappelle ce

---

(1) La loi du 20 décembre 1830 avait seulement pour but de régulariser la formation des mercuriales en attendant la réforme annoncée du régime des grains.

qu'il en coûta d'efforts à la Restauration pour obtenir, en 1819, le transit des denrées coloniales par l'Alsace, de Strasbourg à Saint-Louis. Depuis cette époque, une étude plus attentive des faits et les améliorations introduites dans l'action du service des douanes avaient dissipé beaucoup d'appréhensions. Il n'était plus possible de sacrifier les avantages d'un vaste transit et d'entrepôts largement approvisionnés à des craintes sans fondement. Aussi le projet de loi que M. de Saint-Cricq avait présenté, en mai 1829, donnait-il une grande extension à ce double régime.

Les propositions du Gouvernement de 1830 furent encore plus libérales. Bien qu'elles ne dussent porter réellement aucune atteinte au principe de la protection, elles ne furent pas adoptées sans discussion. La commission réduisait le nombre des ports ou bureaux admis à jouir de l'entrepôt ou du transit des marchandises prohibées. Plusieurs orateurs exprimèrent la pensée que le transit allait créer à nos fabriques, sur les points de chargement, une concurrence très-dangereuse. M. Dugas-Montbel demanda, par ce motif, que l'on interdît, notamment, le transit des soies unies. On objecta qu'il était permis depuis 1818, ce qui amena cette incroyable hyperbole de M. Fulchiron : « Je n'ai qu'un mot à répondre, c'est » que Lyon en meurt. » Notre magnifique industrie lyonnaise périr parce qu'on permettait à quelques soieries suisses de traverser notre territoire pour s'embarquer à Marseille ou au Hâvre, sous la garantie de précautions minutieuses qui rendaient toute fraude importante à peu près impossible ! Mais, en définitive, malgré quelques restrictions apportées au projet du Gouvernement, la loi du 9 février 1832 organisa notre système d'entrepôts et de transit sur des bases assez

larges pour qu'il ne restât plus que peu de changements
à y apporter.

III.

A cette loi se rattache, par sa date et par son objet,
celle du 27 février 1832 sur les entrepôts intérieurs.
Nous devons nous y arrêter, car elle fut l'occasion de
débats qui offrent un exemple frappant des terreurs
qu'inspirait aux intéressés la pensée de toute modification à notre système de douanes.

La question à régler n'était pas nouvelle. En principe,
les entrepôts de marchandises étrangères ne pouvaient
être établis que dans les ports de mer. Cependant la loi
du 8 floréal an XI en avait créé un à Strasbourg pour
les produits à destination de cette ville importés par le
pont du Rhin. Lyon avait été également autorisé par la
loi du 30 avril 1806 à fonder un entrepôt pour les marchandises non prohibées et pour les denrées coloniales
arrivant par Marseille. L'Empire avait aussi doté Paris
de l'entrepôt réel des cotons en laine, entrepôt qui y
avait subsisté jusqu'aux événements de 1814. Depuis
long-temps, le commerce de Paris se prévalait de ce
premier essai pour demander à rentrer en possession
de la faculté d'entrepôt et à pouvoir l'étendre à toutes
les marchandises qui en jouissaient dans les ports de
mer. Mais cette prétention avait soulevé dans nos villes
du littoral de véritables tempêtes. La presse s'en était
emparée. En 1819, M. Ferrier, alors directeur des douanes à Dunkerque, publia un mémoire dans lequel il
dénonçait la création d'un entrepôt à Paris comme une
mesure susceptible de porter un coup mortel à notre
marine, en faisant renoncer nos ports de mer aux armements pour les colonies ! Le mémoire de M. Ferrier

contribua à faire renvoyer la question, et l'on se trouva conduit, d'ajournements en ajournements, à la révolution de 1830.

Ce ne fut plus Paris seulement qui réclama. Plusieurs autres villes de l'intérieur demandèrent aussi la faculté de l'entrepôt. En secondant leurs vues à cet égard, l'Administration se proposait un but bien simple : elle voulait rapprocher le plus possible la perception des droits de la consommation elle-même, afin que le commerce et l'industrie ne fussent pas inutilement obligés d'en faire l'avance et d'en supporter les intérêts. C'est dans cet ordre d'idées que le Gouvernement présenta aux Chambres, le 11 novembre 1831, le projet qui devint la loi du 27 février suivant.

Le ministre du commerce et des travaux publics avait eu grand soin, dans son exposé des motifs, de bien préciser la véritable portée du projet pour tâcher de rassurer les ports de mer. M. Ganneron, rapporteur de la commission, discuta à son tour toutes leurs objections. L'opposition qui s'éleva à la tribune n'en fut pas moins des plus passionnées. Suivant M. Roux, député de Marseille, « on allait déplacer le commerce mari- » time et le sacrifier à l'ambition toujours croissante de » la capitale. » M. Dubois (de la Loire-Inférieure) protesta avec beaucoup d'énergie. « Il semblait, dit-il, que » nous eussions bien assez sur les bras de toutes les » théories d'impôts et de toutes nos alarmes sur le revenu » public, sans nous voir précipités brusquement dans » les hasards d'un de ces déplacements d'industrie qu'il » est du devoir du Gouvernement de tempérer et de » ménager insensiblement, s'il ne peut pas les arrêter » ou les prévenir. » M. Jair, qui devait parvenir au ministère quelques années plus tard, alla encore plus

loin : « Votre décision, fit-il observer à ses collègues,
» aura une influence positive sur notre avenir, sur cette
» révolution sociale dont les éléments s'agglomèrent
» depuis trente ans et dont quelques symptômes ont
» déjà effrayé votre patriotisme. » Il est triste de voir
des hommes de sens et d'un incontestable mérite se
laisser aveugler à ce point par les passions de leurs
commettants. M. le comte d'Argout, ministre du commerce, ayant rétabli les faits dans un discours d'une
vigoureuse argumentation, la loi fut votée à une grande
majorité.

Si l'expérience a prouvé jusqu'à quel point étaient
chimériques les craintes des ports de mer, elle a également dissipé les illusions qu'avait fait naître, sur certains
points, la création des entrepôts intérieurs. Quand un
député du Languedoc, M. de Podenas, déclarait à la
tribune que l'entrepôt de Toulouse deviendrait l'intermédiaire entre une partie considérable de l'Allemagne,
d'une part, et, de l'autre, les villes de la Catalogne et
de l'Aragon, il était aussi éloigné de la vérité dans ses
espérances que l'étaient les députés maritimes dans leurs
terreurs. L'entrepôt de Paris lui-même, placé cependant
au centre d'une immense consommation, n'a pu soutenir
par ses opérations les deux établissements qu'on y avait
consacrés. Il a fallu supprimer les magasins du Caillou
pour centraliser toutes les marchandises dans le local
fondé le long du canal Saint-Martin; et les autres entrepôts intérieurs, loin de se développer dans des conditions
susceptibles de causer un dommage quelconque aux
ports de mer, n'ont même rempli que fort imparfaitement la destination restreinte que leur avaient assignée
les prévisions du Ministre.

IV.

Jusque-là, du moins, les réformes préparées par le Gouvernement de 1830, quoique combattues, avaient obtenu, sauf de légères modifications, l'adhésion des Chambres. Mais le premier projet qui pénétra au vif des intérêts engagés dans le système protecteur se heurta contre une majorité hostile, et fut entièrement bouleversé; il s'appliquait aux grains.

Les lois de 1819 et 1821, rendues dans des années d'abondance et d'après des calculs peu exacts sur la moyenne de nos récoltes, avaient subordonné l'intérêt du consommateur à celui du producteur. Par une alternative perpétuelle d'admissions et de prohibitions résultant de mercuriales établies sur des marchés régulateurs mal choisis ou mal divisés, elles décourageaient le commerce et pouvaient forcer certaines contrées de la frontière à subir des prix de disette, tandis que d'autres parties du territoire se trouvaient bien approvisionnées. L'écart énorme entre les prix qu'on avait voulu assurer à tels ou tels départements et ceux dont se contentaient ailleurs les propriétaires, suffisait seul pour démontrer que les deux lois précitées étaient assises sur de fausses bases; ces prix variaient de 15 fr. pour le département de la Marne à 28 fr. pour le Gard. Pour la Haute-Garonne ils étaient de 20 fr., de sorte qu'il eût dépendu de Toulouse de ruiner le marché de Nîmes si, comme on l'avait assuré, les producteurs appelés à alimenter ce dernier marché ne pouvaient y être rémunérés qu'en vendant leurs blés 28 fr. l'hectolitre. L'expérience avait prouvé que, sur ce point comme en beaucoup d'autres, notre législation des grains offrait de véritables anomalies. C'est ce que le ministre du commerce s'attacha à établir dans l'exposé des motifs, substantiel et méthodique, du projet qu'il soumit à la Chambre des députés le 17 octobre 1831 (loi du 15 avril 1832). Il proposait notamment : 1° de supprimer la prohibition pour tous les cas, et de la remplacer par des droits gradués ; 2° de substituer au régime des zônes morcelées deux grandes divisions formées, la première, du littoral de l'Océan, depuis Bayonne jusqu'à Dunkerque, et d'une partie de la frontière de terre, depuis le département du Nord jusqu'à celui du Haut-Rhin inclusivement ; la seconde, de tous les autres départements des frontières de terre et de mer ; 3° de changer le régulateur en prenant désormais, au lieu des mercuriales, la taxe du prix du pain ; 4° de remplacer l'hectolitre, mesure de capacité, par une mesure de poids ; 5° de supprimer, dans les temps de cherté, toute surtaxe sur les arrivages par navires étrangers. *Les prix nécessaires,* d'après lesquels se trouvait calculée l'échelle des droits, étaient fixés à 20 fr. pour la première région (celle de l'Ouest et du Nord) et à 24 fr. pour la seconde. Enfin le projet rétablissait l'entrepôt fictif.

V.

Quelque sérieuses que fussent ces modifications, elles laissaient subsister tous les inconvénients de l'échelle mobile. Mais ce ne fut point par ce côté, réellement vulnérable, qu'on les attaqua. La commission de la Chambre des députés avait choisi pour rapporteur M. Ch. Dupin. Admettant que le prix du travail de l'homme est toujours dans un rapport nécessaire avec le prix du blé, il s'attacha à démontrer (1) que le prolétaire perdrait plus

(1) Son rapport ne forme rien moins que trente colonnes du *Moniteur* (numéro du 20 mars 1832).

sur son salaire qu'il n'économiserait sur sa subsistance si le prix du pain descendait au-dessous d'un taux convenablement rémunérateur, et, préoccupé surtout de la crainte de décourager l'agriculture, jugeant que les propositions du Ministre ne maintiendraient pas les cours à un taux assez élevé pour le producteur, il introduisit dans le projet des changements qui en altéraient profondément la pensée.

VI.

La discussion s'ouvrit par un excellent discours de M. Duvergier de Hauranne, qui combattit avec beaucoup de vigueur les amendements de la commission. Il demanda si c'était au producteur des bonnes terres ou à celui des plus mauvaises qu'on entendait assurer tel ou tel prix, et, dans le dernier cas, si l'on voulait charger toute la population d'un impôt exorbitant pour faire venir des céréales sur des sols impropres à ce genre de culture. M. de Laborde, M. le duc d'Harcourt, se joignirent à M. Duvergier de Hauranne pour appuyer à la tribune le projet du Gouvernement. Le ministre du commerce prit lui-même plusieurs fois la parole et déploya une force d'argumentation qui révélait une étude approfondie du sujet. Mais le rapporteur persista. M. Laurence présenta un amendement encore plus restrictif que le projet de la commission. M. de Saint-Cricq, lui venant en aide avec M. Dupin aîné et plusieurs autres orateurs, se servit d'un argument qui devait, dans la bouche d'un homme jugé très-compétent, impressionner la majorité. « Ma conviction profonde, dit-il, est que le » jour où la Chambre et le Gouvernement auront aban- » donné la protection de l'industrie agricole, ce jour-là » sera la veille de celui où ils abandonneront la pro-

» tection de tous les produits industriels. » C'est précisément ce que redoutaient les députés des départements
manufacturiers. Une imposante majorité adopta la proposition de M. Laurence.

Ainsi modifié, le projet n'était plus, en quelque sorte,
que la reproduction de la loi de 1821, avec le rétablissement de l'entrèpôt fictif et la substitution aux prohibitions d'entrée et de sortie de droits gradués susceptibles
d'en tenir lieu dans beaucoup de circonstances. Cependant
le ministère, renonçant à vaincre les opinions de la
Chambre élective, se décida à le porter, le 4 avril, à
la Chambre des pairs, qui l'adopta sans discussion (1).

VII.

En dehors de ces lois spéciales, que l'on peut considérer
comme étrangères au tarif, aucun acte législatif n'intervint, en matière de douanes (2), pendant les six premières années du Gouvernement de 1830. Le Pouvoir
était assurément disposé, comme nous l'avons dit, à
tenter la réforme du système protecteur. M. Duchâtel
aurait désiré ne pas maintenir intact, sous son administration, un régime qu'il avait attaqué dans d'autres temps.
Depuis qu'il se trouvait placé à la tête du département
du commerce et des travaux publics, il s'en était parfois
expliqué, même dans ses communications officielles,
avec beaucoup de netteté (3). Mais les grands industriels

(1) La nouvelle loi ne devait avoir d'effet que jusqu'au milieu de l'année
suivante; mais, prorogée, le 26 avril 1833, jusqu'à la révision des tarifs,
elle n'a jamais été remaniée.

(2) Nous faisons abstraction des lois des 26 avril 1833 et 26 juin 1835, la
première exclusivement applicable aux sucres, la seconde relative à quelques
modifications apportées au régime des entrepôts intérieurs.

(3) Dans une conférence avec les notables d'Elbeuf, il leur avait dit, en
1832 : « Nous avons fait une révolution pour détruire les priviléges, et il faut

occupaient, dans l'organisation politique de la France, une position avec laquelle il fallait compter, et ils ne cessaient pas d'adresser aux ministres des avertissements qui, sans atteindre encore au ton de la menace, se faisaient écouter.

Afin de rassurer les intérêts alarmés, le Gouvernement annonçait, en toute occasion, l'intention de conserver à notre industrie une protection ferme et efficace. Il demandait seulement la faculté de dégager nos tarifs de ce qu'ils avaient d'inutile ou d'exorbitant. C'est dans ce but qu'il présenta à la Chambre des députés, le 3 décembre 1832, un projet de loi dont les dispositions principales avaient pour objet de lever la prohibition relative aux cotons filés du n° 180 et au-dessus, aux châles de cachemire, aux cuirs de Russie, au cuivre filé sur soie et à l'horlogerie, de réduire de moitié les droits sur les bestiaux, de les diminuer également sur les cotons longue-soie, ainsi que sur les soies grèges et moulinées. Ce projet n'arriva pas à discussion (1). Plusieurs des dispositions qu'il consacrait ayant été mises en vigueur en vertu d'ordonnances royales, le Gouvernement soumit aux Chambres, les 3 février et 1er décembre 1834, deux nouveaux projets destinés à les régulariser en même temps qu'à étendre le cercle des réformes. Il proposait de supprimer la prohibition sur les foulards en écru, sur les câbles en fer pour la marine, sur le

---

» vous familiariser avec l'idée de voir, tôt ou tard, l'abrogation de celui qui » vous protège; *c'est un canonicat dans lequel vous ne pouvez demeurer* » *éternellement.* » (Mémoire de la Chambre consultative des arts et manufactures d'Elbeuf.)

(1) Toutefois la commission avait déposé son rapport. M. de Saint-Cricq, chargé de le rédiger, s'était montré fort opposé à toute réduction de droits sur les bestiaux.

rhum, le rack, le tafia, etc. Il réduisait à 20 p. 100 le droit sur les laines en masse (1) et demandait que le droit sur les fers en barres travaillés à la houille et au laminoir fussent diminués d'un cinquième dans une période de cinq ans à partir du 1er juillet 1835. Pour les cotons filés, la levée de la prohibition allait jusqu'au n° 143, tandis que le ministère l'avait fixée, en 1832, au n° 180. Pour les bestiaux, au contraire, le projet était moins large que le précédent, car le Gouvernement, en reproduisant sa proposition de les taxer au poids, établissait le tarif de manière à ne réduire le droit que d'un tiers. C'était le contre-coup de l'attitude de la commission de 1832. Beaucoup d'autres modifications plus secondaires étaient soumises à l'examen du Corps législatif. Mais, cette fois encore, la Chambre des députés, quoique saisie des deux rapports (2) de sa commission, ne discuta ni l'un ni l'autre. Les ministres étant peu pressés de se trouver en face de la vive opposition qu'ils savaient devoir rencontrer à la tribune, les adversaires des réformes craignant, de leur côté, qu'une discussion publique n'eût pour résultat d'élargir la brèche faite à leur système par les ordonnances du Roi, tout le monde était d'accord pour ajourner le débat.

VIII.

Dans l'intervalle, le Gouvernement, tiraillé en sens contraire par les ports de mer et par les grands manufacturiers, jugea utile de faire procéder à une nouvelle enquête industrielle, par les soins du Conseil supérieur du commerce. M. Duchâtel, dans une circulaire du 20

(1) Réduction provisoirement opérée par l'ordonnance du 8 juillet 1834.
(2) La rédaction de ces deux rapports avait été confiée à M. Meynard.

septembre 1834, expliqua que cette enquête, destinée
à mettre en lumière des faits controversés, ne devait
inquiéter aucun intérêt légitime. Mais la décision du
Ministre suffisait pour indiquer la possibilité d'un changement, et il n'en fallut pas davantage pour soulever de
violentes réclamations.

L'enquête devait avoir pour objet de constater s'il était
réellement nécessaire de conserver la prohibition à l'é-
gard des poteries de grès fin, des plaqués, des verreries,
ainsi que des fils et tissus de laine et coton.

Relativement aux fils et tissus, la question des poteries, des verreries et des plaqués n'offrait qu'une importance secondaire. Aussi est-ce plus particulièrement sur
ces premiers produits que les commissaires durent ap-
profondir leurs investigations.

On a beaucoup attaqué les fabricants qui furent appelés
devant la commission. Il est certain que la plupart d'entre
eux défendirent les prohibitions avec plus de chaleur
que n'en eût comporté l'appréciation impartiale des
situations. Mais pouvait-on espérer qu'il en fût autrement? Depuis quarante ans, l'industrie de la laine et du
coton s'était développée en France à travers des fortunes
diverses, sous le régime de la prohibition absolue, et il
était bien difficile que ces fabricants, quelque haut placés qu'ils fussent d'ailleurs, pussent s'oublier assez complètement eux-mêmes pour ne pas être disposés à croire
que leur intérêt particulier se confondait dans l'intérêt
général du pays. A part MM. Kœchlin, de Mulhouse, et
certains manufacturiers de Reims, dont les lainages
légers étaient évidemment susceptibles d'affronter sans
danger toute espèce de concurrence, les délégués se
montrèrent unanimes pour signaler l'abandon de la prohibition, dût-on la remplacer par des droits fort élevés,

comme ne pouvant aboutir qu'à la ruine de leurs industries. MM. Cunin-Gridaine, Mimerel, Grandin, Randoing, Barbet, Roman, Lefebvre-Duruflé, étaient des hommes trop considérables pour que leurs protestations ne pesassent pas d'un grand poids sur les résolutions du Gouvernement. Il craignit de se heurter, s'il ne s'y arrêtait pas, à de graves difficultés parlementaires. D'ailleurs, le Conseil des ministres était alors aussi peu d'accord sur les tarifs de douanes que sur les questions politiques, et M. Duchâtel, bien que l'enquête n'eût pas ébranlé ses convictions, s'abstint de proposer la levée des prohibitions dont les principaux représentants de l'industrie avaient si vivement réclamé le maintien.

CHAPITRE XIII.

DE 1836 A 1841.

Projet de loi présenté par M. Duchâtel à sa sortie du ministère ; commission de 1836 ; rapport de M. Ducos ; brillante discussion et commencement de réforme. — Nouvelles modifications libérales. — Le tarif des bestiaux et ses effets ; les manufacturiers viennent en aide aux éleveurs pour le faire maintenir. — Influences contraires qui inspirent, à partir de 1836, les changements apportés aux lois de douanes. — Traité avec la Hollande. — Aiguilles à coudre. — Encore les cachemires. — Filature du lin et du chanvre à la mécanique. — Machines à vapeur. — Bois de construction. — Les protectionistes reprennent leur ascendant.

I.

En 1836, il fut permis de croire un moment qu'on allait entreprendre enfin sérieusement la réforme de notre tarif. M. Duchâtel avait craint, comme nous l'avons indiqué, de demander la levée des prohibitions ; mais, avant de quitter le ministère, il avait présenté à la Chambre des députés un projet de loi où se trouvaient reproduites la plupart des dispositions dont nous avons parlé, et la commission chargée de l'étudier (1) s'était montrée fort hostile aux exagérations du système protecteur.

Depuis l'établissement de notre régime parlementaire, c'était la première manifestation des Chambres dans ce sens. Dans un rapport dont le souvenir n'est pas effacé, M. Ducos proclama la nécessité de changer de route. Rappelant les sacrifices qu'avaient déjà imposés à la

(1) Cette commission, où dominait l'élément bordelais, se composait de MM. Meynard, Ducos, Lherbette, Boignes, Desjobert, Guestier, le comte Royer, le marquis de Brias et Wustemberg.

France les taxes restrictives : « On mesurerait avec dou-
» leur, s'écria-t-il, l'impôt dont elles frappent le prolé-
» taire jusque dans ses consommations les plus simples
» et les plus rigoureuses. » M. Ducos, dont on a pu
apprécier les facultés éminentes dans son administration
du département de la marine, était un esprit trop sage
pour provoquer le pays à se lancer dans les hasards
d'une transformation subite de notre régime des douanes. Il admettait que le tarif ne devait pas cesser tout-
à-coup de fonctionner comme instrument de protection ;
mais il faisait observer que les conditions de sa nature
le rattachaient surtout à l'impôt, et il voulait qu'on l'y
ramenât au moyen de réformes successives dont le projet
de loi n'était encore, à ses yeux, qu'un timide essai.

Le rapport de M. Ducos, étude sérieuse de questions
qu'on agitait depuis long-temps, fut le signal d'un débat
dans lequel les opinions et les intérêts se heurtèrent de
nouveau avec beaucoup d'animation. A la Chambre des
députés, la discussion générale absorba seule plusieurs
séances. Les deux théories de la liberté commerciale et
du système protecteur y furent éloquemment développées. D'une part, MM. Ducos, Alexandre de Laborde,
Lherbette, Duvergier de Hauranne, Wustemberg, Bignon, de Lamartine, Anisson-Duperron, d'Harcourt,
poussaient en avant ; de l'autre, MM. Em. Poule, Jaubert, Cunin-Gridaine, Meynard, Ch. Dupin, Pagès, le
marquis de Dalmatie, Thiers, Bugeaud, semblaient vouloir immobiliser la situation qu'avaient établie nos tarifs.
MM. Duchâtel et Passy, le premier, auteur du projet de
loi, le second, placé depuis peu à la tête du département
du commerce dans le ministère de M. Thiers, s'efforcè-
rent de concilier toutes les convictions sur le terrain
des faits pratiques, et leur parole mesurée ne fut pas

sans influence sur la Chambre, qui paraissait flotter entre les théories contraires.

L'un des articles les plus controversés du projet fut celui qui réglait le tarif des fers. La commission obtint d'abord que la réduction des droits, fixée au cinquième par le Gouvernement, fût portée au quart pour les fers fabriqués à la houille. Mais M. Thiers, considérant l'adoption de cet amendement comme susceptible d'exposer notre industrie métallurgique à une concurrence fort redoutable, repoussa vivement toute réduction sur les fers au bois, et la majorité, malgré l'insistance de M. Ducos, maintint, à l'égard de cette espèce de fers, le tarif établi par la loi du 21 décembre 1814. La commission éprouva un échec semblable pour les rails, qu'elle proposait de taxer spécialement à 5 fr. par 100 kilog. M. Thiers avait déclaré que nous n'aurions jamais besoin que de petites quantités de rails à la fois. « Si l'on venait m'assurer, avait-il dit à ce sujet, qu'on » fera, en France, cinq lieues de chemins de fer par » année, je me tiendrais pour fort heureux. » Cinq lieues par année ! Et le jour où le Gouvernement a su animer le pays de son propre esprit d'initiative, nous avons vu les plus grandes artères livrées presque simultanément à la circulation. C'est sur des données de cette exactitude qu'ont été adoptées ou maintenues plusieurs des dispositions principales de notre système protecteur.

Des discussions d'un véritable intérêt s'engagèrent aussi sur d'autres parties du projet. Finalement, il en sortit une loi qui marquera dans l'histoire de notre tarif. Elle se ressentit, il est vrai, du changement de ministère qui s'était accompli entre la présentation et la discussion. Le Gouvernement et la majorité se seraient plus souvent ralliés aux vues de la commission si M. Duchâtel n'eût pas quitté le cabinet. Mais enfin l'acte nouveau, sans ébranler les fondements du système protecteur, consacrait, après de si nombreuses tentatives, la levée de la probition sur les cotons filés du n° 143 et au-dessus, sur les châles de cachemire, sur les foulards, sur les câbles en fer pour la marine, sur l'horlogerie, etc. Il diminuait les droits d'entrée de 33 p. 100 sur les laines, de 25 p. 100 sur les fers fabriqués à la houille, et supprimait, en outre, la prohibition qui frappait, à la sortie, les soies, les peaux et poils propres à la chapellerie, les bois de construction, les merrains, etc.

II.

Comme nous l'avons exposé, la plupart de ces changements avaient déjà fait l'objet d'ordonnances royales. Presque en même temps fut discuté un autre projet qui introduisait dans le tarif des modifications nouvelles. Il levait un certain nombre de prohibitions secondaires relatives aux ouvrages en cuivre et en laiton simplement tournés, à la poterie d'étain, aux boutons de toute sorte, aux grandes peaux tannées, aux applications en dentelle de fil sur tulle, à quelques espèces de tapis que la loi repoussait encore; il abaissait les droits sur les toiles communes, sur la passementerie et la rubanerie de laine, sur les chevaux, sur les fromages, etc., et il introduisait dans notre législation des douanes une disposition qui s'est successivement beaucoup élargie : la faculté d'importer temporairement en franchise des produits étrangers destinés à être fabriqués ou à recevoir en France un complément de main-d'œuvre.

Sans offrir l'étendue du débat qui venait d'avoir lieu, la discussion de ce second projet, ouverte le 2 mai, provoqua cependant des observations fort intéressantes sur l'Association allemande, sur le régime des toiles, des tapis, des fromages, des chevaux, et sur beaucoup d'autres articles de notre tarif. MM. Arago, de Lamartine, Passy, Thiers, prirent successivement la parole sur un incident qui s'éleva au sujet des machines et mécaniques Mais aucune modification importante, au point de vue historique qui nous occupe spécialement ici, ne résulta de cette discussion. Le projet de loi, accepté par la Chambre des députés, fut porté, le 10 mai, au palais du Luxembourg, avec celui qui avait été adopté peu de jours auparavant, et la Chambre des pairs, sur un rapport de M. le comte Roy, les vota, sans y rien changer, dans la séance du 10 juin.

III.

Ces deux lois, sanctionnées sous les dates des 2 et 5 juillet, avaient laissé à l'écart une question que le Gouvernement de 1830, après l'avoir soulevée à deux reprises, s'était cru forcé d'abandonner. En 1832 et en 1834, il avait proposé, la première fois de réduire de moitié le droit d'entrée sur les bestiaux, la seconde fois de le diminuer d'un tiers en transformant la taxe par tête en une taxe au poids. L'opposition qu'il avait rencontrée, soit dans les Chambres, soit au dehors, l'avait déterminé à ne pas reproduire sa proposition. M. de Golbéry voulut la reprendre dans la discussion de la loi du 5 juillet. Il échoua. Cependant la tarification de 1822, en même temps qu'elle avait exercé une fâcheuse influence sur nos rapports commerciaux avec l'Allemagne, avait contribué, sur certains points, à élever le prix de la viande dans des proportions considérables. Les départements de l'Est, qui souffraient le plus de cet état de choses, s'en étaient souvent plaints. En 1840, les marchands bouchers de Lyon et les mandataires du commerce de la boucherie à Paris, pétitionnèrent auprès de la Chambre des députés pour obtenir l'abaissement des droits d'entrée. M. Carl, dans son rapport sur cette pétition, reconnut « que la viande de boucherie, cette » denrée auxiliaire indispensable du pain, était montée » à des prix tellement élevés que les classes nécessiteuses » ne pouvaient plus y atteindre et qu'elles se voyaient » forcées de substituer à un aliment sain une nourriture » insuffisante. » M. de Golbéry produisit des chiffres d'où il résultait que la hausse, dans les régions de l'Est et du Midi, avait atteint 30 p. 100. Lorsque de pareils résultats étaient constatés, il devait sembler au moins étrange que notre tarif fût combiné de telle sorte que nos exportations de bestiaux excédassent de beaucoup nos importations. C'est pourtant ce qui avait lieu. M. Gouin, ministre de l'agriculture et du commerce, n'hésita pas à reconnaître qu'on était allé trop loin en 1822. Il annonça l'intention d'examiner très-soigneusement la question si les pétitions lui étaient renvoyées. Il n'en fut pas ainsi. On contesta l'exactitude des faits. M. Manuel prétendit qu'on avait beaucoup exagéré le prix de la viande. M. le colonel Sevret affirma que nos éleveurs étaient en mesure de pourvoir à la nourriture de quarante millions d'habitants. Pour l'honorable général Bugeaud, qu'une intelligence droite ne préservait pas toujours de graves écarts de langage, l'importation permanente des bestiaux étrangers devait être plus redoutable que l'invasion du territoire par les armées russes et autrichiennes. A ses yeux, le bon marché constituait, en économie politique, une véritable absurdité. Ces raisons n'auraient probablement pas convaincu la Chambre. Mais les intéressés avaient aperçu qu'ils s'étaient affaiblis en se divisant.

Après 1826, les fabricants avaient réclamé contre les sacrifices faits à l'agriculture, et les représentants de la propriété territoriale s'étaient montrés peu favorables à la prolongation de notre régime industriel. Depuis, ils s'étaient rapprochés. Comme M. le comte Jaubert l'avait confessé à la tribune, *on avait senti la nécessité de se réunir pour faire face à l'ennemi commun*. Les manufacturiers vinrent donc en aide aux éleveurs, et l'ordre du jour fut adopté à une très-grande majorité.

IV.

Les lois de 1836 furent suivies d'ordonnances royales qui réalisaient diverses modifications, les unes libérales, destinées à faciliter nos approvisionnements industriels, d'autres plus ou moins restrictives, accordées aux instances des producteurs français. Le tarif était soumis à des alternatives où le hasard des circonstances se manifestait plus souvent qu'une pensée d'ensemble bien arrêtée. C'est ce qui fit dire à M. Glaiz–Bizoin : « La plupart de nos industries reçoivent une protection, » non en raison de leur importance, mais en raison de » l'importance des personnes qui les exercent. » Afin de régulariser ces changements, le Gouvernement avait présenté aux Chambres différents projets qui n'étaient pas arrivés à discussion. Le dernier avait donné lieu à un travail développé de M. Martin (du Nord), et M. Gautier de Rumilly, organe de la commission qui fut appelée à l'examiner de nouveau, déposa un rapport supplémentaire. Ces documents nous conduisent à la loi du 6 mai 1841.

V.

Avant d'en signaler les dispositions, nous rappellerons

celle du 25 juin suivant, rendue pour l'exécution d'un traité de navigation conclu avec la Hollande le 25 juillet 1840.

La loi du 28 avril 1816 avait frappé d'une surtaxe les marchandises importées par navires étrangers ou par terre, et réglé que les principales denrées des tropiques ne pourraient être introduites en France que par les ports d'entrepôt réel (1).

La première de ces prescriptions avait déjà été l'objet de différentes exceptions. La seconde n'avait encore reçu aucune atteinte. A plusieurs reprises, les départements du Nord-Est avaient demandé qu'il y fût dérogé; l'Alsace, notamment, se plaignait de subir le monopole du Hâvre pour la fourniture des cotons et réclamait la faculté de les recevoir par la magnifique voie fluviale qui la reliait à la Hollande. L'opposition des ports de mer avait toujours fait écarter cette concession.

D'après le traité de 1840, les produits spécifiés en l'article 22 de la loi du 28 avril 1816 arrivant des ports néerlandais, par le Rhin et la Moselle, aux bureaux de Strasbourg et de Sierck, devaient être admis, à leur importation par navire français ou hollandais, moyennant le paiement des droits afférents aux provenances des entrepôts d'Europe sous pavillon français. Le même traité réduisait d'un tiers la taxe sur la céruse et sur les fromages de pâte dure. La Hollande, de son côté, abaissait son tarif en faveur de nos porcelaines, de nos savons, de nos papiers de tenture, de notre coutellerie, de notre mercerie, de nos dentelles, de nos tulles, de nos bonneteries, de nos soieries. Elle supprimait tous les droits de douanes sur nos vins et nos eaux-de-vie en cercles,

(1) Voir le chapitre XXV relatif à notre régime maritime.

et accordait, pour les importations en bouteilles, une remise de 3/5 sur les vins, de moitié sur les spiritueux.

Le nouveau traité offrait donc le double avantage de donner enfin satisfaction aux légitimes convenances des départements arrosés par le Rhin et par la Moselle, et de rendre le marché de la Hollande plus accessible à quelques-uns de nos produits agricoles et manufacturés. Néanmoins, le projet de loi qui le soumettait à la sanction législative (1) souleva une controverse animée. Dans le sein de la commission désignée par la Chambre des députés, on le signala, au nom des ports de mer, comme devant réduire la part de notre navigation dans l'intercourse; on prétendit que la Hollande allait nous inonder de ses cafés, de ses bois de teinture, et se substituer au Hâvre pour l'entrepôt des cotons. MM. Wustemberg, Galos, Estancelin, reproduisirent ces allégations à la tribune. Mais M. Thiers, auteur de la convention, la défendit avec la lucidité d'argumentation dont il a le secret. Votée par les deux Chambres, elle est encore en vigueur aujourd'hui.

VI.

Les principaux faits économiques qu'avait à réglementer la loi du 6 mai 1841 s'appliquaient aux aiguilles à coudre, aux cachemires, aux fils et toiles de lin et de chanvre, aux machines et mécaniques, aux bois de construction.

Le droit sur les aiguilles à coudre avait été fixé, en 1816, à 2 fr. par 100 kilog. A diverses époques, les fabricants de Laigle et d'Amboise avaient demandé qu'il fût élevé. Il y avait là des difficultés. Si les aiguilles

_____
(1) Il fut présenté le 21 janvier 1840.

anglaises, dont le numéro moyen valait 60 à 70 fr.,
pouvaient subir une augmentation sans que la contrebande en reçût un stimulant actif, il n'en était pas
de même des aiguilles des provinces rhénanes, où les
qualités ordinaires se vendaient 14 ou 15 fr., et les
communes 5 et 6 fr. le kilog. Toutefois le Gouvernement, cédant aux instances des intéressés, s'était décidé à porter la taxe à 8 fr. Cette disposition, appliquée
en vertu de l'ordonnance du 24 septembre 1840, fut
repoussée, d'un côté par le commerce, qu'elle incitait à
la fraude, de l'autre par nos fabricants, qui la jugeaient
encore fort insuffisante. A ne considérer que les aiguilles
anglaises, le nouveau droit, de 8 à 10 p. 100 sur les
numéros moyens, ne représentait pas plus de 4 à 5 p. 100
sur les belles qualités. Il était donc très-modéré. Mais,
pour les aiguilles allemandes, il équivalait, à l'égard de
certaines espèces, à plus de 100 p. 100. Cependant la
Chambre, malgré les judicieuses observations de M. Va-
vin, parlant au nom des négociants de Paris, vota le
droit de 8 fr. Un examen superficiel put faire croire,
d'abord, que le but avait été atteint. Pendant que les
aiguilles anglaises subissaient la nouvelle taxe, l'importation régulière des aiguilles allemandes, évaluée à
26,382 kilog. en 1839, descendait, en 1841, à 4,762 kilog. (1). Mais il fut démontré que la contrebande seule
avait profité de cette réduction apparente; les Allemands
avaient payé les droits sur leurs plus belles qualités, et,
profitant des facilités qu'offrait pour la fraude un produit
susceptible de se subdiviser par très-petits volumes, ils
avaient introduit leurs basses espèces par voie de contrebande. Les faits constatés par le service des douanes

(1) Elle a été, en 1857, de 6,167 kilog.

sur la frontière du Nord-Est permettent d'affirmer que tel a été, jusqu'à présent, le principal résultat de l'aggravation du droit.

VII.

Pour les cachemires, la Chambre fut heureusement plus prévoyante. En levant la prohibition qui les frappait, l'ordonnance du 2 juin 1834 les avait tarifés à 20 p. 100 de la valeur. Elle disposait, d'ailleurs, qu'aucune déclaration ne serait admise au-dessous de 500 fr. Les châles carrés les plus communs devaient payer ainsi 110 fr. avec le décime. C'était trop pour que la fraude ne s'exerçât pas. La loi du 2 juillet 1836, qui taxa les grands châles dits cinq et six quarts à 150 fr. la pièce, les autres à 80 fr., sans distinction de valeur, laissa encore beaucoup de chances à la contrebande pour les cachemires de qualités inférieures. Sur 5,452 châles reçus à l'entrepôt de Paris pendant les trois années 1837, 1838 et 1839, 482 seulement furent soumis au paiement des droits. Les autres, réexportés à destination des dépôts de Bâle, Genève, Chambéry, etc., furent en grande partie réintroduits par la voie du commerce interlope. Pour mettre un terme à cet abus, dont souffraient à la fois le Trésor et le commerce régulier, deux moyens se présentaient : il fallait diminuer la taxe ou adopter des mesures répressives plus rigoureuses. Le Gouvernement, s'arrêtant au premier parti, proposa d'abaisser les droits à 100 et à 50 fr. Mais les fabricants de châles français protestèrent et prétendirent qu'on allait sacrifier une des industries importantes du pays. De là la nouvelle disposition qui fut concertée entre le Gouvernement et la commission : il s'agissait de supprimer la faculté du transit pour les cachemires et de les soumettre à l'estampille ainsi qu'au droit de recherche et de saisie à l'intérieur ! Quelque confiance que pût inspirer la modération du service des douanes, il paraissait exorbitant de donner de la sorte à ses agents le droit d'examiner, sur les épaules les plus élégantes, si le châle dont elles étaient couvertes se trouvait ou non revêtu de l'estampille réglementaire. La Chambre le comprit, et comme l'Administration, sans l'estampille et le droit de recherche, se reconnaissait impuissante à recouvrer les taxes établies par la loi de 1836, la majorité, saisie d'un amendement de M. Lherbette, qui avait repris l'ancienne proposition du Gouvernement, se borna à abaisser les droits à 100 fr. pour les grands châles et à 50 fr. pour les petits. C'est le régime actuel.

VIII.

La question des fils et des toiles de lin et de chanvre, dont on s'était déjà occupé si souvent, était trop complexe pour ne pas donner lieu à une controverse. Les progrès rapides de la filature à la mécanique dans la Grande-Bretagne avaient renversé les combinaisons qui avaient servi de base aux anciens tarifs. La fabrication anglaise, établie sur une très-grande échelle et disposant de capitaux considérables, paraissait arrêter l'essor de notre propre industrie. Après avoir vu se restreindre la filature à la main, nous étions de plus en plus distancés pour la filature à la mécanique. Les importations de fils anglais, qui n'avaient atteint que 56,000 kilog. en 1832, s'étaient successivement développées et figuraient dans nos états de douanes, en 1840, pour 6,817,000 kilog. D'une autre part, il était devenu impossible, tant la fabrication s'était améliorée, de distinguer les fils d'étoupe taxés à 14 fr. par kilog., des fils de lin ou de chanvre, tarifés à 24 fr., et, par suite, ils étaient tous admis au droit de 14 fr. Le ministère pensait qu'il y avait là une concession équitable à faire à l'intérêt des agriculteurs et des filateurs. Mais, à côté de cet intérêt, se présentait celui des tisseurs, qui se plaignaient aussi des réductions introduites en 1836 dans le tarif des toiles. Leurs réclamations n'étaient pas fondées. Les importations de toiles étrangères ne représentaient pas au-delà de 7 p. 100 de notre production; elles tendaient plutôt à se ralentir qu'à s'accroître, et la quotité du droit, qu'on avait entendu ramener à 10 ou 12 p. 100, était montée à 16 ou 17 p. 100 par le seul effet de la diminution des prix. Il fallait bien également tenir compte des nécessités de notre union intime avec la Belgique. Si le Gouvernement devait se refuser, par tous ces motifs, à relever la protection sur les toiles, il ne pouvait pas non plus sacrifier complètement les tisseurs en surtaxant les fils outre-mesure. Afin de tout concilier, il proposait de ne rien changer au tarif des toiles et d'établir pour les fils une échelle de droits calculée, d'après le degré de finesse, sur la base d'un taux moyen de 10 p. 100 de la valeur.

D'après la commission, ce n'était point assez. En adoptant pour les fils la classification indiquée par le Gouvernement, elle modifiait les chiffres de manière à élever les droits à 12 p. 100. Pour les toiles, elle demandait qu'on revînt à la tarification de 1826. Elle ajoutait même que c'était uniquement dans le but de ménager nos relations politiques qu'elle ne sollicitait pas de plus fortes taxes. Plusieurs orateurs la trouvèrent encore trop modérée. M. Lestiboudois, partisan aussi absolu du système protecteur qu'adversaire déclaré de l'alliance anglaise, aurait voulu avec M. Glais-Bizoin, chaud défenseur de la filature française, qu'on écartât la concurrence de nos voisins par des mesures plus efficaces (1); mais le Gouvernement, en quelque sorte engagé par sa diplomatie, défendit son projet avec persistance et parvint à rallier la majorité.

IX.

Les machines à vapeur étrangères étaient soumises à une taxe de 30 p. 100. Les armateurs de pyroscaphes attaquaient ce droit comme venant s'ajouter à tant d'autres causes qui les plaçaient dans des conditions d'infériorité, car il les forçait ou de se munir de machines françaises ou de surpayer des machines étrangères. Les constructeurs, au contraire, auraient voulu qu'on l'augmentât pour les préserver plus efficacement de la concurrence des Anglais et des Belges. Cependant, ils n'avaient pas à se plaindre de la situation. Si nous avions importé, pendant les trois années 1837, 1838 et 1839, pour 9,455,000 fr. de machines étrangères, nous avions exporté pour 11,099,000 fr. de machines françaises, d'où il était permis de conclure que tous les intérêts avaient été convenablement pondérés. Le ministère crut même devoir proposer de réduire à 10 p. 100 le droit applicable aux machines de la force de plus de 100 chevaux destinées à la navigation avec l'étranger. Cette modification rendit plus actives les démarches des constructeurs. La commission s'arrêta alors à une combinaison

(1) Dans toutes les discussions sur l'industrie linière, on a beaucoup exagéré les faits. Malgré l'énergique concurrence des tissus de coton, cette industrie représente encore aujourd'hui en France, suivant M. Moreau de Jonnès, un produit total de plus de 350 millions de francs.

conciliatrice : elle admettait en franchise absolue de droits les machines étrangères, quelle qu'en fût la force, placées sur des navires francais affectés à la navigation internationale, et, pour dédommager les constructeurs, elle créait une prime de 33 p. 100 en faveur des machines de fabrication française qui auraient la même destination. C'est sur ce projet, accepté par le Gouvernement, que s'engagea le débat. Dans un discours fort bien étudié, M. Pauwels chercha à démontrer que les intérêts de nos constructeurs ne seraient pas suffisamment sauvegardés. Mais, à la suite d'une discussion brillante, à laquelle prirent part, avec lui, MM. Martin (du Nord), Billault, Duchâtel, Piscatory, Berryer, la Chambre sanctionna les propositions de sa commission.

X.

La loi de 1791, conforme à la législation de Colbert, avait prohibé, dans l'intérêt de notre marine, la sortie des bois à construire. Cette prohibition s'était maintenue jusqu'en 1834. L'ordonnance du 8 juillet la remplaça par une taxe que la loi du 2 juillet 1836 fixa à un taux modéré. Le nouveau régime ne tarda pas à provoquer une forte exportation de bois à construire. L'Angleterre, notamment, nous en demanda des quantités considérables. Il en était sorti, en 1839, 8,668 stères. Les propriétaires de forêts, qu'on avait ainsi favorisés, s'applaudissaient de la situation. Mais les ports de mer, toujours ardents à attaquer la protection quand elle paraissait gêner les transactions internationales, n'étaient pas moins empressés à réclamer pour eux celle qui pouvait leur être utile. Ils se plaignirent du renchérissement que l'exportation du bois faisait peser sur nos constructions et signalèrent le danger dont elle nous menaçait pour l'avenir. Le Gouvernement se décida alors à porter le droit, par voie d'ordonnance, à 25 fr. par stère. Il reproduisit cette disposition dans le projet que nous examinons ici. La commission, craignant que la barrière ne fût pas assez élevée, fixa la taxe à 30 fr. M. Jollivet demanda que la prohibition absolue fût rétablie. C'était évidemment aller trop loin, puisque l'ordonnance de 1840 avait suffi pour arrêter tout-à-coup la sortie des bois. La Chambre, bien inspirée, écarta tous les amendements et adopta la proposition du ministère.

XI.

Beaucoup d'autres questions de tarif furent agitées dans cette discussion. A la Chambre des députés, le directeur général des douanes, commissaire du roi, élucida avec une grande netteté plusieurs points importants du débat. A la Chambre des pairs, M. de Saint-Cricq exposa de nouveau, dans son langage fin et mesuré, ses doctrines économiques. Mais les propositions diverses qui surgirent dans les deux assemblées au sujet des bestiaux, des graines oléagineuses, des houilles, de l'horlogerie, de la librairie, etc., ne furent pas suivies de résolutions immédiates. En résumé, la loi du 6 mai 1841, malgré quelques concessions arrachées aux majorités parlementaires, fut plus restrictive que libérale ; les intérêts engagés dans le système protecteur avaient repris leur ascendant, et la dernière loi se fût certainement ressentie plus encore de leur influence si le Gouvernement n'eût pas résisté aux entraînements de la commission.

CHAPITRE XIV.

DE 1842 A 1848.

Dispositions de M. Guizot à son retour de Londres. — Motifs politiques qui poussent à resserrer les relations commerciales de la France et de la Belgique. — Zollwerein allemand. — Projet d'union douanière. — Traité de 1842; déclaration de M. Guizot. — Convention avec le cabinet de Turin. — Le tarif des machines est remanié. — Mesure restrictive sur les fontes. — Graines oléagineuses; adoption d'un amendement qui élève les droits de 8 p. 100 à 30 ou 35 p. 100. — Position regrettable du ministère dans les deux Chambres. — Propositions diverses. — Nouvelle convention avec la Belgique. — Ligue anglaise et réformes de sir Robert Peel. — Mouvement libre-échangiste en France. — Réaction de plus en plus marquée à la Chambre des députés; dernier projet de loi du Gouvernement de Juillet; rapport de M. Lanyer. — Résumé de la situation sous la royauté de 1830.

I.

L'intervention de la politique dans nos tarifs de douanes préparait de nouvelles luttes. M. Guizot était revenu de son ambassade à Londres dans des dispositions d'esprit favorables aux traités de commerce. Il paraît certain qu'il se préoccupa, pendant quelques années, des moyens d'en conclure un avec l'Angleterre. Ses amis parlementaires lui ayant fait apercevoir que le dévoûment de sa majorité ne résisterait pas à une telle épreuve, son langage se modifia (1). Afin de dissiper

(1) Une indiscrétion commise à la tribune anglaise avait jeté l'alarme parmi nos manufacturiers. La Chambre de commerce de Lille, dans une lettre du 23 mars 1843, soumit des représentations au ministère. On lit dans cette lettre :

« La Chambre n'hésite pas à déclarer que, dans les circonstances actuelles,
» elle considère tout traité de commerce avec l'Angleterre comme éminem-
» ment et fatalement dommageable pour la France; qu'elle n'y voit qu'une
» source de perturbations et de calamités. »

complètement les appréhensions que son attitude avait
fait naître, il déclara même à la tribune que les traités
de commerce étaient toujours empreints d'un vice radical, en ce sens qu'ils enchaînaient la liberté des deux
parties contractantes. Mais il n'en avait pas moins déjà
conclu, avec la Belgique et avec la Sardaigne, des conventions qui donnèrent lieu à des incidents dont nous
devons parler.

II.

Par le traité avec le cabinet de Bruxelles, intervenu
le 16 juillet 1842, le Gouvernement français voulut
servir exclusivement des intérêts politiques. Le proto-
cole de 1831 et le mariage d'une princesse d'Orléans
avec le roi Léopold avaient transformé la situation de la
Belgique. Pendant plusieurs siècles, la possession de ce
pays avait été la cause d'une grande partie des guerres
qui avaient agité l'Europe. Unie à la Hollande, la Belgique formait contre nous une vaste place d'armes.
Devenue indépendante, elle se trouvait appelée, par la
force même des choses, à graviter dans notre sphère
d'action. Mais, avant tout, il fallait qu'elle pût vivre.
Or la Belgique, assise sur un banc de houille, en
possession d'immenses capitaux, produisant beaucoup
plus qu'elle ne consommait, avait besoin de débouchés
au dehors. De 1795 à 1814, elle avait exploité le vaste
marché de la France. A la Restauration, elle approvi-
sionna la Hollande et ses colonies. Une fois livrée à elle-
même, ses embarras furent grands. Le roi Léopold,
discernant à merveille les nécessités de la situation,
voulait abaisser ses tarifs au profit de la France, à
charge de réciprocité. Le cabinet des Tuileries n'était
pas éloigné d'entrer dans ses vues. Mais les fabricants

belges ne les partageaient pas plus que les fabricants
français. Verviers et Gand déclaraient ne pouvoir pas
soutenir, sans un droit protecteur très-élevé, la concurrence de nos produits, tandis que Sédan, Louviers, Elbeuf, nos tisserands, nos filateurs et nos maîtres de forges, signalaient toute concession faite à la Belgique
comme devant être ruineuse pour notre industrie. Ainsi
arrêtés dans leurs projets, le gouvernement belge et le
gouvernement français jugèrent qu'il pourrait être moins
difficile de supprimer entièrement les lignes de douanes
entre les deux pays que de s'entendre sur certaines
concessions réciproques. De part et d'autre, en France
surtout, la grandeur des résultats semblait devoir réduire au silence les intérêts individuels.

III.

Un fait économique considérable était venu exciter
plus vivement les préoccupations du ministère français.
Le Zollwerein allemand s'était complété. L'association formée, dès 1828, entre la Bavière, le Wurtem-
berg et les pays de Hohenzollern, s'était successivement réunie à d'autres associations partielles qui s'étaient
constituées depuis. La convention générale du 22 mars
1833 avait obtenu l'adhésion des diverses enclaves qui
rompaient encore l'unité du Zollwerein, et, en 1836, il
comprenait une population de 25 à 28 millions d'habitants. La Prusse, malgré l'opposition qui se manifestait
dans quelques états allemands, était disposée à y admettre la Belgique, d'abord par des considérations toutes
politiques, puis afin d'assurer au Zollwerein, qui manquait de débouchés maritimes, les ports d'Ostende et
d'Anvers. Sans se dissimuler qu'il serait périlleux de
prendre une attitude susceptible de lui aliéner la France,

12

le roi Léopold ne pouvait pas méconnaître les avantages qu'offrirait à la Belgique le marché du Zollwerein. De là ces tergiversations qui le firent accuser d'avoir voulu, en tendant la main tour-à-tour à l'Allemagne et au cabinet des Tuileries, se faire plus chèrement acheter d'un côté ou de l'autre.

IV.

Telle était la situation lorsque furent faites, sous le ministère de M. le comte Molé, les premières ouvertures d'union douanière. Mais la Belgique éleva des objections. Les susceptibilités d'une nationalité naissante s'éveillèrent dans le pays; on craignit qu'une complète union de douanes avec la France n'effaçât dans le présent et ne menaçât plus sérieusement dans l'avenir l'indépendance politique du nouveau royaume. La Prusse fit également des représentations, fondées sur les stipulations des traités de Vienne. Le succès de la coalition qui renversa M. le comte Molé, l'existence éphémère des deux cabinets qui exercèrent le pouvoir après lui, vinrent arrêter ces premières tentatives. Elles n'étaient pas restées, d'ailleurs, tellement secrètes que nos manufacturiers n'en eussent eu connaissance. Ils se concertèrent pour empêcher la reprise des négociations, et l'on n'aboutit, en définitive, après dix ans de pourparlers, qu'au traité de 1842.

V.

Envisagé uniquement sous son aspect industriel et commercial, ce traité devait fournir matière à des attaques fondées. Déjà la Belgique avait obtenu du Gouvernement du roi Louis-Philippe un tarif différentiel pour ses fontes et pour ses houilles. La Convention de 1842, dont la durée était fixée à quatre ans avec réserve de tacite reconduction, lui assurait, en outre, le bénéfice de droits réduits sur les fils et tissus de lin ou de chanvre. Ces diverses concessions s'appliquaient à des objets de grande consommation. La Belgique, il est vrai, abaissait son tarif de 20 p. 100 sur nos tissus de soie. Elle plaçait nos sels dans des conditions plus favorables que par le passé pour le raffinage, et supprimait, en quelque sorte, ses droits de douanes (1) sur nos vins. Elle réduisait aussi de 25 p. 100 la taxe d'accise dont ils étaient frappés. Mais cette taxe spéciale restait encore assez élevée pour empêcher le vin de pénétrer largement dans la consommation des populations belges. De plus, le cabinet de Bruxelles, ne voulant pas mécontenter les Allemands, s'empressa, dès que le traité eut été signé, de leur accorder la jouissance des réductions dont il avait payé nos sacrifices, et nous nous trouvâmes ainsi placés en Belgique à peu près sous la loi commune, tandis que la France, fidèle à la pensée de sa politique à l'égard du roi Léopold, réservait aux Belges, pour plusieurs des principaux articles de leur production, tous les avantages d'un droit différentiel.

Pressentant l'opposition que cette convention pourrait soulever, le gouvernement français ne se hâta pas d'en faire convertir en loi les dispositions douanières. Deux projets qu'il présenta successivement arrivèrent trop tard pour être discutés, et ce ne fut que le 24 mars 1845, c'est-à-dire environ trois ans après la conclusion du traité, que s'ouvrit le débat.

La commission avait choisi pour rapporteur un député

---

(1) Elle les abaissait à 50 c. par hect. pour les vins en cercles, et à 2 fr. par hect. pour les vins en bouteilles.

de l'Alsace, M. Saglio. Il signala les imperfections du
traité belge et ne dissimula pas que la commission n'aurait point hésité, s'il ne se fût trouvé déjà en vigueur
depuis long-temps, à en proposer le rejet. MM. Gauthier
de Rumilly, Roger (du Nord), Lestiboudois, firent observer avec lui qu'il y avait eu de l'inconséquence à
accorder à la Belgique, sans compensation sérieuse de
sa part, le maintien des anciens droits établis en France
sur les toiles et les fils, au moment même où l'ordonnance du 2 juin 1842, provoquée par les souffrances de
notre production, venait d'élever le tarif applicable aux
importations anglaises. Le mal n'était cependant pas
aussi grand qu'on le pensait ou, du moins, qu'on le disait.
Sous l'effet de l'ordonnance du 2 juin, les introductions
de toiles et de fils anglais étaient descendues de 51 millions de kilog. à 27 millions, et si les arrivages belges,
précédemment refoulés par la concurrence de la Grande-
Bretagne, s'étaient développés, depuis 1842, d'environ
50 p. 100, ils n'avaient pas dépassé le chiffre des importations de 1836. C'est ce que M. Cunin-Gridaine,
ministre du commerce, s'attacha à faire ressortir. Tout
en défendant la pensée politique du traité, M. Guizot,
entraîné par l'attitude hostile de la Chambre, reconnut
que les concessions de la Belgique avaient peu de portée.
Il alla même jusqu'à déclarer que nos voisins avaient usé
de mauvais procédé envers nous par leur empressement
à se retourner vers l'Allemagne le lendemain de la conclusion du traité. Il assura que le gouvernement français
ne le renouvellerait pas, à moins que la Belgique ne nous
accordât des avantages plus sérieux. Mais la Chambre
voulut prendre elle-même ses garanties, et, ne pouvant
guère songer à rompre un traité qui n'avait plus qu'une
année de durée légale, elle inséra dans la loi, sur la

proposition de M. Lestiboudois, une disposition aux termes de laquelle les droits de faveur concédés à la Belgique pour les toiles et les fils cesseraient de lui être appliqués à dater du 16 août 1846.

VI.

De même que dans sa convention avec la Belgique, M. Guizot, en traitant avec le cabinet de Turin, s'était principalement montré préoccupé de considérations politiques. Il cherchait à améliorer notre situation en Italie, et il croyait se rapprocher de ce but par une certaine intimité de rapports commerciaux avec la Sardaigne. Les concessions qui nous étaient faites portaient particulièrement sur nos vins et nos eaux-de-vie. Nous obtenions aussi la garantie de la propriété artistique et littéraire. En échange de ces avantages, la France s'engageait à diminuer d'un cinquième les droits d'entrée sur les bestiaux sardes importés par terre, avec conversion de la taxe par tête en taxe au poids ; à admettre le pavillon du roi de Piémont, moyennant réciprocité, au bénéfice du traitement national, et à maintenir à l'égard des céréales, des riz, des bestiaux et de tous les produits du sol sarde importés en droiture dans les ports de l'Algérie, la franchise dont ils y jouissaient déjà.

Ces dispositions, la première et la dernière surtout, furent vivement attaquées.

L'opinion des représentants officiels du pays, sur le tarif des bestiaux, n'avait pas changé. Et pourtant, comme nous l'avons dit, le prix de la viande avait notablement augmenté, en France, de 1822 à 1840. D'après des indications fournies par le ministère, cette augmentation, le bœuf étant pris pour type, se répartissait ainsi : dans l'Ouest, 17 p. 100 ; dans l'Est, 21 ; dans le

Nord, 22 ; dans le Sud, 30 ; dans le Sud-Est, 38 ; dans le Sud-Ouest, elle atteignait 50 p. 100! Il était évidemment du devoir de l'Administration de rechercher les moyens de modifier un tel état de choses, et l'admission des bestiaux sardes à des droits réduits tendait à ce résultat. On avait, du reste, peu à craindre qu'il ne s'ensuivît de l'encombrement sur nos marchés. Bien plutôt était-il vraisemblable que la mesure ne serait pas efficace, car les propriétaires des plaines situées entre Gênes et Turin, les plus riches en bétail de la Sardaigne, devaient continuer, malgré l'abaissement de nos tarifs, à trouver plus d'avantages et de convenances pour eux dans le débouché que leur offrait la Lombardie, où les bœufs étaient reçus à raison de six francs par tête. Mais nos agriculteurs, appréhendant de voir les bestiaux suisses traverser nos frontières à la faveur des facilités accordées au Piémont, se refusaient obstinément à toute concession.

L'intérêt maritime demandait également qu'on n'engageât pas l'avenir pour les transports en Algérie. Les circonstances qui nous avaient conduits à y laisser participer le pavillon étranger pouvant cesser d'un jour à l'autre, on voulait se réserver la liberté de faire rentrer la navigation avec nos possessions d'Afrique sous le régime exclusif applicable à nos anciennes colonies.

Sur les deux questions, la commission se montrait peu disposée à adopter les vues du Gouvernement. Mais M. Guizot, pour conjurer un échec parlementaire, avait entamé de nouvelles négociations avec le cabinet de Turin dans le but de réduire à quatre ans la durée du traité, primitivement fixée à six. Ce moyen de transaction fut accepté. On se rappelle, toutefois, que M. Guizot fit du traité sarde une question de cabinet.

VII.

Les stipulations relatives aux conventions diplomatiques avec la Belgique et la Sardaigne étaient comprises dans un projet de loi qui embrassait beaucoup d'autres articles du tarif. Les machines et les fontes, notamment, étaient l'objet de propositions dont nous indiquerons sommairement la portée.

Les constructeurs de machines, qu'avait si habilement défendus M. Pawels, trouvaient insuffisante la tarification de 1841. Le chiffre des droits qui les protégeait était cependant élevé. Mais, établis à la valeur, ces droits n'étaient jamais intégralement perçus. D'un autre côté, la douane, ne pouvant guère faire reconstruire les machines au moment de l'importation, on introduisait frauduleusement en franchise beaucoup de pièces de rechange. Pour mettre un terme à cet abus, le Gouvernement demandait la substitution du poids à la valeur (1) comme base du droit. La commission s'associa à sa pensée en indiquant certaines modifications destinées à rendre la protection plus efficace, et le nouveau tarif devait représenter, dans la pensée des auteurs de la loi, 27 p. 100 pour les machines à vapeur fixes, ainsi que pour celles qui étaient affectées à la navigation; 22 1/2 p. 100 pour les machines locomotives; enfin, 20 à 25 p. 100 pour la plupart des autres.

VIII.

Les fontes importées par terre, de Blancmisseron à Mont-Genèvre, n'étaient taxées qu'à 4 fr. par 100 kilog.,

---

(1) M. Pawels, dans la discussion de la loi du 6 mai 1841, avait réclamé ce changement.

tandis que le droit était de 7 fr. par les autres frontières.
Cette tarification spéciale soulevait de nombreuses réclamations. De 3,000 tonnes seulement en 1832, les importations s'étaient successivement élevées à 31,000, et
l'on exposait qu'il y avait là un péril sérieux pour nos
maîtres de forges. On craignait surtout, en raison du
rapide accroissement des arrivages, que l'Angleterre ne
nous envoyât une partie de ses fontes par la Belgique.
Ce fut dans le but de prévenir ou d'arrêter ces fraudes
qu'une disposition nouvelle subordonna l'admission au
droit de 4 fr. à la justification de la provenance du pays
limitrophe.

IX.

Sur plusieurs autres points d'un intérêt secondaire, la
commission obtint, en dehors de l'initiative du Gouvernement, des augmentations de droits : c'est ainsi qu'elle
fit élever les taxes applicables aux suifs, aux ferrailles,
aux asphaltes. Le lait même, que le ministère proposait
de dégrever, n'obtint pas grâce devant elle! Mais nous
passerons sur ces faits de détail pour arriver à la question des graines oléagineuses, qui occupa une si large
place dans la discussion de la loi du 9 juin 1845.

Le tarif de 1791 taxait les graines oléagineuses de
toute sorte à 14 sous par 100 kilog. En 1816, le droit
fut porté à 5 fr. Mais les agriculteurs furent les premiers
à se plaindre de cette aggravation ; ils déclarèrent que
les graines de lin de Riga leur étaient absolument nécessaires pour les semailles, et, en 1817, le droit sur les
graines de l'espèce fut réduit à 1 fr. Plus tard, l'exception
fut étendue aux graines de lin de toute provenance, et
la loi du 2 juillet 1836, qui abaissa à 2 fr. 50 c. le droit
des graines oléagineuses en général, maintint le tarif

spécial aux premières. Les introductions ne tardèrent
pas à prendre une grande extension. Sous le prétexte
de semailles, on fit venir des quantités considérables de
graines destinées aux moulins à huile. En 1832, nous
n'importions encore que 9 millions de kilog. de graines
oléagineuses. En 1840, il en fut reçu 48 millions de
kilog., dont près de 33 millions en graines de lin. Cette
nouvelle situation provoqua, de la part des agriculteurs,
des réclamations d'une autre nature. Les départements
du Nord, depuis long-temps en possession de l'approvisionnement du marché de Marseille, se crurent menacés
d'en être écartés. Jusque-là cependant leurs appréhensions n'étaient pas fondées, car la savonnerie, ayant
trouvé le moyen d'utiliser les graines de lin, en avait
beaucoup augmenté la consommation, et le Nord fournissait aux Marseillais tout autant d'huile que par le
passé. En réalité, il ne l'ignorait pas. Mais il aurait
voulu s'assurer le monopole de cet immense débouché.
Il était naturel que Marseille repoussât une telle prétention. Il y avait pour elle un intérêt industriel et
commercial de premier ordre à pouvoir importer les
graines du Levant pour les convertir en huile, au lieu
de recevoir les huiles fabriquées dans le Nord, et les
terrains desséchés de la Provence tiraient aussi grand
profit des tourteaux que les moulins de Marseille fournissaient en abondance. Le Gouvernement reconnut
néanmoins, dans la discussion de la loi du 6 mai 1841,
l'opportunité de rechercher les termes d'une transaction.
Depuis lors, un nouvel élément était venu compliquer
le débat. En même temps que les importations de graines étrangères continuaient à augmenter (elles s'étaient
élevées, en moyenne, à 69 millions de kilog. pendant
chacune des années 1841, 1842 et 1843), le sésame,

peu connu jusque-là, commençait à prendre une place importante dans nos approvisionnements ; il avait figuré dans nos arrivages, en 1843, pour environ 18 millions de kilog. On pouvait prévoir que ce produit ne tarderait pas à faire une concurrence très-redoutable aux graines de lin, d'œillette et de colza. D'une part, en effet, il était beaucoup plus riche, car le rapport était à peu près de 46 à 30 ou 35 ; de l'autre, l'huile qu'on en retirait se faisait remarquer par des qualités spéciales : inodore, incolore, se congelant à la même température que l'huile d'olive, elle se prêtait merveilleusement à des mélanges. Ainsi, les propriétaires du Midi pouvaient se croire menacés dans leurs bois d'oliviers comme les départements du Nord disaient l'être dans leur agriculture et dans leurs nombreuses fabriques d'huiles grasses. Dans cette situation, le Gouvernement proposait un système de droits qui tendait à élever la protection sur toutes les graines oléagineuses et en particulier sur le sésame. La commission, remaniant les chiffres qui avaient servi de base au projet de loi, indiqua certaines modifications que le ministère accepta. Elle avait voulu différencier le droit aussi exactement que possible, suivant la valeur commerciale des diverses graines oléagineuses. D'après les indications consignées dans son rapport, les taxes qu'elle avait adoptées devaient représenter 10 p. 100 pour les importations par navires français. Mais il fut établi que son tarif portait la protection à 18 ou 19 p. 100.

Dans la Chambre de 1836, ce tarif eût déjà paru élevé pour un produit agricole. Il est certain que le projet amendé par la commission faisait une très-large part à la culture des graines oléagineuses, puisque cette culture, d'abord renfermée dans le seul département du Nord, s'était successivement étendue, même sous l'ancien tarif, dans l'Ouest, dans le Centre et jusque dans le Midi de la France. Les prix des huiles grasses n'avaient baissé que dans de faibles proportions. De 1835 à 1840, elles avaient été cotées en moyenne, sur le marché de Paris, à 114 fr., et elles avaient encore valu 111 fr. de 1840 à 1845. Les propriétaires du Nord étaient d'autant moins autorisés à se plaindre, qu'ils avaient pu, à la faveur de la betterave et des graines oléagineuses, augmenter beaucoup le taux de leurs fermages. Mais les questions de douanes étaient devenues une arène où le triomphe appartenait au plus habile ou au plus fort. M. de Beaumont, député de la Somme, présenta une combinaison qui laissait fort loin le tarif de la commission et se rallia à un amendement de M. Darblay, moins exclusif quant au sésame, mais, en définitive, plus restrictif dans son ensemble. Il s'agissait, au total, d'une protection de 35 à 40 p. 100, substituée à des droits de 7 à 8 p. 100.

La discussion fut des plus animées. M. Berryer mit au service des intérêts de ses commettants son admirable talent de parole. Contestant tous les faits avancés par M. Darblay, il soutenait que le sésame, grâce à l'immense développement de la consommation de Marseille, n'avait nulle part compromis la production nationale. Il montrait l'Angleterre, la Belgique, ne frappant les graines étrangères que d'un simple droit de balance. Il repoussait enfin comme une sorte d'attentat à l'égalité de tous devant la loi une révolution de tarif qui pouvait avoir pour résultat de sacrifier à de jalouses rivalités l'une des plus belles conquêtes de l'industrie et du commerce marseillais. Malheureusement, M. Berryer rencontra des contradicteurs jusque dans les rangs des députés de la Provence. M. Em. Poulle, du Var, appuya l'amendement de M. Darblay dans le double intérêt des importateurs d'huile d'olive étrangère et des propriétaires d'oliviers, dont le sésame, disait-il, refoulait et discréditait les produits. La ville de Cannes avait pétitionné pour que le sésame fût frappé d'un droit prohibitif. A Marseille même, on s'était divisé. Bien qu'il eût été prouvé que les arrivages d'huiles d'olive des États-Sardes, de l'Espagne, des Deux-Siciles, de la Toscane et des états barbaresques n'avaient pas diminué, les importateurs unissaient leurs réclamations à celles des propriétaires d'oliviers. M. Dezeimeris, dans un discours lucide, M. Saglio, rapporteur de la commission, essayèrent en vain de seconder M. Berryer. Ne pouvant pas se dissimuler les dispositions de la Chambre, le ministère se taisait. Des représentants de l'agriculture avaient fait auprès de lui une démarche extra-parlementaire qui pouvait être considérée comme une menace. Dans la Chambre, des groupes importants faisaient une question de concours de l'adoption de l'amendement de M. Darblay. Cependant M. Cunin-Gridaine, au moment où le débat semblait épuisé, se crut enfin forcé de prendre la parole. Mais, après avoir timidement exposé, dans une allocution fort pâle, que l'amendement de M. Darblay allait au-delà des limites auxquelles il semblait sage de s'arrêter, il se hâta d'ajouter que le Gouvernement serait disposé à accepter de nouveaux chiffres plus élevés que ceux du projet. Une telle irrésolution de la part du Ministre assura le succès de la proposition de M. Darblay.

X.

Ainsi, dans ce long débat, le ministère, préoccupé avant tout de la crainte d'un échec parlementaire, avait cédé sur le traité belge; il avait cédé sur le traité sarde, car il n'avait posé la question de cabinet qu'après s'être assuré, en réduisant la durée de la convention, de l'adhésion de la majorité; il cédait enfin sur le régime si important des graines oléagineuses. C'était indiquer bien clairement qu'il se résignait, pour se maintenir, à se laisser traîner à la remorque des assemblées délibérantes. On sait au bord de quel abîme il nous a ainsi conduits, et M. Lherbette prononça des paroles prophétiques lorsqu'il s'écria devant l'étrange attitude du Ministre : « Tout s'en va. Rien ne se brise, mais tout se disloque, » tout se détache, tout est usé. » (1)

A la Chambre des pairs, le Gouvernement ne se borna pas à adhérer au vote de l'assemblée élective. La commission lui avait donné toute facilité pour maintenir son opinion. A la majorité de six voix sur sept, elle proposait de rejeter l'amendement de M. Darblay. Son rapporteur, M. H. Passy, développa avec autant de fermeté que de mesure les motifs qui l'avaient dirigée. M. le duc d'Harcourt, M. le baron Ch. Dupin lui-même, firent ressortir également l'exagération du nouveau tarif. Mais le ministère s'était engagé à compléter le renversement de son œuvre. M. Cunin-Gridaine et M. Duchâtel se tinrent résolûment sur la brèche pour faire triompher l'amendement de M. Darblay. Ils prirent l'un et l'autre la parole à diverses reprises, et ils déterminèrent enfin la Chambre à abandonner sa commission.

XI.

Vers le même temps s'élaborait un autre projet que

(1) *Moniteur* du 1er avril 1845.

M. Cunin-Gridaine avait présenté le 29 janvier 1845.
Renvoyé à la commission déjà chargée de celui dont
nous venons d'exposer les principaux caractères, il
avait particulièrement pour but d'accorder de nouveaux
encouragements à notre navigation en abaissant les
droits sur certains produits des contrées lointaines importés par bâtiments français. L'une de ses dispositions,
devenue l'article 2 de la loi du 11 juin 1845, réglait
que les droits de douanes, à l'entrée par terre, seraient
toujours les mêmes qu'à l'importation par navires étrangers, à moins d'une tarification spéciale. C'était l'un des
principes de nos tarifs. Mais, à défaut d'une prescription
formelle, des tribunaux en avaient contesté l'application, et l'on voulait qu'il ne pût plus être discuté. La
commission, cette fois, adhérant sans réserve aux intentions du Gouvernement, ne présenta quelques propositions nouvelles qu'en vue de compléter le projet.
Les dispositions qu'il consacrait, acceptées à peu près
unanimement, devinrent l'occasion de discussions accessoires. Notre système maritime donna lieu à un important discours de M. Talabot. M. Berryer aurait voulu
faire accorder une prime de 15 fr. par 100 kilog. aux
tôles et fers français affectés à la construction des navires en fer destinés à la navigation internationale, et
affranchir du droit d'entrée les tôles et les fers étrangers
consacrés au même emploi. D'autres orateurs attaquèrent le privilége de pavillon dont jouissait Marseille.
M. Viart demandait que les taxes sur les laines fussent
relevées. M. Chaix-d'Est-Ange proposait de restreindre
l'exercice du droit de préemption, et M. Grandin réclamait une augmentation de prime pour les tissus. Le
régime des houilles, des savons, des nitrates de soude,
provoqua également des observations qui ne furent pas

sans intérêt. Ces divers incidents n'ayant abouti à aucun changement immédiat, nous ne croyons pas utile de nous y arrêter.

XII.

Dès l'année suivante, il fallut de nouveau saisir la Chambre de nos rapports avec la Belgique. Avant l'expiration du traité de 1842, les cabinets de Paris et de Bruxelles avaient conclu une seconde convention. Elle portait la date du 13 décembre 1845. Tout en désirant maintenir les conséquences politiques du premier traité, le gouvernement français avait compris la nécessité de demander de plus larges concessions afin de disposer nos assemblées parlementaires à se montrer moins hostiles que dans la précédente discussion. Mais il n'avait pas rencontré en Belgique l'esprit de conciliation et de bon accord qu'il montrait lui-même. Depuis 1842, le gouvernement du roi Léopold ne s'était pas borné à offrir à l'Allemagne les avantages que nous lui avions achetés : il avait élevé ses tarifs sur les vêtements confectionnés, sur les objets de modes, que fournissait principalement la France, sur les fils de laine, sur les tissus de laine légers, etc. (1). Déjà un arrêté antérieur (2) frappait spécialement nos draps et casimirs. Tout ce qu'il fut possible d'obtenir, c'est que la Belgique consentît à rapporter ces deux arrêtés et à nous maintenir en possession de l'exception provisoire qu'elle avait faite à notre égard au tarif du 13 octobre 1844 (3). De telles

(1) Arrêté du 14 juillet 1843.
(2) Arrêté du 27 août 1838.
(3) Ce tarif portait de 212 à 325 fr. par 100 kilog. le droit applicable aux tissus de coton introduits en Belgique.

concessions étaient bien secondaires, car elles constituaient, les deux premières du moins, le retrait de mesures hostiles plutôt que des faveurs réelles. Aussi le gouvernement français crut-il sage de prendre d'autres précautions pour prévenir l'opposition des Chambres : il limita dans la convention les quantités de fils et de toiles que la Belgique pourrait introduire en France avec le bénéfice des taxes réduites, et il se réserva la faculté, que le cabinet de Bruxelles avait voulu conserver lui-même, d'accorder à d'autres nations les avantages particuliers stipulés dans le traité.

Au fond, la restriction relative aux toiles et aux fils avait moins pour but de contenir les importations que de rassurer les Chambres. Quoiqu'on ne cessât pas de se plaindre de la concurrence étrangère, notre industrie linière avait fait, depuis quelques années, de très-grands progrès. La filature à la mécanique s'était généralisée. En 1842, nous n'avions encore que 90,000 broches. En 1846, nous en comptions, d'après l'exposé des motifs, environ 200,000. Des hommes compétents assuraient même que ce chiffre était fort inférieur à la vérité. L'un de nos industriels les plus habiles, M. Kœchlin, portait à 300,000 le nombre des broches établies en France pour la filature du lin, et il expliquait, en outre, qu'on était parvenu, au moyen de nouveaux procédés, à obtenir de chaque broche le double de ce qu'elle produisait en 1842. Il n'était donc pas vraisemblable que la Belgique, où l'on n'avait monté que 80,000 broches, pût donner à ses introductions beaucoup plus d'importance qu'elles n'en avaient eu jusque-là. Or, pour les fils et pour les toiles, les quantités admissibles aux droits de faveur formaient au moins l'équivalent des importa-

tions moyennes de 1842 à 1845 (1). La restriction,
d'ailleurs, avait une compensation dans le nouveau
mode qu'indiquait l'article 2 pour la constatation du
degré de finesse des toiles. On comprend dès lors que
le nouveau traité, au milieu des dispositions qui domi-
naient dans la Chambre de 1846, devait être tout aussi
attaqué que celui de 1842.

Malgré l'adhésion de la commission, une nouvelle lutte
s'engagea en effet, et les adversaires du projet s'y montrèrent fort animés. MM. Lestiboudois, Corne, Mercier,
de Beaumont, Gauthier de Rumilly, soutinrent, comme
l'année précédente, que la convention était également
compromettante pour notre agriculture et pour notre industrie. Mais le traité belge, bien défendu par MM. Guizot
et Cunin-Gridaine, soutenu, à la Chambre des députés,
par MM. Ducos et Wustemberg, à la Chambre des pairs,
par le rapporteur de la commission, M. Ferrier, par
MM. le comte Beugnot, le duc d'Harcourt, le président
Roullet et Anisson-Duperron, fut adopté, cette fois, sans
amendements. La durée en était fixée à six ans.

XIII.

Ce qui vint donner à la discussion un intérêt tout

(1) Voici comment les choses étaient réglées :

Fils de lin ou de chanvre d'origine étrangère.	Jusqu'à concurrence de 2 millions de kilog. inclusivement, droits fixés par la loi du 6 mai 1841.
	Au-delà de 2 millions et jusqu'à 3 millions inclusivement, mêmes droits augmentés de moitié de la différence existant entre eux et les droits du tarif général.
	Au-delà de 3 millions de kilog., mêmes droits augmentés des trois quarts de cette différence.
Tissus de lin ou de chanvre d'origine belge.	Jusqu'à concurrence de 3 millions de kilog. inclusivement, droits établis par les lois des 17 mai 1826, 5 juillet 1836 et 6 mai 1841.
	Au-delà de 3 millions de kilog., droits du tarif général.

particulier, c'est qu'elle coïncidait avec les grandes réformes de sir Robert Peel. L'ouvrage publié en 1845 (1),
par Frédéric Bastiat, dont la mort prématurée a fait un
vide si regrettable dans les rangs des économistes modernes, fut pour la France une véritable révélation.
Quelques hommes spéciaux savaient bien que l'Angleterre, depuis 1825, avait abaissé plusieurs articles de
ses tarifs. Mais ils n'ignoraient pas, non plus, qu'Huskisson
avait été pendu en effigie pour des réformes partielles
d'une portée secondaire, et ils restaient convaincus que
les intérêts de toute sorte groupés, dans la Grande-
Bretagne, autour du régime protecteur, étaient encore
trop fortement unis pour que ce régime pût être menacé
d'une modification sérieuse.

La presse française avait gardé le silence sur les
travaux de la ligue fondée à Manchester en 1838, ou
n'y avait vu qu'une de ces agitations stériles assez fréquentes en Angleterre. Frédéric Bastiat vint nous initier
tout-à-coup au prodigieux succès de Cobden et de ses
amis. Il nous les montra dominant la majorité du pays,
transformant celle des communes, domptant les convictions de sir Robert Peel, touchant enfin au but qu'ils
s'étaient proposé. L'illustre ministre anglais, reprenant
l'œuvre d'Huskisson, avait déjà pénétré d'un pas résolu
dans la voie des réformes. De 1842 à 1845, il avait supprimé toutes les prohibitions et les avait remplacées par
des droits généralement modérés. Les taxes applicables
à presque tous les objets de consommation avaient été
abaissées. Mais ce que la ligue poursuivait, avant tout,
c'était l'abolition des lois sur les céréales. Personne n'a
oublié qu'elles formaient, dans la Grande-Bretagne, la

(1) Cobden et la Ligue, ou l'agitation anglaise pour la liberté du commerce.

clef de voûte du système protecteur. L'aristocratie, propriétaire exclusive du sol, s'était trouvée intéressée, jusque-là, à défendre les restrictions industrielles et maritimes, afin de ne pas laisser pratiquer une brèche par laquelle pouvait être emporté le régime qu'elle croyait lié au maintien de ses revenus. Une fois séparé des lois sur les céréales, le monument séculaire de la protection devait s'écrouler rapidement, car l'industrie et la marine anglaises étaient assez vigoureusement constituées pour affronter toutes les concurrences. Sir Robert Peel hésitait sur ce point. Chef d'un ministère tory, il aurait voulu ne pas être obligé de faire violence à son propre parti. Les principaux meneurs de la ligue comprirent bientôt que l'attitude expectante du ministre tenait à sa situation politique, et ils redoublèrent d'efforts pour l'entraîner avec eux. L'agitation prit des proportions gigantesques. L'opinion publique, subjuguée par les Cobden, les Fox, les Thompson, les Moore, se prononça énergiquement pour les doctrines des Free-traders. Dès la fin de 1845, l'issue de la lutte ne pouvait plus être douteuse. Sir Robert Peel, reconnaissant que la réforme, désormais inévitable, s'accomplirait avec l'aide du parti tory ou malgré lui, résolut de se placer à la tête du mouvement. Dans la séance du 28 janvier 1846 (1), il confessa, à la Chambre des communes, que la majorité des agriculteurs en était venue, de même que celle des manufacturiers, à considérer l'abrogation des lois céréales comme une mesure d'intérêt public, et, bientôt après, il prit, à cet égard, la plus vigoureuse initiative.

(1) Exposé d'un projet de loi qui supprimait ou abaissait notablement les droits sur les tissus de laine, de coton, de fil et de soie, sur les papiers de tenture, etc.

Quand on examine le point de départ, on ne sait s'il faut s'étonner le plus de l'entreprise même ou de son succès. La Grande-Bretagne était le berceau du système protecteur (1). Nulle part il ne semblait avoir poussé des racines aussi profondes. L'esprit public y sanctionnait toutes les restrictions commerciales. Il avait applaudi au brûlement des marchandises françaises. Ce peuple anglais, si justement fier des garanties assurées par sa constitution à la liberté individuelle, s'était réjoui de bills qui punissaient de mort tout ouvrier coupable d'avoir déserté ses ateliers pour importer à l'étranger quelque nouveau procédé de fabrication. Et comme si la sévérité de la législation ne devait pas suffisamment rassurer les manufacturiers, on avait vu cette même cité de Manchester, devenue depuis le foyer de la ligue, former une association, réunir des fonds, enrôler des officiers et des soldats pour fortifier, par une police particulière, la police, déjà si active, de la douane anglaise. Sept à huit ans avaient suffi à quelques hommes inconnus la veille pour triompher de toutes les convictions et de tous les intérêts.

XIV.

Il était impossible que cet immense mouvement d'o—

---

(1) En 1261, le parlement d'Oxford prohiba l'exportation des laines. Un statut promulgué dans le siècle suivant, sous le règne d'Édouard III, fit même de cette exportation un crime capital. La fabrication des draps était alors la plus importante des industries européennes. Les communes flamandes, qui tiraient leurs laines de la Grande-Bretagne, y avaient trouvé une des sources principales de leur prospérité, et le gouvernement anglais voulait la leur disputer.

Déjà, en 1172, Henri II avait rendu des lettres-patentes portant que les draps fabriqués, en tout ou en partie, avec des laines espagnoles, seraient brûlés.

pinion, le jour où la portée réelle en serait révélée à la
France, n'y produisît point une grande sensation. C'était
une menace grave pour les uns, une vive espérance
pour les autres. Le progrès de la civilisation tend à
rendre les peuples solidaires. Il était permis de croire
que l'Europe, après avoir suivi l'Angleterre et la France
dans les voies du régime prohibitif, arriverait enfin à se
demander, à l'exemple de la Grande-Bretagne, si le moment de choisir une route différente n'était pas venu.
L'agitation libre-échangiste ne tarda pas à se propager
parmi nous. Bordeaux donna le signal. Une association
pour la liberté commerciale s'y constitua et tint sa première séance, le 23 février 1846, sous la présidence de
l'honorable M. Duffour-Dubergier. Nos principaux ports
se réunirent à cette association ou en formèrent de nouvelles. Le commerce de Paris suivit la même impulsion.
On voulut ne négliger aucun des moyens mis en œuvre
par la ligue anglaise. Des réunions périodiques vinrent stimuler l'opinion. Des fonds furent recueillis pour répandre
les discours qu'on y prononçait. Un journal spécial, le
Libre-Échange (1), fut consacré à la défense des doctrines de la liberté commerciale. Frédéric Bastiat les con-
densa dans de courtes brochures, d'une forme incisive
et piquante. Un moment on put penser que le flot,
montant toujours, allait submerger les intérêts qu'abrite
le système restrictif. Mais les réformateurs, en voulant
aller trop loin et trop vite, compromirent les avantages
de leur position. Leurs adversaires, d'abord étourdis de
cette bruyante levée de boucliers, surent bientôt se
grouper pour opposer une digue au torrent. Une contre-
association se forma à Paris sous la direction de M. Mi-

(1) Le premier numéro parut le 29 novembre 1846.

merel et prit pour organe le *Moniteur industriel*. On en organisa d'autres dans la plupart des grands centres de fabrication. De nombreuses pétitions furent provoquées parmi les classes ouvrières. Le comité central écrivit au Conseil des ministres pour le prier de rassurer la population des ateliers. On pressa même le Gouvernement d'interdire de dangereuses manifestations. La défense ne se montra pas moins ardente que l'attaque.

Ces faits ne s'étaient pas tous accomplis avant la dernière discussion sur le traité belge. Aussi M. Ducos souleva-t-il une violente opposition en annonçant à la tribune qu'un mouvement analogue à celui qui venait de s'opérer en Angleterre se manifestait en France (1). Mais au fond, nul ne s'y trompait, et, soit à la Chambre des députés, soit à la Chambre des pairs, le traité belge fut plutôt l'occasion d'un débat sur la réforme anglaise que le véritable objet de la discussion. Les mesures de sir Robert Peel furent très-diversement appréciées. Les uns semblèrent n'y voir qu'une embûche tendue par l'Angleterre à la bonne foi des peuples étrangers. Les autres parurent admettre que la Grande-Bretagne voulait enfin *fouler aux pieds l'erreur et sacrifier de vieux préjugés aux doctrines d'Adam Smith*. Les ministres eux-mêmes se placèrent à des points de vue différents. M. Cunin-Gridaine, évidemment contrarié de la pression qu'il subissait, laissa entrevoir que nous avions à nous tenir en garde contre les intentions égoïstes de nos voisins. M. Guizot traita la question de plus haut. Moins préoccupé que son collègue des rivalités industrielles, il rendit justice aux intentions élevées de sir Robert Peel, et, sans méconnaître la diversité de situation des deux pays,

(1) *Moniteur* du 31 mars 1846.

il déclara que tous les amis de l'humanité devaient désirer ardemment le succès des mesures du ministre anglais. C'était parler en bons termes d'une réforme qui
fera époque dans l'histoire économique des nations. En
réalité, la Grande-Bretagne suivait sa pente naturelle
sans grand souci des théories et sans chercher à dissimuler un piége sous les apparences de son libéralisme
commercial. Comment ne pas juger tout simple qu'elle
délaissât le régime protecteur, lorsque ceux-là mêmes
qui nous détournaient le plus de l'imiter proclamaient
qu'elle avait intérêt à le faire? Il eût été sage et de bon
goût d'accepter l'événement tel qu'il se présentait, au
lieu de torturer les paroles que sir Robert Peel avait
prononcées dans l'unique but de rassurer, en Angleterre,
les adversaires de ses projets (1).

La position du Gouvernement devenait de plus en plus
difficile. A mesure que s'étendait au dehors le mouvement libre-échangiste, les partisans du régime protecteur serraient leurs rangs dans les Chambres et se
montraient plus éloignés des concessions. L'attitude du
ministère ne leur semblait pas rassurante. Ils suspec-
taient toujours M. Guizot d'être disposé à admettre les
produits anglais. Ses déclarations ne leur suffisaient pas.
Ils auraient voulu qu'il se fût prononcé dans le même sens
que M. Cunin-Gridaine au sujet des réformes de sir
Robert Peel. A la suite de la discussion sur le traité belge,
M. Grandin, l'un des représentants de la Seine-Inférieure,
avait dit à cet égard : « M. le Ministre des affaires étran-
» gères, il est vrai, ne vous parle pas encore de rece-

(1) Comme l'a très-bien fait remarquer List, les auteurs de la réforme
sont les Watt, les Arkwright et tous les inventeurs qui ont si puissamment
contribué aux progrès de l'industrie anglaise.

» voir les marchandises anglaises : il sait bien qu'aujour-
» d'hui il rencontrerait dans la Chambre une forte
» opposition ; mais ces idées, je le crois bien , germent
» déjà dans son esprit, et peut-être ne fait-il que les
» ajourner. » (1) Ce grief a certainement contribué à
grossir la nuée parlementaire dont l'explosion devait
emporter à la fois le ministère de M. Guizot et la dynastie de 1830.

XV.

La majorité de la Chambre eut bientôt l'occasion de
manifester de nouveau ses dispositions. A la fin de
1846, le cours moyen des blés, dans toute l'étendue de
la France, avait atteint 27 fr. 76 c. Dans certains départements, il dépassait 36 fr. C'étaient les prix les plus
élevés qu'on eût constatés depuis 1831. Par l'effet du
jeu naturel de l'échelle mobile, les droits d'entrée sur
les céréales étrangères étaient descendus à leur taux
minimum. Seulement il était à craindre que les varia-
tions inopinées de tarif inhérentes à notre législation des
grains ne détournassent le commerce d'en demander à
l'étranger des quantités considérables, et comme il fallait, avant tout, assurer l'approvisionnement du pays,
le ministère proposait de décréter que les droits, quelles
que fussent les mercuriales, ne pourraient pas être
augmentés avant la récolte suivante. C'est ce qui avait
déjà été fait dans des cas analogues. Les besoins étaient
impérieux. Il n'était pas possible que la Chambre écartât
le projet du Gouvernement. Mais elle ne voulut pas le
laisser passer sans une sorte de protestation, et elle
constata, par l'organe du rapporteur de la commission,

(1) *Moniteur* du 2 avril 1846.

M. Darblay, qu'elle entendait, en se conformant aux
nécessités de circonstances exceptionnelles, maintenir le
principe de notre législation sur les céréales *à l'abri de
toute atteinte, même par voie de simple induction.*

La Chambre n'allait pas tarder à se trouver placée
sur un terrain plus favorable pour la manifestation de
ses doctrines.

Assurément le ministère était fort éloigné de la pensée
de sacrifier à l'Angleterre ou aux libres-échangistes les
parties fondamentales du système protecteur. A côté de
M. Duchâtel, dont les prohibitionistes se défiaient toujours, et de M. Guizot, que des convictions économiques
flottantes semblaient rapprocher parfois des adversaires
du régime établi, M. Cunin-Gridaine, ministre spécial,
était très-décidé à conserver à nos grandes industries le
bénéfice de la prohibition ou de taxes élevées. Mais, par
cette raison même, il croyait utile de dégager le système
de dispositions accessoires qui ne servaient guère qu'à
le rendre plus vulnérable. Sans s'exagérer la gravité
réelle du mouvement d'opinion que le libre-échange
fomentait en France, il ne jugeait pas sage de se refuser à toute concession. Il se décida donc à présenter, le
31 mars 1847, le projet de loi qu'il avait annoncé l'année précédente.

Ce projet supprimait dix-sept prohibitions et diminuait
les droits sur quelques produits, notamment sur les cylindres en cuivre, sur les fils de laine, sur les tissus de
soie, sur le houblon. Il faisait disparaître du tarif 113
articles qui devaient être désormais admis en franchise,
quels que fussent les modes d'importation et les lieux
de provenance. Il en affranchissait 162, à la condition
qu'on les apporterait sous pavillon national, et 23 autres
quand ils seraient introduits par navires français ou *par*

terre. La réforme s'étendait ainsi à 298 articles sur 666 que comprenait notre tarif. La disposition la plus importante était celle qui accordait la franchise pour les fers en barres, le cuivre et le zinc bruts ou laminés, le lin et le chanvre, destinés à la construction ou à l'armement des bâtiments de mer. Le projet consacrait enfin le principe de la réciprocité, d'une part, entre la France et la Nouvelle-Grenade (1) pour l'importation des produits du sol et de l'industrie des deux pays; d'autre part, entre la France et la Russie (2), à l'exception toutefois des provenances de la mer Noire et de la mer d'Azoff.

Si les protectionistes avaient examiné froidement ce projet, ils y auraient vu plutôt une prudente manœuvre qu'une tentative aventureuse. Les prohibitions qu'on abandonnait ne portaient sur aucune de nos grandes fabrications et étaient devenues à peu près sans objet. Les articles affranchis de droits, placés en dehors du régime protecteur, n'étaient exonérés qu'en vue de simplifications d'écritures. Dans le traité avec la Russie, on avait eu le soin d'excepter du privilége du pavillon les provenances de la partie méridionale de l'Empire, afin de laisser les graines oléagineuses de la mer Noire sous le poids de la surtaxe dont les avait frappées la loi de 1845. Il n'y avait donc là rien de bien alarmant. Cependant les propositions ministérielles faisaient faire un pas vers un régime moins exclusif, et les libres-échangistes, tout en regrettant qu'on ne fût pas allé plus loin, y applaudissaient comme à un progrès. C'était assez pour qu'on s'en montrât irrité dans le camp opposé. On s'attaqua surtout à l'une des phrases de l'exposé des

(1) Traité du 28 octobre 1844.
(2) Traité du 16 septembre 1846.

motifs. Le Ministre avait dit, à propos des associations
pour le libre-échange, que rien ne prouvait mieux l'exagération que l'exagération contraire. Le *Moniteur industriel* repoussa vivement le parallèle que le Gouvernement avait ainsi établi entre les prétentions extrêmes
des deux partis. Les représentants du système restrictif,
défendant la vérité, ne pouvaient pas être comparés
aux hommes qui soutenaient l'erreur. Dans les bureaux
de la Chambre, la lutte fut ardente. Il en sortit une
commission formée en majorité de protectionistes (1), et
le rapporteur, M. Lanyer, consacra quarante colonnes
du *Moniteur,* menu texte, à l'exposé de ses principes.

Nous ne dirons pas, avec M. Michel Chevalier, que ce
volumineux rapport était *un monologue de l'intérêt privé
en contemplation devant lui-même.* Mais il est certain
que M. Lanyer ne sut pas se préserver, dans le choix
de ses arguments, du désir d'avoir raison quand même
contre les promoteurs des réformes. Ce fut principalement au sujet des produits destinés aux constructions
navales qu'il manifesta un véritable parti pris. D'après
l'exposé des motifs, les droits de douanes imposaient à
nos constructeurs une surcharge de 30 fr. 30 c. par
tonneau. M. Lanyer s'efforça d'établir que le Ministre
s'était trompé. Au lieu de 30 fr. 30 c. par tonneau,
l'économie à réaliser au moyen de l'emploi des produits
étrangers ne pouvait pas, selon la commission, dépasser
9 fr. 78 c. pour les navires de plus de 200 tonneaux et
6 fr. 78 c. pour les navires au-dessous de cette capacité.
Ce devait être une raison pour ne pas se refuser à tenter
l'expérience. Plus, en effet, s'amoindrirait l'avantage

(1) Elle était composée de MM. Thiers, Kœchlin, de l'Espée, Saglio,
Casimir Perrier, Richond des Brus et Lanyer.

offert aux constructeurs français, et moins se généra-
liserait l'usage des matériaux étrangers. La commission
n'en jugeait pas ainsi. Elle affirmait que la mesure, d'un
intérêt fort secondaire pour les constructeurs, serait
très-dommageable pour la production française, et elle
en proposait le rejet. Au fond, ce que le rapporteur repoussait de la sorte, ce n'était pas la disposition elle-
même, c'était la nouvelle brèche qu'elle ouvrait pour
attaquer l'énorme privilége dont jouissaient encore les
maîtres de forges. Sur quelques points de détail, elle
était plus conciliante. Mais, dans l'intérêt de la protection,
elle renversait toute l'économie du projet sur les glaces,
les produits chimiques, la tabletterie, les soies et fleurets,
les cylindres en cuivre, les houblons, etc. Elle avait déclaré au Ministre, et elle tenait à se montrer conséquente,
qu'il ne fallait pas, *sous prétexte d'encourager la discussion en matière économique, hésiter en paroles ou transiger
en fait entre l'industrie nationale et la liberté du commerce.*

Déposé seulement le 24 juillet, le rapport de M. Lanyer ne pouvait pas être discuté dans la session. La reprise en fut ordonnée le 20 janvier 1848. La révolution
de février, en posant à la France des problèmes bien
autrement redoutables, vint interrompre la lutte qui
s'était engagée entre le libre-échange et le système protecteur.

XVI.

En résumé, le gouvernement du roi Louis-Philippe,
après avoir essayé sous les inspirations de M. Duchâtel,
de 1830 à 1836, d'abaisser nos barrières de douanes,
avait dû s'arrêter devant l'opposition des Chambres. Il
s'était même laissé entraîner, par des exigences parle-

mentaires, à des mesures restrictives évidemment contraires à ses convictions, et, comme la Restauration (1),
il tombait au moment où l'opinion venait le pousser de
nouveau dans la voie des réformes. Mais si le tarif était
resté entaché de prohibitions ou de taxes exagérées, la
partie réglementaire du service des douanes avait reçu
de nombreuses simplifications, et l'Administration, dans
le cercle de ses attributions spéciales, avait ainsi donné
au commerce d'utiles facilités.

(1) On se rappelle que le projet de loi présenté par M. de Saint-Cricq,
le 29 mai 1829, ne fut pas discuté.

CHAPITRE XV.

DE 1848 A 1858.

Les républicains de 1848 ne se montrent pas plus favorables à la réforme des tarifs que les libéraux de 1830. — Traités avec diverses républiques de l'Amérique du Sud. — Convention de navigation avec la Belgique. — Nouveau traité avec la Sardaigne. — Traité avec la Russie. — Traité avec les Deux-Siciles. — Proposition de M. de Sainte-Beuve. — Réformes décrétées par l'Administration impériale ; opposition du Corps législatif. — Le Gouvernement poursuit son œuvre ; proposition de lever les prohibitions ; manifestations hostiles ; retrait du projet de loi. — Dernières modifications ; portée des changements accomplis depuis 1852.

I.

La Révolution avait arrêté l'effort des associations qui s'étaient fondées en France à l'imitation de la ligue anglaise. Dès le mois d'avril, le journal le *Libre-Échange* avait cessé de paraître. Si la question de la liberté commerciale était purement spéculative, elle aurait pu être pour long-temps vouée à l'oubli. Mais elle pénètre dans le domaine des intérêts matériels, et ils ne s'effacent jamais sous la pression des circonstances que pour attendre une meilleure occasion de se produire de nouveau. A mesure que nos agitations politiques ont tendu à se calmer, les préoccupations d'un autre ordre qu'elles avaient réduites au silence ont repris leur place légitime sur le terrain des discussions publiques. La presse a réveillé le débat. Des travaux importants ont été publiés sur le tarif des douanes. M. de Sainte-Beuve, par sa fameuse proposition, en a radicalement attaqué l'économie, et le gouvernement impérial, dominant d'un

œil sûr toutes les exagérations, a manifesté qu'il voulait
marquer sa voie en dehors des unes et des autres.

Le mouvement républicain de 1848 ne fut pas plus
favorable au libre-échange (1) que le mouvement libéral
de 1830; aussi le Gouvernement provisoire rencon-
tra-t-il tout d'abord, dans l'Assemblée constituante,
l'opposition qui avait accueilli, dans les anciennes Chambres, les propositions des ministres du roi Louis-Philippe.

Le premier projet de loi de douanes fut présenté par
M. Flocon, ministre de l'agriculture et du commerce, le
19 juin. Il s'agissait principalement de régulariser des
mesures déjà décrétées d'urgence. La plus importante
augmentait de 50 p. 100 jusqu'au 31 décembre le montant des drawbacks établis sur les tissus de laine et de
coton, ainsi que sur divers autres produits fabriqués, et
accordait une prime temporaire de 4 1/2 p. 100 pour
les tissus de soie et de fleuret, pour les fils et tissus de
lin et de chanvre. La détresse de notre industrie avait
inspiré ces dispositions au Gouvernement provisoire. La
consommation française s'étant resserrée, les magasins
étaient encombrés. Pour que les manufacturiers ne fussent pas forcés d'arrêter la production, on voulait les
mettre en mesure de se présenter avec plus d'avantages
sur les marchés étrangers. Il ne pouvait y avoir là matière à objection, du moins pour les protectionistes;
nous verrons tout-à-l'heure qu'il en fut élevé par les
gouvernements des peuples voisins. Mais, parmi les
modifications de tarif, en petit nombre, inscrites dans

(1) On a pu lire des détails très-précis à cet égard dans une publication
de M. le marquis de Normanby, ancien ambassadeur de la Grande-Bretagne
à Paris.

le projet, il y en avait deux qui se rattachaient au système restrictif, et elles furent repoussées l'une et l'autre par le comité de commerce. Le nom du rapporteur dont il avait fait choix aurait suffi, d'ailleurs, pour révéler ses tendances : c'était M. Victor Grandin, manufacturier à Rouen, l'un des hommes qui s'étaient signalés le plus, sous la monarchie, par l'énergie de leurs convictions anti-libres-échangistes.

L'une des dispositions qu'il attaqua avait pour objet les nankins. Nous avons déjà expliqué quel en était le régime. Le Gouvernement provisoire, reprenant le projet soumis à la Chambre des députés, le 31 mars 1847, abaissait le droit à 1 fr. pour les arrivages directs par navires français, et levait la prohibition qui frappait encore les nankins importés, soit des entrepôts, soit par bâtiments étrangers. Le comité admettait la réduction du droit; elle se justifiait d'autant mieux que le prix des nankins avait diminué de 50 p. 100 depuis que la loi du 7 juin 1820 les avait tarifés à 5 fr. Mais il demandait que les prohibitions établies relativement aux importations indirectes ou sous pavillon étranger fussent maintenues. Il proposait même d'exiger, afin de faciliter la recherche à l'intérieur des nankins introduits en fraude, que toutes les pièces régulièrement soumises au paiement des droits fussent marquées de l'estampille de la douane.

La seconde disposition repoussée par le comité s'appliquait aux glaces. Des faits curieux avaient été constatés. La loi du 27 mars 1817, en maintenant la prohibition des glaces non étamées, avait taxé les glaces étamées à 15 p. 100 de la valeur Cette valeur avait été fixée d'après un tarif fourni en 1805 par la manufacture de Saint-Gobain. Mais les prix, ayant beau-

coup baissé, ne se trouvaient plus en rapport avec le
taux légal qui servait à établir le droit. En 1835, la
manufacture de Saint-Gobain fut appelée à rectifier son
tableau régulateur. Cependant la situation changea peu.
Saint-Gobain, en effet, forma son nouveau tarif d'après
la valeur des glaces parfaites. Or il en était rarement
livré de telles au commerce. En raison des remises faites aux acheteurs, les prix réels étaient de 30, de 40,
de 50 p. 100 au-dessous du tarif, de sorte que le droit
de douane, qu'on avait voulu fixer à 15 p. 100 au plus,
représentait 25 à 30 p. 100. Comme le fit justement
remarquer M. Flocon, on ne pouvait pas admettre que
nos manufacturiers fussent eux-mêmes les arbitres des
conditions à imposer aux produits étrangers destinés à
leur faire concurrence. Le projet du Gouvernement
adoptait la dimension pour base du droit, tant à l'égard
des glaces étamées que pour les glaces non étamées,
dont il levait la prohibition, et il réduisait la taxe de
près de moitié. Ramenée dans ces limites, la protection
devait paraître encore bien suffisante. Sur 90,000 mètres superficiels de glaces, dont se composait l'ensemble
de notre fabrication, nous en placions 30,000 mètres à
l'étranger. En état de vendre au dehors une partie si
considérable de leurs produits, nos manufacturiers ne
devaient évidemment avoir rien à craindre, sur leur
propre marché, avec une protection de 15 à 18 p. 100.
Mais le comité de commerce n'en jugea pas ainsi, et,
s'appropriant l'amendement qu'avait présenté la commission de 1847, il remania le tarif de manière à porter le droit à 27 p. 100.

L'Assemblée adopta les conclusions de son comité
sur les nankins et sur les glaces, sans qu'une seule protestation s'élevât contre les tendances dont elles étaient

14

l'indice. On semblait s'être entendu pour ne pas aborder la question de principe. Dans l'état d'effervescence où se trouvaient les classes ouvrières, il pouvait être prudent, en effet, de ne pas fournir aux passions une occasion de plus d'égarer les esprits. La discussion ne porta donc que sur des faits accessoires. Ainsi M. Randoing (de la Somme) proposa de prolonger de deux mois le délai fixé pour l'allocation des nouvelles primes. Au point de vue purement financier, il était déjà fort grave d'élargir le déficit dans l'intérêt spécial de quelques industries. Il se produisait, en outre, des difficultés d'une autre nature. Les primes substituées au drawback, sans que le véritable objet en fût dissimulé, changeaient les conditions que les peuples voisins avaient voulu faire sur leurs marchés à nos fabrications. La Belgique et l'Association allemande avaient adressé des représentations. Pour que les choses n'allassent pas plus loin, il avait fallu leur promettre de maintenir le caractère essentiellement provisoire de la mesure. L'Assemblée, comprenant la situation, repoussa la proposition de M. Randoing. Néanmoins l'incident nous a paru utile à rappeler, parce qu'il indique que les peuples étrangers se sont habitués à tenir compte, dans la formation de leurs tarifs, des primes accordées par les nations rivales.

II.

L'Assemblée législative se trouva saisie, en 1849, en 1850 et en 1851, de divers traités de navigation et de commerce avec de petites républiques de l'Amérique du Sud, avec la Belgique, la Sardaigne, la Russie et les Deux-Siciles.

Les conventions de la France avec Guatémala, Costa-Rica, Santo-Domingo, comme celles qu'elle avait antérieurement conclues avec Vénézuéla et la Nouvelle-Grenade, ne pouvaient offrir qu'un faible intérêt. Toutefois l'Assemblée constituante ne voulut pas accorder à Santo-Domingo le privilége de la nationalité des navires. Ce jeune État, formé d'un démembrement de notre ancienne colonie de Saint-Domingue, sous le nom de *République Dominicaine*, produisait surtout des bois d'acajou. C'était un aliment de fret important pour notre marine, et l'Assemblée craignit que l'Angleterre et les États-Unis, en rapports très-suivis avec Santo-Domingo, n'eussent toute facilité pour usurper son pavillon et nous enlever ce fret. Elle décida donc, sur la proposition de son comité de commerce, que le traité ne pourrait être ratifié qu'après sérieuse révision.

III.

Le traité passé avec la Belgique, le 17 novembre 1849, était également spécial à la navigation. Dès 1838, il avait été question d'établir une entière assimilation entre les pavillons belge et français. Une convention dans ce sens avait même été signée. Mais elle ne fut pas rendue exécutoire. Depuis, la Belgique s'était successivement liée avec l'Espagne, les Deux-Siciles, la Sardaigne et le Zollwerein. Il y avait intérêt pour nous à ne pas différer plus long-temps. Le pavillon tiers figurait pour 60 p. 100 dans l'intercourse de nos ports avec les ports belges. Il était vraisemblable qu'une convention maritime basée sur le principe de l'égalité du pavillon serait avantageuse aux deux nations (1). Le gouvernement français ne voulut pas, toutefois,

(1) En 1857, le pavillon français a figuré pour 75 p. 100 dans notre intercourse avec la Belgique.

étendre cette égalité, comme on l'avait fait dans le projet de 1838, à l'intercourse indirect. Il expliqua à l'Assemblée, par l'organe de M. de la Hitte, ministre des affaires étrangères, qu'une telle stipulation, sans danger vis-à-vis de la Belgique, aurait créé un précédent susceptible de devenir une cause d'embarras dans nos rapports avec les puissances qui avaient déjà contracté avec nous des traités de navigation. La nouvelle convention n'accordait donc le traitement national pour les marchandises et ne stipulait l'égalité pour les taxes de tonnage qu'à l'égard des transports directs par les navires de l'une ou de l'autre puissance. Cependant elle fut encore attaquée. Le représentant d'une de nos grandes places maritimes, M. Levavasseur, combattit, dans l'article 7, la disposition qui permettait d'importer de la Belgique les produits de l'Asie, de l'Afrique et de l'Amérique. Il se fonda sur les motifs qu'avait invoqués le ministère au sujet de l'intercourse indirect. Mais le principe n'avait pas la même portée, puisque les marchandises exotiques arrivant des entrepôts d'Europe étaient frappées de droits différentiels. L'Assemblée se borna à approuver le traité, après des éclaircissements sur l'article 12, dont la rédaction, trop peu précise, n'avait pas d'abord reçu la même interprétation dans les deux pays.

IV.

Le traité avec la Sardaigne, en date du 28 août 1843, sanctionné pour une durée de 4 ans, le 8 juin 1845, n'était devenu exécutoire qu'à partir du 20 mai 1846. Par arrangement du 1er mai 1850, il fut prorogé, et ce fut seulement le 30 décembre que put être votée la loi destinée à consacrer les nouvelles stipulations.

Elles différaient, sur quelques points, du traité de 1843, dont nous avons résumé les principales dispositions au chapitre XIV. Les dernières concessions faites à la Sardaigne avaient particulièrement pour objet : d'étendre aux importations par le littoral français de la Méditerranée le régime exceptionnellement établi pour les bestiaux ; d'abaisser encore d'un quart la taxe sur les riz introduits par la frontière de terre; d'appliquer ce droit de faveur aux importations de riz effectuées par mer ; de réduire d'un sixième le droit existant sur les fruits frais; de ramener à 6 fr. par tête le droit d'entrée sur les mules et mulets. La France obtenait également une diminution notable sur les eaux-de-vie et sur les vins, et une seconde réduction sur les objets de modes, sur les porcelaines, etc.

A côté des concessions accordées à la Sardaigne, notre Gouvernement avait inséré dans le traité des restrictions en partie conformes aux objections qui s'étaient élevées, en 1845, contre la convention de 1843. D'une part, il limitait l'importation en franchise dans les ports de l'Algérie aux bois, aux merrains, au charbon et aux matériaux à bâtir; de l'autre, rentrant dans l'économie générale de nos traités de navigation, il n'admettait au traitement national, dans la métropole, les navires sardes chargés, qu'autant qu'ils venaient des ports de la Sardaigne.

Ainsi modifiée, la convention ne pouvait pas devenir le terrain d'une controverse fort animée. Après quelques observations générales sur l'inconvénient de nous lier par des traités avec des puissances secondaires dont le marché était fort loin de correspondre au nôtre, on attaqua seulement la disposition relative aux bestiaux. Mais les faits observés depuis 1846 n'avaient nullement justifié les appréhensions qui s'étaient manifestées dans la discussion de la loi de 1845. Si nous avions importé de la Sardaigne quelques centaines de vaches et de veaux de plus qu'elle ne nous en fournissait avant le traité, nos exportations en bœufs pour ce pays avaient continué à excéder nos réceptions. Nous livrions au Piémont, par l'Est, à peu près l'équivalent de ce qu'il nous expédiait par le Sud, et l'on satisfaisait de la sorte, sans dommage réel pour personne, des convenances mutuelles. Suffisamment édifiée à cet égard, l'Assemblée donna son assentiment au traité.

Il était à peine en vigueur que le cabinet de Turin conclut avec la Belgique, la Grande-Bretagne et la Prusse des conventions diplomatiques en vertu desquelles ces trois puissances obtenaient en Sardaigne, pour plusieurs de leurs produits, des concessions d'une certaine importance. La Suisse et la Hollande poursuivaient le même résultat. L'article 14 du dernier traité nous autorisant à le revendiquer aussi pour nos produits, le Gouvernement présidentiel en fit l'objet d'une communication que le roi de Piémont accueillit avec empressement. On reconnut, en outre, des deux parts, qu'il serait possible de s'entendre sur de nouveaux dégrèvements. Mais, pressé par le temps, on se borna à stipuler, d'un côté, une diminution de 25 p. 100 sur nos tissus de soie, d'environ 60 p. 100 sur notre librairie; de l'autre, un abaissement de la taxe applicable aux bestiaux de la race ovine et caprine sarde, ainsi qu'aux fruits frais originaires du même pays. Ces dispositions furent reprises dans une convention additionnelle du 20 mai 1851, sanctionnée, en France, par une loi du 17 juin suivant.

V.

Le traité avec la Russie, mis en exécution en vertu de l'ordonnance du 17 novembre 1846, avait été compris dans le projet de loi de 1847, dont la révolution de février vint empêcher la discussion. Depuis plusieurs années, le gouvernement de Saint-Pétersbourg cherchait à faire accorder partout à son pavillon, à charge de réciprocité, le traitement national. Riche en matières encombrantes, la Russie avait un intérêt marqué à entrer dans cette voie. Dans le but de vaincre les résistances qu'elle y rencontrait, un ukase du 11 (23) juin 1845 avait soumis à des surtaxes élevées les navires des puissances qui ne se seraient pas liées avec elle : 50 p. 100 sur les marchandises et 4 fr. par tonneau sur la coque des navires. C'était surtout contre la France que cet ukase était dirigé. On le comprend : pendant que l'Angleterre et plusieurs autres nations traitaient avec la Russie, le gouvernement français repoussait, en 1845, un assez grand nombre de produits russes, les graines oléagineuses principalement. Pourtant il n'était pas possible de laisser notre commerce dans la position défavorable où le plaçait la décision de l'empereur Nicolas, et l'on se résolut enfin, après onze ans de pourparlers ou de mesures hostiles, à signer la convention du 16 septembre 1846. Mais le cabinet des Tuileries, à une époque encore si rapprochée de l'importante discussion sur le tarif des graines grasses, ne voulait pas s'écarter des intentions que les Chambres avaient manifestées. Il trouva une transaction dont le cabinet russe se contenta. La convention n'accorda le traitement national, soit pour les produits du sol et de l'industrie des deux pays, soit pour la coque des navires, qu'à l'égard des échanges directs entre la France et la partie septentrionale de la Russie. La mer Noire et la mer d'Azoff, qui nous fournissaient la plus grande partie de notre approvisionnement en graines oléagineuses, furent laissées en dehors du traité. Marseille réclama. Ses représentants signalèrent la distinction consacrée par la convention comme attentatoire au principe de l'égalité de l'impôt entre toutes les parties du territoire. Présentée par la ville de Marseille, toujours en possession de priviléges particuliers, l'objection perdait beaucoup de sa force. D'ailleurs, nous exportions trop peu de marchandises dans la mer Noire et dans la mer d'Azoff pour que l'ukase de 1845 pût y occasionner à notre commerce un préjudice bien notable. Le traité, exécuté depuis plus de cinq ans lorsque M. Schneider, ministre de l'agriculture et du commerce, le soumit à la sanction du pouvoir législatif, nous avait offert, dans son ensemble, des avantages appréciables. Le nouveau rapporteur, M. de Flavigny, s'attacha donc à le défendre, et tout indique qu'il eût subi sans encombre l'épreuve de la discussion publique. Les événements du 2 décembre survinrent avant qu'elle eût lieu.

VI.

Le traité conclu le 12 mai 1847 avec les Deux-Siciles mettait un terme à des complications fort anciennes. De tous les temps, la France avait cherché à maintenir d'intimes relations commerciales avec le royaume de Naples. Une première convention avait été conclue en 1659. Après la paix de 1796, on en projeta une autre. Bientôt suspendues par les circonstances politiques, les négociations furent reprises à la Restauration et aboutirent au traité du 28 février 1817. En échange de priviléges devenus peu compatibles avec la situation de l'Europe, le gouvernement napolitain nous concédait le traitement de la nation la plus favorisée, que nous lui accordions de notre côté, et, en outre, conférait aux produits français une remise permanente de 10 p. 100 sur les droits d'entrée en vigueur au 1er janvier 1816. Ainsi le gouvernement des Deux-Siciles se trouvait avoir renoncé à la faculté de modifier, au moins à notre égard, ses tarifs de 1816. Beaucoup de difficultés surgirent. A diverses époques, il fut question de réformer le traité de 1817. Après des négociations plusieurs fois interrompues, on s'entendit enfin en 1845. La convention du 14 juin assurait encore à nos produits une remise de 10 p. 100 sur les tarifs siciliens présents ou à venir. Mais le roi de Naples reprenait le droit de l'étendre à ses propres sujets et aux nations qu'il lui conviendrait de placer sur le même pied que la France. Il consentait, du reste, sans autre compensation de notre part que notre renonciation définitive à nos priviléges antérieurs, à réduire les taxes :

1° De moitié sur nos porcelaines peintes et dorées, nos cristaux, nos modes, nos papiers de tenture et nos dentelles, crêpes et gazes de soie ;

2° De 5/12 sur nos bijouteries en or ;

3° Du tiers sur nos quincailleries et ouvrages en métaux, et sur nos cuirs préparés.

La convention de 1845, rendue immédiatement exécutoire, n'avait rien stipulé pour les droits et les surtaxes de navigation. Le traité du 12 mai 1847, que M. Schneider déférait au pouvoir législatif, comblait cette lacune, en appliquant le bénéfice de la nationalité pour les transports directs aux navires et aux produits des deux pays. Comme celui de 1845, il était conclu pour dix ans.

A la suite de la dissolution de l'Assemblée, il fut mis en vigueur par un décret du 14 février 1852 (1).

VII.

L'Assemblée législative fut encore saisie, avant le 2 décembre 1851, de divers projets sur la mouture des blés étrangers, que M. Fouquier d'Hérouel et d'autres représentants considéraient comme un danger pour l'agriculture nationale, sur la tarification des graines de lin, sur celle des rhums et tafias des colonies. Mais ces projets furent écartés ou n'arrivèrent pas à discussion. Il ne noùs reste plus à rappeler, dans l'ordre des faits antérieurs à la reconstitution de l'Empire, que la proposition de M. de Sainte-Beuve, déposée dans la séance du 30 décembre 1850.

M. de Sainte-Beuve demandait :

1° La suppression de tout droit protecteur sur les substances alimentaires;

2° La suppression de tout droit sur les matières premières;

3° L'abolition de toutes les prohibitions;

4° La réduction du droit sur les fers, après 4 ans, à 1 fr. par 100 kilog. ;

5° L'établissement sur les objets manufacturés de droits fixés, en maximum, à 10 ou 20 p. 100, selon que la main-d'œuvre serait plus ou moins complète ;

6° L'abandon de tout privilége de pavillon et la liberté absolue du commerce colonial.

M. de Sainte-Beuve évaluait à 73 millions le déficit

---

(1) Nous avons cru inutile de parler des divers traités qui, ne modifiant pas les tarifs et stipulant uniquement pour la sûreté des personnes et des propriétés, n'ont pas été l'objet de discussions parlementaires.

que ces diverses mesures pourraient momentanément occasionner dans le revenu des douanes. Pour le combler, il proposait de supprimer un ministère, celui du commerce, de renoncer au régime du drawback, et d'établir un impôt mobilier.

Dans un moment où nos budgets se soldaient par des déficits annuels de 60, 80, 100 millions, il eût été bien téméraire de se livrer à de semblables expériences. Les propositions de M. de Sainte-Beuve étaient donc au moins inopportunes. Quelques-uns des membres de la commission appelée à les examiner étaient d'avis de les repousser par cette fin de non-recevoir, sans engager une discussion de principes. Mais la majorité voulut demander à l'Assemblée une nouvelle manifestation protectioniste, et son rapporteur, M. de Limayrac, planta son drapeau dans les rangs les plus avancés des défenseurs du système restrictif.

Le travail de M. de Limayrac, remarquable à plus d'un titre, portait trop l'empreinte des entraînements de la polémique. En attaquant avec vivacité les hardiesses de son adversaire, M. de Limayrac s'abandonna lui-même à des préoccupations excessives. Dans le débat qui s'engagea à la tribune, les opinions se montrèrent également fort tranchées. M. de Sainte-Beuve, soutenu par M. Howyn de Tranchère, représentant de la Gironde, défendit sa proposition en invoquant les doctrines les plus avancées de la liberté commerciale. Son éminent antagoniste, M. Thiers, ne sacrifia, dans sa brillante dissertation, aucune des idées qu'il avait antérieurement exprimées sur la nécessité d'un système de douanes fortement protecteur. Le Gouvernement seul sut se tenir à distance égale de toutes les exagérations. Il repoussa à la fois, par l'organe de

M. Fould, le libre-échangé et l'immuabilité des taxes prohibitives. Du reste, les intentions de l'Assemblée ne pouvaient pas être douteuses ; elle les avait déjà manifestées dans les bureaux, et la prise en considération fut rejetée, dans la séance du 28 juin 1851, à la majorité de 428 voix contre 199.

VIII.

Depuis le rétablissement de l'Empire, le Corps législatif, généralement si dévoué à la politique du Chef de l'État, a conservé, en matière de douanes, l'attitude restrictive, inquiète, presque hostile, des Chambres de la Restauration et de la dynastie de 1830.

Pendant la dictature, il fut question de supprimer par acte souverain toutes les prohibitions. Amené à ajourner cette grande mesure, le Gouvernement n'avait pas renoncé à ses vues de réforme. Il avait rendu successivement divers décrets dont plusieurs touchaient aux industries qui avaient le plus contribué à la durée d'une protection exagérée. Ne craignant pas d'engager son initiative, il avait abaissé les droits sur les houilles, les fers, les fontes, les aciers, les laines, les graines oléagineuses. Pour les fers et surtout pour les aciers, les réductions étaient fort importantes (1). Il avait levé, en même temps, quelques prohibitions secondaires que rien ne semblait plus justifier. Il avait temporairement admis en franchise toutes les matières premières desti-

(1) Le décret du 29 novembre 1853 faisait disparaître les distinctions précédemment établies, d'une part, entre les fers au charbon et au marteau et les fers traités au charbon de terre et au laminoir; de l'autre, entre les aciers naturels et de cémentation et les aciers fondus.

nées aux constructions navales, et remplacé par un droit
de 10 p. 100 l'exclusion qui atteignait les bâtiments de
mer étrangers depuis 1793. Il avait également profité de
la cherté des subsistances pour décréter de notables dégrèvements ou l'exemption complète à l'égard des bestiaux, des viandes fraîches et salées, des céréales, des
vins et des spiritueux. D'autres réductions avaient eu
pour objet les bois de teinture, les résineux exotiques,
les graines, le curcuma, le blanc de baleine et beaucoup
d'articles nécessaires à notre industrie ou précieux aliments de fret pour notre marine. Les faits démontraient
que le Pouvoir, en donnant ainsi de véritables facilités
au commerce et à la consommation, avait bien servi les
intérêts généraux du pays. Néanmoins le Corps législatif
s'empara avec empressement de la première occasion
qui lui fut offerte, sinon pour protester, du moins pour
indiquer qu'il attendait du Gouvernement une extrême
réserve dans l'application de toute réforme ultérieure.

C'est à propos de la conversion en loi d'une partie
des décrets dont nous venons de parler qu'eut lieu cette
manifestation. Le Gouvernement s'était attaché avec
soin à restreindre le terrain de la discussion. Il avait
évité, dans l'exposé des motifs, d'aborder les questions
de principes, et il avait laissé en dehors de son projet
les céréales, les bestiaux, les viandes salées, les vins et
spiritueux, les bâtiments de mer et les matières premières destinées aux constructions navales ; indiquant
par là, comme il l'avait annoncé à l'origine, que les
dispositions adoptées pour ces différents objets n'étaient
point encore complètement définitives. Mais la majorité
protectioniste du Corps législatif désirait qu'on ne pût
pas se méprendre sur ses intentions. Elle s'attacha donc
à choisir exclusivement, pour l'examen du projet de

loi, des députés qui se fussent montrés résolus, dans le sein des bureaux, à soutenir énergiquement le système protecteur, et la commission ainsi formée désigna pour rapporteur M. Randoing, que sa position personnelle et ses antécédents classaient parmi les plus fermes défenseurs des prohibitions.

Son rapport, quoique très-modéré dans la forme, répondit à la pensée du Corps législatif. La discussion publique fut peu développée. L'unanimité des votes vint sanctionner le projet de loi, dans la séance du 16 avril 1856 (1), à la suite de judicieuses observations de M. Gréterin, directeur général des douanes, sur le tarif des laines, et un discours du président du Conseil d'État, M. Baroche, qui, reproduisant à la tribune la déclaration faite en 1851 par M. Fould, s'exprimait lui-même ainsi : « Le Gouvernement a su se tenir dans de justes » limites, respectant tous les intérêts, allant jusqu'où il » pouvait s'avancer, s'arrêtant là où il eût été périlleux » de passer outre. » Néanmoins le Corps législatif accepta le fait accompli sans donner son assentiment aux idées de transaction qui l'avaient inspiré, et il resta démontré pour tous que s'il se fût trouvé en présence des modifications qu'on avait soustraites à son examen, les articles les plus importants auraient bien pu être écartés.

IX.

Cette résistance ne portait pas suffisamment l'empreinte de l'intérêt public pour que le Gouvernement impérial voulût s'y arrêter. Poursuivant, au contraire, son œuvre, il a tenté d'accomplir, avec le concours de l'assemblée élective, la mesure qu'on avait méditée au

(1) Loi du 26 juillet 1856.

moment de la dictature. Le projet de loi du 9 juin
1856, modifié par un décret du 22 du même mois, levait
les prohibitions qui restent inscrites dans nos tarifs. Ce
projet, dans son ensemble, conservait encore à l'industrie
nationale une protection sérieuse, efficace, parfois excessive. Les tissus de laine devaient acquitter 30 p. 100 de
la valeur, les tissus de coton 35 p. 100, les vêtements
confectionnés 40 p. 100, les filés les plus grossiers 1 fr.
20 c. par kilog., les sucres raffinés d'ailleurs que des
colonies françaises 80 fr. par 100 kilog., la coutellerie
35 p. 100, les voitures 30 p. 100. L'opposition n'en fut
pas moins vive. On eût pu se croire revenu au temps où
le pouvoir exécutif, arrêté dans ses projets les mieux
conçus, subissait l'impulsion au lieu de la donner. Dans
le Corps législatif, on annonça hautement l'intention de
repousser la loi. Au dehors, des fabricants menacèrent
de fermer leurs ateliers; et lorsque l'Administration
achevait de réunir toutes les informations nécessaires
pour bien éclairer la discussion, une déclaration insérée
au *Moniteur* fit connaître que le Gouvernement, retirant
sa proposition, ne la reproduirait pas avant 1861.

X.

Dans cet état de choses, il a fallu se borner à appliquer les améliorations de détail susceptibles d'être
réalisées sans soulever de nouveaux orages. La loi du
18 avril 1857 est venue sanctionner quelques changements de peu d'importance qui n'avaient pas trouvé
place, bien que remontant à 1855 et aux premiers mois
de 1856, dans celle du 26 juillet. Un autre projet a été
présenté, le 6 avril 1858, pour régulariser des dispositions décrétées à l'égard des laines peignées, de la cire
brute, des graines de ricin, des garances, etc. On a

parlé de difficultés qui en auraient empêché la discussion publique. Nous croyons savoir aussi que la commission des douanes en a pris texte pour manifester encore une fois ses alarmes et pour engager très-instamment les ministres à ne plus atténuer, par voie de décrets, l'action du système protecteur.

En définitive, les lois des 26 juillet 1856 et 18 avril 1857 ont consacré, indépendamment des réductions que nous avons déjà citées, 133 suppressions complètes de droits. Il ne faut pas, sans doute, attribuer à ces exemptions une grande portée. Plusieurs s'appliquent à des denrées de pays lointains qu'on a affranchies uniquement à leur importation directe sous pavillon français, dans un intérêt de protection maritime. Beaucoup d'autres concernent des marchandises qui ne sauraient jamais donner lieu à un commerce bien considérable. Mais la loi de 1857 a, de plus, simplifié le régime des machines et des outils, de certaines espèces de fers et d'aciers, des bois de construction (1) et d'un grand nombre d'articles médicinaux. Si ces changements sont bien secondaires à côté du projet de loi que le Gouvernement a sacrifié aux appréhensions du Corps législatif, il faut toujours y applaudir comme à une utile préparation. Combinés avec les décrets sur les grains, les bestiaux, les viandes salées, les laines, les fers, etc., ils secondent le développement de la consommation, l'approvisionnement de nos manufactures, et, en isolant les prohibitions des intérêts accessoires sur lesquels elles s'appuient, ils tendent à rompre le faisceau des résistances qui, depuis plus de quarante ans, sont parvenues à dominer la volonté de tous les gouvernements.

(1) Ces mesures avaient été provisoirement appliquées en vertu des décrets des 29 août et 10 décembre 1855.

CHAPITRE XVI.

SUCRES.

Pensée de l'Empereur Napoléon Ier; débuts de la fabrication betteravière. — Lutte du sucre colonial et du sucre indigène; commission d'enquête de 1828. — Progrès du sucre indigène, loi de 1837; ordonnance de 1839. — Proposition de soumettre le sucre de betterave, moyennant indemnité, au même droit que le sucre de canne. — Loi du 5 juillet 1840. — Projet d'interdiction de la sucrerie indigène. — Nouvelle combinaison également inacceptable; la loi du 2 juillet 1843 établit le principe de l'égalité d'impôt entre les deux sucres. — L'industrie betteravière résiste à cette épreuve; émancipation; détresse des colons. — Projet de loi de M. Dumas ayant pour base la diminution du droit; saccharimétrie; propositions différentes de la commission et du nouveau ministère; loi du 13 juin 1851, qui accorde une remise de taxe au sucre colonial. — Question des alcools. — Décrets des 21 décembre 1851 et 27 mars 1852; décret du 24 mars 1856 et loi du 28 juin suivant, qui déterminent le régime actuel.

I.

Il nous a paru utile de grouper dans un chapitre spécial les nombreux incidents nés de l'antagonisme du sucre de betterave et du sucre colonial.

Personne n'ignore sous quelles inspirations l'Empereur Napoléon Ier, au plus fort de sa lutte avec l'Angleterre, conçut la pensée d'utiliser la découverte du chimiste prussien Margraff, perfectionnée par un autre savant de Berlin, M. Achard, en donnant à leurs travaux de laboratoire sur la betterave la portée d'un immense fait commercial. Il s'agissait d'enlever aux nations maritimes leur principal élément de fret et de rendre sans objet pour l'Europe la production la plus importante des contrées tropicales. Par un décret du 25 mars 1811, l'Empereur ordonna que 32,000 hectares de terre fussent consacrés à la culture de la betterave. En même temps, il mit un million de francs à la disposition du ministre de l'intérieur pour encourager cette industrie, que stimulait déjà bien vivement le prix énorme du sucre colonial. Les plaisanteries des salons et les caricatures des Anglais ne découragèrent pas les hommes intelligents dont le concours fut réclamé. Dès l'année 1812, des résultats de quelque intérêt avaient été obtenus. A la chute de l'Empire, on comptait en France 200 fabriques produisant 3,400,000 kilog. de sucre (1). La mer se trouvant ouverte à notre commerce, et le prix du sucre sur le marché français descendant presque tout-à-coup de 12 fr. par kilog. à 3 fr., l'Administration et le public cessèrent de penser au sucre de betterave. On devait croire, en effet, qu'il ne pourrait pas résister à une si rude épreuve. D'ailleurs on n'en avait plus besoin. Mais d'énergiques convictions s'étaient formées. D'abord réduite à se restreindre, la culture de la betterave commença à se développer de nouveau sous la protection de la loi de 1822, qui, pour relever le prix des sucres de nos colonies, frappa d'une surtaxe de 55 fr. les sucres étrangers, et, en 1827, 101 fabriques, réparties dans 21 de nos départements (2), produisaient 4,835,000 kilog.

II.

Ce fut alors que M. de Saint-Cricq, ministre de l'agriculture et du commerce, chargea la commission d'enquête de soumettre la question des sucres à un examen approfondi. La sucrerie indigène n'était cependant pas l'objet principal de l'enquête. Les colonies ne soupçonnaient pas encore toute la puissance de leur véritable

(1) Costaz; *Histoire de l'Administration en France.*
(2) On en comptait 24 dans le Nord, 22 dans le Pas-de-Calais, 20 dans la Somme, 9 dans l'Aisne.

ennemi. Sous l'empire de la loi de 1822, la production de la Guadeloupe, de la Martinique et de Bourbon s'était accrue dans une forte proportion. Elle avait atteint, en 1827, 60 millions de kilog., et le prix moyen dans les entrepôts de la métropole, de 64 fr. à la fin de 1822, était de 82 fr. 50 au commencement de 1828. Mais les raffineurs et les armateurs se plaignaient vivement de l'élévation de la surtaxe applicable aux sucres étrangers. Il était constant qu'elle avait assuré aux colons des prix supérieurs à ceux qu'on avait voulu leur procurer. Elle avait, en outre, refoulé à tel point les sucres étrangers qu'ils ne pouvaient plus que très-difficilement trouver place sur notre marché, même quand l'approvisionnement en sucre colonial y était épuisé. C'était un double obstacle au développement de la consommation et une cause réelle de dommage, soit pour le commerce maritime, soit pour l'industrie du raffinage. D'autres embarras étaient résultés de notre système de drawback. Antérieurement à la loi de 1822, le remboursement était le même à l'exportation, quelle que fût l'origine du sucre employé au raffinage. C'était une dérogation manifeste au principe du drawback. En présence des nouvelles surtaxes établies par la loi de 1822, il devenait difficile de les maintenir, car il eût semblé par trop injuste de ne rembourser, à la sortie de raffinés provenant de sucres étrangers tarifés, à l'entrée, à 104 fr. 50, que la somme accordée pour des produits obtenus avec des sucres coloniaux admis moyennant 49 fr. 50. Il fut donc réglé qu'on restituerait intégralement, à la sortie, le droit payé à l'entrée, soit pour les sucres étrangers, soit pour les sucres coloniaux. Un nouvel inconvénient se présenta. Les sucres étrangers étant moins chers que les nôtres, les raffineurs, désormais assurés de recevoir le remboursement de la totalité du droit d'entrée, renoncèrent à faire emploi de sucres coloniaux. De là de nouvelles plaintes auxquelles on tenta de porter remède en 1826. Par la loi du 17 mai, on revint au principe du remboursement uniforme. Les chiffres en furent même combinés de telle sorte que le remboursement offrît aux raffineurs de sucres coloniaux, en sus de l'équivalent du droit de douane, la représentation du supplément de valeur que donnait à nos propres sucres la surtaxe afférente aux sucres étrangers. On se proposait, en adoptant ce régime, d'amener les raffineurs à donner la préférence à nos sucres, pour que les sucres étrangers, déjà repoussés de la consommation par une surtaxe de 55 fr., fussent également exclus du raffinage pour la réexportation. On dépassait évidemment, de même qu'en 1822, la mesure de protection que le bon sens pouvait avouer. On allait jusqu'à accorder la prime de 120 ou 100 fr. par 100 kilog., selon la qualité, aux sucres raffinés exportés pour les colonies françaises, où les sucres étrangers étaient prohibés, et comme, d'un autre côté, le commerce était dispensé de produire des quittances justificatives du paiement des droits d'entrée, des sucres de betterave, complètement exemptés de taxe, obtenaient à l'exportation, après raffinage, une prime de 1 fr. à 1 fr. 20 par kilog. Ici encore c'était l'industrie de la betterave qui devait tirer le plus de parti de notre régime de douanes.

La commission d'enquête était chargée de rechercher quelles seraient les combinaisons de surtaxe et de drawback les plus propres à concilier tous les intérêts. L'exposé de M. de Saint-Cricq l'appelait, de plus, à examiner la situation de la fabrication du sucre indigène et à constater la part que devait prendre ce nouvel élément dans la solution des questions relatives aux sucres de nos colonies.

Devant la commission, les ports de mer ne se montrèrent pas d'accord. Pendant que ceux-ci demandaient un notable dégrèvement des sucres étrangers, ceux-là, dont les intérêts étaient plus étroitement liés à la prospérité des colons, n'acceptaient ce dégrèvement qu'avec une réduction correspondante dans le droit imposé sur les sucres de nos colonies, de manière à maintenir la situation relative des uns et des autres sur le marché métropolitain. Les délégués des colons ne contestaient pas que la législation établie depuis 1822 n'eût beaucoup amélioré leur position. Mais ils déclaraient n'être pas encore en mesure de subir une diminution sur leurs prix de vente et ils repoussaient, pour le moment, toute modification susceptible de les y obliger. Les raffineurs, au contraire, jugeant les colonies tout-à-fait en état de supporter le contre-coup de l'abaissement de la surtaxe, la provoquaient avec insistance dans le double intérêt de leur industrie, qui, disaient-ils, ne trouvait pas toujours dans la prime d'exportation l'équivalent complet qu'on avait entendu lui donner en 1826, et de la consommation intérieure, dont le développement était contenu par l'élévation du prix des sucres. Enfin les représentants de la sucrerie indigène, peu attaqués parce qu'on ne les croyait pas aussi redoutables qu'ils l'étaient déjà devenus, se joignaient naturellement aux colons pour réclamer le maintien du *statu quo*. Au milieu de ce conflit de prétentions opposées, la commission d'enquête n'aboutit pas, et l'on traversa les premières années qui suivirent la révolution de 1830 sans que la législation des sucres fût changée.

III.

Les betteraviers surent profiter des facilités qui leur étaient laissées. En 1833, leur production s'élevait à 12 millions de kilog. Le Gouvernement jugea le moment venu d'imposer le sucre indigène et proposa de le taxer à 5 fr. par 100 kilog. En se reportant aux déclarations formulées par les intéressés eux-mêmes devant la commission d'enquête de 1828, on devait tenir pour certain que les anciennes fabriques placées dans de bonnes conditions pourraient supporter un droit aussi modéré. Mais les nouveaux établissements, encore livrés à des essais coûteux, auraient probablement succombé. La Chambre des députés repoussa le projet du ministère. Une seconde proposition analogue, présentée en 1835, fut également écartée, et ce ne fut qu'en 1837 que notre législation consacra le principe de l'impôt à l'égard des sucres indigènes. La loi du 18 juillet régla qu'ils seraient taxés à 10 fr. par 100 kilog., plus le décime, à dater du 1er juillet 1838, avec accroissement de 5 fr. à partir du 1er juillet 1839.

Cette disposition se combina avec d'autres mesures qui avaient déjà modifié la situation. La loi du 26 avril 1833, en créant une nouvelle catégorie de sucres, les sucres bruts blancs, avait eu pour but de frapper les sucres épurés et blanchis par le clairçage ou par d'autres procédés analogues d'une taxe proportionnée à leur richesse cristallisable. Pour l'industrie de la betterave, il y avait là deux avantages : augmentation de droit sur certains sucres rivaux, et pression exercée contre les améliorations dont la fabrication était susceptible dans les colonies. Mais, d'un autre côté, la même loi avait abaissé de 10 fr. la surtaxe applicable aux sucres étrangers; elle avait remplacé la prime établie en 1826 par un simple drawback, avec rendement égal pour les sucres de toute provenance, et elle avait subordonné le remboursement à la production de quittances des droits d'entrée, ce qui ne permettait plus aux fabricants d'exporter avec prime des raffinés obtenus au moyen de sucres indigènes, qu'en achetant des quittances aux importateurs de sucres coloniaux.

La loi de 1837, qui prenait les choses en cet état, détermina la fermeture de 170 fabriques. Les établissements mieux installés forcèrent, au contraire, leur production. Dans la campagne de 1838-1839, ils livrèrent 35 millions de kilog. Le Gouvernement se décida alors à abaisser de 12 fr. le droit des sucres coloniaux français et à réduire de 40 à 27 fr. la surtaxe des sucres étrangers. Ce fut l'objet de l'ordonnance du 21 août 1839. On reconnut bientôt que le but avait encore été manqué. La fabrication indigène était assez vigoureusement constituée pour subir le changement considérable qu'apportaient à ses conditions d'existence la loi de 1837 et l'ordonnance de 1839. Elle ne descendit, dans les deux années suivantes, à 27 et 28 millions de kilog., que pour remonter de nouveau, en 1842, à 35 millions. Bien que quelques circonstances accidentelles eussent pu contribuer à accroître la production métropolitaine, il devenait évident qu'on avait mal calculé sa puissance. En l'obligeant à se concentrer dans les localités les plus favorables, on l'avait fortifiée.

IV.

Tandis qu'elle jetait ainsi sur le marché des masses de sucre, les colonies, excitées à tirer parti de toutes leurs ressources, augmentaient aussi leurs envois. Ils avaient atteint 78 millions de kilog. en 1828, 83 en 1834, 87 en 1839, et ils devaient s'élever, en 1842, à 89 millions de kilog.

La situation se tendait donc de plus en plus. Les représentants de l'intérêt colonial, après avoir si long-temps négligé l'industrie de la betterave pour ne se préoccuper que de la concurrence des sucres étrangers, s'étaient enfin aperçus, depuis quelques années, que leur ennemi le plus redoutable était au sein même de la métropole. D'autant plus ardents à le combattre qu'ils avaient été moins prévoyants, ils demandaient la suppression de la sucrerie indigène, ou, à défaut, l'égalité complète des droits applicables aux sucres coloniaux et aux sucres de betterave. Les ports de mer, cette fois, se montraient unanimes. Ceux qui avaient réclamé, en 1828, le maintien des surtaxes, étaient naturellement les plus animés. Ce qui fut écrit pour ou contre l'industrie de la betterave, contre surtout, formerait une vaste bibliothèque. Le Conseil des ministres, les deux Chambres, les Conseils généraux furent saisis de pétitions sans nombre, et le Gouvernement, pressé de toutes parts, présenta aux pouvoirs législatifs, le 25 janvier 1840, un projet de loi qui reportait l'impôt à 45 fr. (49 50 avec le décime) sur les sucres coloniaux, réduisait la surtaxe à 5 fr. sur les sucres étrangers, et, sans interdire la fabrication du sucre indigène, la soumettait au même droit que le sucre de nos Antilles, moyennant une indemnité de 40 millions de francs.

La nécessité d'un changement devait paraître bien urgente pour que le ministère pût s'arrêter à une pareille combinaison. Dès 1828, des fabricants entendus devant la commission d'enquête déclaraient que leurs prix de revient ne dépassaient pas 80 c. par kilogramme, intérêt de tout capital compris. Selon M. Brunfaut, il était même possible, avec les procédés déjà appliqués, de produire à 60 ou 65 c. Dans les douze années qui venaient de s'écouler, la fabrication indigène avait reçu de notables perfectionnements. Il était avéré que les principaux établissements, affranchis de la charge du fret, pouvaient livrer le sucre, dans la métropole, à plus bas prix que les colons. Tous n'en étaient pas là, sans doute. Mais peu importait quant au résultat final. Les fabriques les mieux organisées auraient puisé de nouvelles ressources dans l'indemnité qui leur était offerte. Étendant leur production pour diminuer leurs frais généraux, elles se seraient bientôt saisies des débouchés qu'auraient délaissés les usines supprimées, et la lutte eût recommencé plus vive que jamais. En définitive, 40 millions auraient été payés pour n'aboutir qu'à un répit momentané dont les colonies n'auraient pas même profité, parce que les sucres étrangers, attirés par la réduction extrème de la surtaxe, se seraient présentés sur le marché en très-grande abondance.

V.

Ce projet, qu'il n'était pas possible de défendre sérieusement, fit place à un autre système. La loi du 3 juillet 1840, en reportant à 45 fr. le droit applicable au sucre brut autre que blanc de nos colonies des Antilles, abaissa à 20 fr. la surtaxe des sucres étrangers, et créa, pour les sucres de betterave, cinq catégories dont la plus commune était taxée à 25 fr., outre le décime, et la plus belle à 36 fr. 10. La betterave gagna, par l'élévation du droit sur le sucre colonial, à peu près l'équivalent de la nouvelle charge qu'elle subissait elle-même. Personne ne fut satisfait. L'importance des

arrivages de sucres étrangers vint compliquer d'une
difficulté de plus le problème qu'on s'efforçait vainement de résoudre en vue de la pondération de tous les
intérêts qui se trouvaient mêlés au débat. Écartés par la
loi de 1826, ces sucres avaient profité de l'abaissement
de surtaxe de 1833 pour reprendre leur place dans
notre approvisionnement. On en avait soumis aux droits
4,366,000 kilog. en 1834. Depuis, de grandes fluctuations s'étaient produites. Mais le résultat des derniers
dégrèvements ne s'était pas fait attendre. En 1840, il
fut livré à la consommation 6,666,000 kilog. de sucres
étrangers, et, en 1841, plus de 12 millions de kilog.

VI.

L'abondance amenée sur le marché par le concours
des sucres de toute origine, avait naturellement déterminé la baisse. A la fin de 1842, le stock dépassant
51 millions de kilog., les sucres de nos colonies étaient
descendus, sur la place du Hâvre, à 55 fr. 50 par 50
kilog. en entrepôt. Le sucre indigène était coté, sur
celle de Paris, à un taux correspondant. Colons et
fabricants, tous se plaignaient. Malgré la concession
qu'on leur avait faite par la diminution de la surtaxe,
les ports de mer sollicitaient, avec un redoublement
d'insistance, la suppression de la sucrerie indigène. Le
Gouvernement, n'apercevant pas d'autre issue, résolut
de la proposer. Par un projet de loi présenté à la Chambre des députés, le 10 janvier 1843, il demanda que
la fabrication des sucres indigènes de toute nature fût
interdite à partir du 1er septembre 1844; l'indemnité
de 40 millions dont il avait été question en 1840 devait
être le prix de cette interdiction.

Il était trop tard. Si l'on eût provoqué le rachat après

l'enquête de 1828, alors que l'avenir de la betterave, quoique déjà bien indiqué pour quelques hommes clairvoyants, était encore généralement mis en doute, l'incertitude des résultats aurait pu expliquer la mesure. On eût compris que les pouvoirs publics, considérant la fabrication du sucre indigène comme une industrie sans vitalité, voulussent prévenir, par un moyen radical, les embarras qu'elle menaçait de créer. Cependant, dans ce cas même, la suppression nous eût semblé un acte bien grave en soi. Mais, en 1843, il n'était plus possible de le justifier. La fabrication indigène avait continué à se perfectionner et à grandir. Selon les faits constatés dans la campagne précédente et dans les trois premiers mois de celle qui s'ouvrait, la production soumise à l'impôt devait atteindre environ quarante millions de kilogrammes. Il fallait aussi tenir compte, pour apprécier le développement réel de cette industrie, et des quantités importantes qu'elle parvenait à soustraire à la taxe, et des sucres de fécule dont elle facilitait l'emploi. D'après les indications fournies par le Gouvernement, le rendement total ne devait pas être de moins de cinquante millions de kilogrammes. C'était presque la moitié de la consommation de la France à cette époque. A côté de l'intérêt industriel qui se rattachait à cette immense fabrication, venaient se placer des intérêts agricoles et commerciaux également fort considérables. La culture de la betterave, assolement précieux, loin de nuire à la production du blé, l'avait favorisée, et fournissait ainsi à plusieurs de nos départements, sans dommage pour notre approvisionnement général, un nouvel élément de richesse. Dans cette culture, rien n'était perdu, car la pulpe qu'on retirait des chaudières constituait une excellente nourriture pour

nos bestiaux (1). Les usines employaient de grandes
quantités de houille et de produits chimiques. Il y avait
là un mouvement d'affaires au moins égal à celui que
pouvaient créer nos achats de sucre de la Guadeloupe,
de la Martinique et de la Réunion. A quel titre les colons
et le commerce maritime étaient-ils fondés à exiger
qu'on le leur sacrifiât? Les colonies ont été établies pour
servir les métropoles, non pour les exploiter, et les villes
du littoral, en ne voyant dans le débat qu'une question
de transport, oubliaient trop que le commerce, auxiliaire de la production, ne devait point être admis à
prendre le pas sur celle-ci. D'ailleurs, l'adoption du projet
ministériel n'aurait pas même sauvegardé l'intérêt de nos
colonies. Secondées, dans un suprême effort, par une
saison favorable, elles n'avaient pu nous livrer en maximum que 89 millions de kilog. de sucre. Or la consommation, dans sa marche constamment progressive, en
réclamait déjà 110 à 120 millions de kilog. En moyenne,
l'écart pouvait être évalué à 40 millions de kilog. et devait grandir à mesure que la consommation se dévelop-
perait. Dans la pensée du Gouvernement, cet appoint
aurait été demandé exclusivement à la production étrangère. Mais dès lors il aurait fallu fixer la surtaxe à un
taux très-modéré, comme on l'avait fait dans le projet
de 1840, et nos colonies, ainsi livrées à la concurrence
des sucres étrangers, substitués aux sucres indigènes,

(1) M. Delamarre dit à ce sujet, dans son ouvrage sur la vie à bon
marché :
« Nous pouvons affirmer, d'une manière générale et absolue, qu'en sup-
» posant le quart d'un grand domaine cultivé en betteraves, tout le sucre
» retiré est profit, et les trois autres quarts de la terre produisent autant
» de bénéfice net qu'en aurait donné l'ensemble, s'il n'y avait point eu de
» culture de betteraves. »

n'eussent probablement pas tardé à se trouver encore dans une situation difficile.

Nous ne sommes pas, bien s'en faut, partisan des industries factices, et nous ne voudrions jamais voir les gouvernements ou les peuples tenter d'intervertir les lois naturelles de la production. Mais la fabrication de la betterave, en Europe, est une industrie parfaitement rationnelle; puisqu'elle nous livre aujourd'hui le sucre à meilleur marché que le planteur des tropiques. Il importe peu que ce soit en raison de la différence des frais de transport. La distance est un obstacle naturel, tout comme l'infertilité du sol ou la pauvreté des mines. Elle est, pour beaucoup de produits, l'un des principaux éléments des prix de revient; et du sucre de betterave, obtenu en France à 30 centimes, vaut évidemment mieux pour nous, à qualités égales, que du sucre de canne à 40.

A la vérité, le Gouvernement invoquait, dans son exposé des motifs, des intérêts d'un autre ordre. C'était surtout au nom de la conservation de notre puissance navale, étroitement liée à la prospérité de nos colonies et de notre navigation de long cours, qu'il demandait l'interdiction de la sucrerie indigène. Mais, comme nous l'avons vu, les résultats devaient être fort incertains, à moins qu'on ne voulût, en immolant la betterave, opposer aux progrès de la consommation des surtaxes élevées applicables à la fois à la provenance et au mode de transport. Obliger le consommateur à faire usage de sucre de canne, plus cher que le sucre de betterave, pour assurer au commerce un élément de fret et d'échanges, tel était le seul but qui se trouvât bien nettement marqué. Une fois posée dans ces termes, la question devait être bientôt résolue. Interdire une industrie que le Gouvernement avait fait naître par des subventions et grandir par vingt ans d'immunités, la sacrifier à une industrie rivale, au moment même où elle justifiait par ses succès les faveurs dont on l'avait entourée, ce n'était rien moins qu'un étrange abus de souveraineté. La commission de la Chambre des députés le comprit ainsi, et elle substitua aux propositions du ministère un système tout différent, dont la donnée fondamentale était empruntée au régime de l'échelle mobile.

VII.

Aux termes des trois premiers articles de son projet, le droit sur le sucre indigène devait être fixé, chaque année, par une ordonnance royale. Porté d'abord de 25 fr. à 30 pour le premier type, il se serait élevé de 5 fr. par accroissement de 5 millions de kilog. dans la fabrication, jusqu'à la limite de 45 fr., taux du droit imposé sur les sucres des colonies françaises d'Amérique, ou abaissé également de 5 fr. (sans pouvoir cependant descendre au-dessous du minimum de 30 fr.), par diminution correspondante, c'est-à-dire chaque fois que la production eût été inférieure de 5 millions de kilog. à celle de l'année précédente. Les autres articles réduisaient le nombre des types, dont ils étendaient l'application au sucre colonial, et fixaient le régime des glucoses ou matières saccharines non cristallisables.

Ce nouveau projet soulevait également de sérieuses objections, car il devait jeter l'instabilité dans les cours, subordonner la quotité de l'impôt pour chaque fabricant aux opérations de ses confrères, et les pousser tous à multiplier, dans le but de dissimuler le chiffre réel de la production, les manœuvres de fraude qu'on leur reprochait déjà. Aussi la Chambre des députés, renver-

sant à son tour le système de sa commission, fit-elle
prévaloir enfin, à la suite d'une discussion animée, le
seul principe qui pût éloigner les pouvoirs publics de
l'impasse à laquelle ils s'étaient laissé pousser : celui de
l'égalité complète des droits entre le sucre de nos Antilles et le sucre indigène (1).

VIII.

Les représentants de l'intérêt colonial n'ayant pu,
malgré leurs efforts, obtenir l'interdiction, se montrèrent
satisfaits de la loi du 2 juillet 1843, parce qu'ils étaient
convaincus que le sucre indigène ne pourrait pas supporter le nouveau fardeau dont on le chargeait. C'est ce
qu'assuraient, d'ailleurs, les fabricants de la métropole.
Ils disaient que la dernière loi équivalait à la suppression
sans indemnité. Mais l'industrie de la betterave était
plus forte que ne le supposaient ses adversaires et ses
partisans eux-mêmes. Sa production, restreinte à 30 millions de kilog. en 1844, s'éleva successivement et atteignit 60 millions de kilog. au moment où l'échelle
d'accroissement d'impôt établie en 1843 amenait l'éga-

(1) La loi du 2 juillet 1843 régla que le droit de fabrication établi en 1857
sur le sucre indigène serait augmenté, pendant quatre années successives,
de 5 fr. par an sur le sucre au premier type et de nuances inférieures. Le
nombre des types était réduit à deux. Le droit imposé sur le premier était
augmenté d'un dixième jusqu'au deuxième inclusivement, de deux dixièmes
pour les sucres d'une nuance supérieure au deuxième type, ainsi que pour
les sucres en pains inférieurs au mélis ou quatre cassons, de trois dixièmes
pour les sucres en pains mélis et les sucres candis. L'article 3, en maintenant la prohibition d'importer des sucres raffinés, appliquait aux sucres
coloniaux les mêmes combinaisons de types qu'aux sucres indigènes. Les
articles 4 et 5 fixaient à 2 fr. par 100 kilog. la taxe des glucoses à l'état de
sirop ou concret, et soumettaient à l'intégralité des droits établis sur les
sucres les glucoses granulées ayant l'apparence de sucres cristallisables.
Rien n'était changé au taux des surtaxes établies par la loi de 1840.

lité complète de tarification entre les deux sucres. Les
colonies disputèrent vivement la position. Encouragées
d'abord par la pensée de réussir à terrasser leur terrible
concurrent, elles avaient pu expédier, en 1845, 102
millions de kilog. de sucre. Les progrès de la consommation, qui était parvenue à 135 millions de kilog. en
1847, avaient atténué l'encombrement du marché. Cependant une crise était inévitable.

L'émancipation, si brusquement accomplie, vint la
précipiter. La production coloniale descendit tout-à-coup
à 63 millions de kilog. en 1848, à 57 millions en 1849,
à 40 millions de kilog. en 1850. Le stock diminuant dès
lors dans une proportion considérable, les fabricants et
les détenteurs de sucre indigène haussèrent leurs prix.
Le cours moyen des trois premiers mois de 1847, considéré comme suffisamment rémunérateur, fut dépassé
de 17 fr. par 100 kilog. dans les trois mois correspondants de 1850. C'était un dommage grave pour les
consommateurs. D'un autre côté, les colonies, impuis-
santes, avant l'émancipation, contre le développement de
la fabrication indigène, étaient sérieusement menacées
d'être exclues du marché, car la production métropolitaine, en quelque sorte sans limites, réalisait des bénéfices qui allaient la stimuler encore. Le résultat qu'on
s'était proposé d'atteindre s'éloignait : au lieu de prospérer parallèlement en se partageant la consommation,
le sucre de betterave et le sucre de canne ne pouvaient
plus tarder à engager une nouvelle lutte fatale à ce
dernier. Le Gouvernement voulait à la fois conjurer ce
danger et réprimer la hausse des prix. Telle fut la
double pensée du projet de loi que M. Dumas, ministre
de l'agriculture et du commerce, présenta à l'Assemblée
législative le 12 juillet 1850.

Afin d'élargir le marché pour que le sucre colonial pût y conserver sa place à côté du sucre indigène, le Ministre proposait d'exciter la consommation par l'abaissement du droit. Maintenant l'égalité entre les deux produits, il demandait que l'impôt fût diminué de 5 fr. par an jusqu'à ce qu'il fût arrivé à la limite de 25 fr. par 100 kilog., où il se serait arrêté pour le sucre indigène comme pour le sucre colonial. En même temps, pour contenir les prix et seconder le mouvement ascensionnel qu'il se promettait d'obtenir, il réduisait à 15 fr. par 100 kilog. la surtaxe de 20 fr. dont les sucres étrangers étaient grevés. Le projet de loi introduisait un autre changement important dans le régime établi : il prenait pour base de la tarification la richesse des sucres et leur rendement au raffinage, au lieu de la nuance ou du mode de fabrication. La réforme s'étendait au café, dont les droits devaient être successivement diminués, pendant six ans, de manière à être ramenés, pour les provenances des pays hors d'Europe, à 60 fr. par 100 kil.

Le Conseil d'État et le Conseil supérieur de l'agriculture et du commerce, appelés à examiner les combinaisons du Ministre, auraient voulu voir accorder au sucre des colonies un avantage temporaire sur le sucre de betterave pour adoucir la position difficile des planteurs, et abaisser la surtaxe à 10 fr. Le Gouvernement repoussa ces deux modifications. La première lui paraissait injuste à l'égard de la fabrication indigène. Il trouvait la seconde dangereuse pour les colonies. Mais la commission les adopta l'une et l'autre. Dans un travail fort consciencieusement préparé, son rapporteur, M. Beugnot, développa les motifs qui l'y avaient déterminée. Il expliqua aussi que la commission n'avait pas cru devoir

16

accepter la proposition du Gouvernement sur les bases à établir pour la tarification.

A l'ouverture de la première délibération, un incident grave vint la compliquer. Depuis la présentation du projet, un nouveau cabinet avait été constitué, et il ne s'associait complètement ni aux vues du précédent ministère sur le régime des sucres et des cafés, ni aux propositions de la commission. Sans contester qu'il pourrait être utile d'exciter la consommation par l'abaissement des droits, il jugeait les circonstances peu favorables pour exposer le Trésor à un déficit de recettes, même momentané. Il ne pensait pas, d'un autre côté, qu'il fût sage de revenir, en surtaxant les sucres de betterave, au système des droits différentiels. Il n'admettait, en définitive, avec le changement du mode de tarification, que le dégrèvement des sucres étrangers, et encore lui paraissait-il prudent de ménager la transition en s'arrêtant, pour la première année, au chiffre de 12 fr. 50. Ce furent les opinions qu'il formula, au début de la discussion, par l'organe de M. le ministre de l'agriculture et du commerce.

Ainsi, dans une question déjà si complexe par elle-même, l'Assemblée se trouva tout d'abord en présence de trois projets : celui de l'ancien ministère, qui conservait l'égalité absolue entre les deux sucres en les dégrevant l'un et l'autre ; celui de la commission, qui accordait un avantage temporaire au sucre colonial ; enfin celui du nouveau cabinet, qui repoussait toute différence de traitement entre le sucre colonial et le sucre indigène et jugeait la réduction du droit inopportune. Des divergences se produisaient, en outre, sur des dispositions accessoires, notamment sur le système à adopter pour déterminer la quantité de la matière imposable.

Ce dernier objet constituait même l'un des points les plus difficiles à régler. Jusque-là la taxe des sucres avait eu pour unique base leur mode de fabrication ou leur nuance. En dehors des sucres raffinés, prohibés à l'entrée, nos lois n'avaient admis que des sucres bruts ou des sucres têtes ou terrés et des sucres blancs ou autres que blancs. Les types établis pour les sucres indigènes et appliqués au sucre de canne avaient été formés également d'après les nuances. Or le sucre non raffiné contient des matières étrangères qui s'y trouvent mélangées, à nuance égale, dans des proportions très-différentes. Tandis que la bonne quatrième des colonies ne présentait habituellement que 89 à 90 p. 100 de sucre cristallisable, les sucres bruts indigènes en offraient 95, 96 p. 100, quelquefois même 96 à 97, et certains sucres de Cuba et de Porto-Rico, 98, 99; de sorte que des sucres dont la richesse réelle variait de 8 à 10 p. 100 étaient soumis au même droit.

On se préoccupait depuis long-temps du moyen de faire disparaître cette inégalité, lorsque la science, si féconde aujourd'hui en découvertes pratiques, inventa l'instrument ingénieux qu'on a désigné sous le nom de saccharimètre. L'Administration, à la suite de nombreux essais, crut avoir trouvé le procédé le plus propre à établir la tarification proportionnelle des sucres. Il restait une autre cause d'inégalité. La raffinerie n'était point encore parvenue à dégager du sucre brut toute la partie véritablement cristallisable. Quand on purifiait, par exemple, du sucre à 90 degrés, on n'obtenait généralement, au lieu de 90, que 80, parce que les dix parties de matières étrangères emportaient avec elles, en se séparant, à peu près la même quantité de sucre, c'est-à-dire dix autres parties, et le saccharimètre, qui indiquait fort bien la quantité de sucre contenue dans un produit, ne constatait pas celle qui pourrait se retrouver après le raffinage. Ici encore, à la vérité, la science était de nouveau intervenue avec succès, car on avait découvert que les produits sucrés traités par la baryte abandonnaient, quelle qu'en fût d'ailleurs la nature, toutes leurs portions cristallisables. Mais cette méthode, d'un emploi dangereux en raison des propriétés vénéneuses de la baryte, n'était pas tombée dans le domaine public, et l'on ne pouvait que très-imparfaitement apprécier ses résultats définitifs.

Dans l'état des choses, fallait-il, comme l'avait demandé M. Dumas en présentant le projet de loi, tenir compte à la fois, dans la tarification des sucres, de leur degré de richesse et de leur rendement au raffinage, ou devait-on, ainsi que le proposait la commission et, avec elle, le nouveau ministère, ne prendre pour base du droit que la richesse saccharimétrique?

Le débat se prolongea pendant plusieurs séances. Les représentants de la sucrerie indigène avaient un intérêt sérieux à faire écarter le nouveau système de tarification, parce que le régime des types qu'il s'agissait de changer leur était très-favorable. En partant de ce principe que le premier type devait comprendre tous les sucres bruts obtenus du premier jet, on avait été conduit à l'élever tellement, que les sucres, pour arriver au deuxième type, devaient dépasser 95 à 96 degrés. Les fabricants de sucre de betterave maintenaient leur production à cette extrême limite, que les sucres de nos colonies ne pouvaient pas atteindre, et ils jouissaient de la sorte d'une modération de droits qui se traduisait en chiffres d'une véritable importance. Ils repoussaient donc la saccharimétrie. A part leur intérêt direct dans la question, ils avaient des objections graves à produire contre ce mode de vérification. M. Lestiboudois les mit vivement en saillie. Il ne contestait pas, d'ailleurs, qu'il fût équitable de taxer les sucres suivant leur degré de richesse ; c'est le moyen proposé qu'il attaquait, et il insistait pour que les sucres soumis au raffinage ne fussent imposés, dans tous les cas, que d'après leur rendement. Au fond c'était de toute justice. La commission et le nouveau ministère reculaient seulement devant les procédés d'exécution. L'échelle qu'on pouvait adopter pour établir la correction des épreuves saccharimétriques ne devant offrir que des résultats plus ou moins approximatifs, susceptibles de varier, dans chaque usine, selon les procédés de fabrication, il devenait nécessaire, pour adopter le système du rendement, d'assujettir toutes les raffineries à l'exercice. Toutefois la considération d'équité entraîna la majorité de l'Assemblée, et elle consacra par son vote le mode de tarification qu'avait présenté, dans le principe, M. Dumas.

Mais toute l'économie du projet primitif n'en devait pas moins être bouleversée. L'ancien ministère, appuyé sur ce point par la commission, avait voulu pousser à l'extension de la consommation par l'abaissement du droit. Malheureusement, les circonstances étaient peu favorables. L'échelle de réduction à laquelle on s'était arrêté ne devait diminuer le prix du sucre que de 22 c. par kilog. dans une période de quatre ans, et, dans l'état de malaise où se trouvaient nos populations, on pouvait se demander si cette baisse, en admettant même que le remaniement de la surtaxe vînt y ajouter quelques centimes, serait de nature à déterminer un bien notable accroissement de vente. Il aurait fallu, pour indemniser le Trésor de son sacrifice, que les quantités soumises aux

droits offrissent un excédant de 14 millions de kilog.
dans la première année, de 28 millions dans la deuxième,
de 43 dans la troisième, de 57 dans la quatrième.
Devait-on raisonnablement l'espérer, et, s'il n'était pas
vraisemblable, ferait-on sagement, dans la situation
des finances de la République, de se résigner à
un nouveau déficit en faveur d'un produit aussi
éminemment imposable que le sucre? Le ministère
qui avait succédé à celui dont M. Dumas faisait partie,
s'était placé à ce point de vue pour repousser le dégrèvement. Depuis la première délibération, un autre
changement de cabinet s'était accompli, et M. Buffet,
ministre de l'agriculture et du commerce, se montra
encore plus opposé que M. Schneider à la réduction des droits. Il ne se borna pas, en effet, à la combattre; il demanda qu'on écartât des termes de la loi
tout ce qui pourrait faire penser que la mesure n'était
qu'ajournée. Dans les calculs qu'il présenta, il arriva même à des chiffres qui devaient aboutir à une
augmentation. On ne voulut pas aller jusque-là. Mais la
majorité de la Chambre rejeta à la fois le projet primitif
du Gouvernement, les propositions de la commission et
tous les amendements qui réduisaient la taxe, pour
adopter, comme droit normal, sur la demande de
M. Lestiboudois, celui de 50 fr., équivalant à peu
près au tarif existant.

Du reste, la discussion sur ce point avait été peu
animée. Les fabricants de sucre indigène ne tenaient
pas au dégrèvement, et plusieurs députés crurent devoir
le repousser dans l'intérêt de la production vinicole : ils
craignirent que le développement de la consommation
du sucre ne ralentît celle des vins. La fixation de la surtaxe à imposer aux sucres étrangers se rattachait plus

directement à toutes les prétentions qui étaient repré-
sentées au débat. Elle donna lieu à une lutte fort
ardente, et ce ne fut qu'après avoir été appelée à déli-
bérer sur plusieurs amendements, que l'Assemblée
vota le chiffre de 11 fr. présenté par la commission.
On discuta également avec beaucoup de vivacité la
quotité de l'avantage qu'il pouvait sembler convenable
d'accorder aux colonies pour les aider à supporter la
crise de l'émancipation. Le nouveau cabinet, sans déser-
ter le principe d'égalité qui avait prévalu dans la loi de
1843, reconnaissait la nécessité de concéder aux colons
un allègement temporaire de droits comme une sorte
de supplément d'indemnité. Il proposait 5 fr. pour la
première année, 4 fr. pour la deuxième, 3 fr. pour la
troisième. La commission, plus disposée, depuis le rejet
du dégrèvement, à consentir à un sacrifice pour les
colonies, demandait qu'il leur fût fait remise de 5 fr.
par an pendant quatre années consécutives. Elle adhéra
même, dans la troisième délibération, à un amendement
de MM. Perrinon, Schœlcher et Jouannet, qui augmentait la remise d'un cinquième en la portant à 6 fr., et
la majorité adopta ce chiffre. D'autres dispositions furent
encore le résultat de l'initiative individuelle de divers
membres de l'Assemblée. La plus importante, présentée
par M. Charamaule, soumettait les alcools de betterave
aux mêmes droits que les rhums et les tafias de
canne (1). Parmi les amendements, en grand nombre, qui furent rejetés, le plus radical émanait de
M. Douhet; il proposait de constituer les sucres à l'état

---

(1) Le *Moniteur* indique que l'amendement de M. Charamaule fut rejeté
à la majorité de 298 voix contre 293 ; mais le vote fut rectifié après vérification, et l'amendement devint l'article 16 de la loi.

de monopole, en chargeant le Gouvernement de répartir
ses achats dans les proportions suivantes : sucre indigène, 35 pour 100; sucre colonial, 35 p. 100; sucre
étranger, 30 p. 100.

En résumé, la loi nouvelle, promulguée sous la date
du 13 juin 1851, régla que le droit sur les sucres et sur
les sirops de toute origine serait établi à raison de la
quantité de sucre pur et du rendement au raffinage. La
taxe normale fut fixée à 50 fr. par 100 kilog. de sucre,
indigène ou colonial, sous la réserve que ce dernier joui-
rait pendant quatre ans d'une modération de droit de
6 fr. et ne paierait ainsi que 44 fr. Toutes les raffineries
étaient soumises à l'exercice, ainsi que les établissements
destinés à extraire le sucre des mélasses. L'article 7 réduisait à 11 fr. en principal la surtaxe applicable au sucre
étranger. Les sucres des colonies françaises au-delà du
Cap devaient acquitter 3 fr. de moins que les sucres de
nos Antilles. Des tarifications spéciales étaient également
adoptées en vue de protéger notre navigation dans les
contrées lointaines. Les colonies étaient autorisées à
raffiner leurs sucres. L'article 10 ajoutait au régime du
drawback une disposition nouvelle : il accordait, outre
le remboursement du droit payé à l'entrée, une prime
de 6 fr. 50 par 100 kilog. à la sortie des raffinés en
pains et du sucre candi fabriqués avec des produits
importés des pays hors d'Europe par navires français.
La loi contenait, de plus, différentes prescriptions réglementaires ou transitoires. Elle n'apportait, d'ailleurs,
aucun changement au tarif des cafés, l'attitude de l'Assemblée et la crainte de compromettre les recettes ayant
déterminé la commission à retirer, à leur égard, sa
proposition de dégrèvement, Aux termes de l'art. 15, le
nouveau régime devait être mis en vigueur à dater du

1er janvier 1852. Provisoirement, les droits étaient fixés selon les types, avec réduction de 3 fr. pour un sous-type destiné à correspondre à la qualité dite *bonne quatrième*, et remise de 5 fr. pour le sucre colonial.

X.

Cette œuvre si laborieusement éclose ne devait pas être appliquée. La commission du budget fut immédiatement saisie de deux propositions nouvelles qui la conduisirent à demander, par un rapport du 22 juillet, l'abrogation de l'art. 16 de la loi du 13 juin. Selon la commission, l'Assemblée, en soumettant à un droit de douane les alcools de betteraves, avait pris une mesure dangereuse et inique : dangereuse parce qu'elle constituait un retour aux anciennes barrières intérieures ; inique parce qu'elle dérangeait la pondération que les auteurs de la dernière loi avaient entendu établir entre tous les intérêts engagés dans la question des sucres. L'argumentation du rapporteur, M. de Goulard, était fort discutable. Comme le fit observer M. Charamaule, il n'était pas plus contraire au principe d'unité de nos douanes de taxer les betteraves converties en alcool que de les imposer quand on les transformait en sucre. On s'expliquait très-bien, d'un autre côté, que les législateurs, après avoir proclamé l'intention de soumettre à un régime d'égalité complète les deux industries sucrières, eussent pu trouver équitable d'appliquer aux produits extraits des résidus de la betterave les droits dont étaient frappés ceux qu'on retirait des résidus de la canne. Il n'en était pas moins vrai que l'amendement de M. Charamaule n'avait pas été suffisamment examiné. Les alcools de betterave ne valaient pas, en moyenne, plus de 47 fr. par hectolitre. Or le droit de douane de

22 fr., combiné avec l'impôt de consommation qu'ils acquittaient déjà comme tous les autres spiritueux, allait leur faire supporter une taxe de 59 fr. 40! La fabrication en devenait ainsi bien difficile, sinon tout-à-fait impossible. C'est précisément ce qu'avaient voulu les représentants des départements vinicoles. Mais tout indiquait que l'Assemblée n'avait pas aperçu les conséquences réelles de son vote, et n'avait pas remarqué qu'elle établissait un véritable droit différentiel au profit des alcools de vin. MM. Lagarde et Charamaule essayèrent vainement de la pousser à ne pas se déjuger. Le langage élevé de M. Passy entraîna la majorité, et 342 voix contre 279 abrogèrent, le 31 juillet, l'art. 16 de la loi du 13 juin.

XI.

Ce n'était là que la première épreuve. Un décret du 21 décembre suivant porta le délai d'exécution au mois de juin 1852, et un second décret, en date du 27 mars, changeant complètement les bases de la loi, en supprima plusieurs dispositions essentielles.

Plus on avançait, plus on éprouvait de difficultés à faire prospérer, l'une à côté de l'autre, l'industrie métropolitaine et la production coloniale. La fabrication du sucre de betterave continuait à se développer. De nouvelles fabriques, montées sur une vaste échelle, remplaçaient celles qui n'avaient pu résister. Les colonies, dont toutes les espérances étaient renversées, se plaignaient amèrement. Il était aussi arrivé que la saccharimétrie, mieux étudiée, avait offet dans la pratique les graves inconvénients d'application qu'avait signalés d'avance M. Lestiboudois. Enfin l'obligation d'exercer toutes les raffineries sans exception, celles qui n'employaient que des matières déjà libérées de la taxe, comme les autres, aurait constitué un état de choses fort gênant pour l'industrie, et, il faut le dire, fâcheux pour l'Administration elle-même, parce qu'on ne doit jamais, sans nécessité absolue, soumettre les redevables au contact permanent des agents du fisc.

Le décret du 27 mars replaçait la tarification des sucres sur la base des types, moins complètement équitable, sans doute, mais d'une application plus simple et plus sûre pour tous que la saccharimétrie. Il n'était conservé qu'un seul type représentant le premier type déjà établi. Les sucres indigènes de nuance égale ou inférieure au type étaient taxés à 45 fr. les 100 kilog. Le droit s'élevait de 3 fr. pour les sucres de nuance supérieure, et, en outre, de 10 p. 100 pour les sucres raffinés. Le sucre colonial, raffiné ou non, devait acquitter, pendant quatre ans, 7 fr. de moins par 100 kilog. que le sucre indigène de qualité correspondante. La surtaxe sur les sucres étrangers était portée à 12 fr. Le décret maintenait les droits différentiels déterminés par la loi du 13 juin. Il supprimait la prime accordée par l'article 10, tout en conservant pour le drawback des chiffres de rendement qui devaient encore faire rembourser plus que le Trésor n'avait perçu. Enfin, il restreignait l'obligation de l'exercice à certains cas déterminés.

Le système créé par le décret souverain du 27 mars 1852 devait cesser d'avoir son effet après quatre ans. Mais, à l'approche du délai fixé, les colonies, malgré le prix élevé des sucres de toute origine, malgré le traitement avantageux assuré à leurs tafias sur le marché métropolitain, ont demandé à jouir encore d'un traitement de faveur. Un décret du 24 mars 1856 a prorogé le terme primitif, et la loi du 28 juin suivant est venue accorder aux colons, pour cinq nouvelles années, le bénéfice de remises de droits ainsi fixées :

Jusqu'au 30 juin 1858.............. .... 7 fr. par 100 kil.
Du 1er juillet 1858 au 30 juin 1859.......... 5   »
Du 1er juillet 1859 au 30 juin 1861.......... 3   »

L'article 2 a élevé à 75 et à 78 p. 100, suivant les qualités, les chiffres de rendement qui étaient restés établis, depuis 1840, à 70 et à 75 kilog. (1).

---

(1) Aux termes de l'exposé des motifs de la commission du Conseil d'État, les chiffres de rendement seraient :

En Hollande , de.......... 74 et 83 p. 100.
En Belgique , de.......... 83 et 86   —
En Angleterre, de.. 77, 81 et 87   —

DEUXIÈME PARTIE.

CONCLUSIONS.

CHAPITRE XVII.

CONSIDÉRATIONS GÉNÉRALES.

Signification des faits historiques. — Théorie du libre-échange. — Situation des industries protégées et du commerce international. — La douane considérée comme impôt. — La balance du commerce et M. Ferrier. — M. de Saint-Cricq et ses continuateurs. — Résultat des réformes déjà opérées. — Comment on a dénaturé l'œuvre de Colbert. — La protection restreinte à la minorité des travailleurs. — Son action sur les salaires. — Prestige des grandes manufactures. — Progrès industriels indépendants de l'action des tarifs. — Limite dans laquelle se justifie la protection. — La vie à bon marché. — Influence de la réforme anglaise. — Tendances des temps modernes. — Définition du système protecteur, par M. Thiers.

I.

Nous venons de voir le régime protecteur réglementé en France par Colbert au profit surtout de quelques industries de luxe, fortifié par ses successeurs, exagéré par la guerre et transformé en système prohibitif au moment où le cours naturel des faits et des idées semblait devoir le tempérer, intégralement maintenu à la paix malgré la résistance de l'Administration, s'étendre de l'industrie manufacturière à la production agricole sous la pression de la grande propriété territoriale, traverser les dix-huit années du règne du roi Louis-Philippe à la faveur de coalitions parlementaires qui devaient emporter, sans le vouloir, la dynastie elle-même, faire reculer le flot des réformateurs de 1848, et arrêter, en dernier lieu, la puissante volonté du Gouvernement impérial, qui ne s'attendait pas, sans doute, à rencontrer son premier échec législatif sur une loi de douanes.

Un système administratif doué d'une telle vitalité, adopté par l'Europe entière, sanctionné par des intelligences d'élite, serait-il radicalement faux? Avant d'exposer d'après quelles idées générales on l'a fondé, nous rappellerons en peu de mots la doctrine opposée.

II.

La théorie du libre-échange, avec ses principes inflexibles, ses formules dogmatiques, également applicables dans tous les âges et dans tous les pays, sans acception de nationalités, de paix ou de guerre, de force ou de faiblesse, de civilisation ou de barbarie, remonte à Adam Smith. Parmi les économistes modernes, quelques-uns se sont montrés encore plus absolus que le maître. D'autres, au contraire, se sont attachés à distinguer les nécessités de la pratique de la vérité purement spéculative. Les réalités sociales ne se prêtent guère, en effet, aux déductions rigoureuses de l'algèbre. Variables selon les circonstances, selon les temps, selon les lieux, elles doivent être soumises à des règles éminemment mobiles : lorsque tous les intérêts de l'humanité prennent, de siècle en siècle, des aspects différents, les lois qui président aux rapports commerciaux des peuples ne sauraient rester immuables. D'après Adam Smith lui-même, l'acte de navigation de Cromwel, condamné par la science économique, a énergiquement contribué au développement de la puissance anglaise (1).

_____

(1) « Il est possible que plusieurs des dispositions de cet acte célèbre

De nos jours, l'un des adversaires les plus éloquents des restrictions douanières, M. Rossi, a reconnu l'utilité de seconder par l'action des tarifs les essais d'industries nouvelles que le hasard des événements aurait fait surgir dans un pays plutôt que dans un autre. M. Michel Chevalier n'a pas été moins explicite. « Loin de moi, » a-t-il dit, la pensée de livrer notre industrie sans » défense aux attaques des ateliers britanniques, dont » les forces sont supérieures. » Mais, avec de semblables concessions, que devient la doctrine du libre-échange? Ne perd-elle pas son caractère de science exacte pour se rapprocher des données expérimentales de l'Administration? Est-ce que les protectionistes vraiment accrédités repoussent la liberté du commerce en tant qu'abstraction? Se refusent-ils à l'accepter comme un phare éloigné vers lequel les nations doivent s'avancer peu à peu sans délaisser les intérêts qui se sont créés dans une autre voie? Ce qu'ils contestent, c'est l'opportunité de l'application dans tel ou tel moment, à tel ou tel peuple; et quand les économistes les plus éminents proclament qu'elle n'est pas bonne en soi toujours et partout, il ne reste plus, à la place d'axiomes inconciliables, que des questions de fait à étudier.

III.

Sur ce terrain, de fâcheuses exagérations ont pu compromettre, parfois, la cause qu'on voulait défendre. Elles ont aussi beaucoup contribué au mouvement réactionnaire qui a suivi la mémorable discussion de 1836.

Selon quelques écrivains, les industriels français se se-

» aient été les fruits de l'animosité nationale. Cependant elles sont aussi » sages que si elles eussent été dictées par la prudence la plus réfléchie. » (*Richesse des nations.*)

raient endormis dans le lit paisible de la protection, sans souci des progrès que la lutte ne leur rendait pas nécessaires, monopolisant le marché national, exploitant les consommateurs et prélevant sur eux un véritable impôt.

De telles imputations, dans la mesure où on les a produites, ne sauraient nous paraître justes. A défaut de leur intérêt matériel, nos manufacturiers auraient su mettre un légitime orgueil à perfectionner leurs produits. On n'est pas grand industriel sans posséder à un degré éminent quelques-unes des facultés qui honorent le plus la race humaine, et les natures ainsi douées se préoccupent toujours de la considération publique. Dans les expositions de 1851 et de 1855, de simples chefs d'atelier ont présenté des spécimens, fabriqués à grands frais, qu'ils étaient presque certains de ne pas vendre. C'est que, pour eux aussi, l'honneur de bien faire, de marquer parmi leurs émules, d'y être classés au premier rang, était un stimulant actif. N'aperçoit-on pas, d'ailleurs, que la France, avec ses 36 millions d'habitants, ouvre à ses propres travailleurs un champ trop étendu pour qu'ils puissent s'y concerter? En Belgique, où les frontières extrêmes se touchent, ce concert s'est-il établi? L'a-t-on vu en Angleterre, ce pays modèle de l'association sous toutes ses formes? On a pu mettre en relief quelques faits accidentels. Nous aurons nous-même à en signaler dans nos observations sur la production métallurgique. Mais ils sont restés dans les limites d'exceptions fort restreintes, et les catastrophes éclatantes survenues parmi nos grands manufacturiers attestent assez qu'ils ne se sont pas soustraits à la pression de la concurrence (1).

(1) L'association pour la défense du travail national, dans l'une des brochures qu'elle a répandues en 1847, cite ce fait :

« Sur cent établissements tentés, il y en a trente qui meurent, pour

En fait, le commerce international de la France, malgré le caractère de nos tarifs, s'est considérablement développé : de 800 millions en 1820, de 1,200 millions dans les dernières années de la Restauration, de 2,340 millions en 1847, il s'est élevé, en 1857, à 5,329 millions (1), dont 3,739 millions pour le commerce spécial (2) qui n'avait représenté, en 1847, que 1,676 millions. Le commerce général et le commerce spécial réunis ont donc augmenté de 128 p. 100 dans les dix dernières années, tandis que le commerce anglais, dans la même période, s'est accru seulement de 78 p. 100 (3).

L'industrie nationale n'a pas grandi dans de moindres proportions. A cet égard, la lumière est partout; et les partisans les plus avancés du commerce libre sont les premiers à déclarer, quand il s'agit d'attaquer la protection, que les progrès de nos fabrications la rendent désormais inutile.

» ainsi dire, en naissant; soixante qui végètent plus ou moins long-temps, » en attendant leur chute, et dix au plus qui arrivent au succès. »

(1) Encore l'exercice 1857, éprouvé par la crise commerciale, n'a-t-il point participé au progrès des années précédentes. En 1856, nos échanges avec l'étranger s'étaient résumés ainsi :

Commerce général............. ..... 5,599 millions.
Commerce spécial................. 5,885   —

(2) On appelle commerce spécial celui qu'alimentent exclusivement les produits exotiques consommés en France ou les produits nationaux vendus au dehors, à l'exclusion des marchandises étrangères qui, momentanément déposées dans nos entrepôts, en sont réexportées.

(3) D'après des relevés reproduits dans le *Moniteur* du 21 septembre 1858, le commerce anglais aurait embrassé, en 1857, une valeur totale de... 10,560 millions.

Selon les *Annales du Commerce extérieur*, il se serait élevé, en 1847, à............................. 5,928   —.

Augmentation dans la période décennale .... 4,632 millions.

Il ne faudrait pas croire, au surplus, qu'il existe entre le commerce anglais et le commerce français l'énorme différence résultant en apparence des

Si le système restrictif n'eût pas prévalu autrefois en Europe, la France aurait-elle su conquérir, par les seules ressources de ses travailleurs, la position élevée qu'elle a prise dans l'arène de la production matérielle? N'était-elle pas déjà assez avancée, lors de l'avènement de Colbert, pour qu'on puisse supposer qu'elle ne fût pas restée en arrière? Le travail ne se fût-il pas équilibré avec plus de profit pour tous sous un régime de liberté générale qu'avec les prohibitions? Quelques-uns de nos procédés de manufacture, demeurés trop imparfaits, n'auraient-ils pas fait place à des moyens plus perfectionnés? N'aurions-nous pas cessé de faire exécuter à bras d'homme des transformations que l'Angleterre demande depuis long-temps à ses machines? Nos échanges avec l'étranger ne seraient-ils pas encore plus considérables? Toutes ces hypothèses peuvent se soutenir, et nous sommes personnellement très-disposé à les admettre. Mais le passé ne nous appartient pas. Deux siècles de protection ont créé des situations qu'on ne peut ni méconnaître ni répudier. On ne supprimera pas l'Angleterre et sa prépondérance manufacturière. Le progrès industriel étant l'un des principaux éléments de la puissance des grandes nations modernes, on ne fera pas que les unes consentent à rester exclusivement agricoles pour alimenter les ateliers des autres. Il a surgi partout, sous l'empire du régime prohibitif, des intérêts dont il faut

chiffres ci-dessus. Pour la France, nous avons pris les valeurs *actuelles*. Pour l'Angleterre, le *Moniteur* a donné les valeurs *officielles*, établies, en grande partie, sur des éléments qui remontent à 1694. En adoptant les termes de conversion admis par le département du commerce, on trouverait comme représentation approximative des échanges de l'Angleterre avec ses colonies et l'étranger, pour 1857, la somme de 7,772 millions à opposer aux 5,529 millions de notre pays.

tenir compte. En France, particulièrement, d'immenses
capitaux sont engagés dans des fabrications moins fortement constituées que les fabrications rivales de quelques
peuples étrangers, et l'on peut d'autant moins songer à
les livrer aux hasards d'expériences radicales, qu'elles
ont répondu par des succès réels aux faveurs dont elles
ont été l'objet.

IV.

Hâtons-nous d'ajouter que personne ne provoque de
semblables expériences. Nous avons cité tout-à-l'heure
les restrictions d'Adam Smith, de M. Rossi, de M. Michel
Chevalier, et les publications économiques en offrent
partout d'aussi décisives. D'ailleurs, on n'a point attaqué
les douanes comme taxe publique. Quelle est celle qui
se justifie mieux ? Si on les discutait toutes isolément il
n'y en aurait pas une, sans doute, qui fût à l'abri d'objections graves. L'impôt des boissons est bien gênant.
L'impôt direct, frappant la terre ravagée par la grêle,
par la gelée, par l'oïdium, est parfois bien onéreux.
Mais il faut pourvoir aux besoins de l'État. Or nous
n'apercevons pas, après l'impôt du tabac, de contribution mieux établie, moins difficile à percevoir, aussi
universellement admise que la taxe des douanes (1).
On doit donc lui demander tout ce qu'elle peut produire sans ralentir la consommation ou les transactions
extérieures, et si l'on devait ne la faire peser, comme
le désirent les économistes, ni sur les objets alimentaires, ni sur les matières destinées au travail national,

(1) Frédéric Bastiat, accusé de demander la suppression des douanes, répondit dans la préface de ses sophismes économiques :
« Je suis si loin de demander la suppression des douanes que j'y vois pour
» l'avenir l'ancre de salut de nos finances. »

il ne resterait plus, outre les denrées tropicales, que les fabrications proprement dites.

V.

Mais, en formulant ainsi nos réserves sur une doctrine trop absolue, nous ne saurions partager les préoccupations excessives de ses adversaires.

Tout le monde connaît le système économique qu'on a désigné sous le nom de *balance du commerce*. M. Ferrier l'a développé dans un livre dont plusieurs éditions successives ont constaté le succès. Homme d'esprit et de verve, il a su présenter habilement des idées qu'il ne défendrait plus s'il écrivait aujourd'hui. Encore fort jeune au moment où il publia son ouvrage, il ne s'était pas bien rendu compte de phénomènes qu'on a mieux étudiés depuis. Dans sa pensée, le commerce extérieur devait avoir pour but principal d'attirer l'argent du dehors, et devenait ruineux pour un pays quand il enlevait plus de numéraire qu'il n'en faisait entrer. Il voulait donc que les gouvernements s'attachassent à en surveiller les tendances afin de le détourner des voies où pouvaient s'engloutir les métaux précieux. « Quelle diffé- » rence y a-t-il pour la France, disait-il à ce sujet (1), » entre 12 millions jetés au fond de la mer, et 12 » millions employés à acheter du thé? Que reste-t-il » de ce thé, dans le pays, au bout d'un an?» L'échange· de marchandises contre de l'argent était le seul genre de négoce qui lui parût toujours avantageux, et comme l'Angleterre était en mesure de nous livrer beaucoup plus de produits fabriqués que d'or ou d'argent,

(1) *Du Gouvernement considéré dans ses rapports avec le commerce*, édition de 1805, page 203.

M. Ferrier engageait le Pouvoir à se défendre soigneusement de tout rapprochement commercial avec le cabinet de Saint-James (1).

VI.

Cette théorie, généralisant certains accidents isolés, subordonnant la réalité des choses à leur apparence superficielle, est depuis long-temps délaissée. M. de Saint-Cricq, successeur de M. Ferrier à la direction générale des douanes, planta son drapeau sur un sol moins mobile, et mérita d'être considéré comme le chef de l'école des protectionistes. Trop pénétrant pour adopter, en cette matière, des vues systématiques, il ramena le débat à de simples questions d'actualité et de force relative entre les industries rivales. C'est par le travail, disait-il, que les peuples prospèrent et que les consommations s'agrandissent. Or le commerce intérieur, c'est-à-dire la mise en valeur de toutes les richesses territoriales, de toutes les ressources de l'industrie manufacturière, de tous les capitaux accumulés, sera toujours le principal agent de travail d'une nation aussi considérable que la nôtre. Il faut donc, avant tout, rechercher à quelles conditions il doit se développer le mieux. M. de Saint-Cricq n'admettait pas que ce pût être en achetant aux étrangers ce qu'ils produisent à meilleur marché que nous, pour leur vendre ce que nous produisons moins chèrement

(1) Plusieurs écrivains du dix-huitième siècle avaient déjà exposé cette théorie, les uns pour la défendre, les autres pour la combattre. L'abbé Morellet en renversait la base quand il la définissait ainsi : « La balance du com-» merce est le profit net fait par une nation sur l'autre, lorsque la totalité » des retours faits chez la première, soit en argent, *soit en marchandises*, » vaut plus dans le marché général que ne valait la totalité des choses qu'elle » avait vendues. »

qu'eux-mêmes. Si la France entrait dans cette voie,
faisait-il observer, nous ne devrions consommer que des
cotons filés et tissus en Angleterre, car elle les fabrique
à bien plus bas prix que nos filateurs et nos tisseurs;
nous devrions lui demander les fers que nous employons,
car elle vend 8 et 10 fr. ce que nous ne pouvons encore
livrer qu'à 20 fr. Il nous faudrait également aller prendre chez elle et chez d'autres peuples les houilles, les
bestiaux, les blés, les laines, en un mot presque toutes
les denrées, et les fabrications qui occupent le plus de
bras. M. de Saint-Cricq n'apercevait pas comment nous
pourrions remplacer les énergiques moyens de travail
qui se trouveraient enlevés ainsi à notre population. Il
ne contestait pas que les droits excessifs et les prohibitions n'eussent pour résultat d'élever le prix de diverses
consommations, de restreindre notre commerce maritime et de resserrer l'écoulement de quelques-unes de
nos productions. Mais c'étaient là des nécessités qu'un
intérêt supérieur lui semblait imposer à la France.
Il expliquait que notre industrie, à mesure qu'elle
se perfectionnerait sous l'aiguillon de la concurrence
intérieure, abaisserait ses prix, que la marine y
trouverait son plus sûr aliment, et la production agricole son débouché le plus élastique. Sacrifier au bon
marché, c'était courir grand risque d'avoir, en peu
d'années, tant acheté et si peu vendu qu'il ne restât
plus au pays que peu de moyens d'acheter et tout aussi
peu de moyens de vendre. Quand les progrès dont nos
premières industries sont toutes susceptibles auront été
réalisés, disait enfin M. de Saint-Cricq, acceptons, pro-
voquons la lutte. Mais, jusque-là, conservons-leur notre
magnifique marché, accroissons-le de fait, en le rendant
plus riche, et, renversant la proposition que l'on oppose

à l'Administration, tenons pour établi qu'*il ne faut acheter aux autres que le moins possible de ce que nous pouvons produire nous-mêmes.*

C'est sur ce terrain que se sont maintenus, depuis les luttes oratoires de M. de Saint-Cricq (1), les défenseurs du régime restrictif. On a quelquefois poussé plus loin qu'il ne l'avait fait lui-même les conséquences de ses doctrines. Ainsi M. Mathieu de Dombasle, dans l'un des plus vigoureux plaidoyers que l'on ait publiés en faveur de la protection (2), a montré les intérêts du commerce extérieur dans un état forcé d'antagonisme avec les intérêts de la production intérieure, condamnée à s'amoindrir à mesure que grandissaient les importations. A l'exemple de beaucoup d'autres partisans des prohibitions (3), M. de Dombasle ne considérait pas comme un mal la cherté qu'entraîne toujours l'isolement industriel. Il disait qu'il y avait dans notre société française peu de classes qui, ne produisant pas, ne trouvassent point leur part d'abri derrière nos barrières de douanes, et que, dès lors, chacun reprenait dans l'excédant du prix de ses produits l'excédant du prix de ses dépenses. Dans les discussions parlementaires, certains orateurs n'ont pas craint de soutenir que l'abondance devenait la source de la paresse et de la mendicité, et ils ont conclu de cet étrange axiome que le législateur devait s'attacher à maintenir les denrées de consommation à un prix élevé,

---

(1) M. de Saint-Cricq n'a pas, que nous sachions, écrit de livre. Son œuvre est tout entière dans ses discours de tribune et dans ses rapports parlementaires.

(2) *De l'Avenir industriel de la France ; un rayon de bon sens sur quelques grandes questions d'économie politique ;* 1837.

(3) « Obligée de se défendre par ses tarifs, la France s'impose volontai-» rement une certaine cherté. » (M. Thiers.)

afin de contraindre l'artisan à un travail assidu (1).
M. Lestiboudois (2) citait, pour démontrer la nécessité
des prohibitions, le sauvage de la Nubie donnant ses
armes, son territoire, sa femme, ses enfants, quelquefois sa personne même, contre une provision de tabac
et d'eau-de-vie; d'où la conséquence que les peuples,
en matière d'échanges, devaient être traités comme
des mineurs. Dans une publication plus récente (3), un
député au Corps législatif, M. Lequien, est allé jusqu'à
déclarer que, sans le système prohibitif, *sur aucun point
du globe nous ne verrions un seul des progrès qui ont fait
grandir si prodigieusement chacune des industries du
monde civilisé*, et que, le jour où on l'abandonnera, *il
faudra revenir aux ateliers nationaux, à la taxe légale
des pauvres, à la dépopulation du pays, à la proclama-
tion du droit au travail individuel.* Il n'y a pas d'arguments que l'on n'ait employés pour justifier le développement du système protecteur, depuis le fantôme du
machiavélisme anglais, s'efforçant de fonder sa puissance
industrielle sur la ruine de tous les autres pays, jusqu'à
la moralité des classes ouvrières. Mais, au fond, après
l'abandon des subtilités de la balance du commerce, les
défenseurs de nos tarifs se sont toujours inspirés des
idées de M. de Saint-Cricq (4).

(1) Il y a peu d'idées neuves, même en économie sociale. Aristote, dans
sa *Politique*, avait déjà dit que l'un des principes de la tyrannie était d'ap-
pauvrir ses sujets, afin que, occupés à gagner leur vie de chaque jour, ils ne
trouvassent pas le temps de conspirer.

(2) *Économie pratique des nations;* 1847.

(3) *Du Libre-échange et des prohibitions douanières;* 1856.

(4) Un écrivain allemand d'un grand renom, Frédéric List, marque dans
l'existence des nations trois situations distinctes. A leur début, la liberté
commerciale leur serait nécessaire pour les aider à sortir de la barbarie et à
améliorer leur agriculture. Après ce premier âge, elles devraient recourir
aux restrictions pour développer leurs manufactures et leur marine. Enfin,

VII.

S'il fallait, pour abaisser nos barrières de douanes, compromettre la plupart de nos grandes productions agricoles ou manufacturières, on devrait certainement conserver le régime restrictif dans toute sa rigueur. Les éléments sur lesquels s'exerce le travail de l'homme ne se multiplient pas à l'infini, et les peuples, comme les particuliers, ne sauraient toujours, même au prix de grands sacrifices, remplacer à leur gré une industrie par une autre. D'ailleurs, en limitant trop ses exploitations, notre pays laisserait évidemment sans emploi une notable partie de ses forces productives. Le jour où la France devrait renoncer à demander à ses populations des blés, des bestiaux, des laines, des tissus, des filés, des fers, il est bien sûr qu'elle ne trouverait pas d'équivalent complet à leur offrir. L'activité sociale se ralentirait, et, les peuples n'ayant la faculté de beaucoup consommer qu'à la condition de beaucoup produire, le niveau de l'aisance générale s'abaisserait rapidement

Mais les fondements du travail sont-ils donc si fragiles, parmi nous, qu'on ne puisse, sans les renverser, adoucir la sévérité de nos tarifs de douanes? Les faits,

---

une fois riches et puissantes, il faudrait qu'elles revinssent par degrés au principe de la libre concurrence pour *préserver de l'indolence leurs agriculteurs, leurs manufacturiers et leurs négociants.* C'est ainsi, du moins, que les choses se sont passées dans la Grande-Bretagne. En France, on a également admis que le système restrictif devait être temporaire. A cet égard M. de Saint-Cricq n'est pas d'un autre avis que List. Mais la richesse et la puissance sont choses relatives. A mesure que l'industrie d'une nation grandit, celle des peuples rivaux se développe ; des fabrications se transforment ; des produits nouveaux apparaissent sur le marché ; et, comme chacun veut s'en approprier la conquête, il se rencontre toujours des intérêts qui cherchent à se soustraire au régime de la concurrence.

toujours plus décisifs que les discussions d'école, ont déjà prononcé.

· Sous l'empire du tarif de 1822, la France ne recevait annuellement qu'environ 6,000 tonnes de fer et 10,000 tonnes de fonte. On affirmait que notre industrie ne pourrait pas résister à une diminution de droits. Cependant la taxe a été abaissée de 56 p. 100, les importations ont atteint 68,000 tonnes pour les fers, 127,000 tonnes (1) pour les fontes, et nos maîtres de forges, loin de succomber, ont considérablement augmenté leur fabrication.

On a pu observer un résultat semblable pour les houilles : l'importation, il y a trente ans, était de 5 millions de quintaux métriques; elle a dépassé 42 millions de quintaux en 1857, et nous n'avons pas appris qu'on ait abandonné nos mines.

Que disait M. Thiers, dans la discussion de 1851, relativement aux laines? « Adressez-vous aux gens de bon » sens, vous les verrez frémir à la seule idée de laisser » disparaître le droit sur la laine. » Or la taxe actuelle, d'environ 6 p. 100 en moyenne, n'agit que bien secondairement comme instrument de protection; de 7 à 8 millions de kilog. quand l'impôt était de 30 p. 100, l'importation s'est élevée à près de 40 millions de kilog. depuis les dernières réductions de droits, ce qui n'a pas empêché les laines nationales de se vendre à des prix avantageux.

Pour les sucres, lorsque les fabriques indigènes, il y a vingt-cinq ans, produisaient à peine 30 millions de kilog., nos colonies plaçaient difficilement sur le marché

---

(1) Ce sont les chiffres de 1856. En 1857, la crise commerciale a ralenti les importations, de même qu'elle a momentanément ralenti la production nationale.

métropolitain 75 à 80 millions de kilog., bien que l'importation des sucres étrangers ne dépassât pas 8 à 10 millions de kilog. Pendant les trois dernières années, la sucrerie indigène a livré, en moyenne, 75 millions de kilog., l'importation, 48 millions, et les colonies ont cependant vendu à de hauts cours 90 millions de kilog.

Que n'a-t-on pas dit contre la réforme de nos lois céréales? Selon M. de Saint-Cricq, d'habitude très-modéré dans ses énonciations, de quelles perturbations ne devait-elle pas être suivie? Depuis cinq ans, on en fait l'expérience, et les froments d'Odessa, qu'on devait nous livrer à peu près pour rien, se cotent dans les entrepôts de Marseille au-dessus du prix des blés du Languedoc (1).

La suppression presque complète du droit sur les bestiaux a-t-elle livré nos marchés à la redoutable invasion dont nous menaçait M. le maréchal Bugeaud?

Dans un autre ordre de production, la filature du lin à la mécanique, exploitée d'abord en Angleterre sur une grande échelle, ne s'est-elle pas introduite en France, et n'y a-t-elle point réalisé, en peu d'années, de remarquables progrès sans autre appui qu'une protection de 10 à 12 p. 100?

Qu'est-il arrivé encore pour les cotons filés? Pendant vingt ans, on avait vainement demandé que les numéros élevés de fabrication anglaise, indispensables aux manufacturiers de Tarare et aux tullistes de St-Quentin, fussent soustraits à la prohibition. Nos filateurs résistaient obstinément à cette concession. A les entendre, elle devait entraîner la ruine de leurs établissements ou les obliger, du moins, à ne plus produire que des filés communs.

(1) Voir le chapitre XXI spécial aux céréales.

M. Duchâtel se détermine, un jour, à passer outre. L'ordonnance du 2 juin 1834 substitue à la prohibition, pour
les fils du numéro 143 et au-dessus, un droit de 20 à
25 p. 100 de la valeur. En 1835, il est importé 83,926
kilog. de filés de l'espèce. En 1836, les arrivages s'élèvent à 98,520 kilog. Mais nos filateurs se décident à
engager résolument la lutte. En 1837, les introductions
descendent à 72,619 kilog. Dès ce moment, elles diminuent d'année en année, et on ne les voit plus figurer
sur nos états commerciaux, en 1857, que pour 30,692
kilog., représentant à peine le produit d'une filature de
troisième ordre (1).

Ainsi, partout où la réforme a pénétré, elle a décon-
certé par ses résultats les prévisions de ses adversaires.
Les choses se passeraient-elles pour les tissus de laine
et de coton autrement que pour les tissus de fil, pour
les filés communs autrement que pour les filés fins? On
l'affirme, et nous aurons à revenir sur ce sujet dans le
chapitre suivant, relatif aux prohibitions. Mais enfin
tous les faits qu'on a pu observer condamnent la doctrine de la protection excessive. Les producteurs et les
écrivains qui la défendent, après avoir si long-temps
accusé les économistes de substituer à l'observation des
dissertations spéculatives, se trouvent réduits à s'ins-
crire eux-mêmes contre les enseignements de l'expérience, et il faut assurément beaucoup plus d'argumentation théorique pour justifier la cherté résultant des
restrictions commerciales que pour démontrer les avantages du bon marché.

(1) Il est digne de remarque que la plupart de ces modifications, introduites dans le tarif en vertu d'ordonnances ou de décrets, seraient probablement toujours repoussées comme désastreuses si l'Administration s'était
arrêtée aux manifestations parlementaires.

VIII.

A l'occasion de questions fort différentes du sujet qui nous occupe ici, l'auteur éminent de l'*Histoire du Consulat et de l'Empire* s'exprime en ces termes : « A » chaque époque, lorsqu'un homme supérieur, s'inspi- » rant, non pas d'une théorie, mais des circonstances, » exécute de grandes choses, les esprits imitateurs » viennent à la suite et mettent des systèmes à la place » des grandes choses que le génie a faites naturelle- » ment.» C'est ce qui est arrivé pour l'œuvre de Colbert. De son temps, l'attention des gouvernements ne s'était encore portée que sur un petit nombre d'industries, et Colbert crut devoir recourir à l'action des tarifs de douanes pour encourager les manufacturiers français à disputer la suprématie que l'Espagne, l'Italie, l'Angle- terre, la Hollande, avaient acquise. Les circonstances sont bien changées. L'activité des sociétés, excitée par le développement du commerce et des sciences d'application, poussée en tous sens par les exigences d'une civilisation fiévreuse, s'est répandue dans mille canaux inconnus aux contemporains de Colbert. Ce n'est pas le travail qui manque, en France, ce sont les bras qui, bien souvent, font défaut (1). Il ne s'agit plus, comme sous l'administration du grand ministre de Louis XIV, *de bannir la fainéantise* (2) en attirant dans certaines manufactures les désœuvrés de

---

(1) Cette observation doit être prise dans son sens général. Aujourd'hui, comme sous Colbert, comme de tout temps, des accidents passagers font chômer telle ou telle industrie particulière. Mais ces exceptions ne changent pas la nature des choses. Dans les campagnes, surtout, les bras manquent évidemment, et quand on attribue cette situation à l'attrait des grandes villes, on ne voit qu'un côté de la question.

(2) Préambule de l'édit du 18 septembre 1664.

quelques centres de population. Ce que demandent les
besoins de l'époque actuelle, ce sont des millions de
nouveaux travailleurs pour exploiter les richesses encore
négligées que recèle notre sol, pour recruter les ateliers
de nos chemins de fer, de nos grandes villes, de nos chantiers de toute sorte, pour alimenter enfin l'immense mouvement commercial qu'ouvrent aux sociétés modernes
le rapprochement des peuples de l'ancien monde et les
progrès des nations plus jeunes appelées à féconder le
continent américain. D'ailleurs, les situations fussent-
elles les mêmes, entre les tarifs de Colbert, ne consacrant aucune prohibition, admettant tous les objets de
consommation en franchise ou à des droits très-modérés,
et le système que nous voyons fonctionner, en France,
depuis soixante ans, il existerait encore un abîme.

IX.

Parmi les fabrications (1) dont les représentants s'op-
posent avec le plus d'énergie à la réforme des tarifs,
celles du coton, de la laine, des verres et cristaux, des
poteries, des produits chimiques, placées en première
ligne, n'emploient guère au-delà de 460 mille ouvriers,
dont 150 mille femmes et 85 mille enfants (2). Que

(1) Nous parlerons plus loin de la production agricole.
(2) Chiffres relevés sur la statistique générale de la France, publiée par le
ministre de l'intérieur, de l'agriculture et du commerce :

	NOMBRE			TOTAUX.
	d'hommes	de femmes.	d'enfants.	
Industrie du coton......................	129,198	101,270	54,704	285,172
— de la laine...................	72,791	44,695	26,802	144,288
— des verres et cristaux........	12,305	1,054	1,784	15,143
— des poteries, faïences, etc...	6,455	1,738	1,464	9,657
— des produits chimiques......	4,838	387	385	5,610
	225,587	149,144	85,139	459,870

l'on prenne maintenant une à une les industries isolées
qui embrassent de leur réseau toute la surface de
l'Empire, les ébénistes, les charpentiers, les menuisiers,
les tonneliers, les forgerons, les ferblantiers, les ma-
çons, les peintres en bâtiments, les tailleurs, les cordon-
niers, les chapeliers, etc.; que l'on suppute le nombre
des ouvriers employés dans les travaux inhérents à un
grand mouvement maritime et dans les industries de
luxe, pour lesquelles la France n'a pas d'égale; que l'on
tienne compte de toutes les activités qui se déploient,
en dehors de la production matérielle, dans le commerce de gros et de détail ainsi que dans les professions
étrangères aux arts manuels, et l'on verra pour quelle
proportion figurent dans l'innombrable essaim de nos
classes laborieuses les 460 mille ouvriers, de tout âge
et de tout sexe, dont on a voulu faire la principale force
du travail national.

X.

Encore ne faut-il pas croire que cette catégorie
spéciale de salariés ait obtenu, à la faveur de la
prohibition, des conditions meilleures que les autres
classes d'ouvriers. La protection exagérée ne profite,
en effet, qu'aux chefs d'entreprises, et même qu'aux
plus forts d'entre ces derniers. En attirant dans certaines industries plus de capitaux que le cours naturel des
choses n'y en eût amené, elle aide à la création d'établissements imparfaits, inévitablement condamnés à se
débattre contre des embarras perpétuels. Pour ces sortes
d'ateliers, une extrême économie sur les salaires est
d'absolue nécessité, et, le niveau se faisant toujours,
les manufactures les plus prospères réduisent le prix des
journées au taux adopté dans les autres. Nous prendrons

pour exemple l'emploi du coton et de la laine. D'après
la statistique générale que nous avons citée, la moyenne
des salaires, dans les fabriques de coton, est de 1 fr.
83 pour les hommes, 94 centimes pour les femmes,
58 centimes pour les enfants; dans celles de fils et
de tissus de laine, elle est de 1 fr. 81 pour les hommes, 90 c. pour les femmes, 57 centimes pour les enfants; tandis que, pour l'ensemble de l'industrie manufacturière du pays, ces chiffres s'élèvent à 2 fr. 07, 1 fr. 02
et 72 c. L'écart n'est pas considérable, si l'on veut. Mais
il se produit au préjudice des ouvriers qu'on croit le
plus intéressés au maintien des prohibitions.

Si elles n'existaient pas, a-t-on dit, les travailleurs qui
gagnent 2 fr. ne gagneraient plus que 1 fr. 50 ou même
ne gagneraient rien, parce que les ateliers où on les emploie seraient fermés. C'est là une simple conjecture.
Où sont les faits dont on pourrait se prévaloir? Est-ce
que la population industrielle est plus occupée, mieux
nourrie, plus heureuse matériellement ou moralement
dans les pays à rigoureuses restrictions commerciales
que dans ceux où le régime des douanes est moins exclusif? L'Espagne et la Suisse répondront. Sans matières
premières, sans marine, sans cours d'eau navigables,
parquée au centre de l'Europe, au milieu de nations qui
repoussaient ses produits, la Suisse (1) a su trouver sous
le stimulant de la concurrence des forces que l'Espagne,
si bien dotée cependant par la Providence, a vainement
attendues des prohibitions.

En France même, les salaires des simples journaliers

(1) Un rapport publié à Bruxelles, en 1857, au sujet de l'exposition de
Berne, contient d'intéressants détails sur l'organisation de l'industrie de la
Suisse.

dans tous les grands ports, dans les contrées vinicoles,
dans la plupart des ateliers de chemins de fer, dans mille
industries qui prospèrent sans l'appui des tarifs, sont
habituellement supérieurs à ceux des ouvriers de fabrique. En général, on juge du mérite des institutions d'après
le bien qu'elles procurent; et lorsque le système prohibitif, loin d'améliorer la condition des travailleurs qu'il
prétend abriter, réduit leurs gages au-dessous du taux
commun, tout en les condamnant à surpayer beaucoup
d'objets de première nécessité, on ne s'explique pas
qu'on ait pu en faire leur palladium.

XI.

Le public a été séduit par l'éclat des manufactures et
par l'importance des agglomérations qu'elles groupent
autour d'elles. La fabrique de Vesserling, en Alsace,
lorsque nous la visitâmes il y a quelques années, occu-
pait près de 6,000 filateurs, teinturiers ou tisserands. Des
établissements aussi considérables ont paru plus dignes
d'attention que les modestes ateliers qui ne se concen-
trent pas. Le dirons-nous encore? Dans toutes les choses
de ce monde, il faut faire la part des erreurs qu'occa-
sionnent certaines préoccupations personnelles, et comme
le tarif des douanes, dans la donnée de la protection,
devenait un élément essentiel de la prospérité publique,
relevait et abaissait tour-à-tour les diverses branches
du travail, pondérait toutes les activités pour les faire
tourner au plus grand avantage du pays, on a pu, trouvant dans ce rôle plus de relief que dans une action
presque exclusivement fiscale, s'exagérer la portée
réelle du régime restrictif.

XII.

A part quelques contrées de l'Est et du Nord, les nations qui se trouvent répandues en Europe sont entrées
assez près les unes des autres dans les voies de la civilisation moderne. Ce sont les faits politiques et divers
avantages naturels inhérents au sol ou au génie des habitants, ce ne sont pas les tarifs, qui ont poussé celles-ci
plus rapidement que celles-là dans la production manufacturière. On n'implante pas, au moyen de tel ou tel
régime de douanes, la grande industrie de notre temps,
comme on acclimate partout, avec des soins bien entendus, certaines plantes vigoureuses. Son développement
est soumis à des conditions morales que des tarifs ne sauraient remplacer (1). On a cité cent fois le Portugal,
dont le travail aurait succombé sous l'action du traité
de Méthuen. Est-ce que sa décadence n'était pas antérieure de plus d'un siècle à ce traité, qui n'assurait à la
Grande-Bretagne qu'une concession toute spéciale relative à ses seuls tissus de laine. Si l'on voulait absolument
attribuer la situation précaire de l'industrie du Portugal
à ses rapports commerciaux avec l'Angleterre, c'était
au traité de 1810, bien autrement général que celui de
1703, qu'il fallait s'arrêter. Mais, alors, la préexistence
du mal, que M. le marquis de Pombal avait signalé en
termes énergiques dès 1760, eût été par trop notoire.
Quel qu'eût pu être le régime des douanes du Portugal,
il n'eût pas changé le caractère de ses habitants, qui
n'ont ni la laborieuse patience de races plus septentrio-

(1) Nous lisons dans l'histoire de M. Dareste de la Chavanne que le chevalier de Clerville, chargé d'une mission administrative en 1664, écrivait à
Colbert : « Pour rétablir le commerce, il ne faut que de l'ordre et puis encore
de l'ordre. »

nales, ni les besoins physiques qui les stimulent ; et il
n'est pas plus vraisemblable que la prohibition des produits anglais y eût accéléré le progrès des institutions
politiques et sociales (1).

XIII.

La production d'un grand pays placé en première
ligne par l'étendue et la fertilité de son sol cultivable,
par l'intelligente activité de ses populations, par le
développement de toutes les habitudes qui se rattachent
à une civilisation avancée, trouve toujours en elle-même
ses principales forces. Faudrait-il conclure de là que
le système protecteur n'ait préparé ou ne puisse amener, désormais, que des déceptions ? Telle n'est pas
notre pensée. Nous reconnaissons, au contraire, que ce
système, bien qu'on en ait beaucoup exagéré les résultats, a efficacement soutenu les débuts de quelques
fabrications importantes. Nous croyons qu'il pourra être
indispensable de le maintenir, long-temps encore sans
doute, afin de soustraire le marché national à des perturbations compromettantes. Mais, pour échapper aux
éventualités d'une liberté trop complète, il n'est pas nécessaire de s'immobiliser dans les excès du régime prohibitif. On peut continuer à accorder un appui utile
aux industries qui ne sont pas en état de lutter avec
l'étranger, sans généraliser la protection, sans la tra-
duire en prohibition, sans l'organiser de manière à
attirer les capitaux dans des établissements mal situés

(1) List, après avoir signalé le traité de 1703 comme éminemment léonin,
ajoute :
« Dans un pays tel que le Portugal, où tout le système social entravait le
» développement de l'agriculture et du commerce, la politique commerciale
» ne pouvait rien produire de satisfaisant. »

ou mal conçus, et surtout sans l'étendre aux objets de consommation alimentaire. Nous insistons sur cette dernière restriction. Les choses ne sont chères que parce qu'elles sont rares relativement aux besoins, et les souffrances que nous avons pu observer autour de nous, les embarras qu'elles ont créés au gouvernement le plus fort qui ait dirigé la France depuis Louis XIV, démontrent assez qu'*aisance publique* et *rareté* sont absolument inconciliables.

XIV.

La vie à bon marché, dont quelques publicistes ont cherché à déterminer les bases, ne pourrait-elle pas se combiner avec l'épanouissement du luxe? Assurément la vie n'est plus aussi simple qu'autrefois. Depuis l'origine du monde, tout homme mûr a pu faire la même réflexion en se reportant aux années de sa jeunesse. Mais, s'il est dans la destinée de l'humanité de perfectionner sans cesse les conditions de son existence, ce n'est point par une marche graduelle et régulière qu'elle procède. Le mouvement, à certaines époques, semble s'associer par sa rapidité à toutes nos impatiences. Nous traversons une de ces phases (1). La révolution française, avec ses péripéties imprévues, a donné aux esprits une impulsion dont le but définitif est encore le secret de Dieu. Dans toutes les classes de notre société, la roue des conditions individuelles a tourné avec une activité telle, que chacun a cru pouvoir prétendre à monter. A défaut de positions nouvelles, on a voulu, du moins, trouver dans celle de ses

(1) « Le fait caractéristique, le fait immense de la civilisation moderne, » c'est l'accroissement prodigieux de l'ambition et de la puissance de » l'homme. » (M. Guizot, préface des *Méditations et Études morales*, 1855.)

pères des jouissances matérielles ou des satisfactions d'amour-propre qui ne s'y rencontraient pas précédemment. Les objets de consommation, ne s'étant pas multipliés aussi vite que les besoins, sont devenus beaucoup plus chers. On ne peut guère réagir contre ce fait que par l'accroissement de la production ; et si le jeu des tarifs, renfermé dans de sages limites, doit rapprocher du résultat en préservant les travailleurs de secousses trop brusques, il serait peu prudent d'attendre le même concours d'un système général de restrictions et de prohibitions. Au lieu d'employer les droits de douanes, selon la formule de M. Mathieu de Dombasle, à renchérir toutes choses pour que chacun se récupère comme vendeur de ses sacrifices d'acheteur, il est plus naturel, plus conforme au bon sens, plus juste surtout, car tout le monde ne vend pas, de poursuivre au profit de la société entière le bon marché relatif que comporte notre état actuel de civilisation.

XV.

Du reste, les protectionistes, malgré leurs efforts persistants pour dissimuler la véritable portée des réformes de sir Robert Peel, ne sauraient plus méconnaître qu'elles ont déjà ébranlé beaucoup de convictions. La Russie et l'Allemagne (1) abaissent leurs barrières. Les puissances méridionales, depuis long-temps fort exclusives, paraissent aujourd'hui flottantes. Dans les deux Amériques, où les doctrines opposées ont été vivement débattues, la majorité semble vouloir se rallier à la pensée de ne chercher dans les douanes qu'un moyen de revenu. La

___

(1) Le tarif de l'Association allemande est déjà plus modéré que la plupart des autres tarifs de l'Europe.

France pourrait-elle ne pas prendre part à ce mouvement d'opinion? N'a-t-elle pas tout intérêt à le seconder par son exemple? Ses produits agricoles, si variés et si justement renommés, ses soieries, ses draps fins, ses magnifiques toiles peintes, ses tissus de Reims et de Roubaix, ses meubles, ses objets d'art, ses articles de modes ne trouveront-ils pas au dehors des débouchés d'autant plus vastes que le système économique des nations s'établira sur des bases plus libérales, et serait-ce en maintenant à outrance ses prohibitions qu'elle incitera les autres peuples à abandonner les leurs?

XVI.

Dans l'état actuel des faits et des idées, la prolongation du régime *prohibitif* ne serait-elle pas un anachronisme politique? Aurions-nous reçu les merveilleux instruments de progrès mis en nos mains, la vapeur multiplierait-elle ses prodiges, l'électricité assurerait-elle des communications instantanées entre les peuples les plus éloignés les uns des autres, les gouvernements, autrefois si exclusifs, si soigneux de dissimuler aux étrangers les secrets des fabrications nationales, convieraient-ils à de gigantesques tournois tous les industriels du globe, provoqueraient-ils chacun à révéler à tous ses procédés, ses résultats et ses prix de revient, pour que les guerres de tarifs, en se perpétuant, reprissent l'œuvre d'isolement que les efforts du génie humain tendent à détruire? A côté de tant d'autres indices, le caractère de la dernière lutte engagée contre la Russie est un témoignage saisissant des aspirations des temps modernes. A toute date antérieure de notre histoire, la grandeur des intérêts qui se trouvaient mis en question et le puissant entraînement des nations belligérantes auraient embrasé l'Europe. Qu'avons-nous vu cependant? La presse n'a rien négligé pour passionner les masses; l'Autriche et la Prusse ont été l'objet de provoeations blessantes, et, malgré tout, la guerre est restée concentrée sur une étroite langue de terre à demi sauvage, comme si une sorte d'instinct universel, plus fort que l'influence des cabinets, se refusait à accepter désormais pour champ de bataille les terres fécondées par le soleil de la civilisation. On s'est battu, non pour des conquêtes matérielles, mais dans un but d'ordre public. L'une des gloires de l'Angleterre et de la France sera d'avoir affronté la lutte pour donner à la paix du monde des gages de durée qui lui manquaient. Dans ce moment même, les deux gouvernements mettent leur honneur à éloigner les périls dont de fâcheux écarts ont menacé l'Europe; et il n'est pas possible que quelques manufacturiers, en possession de priviléges résultant d'anciennes hostilités, soient admis à opposer des prohibitions douanières à cet heureux progrès moral.

XVII.

M. Thiers, dans la belle péroraison de son premier discours sur la proposition de M. de Sainte-Beuve, disait à l'Assemblée législative : « La différence des » tarifs exprime cette patience du génie, cette résigna- » tion qui consiste à faire péniblement, lentement, » chèrement d'abord, ce que, plus tard, on est appelé » à faire mieux et enfin à faire avec perfection. C'est » la condition que Dieu a imposée à tous les hommes, » en les mettant ici-bas, de tout produire avec effort... » C'est donc la pensée de Dieu que vous insultez quand » vous dites de ne rien faire et de laisser aller le » hasard. »

Les intérêts industriels ont acquis en effet trop d'importance pour que les gouvernements puissent abandonner aveuglément au hasard le soin de les régler. Le travail est l'unique instrument de perfectibilité que la Providence ait mis au pouvoir de l'homme. Sachons l'honorer et le seconder dans toutes ses légitimes manifestations. Protégeons l'industrie comme le commerce et l'agriculture, les occupations manuelles les plus humbles comme les œuvres les plus élevées de l'intelligence. Acceptons l'héritage du passé, et ne précipitons pas, avant le temps, au milieu des débris accumulés derrière nous, un système administratif qui peut avoir encore sa raison d'être. Mais n'essayons pas de l'immobiliser dans ses formes vieillies. N'oublions pas qu'on défendait les corporations et les jurandes, il n'y a guère plus d'un demi-siècle, comme on défend aujourd'hui le régime douanier créé par la Restauration, et ne confondons plus avec des droits compensateurs équitablement calculés un ensemble de prohibitions qui, en écartant les lutteurs les plus habiles et les termes de comparaison les plus parfaits, ont pour résultat inévitable de ralentir les efforts et les progrès de tous.

Nous allons exposer dans quelle mesure nous semblerait utile et praticable la réforme du tarif. Nous nous occuperons d'abord des fabrications proprement dites, et nous continuerons par les produits alimentaires, qu'on n'aurait pas dû, selon nous, faire entrer dans les combinaisons du régime protecteur.

CHAPITRE XVIII.

MARCHANDISES PROHIBÉES.

Caractère des prohibitions. — Exposition de 1855. — Tissus et fils de laine.
— Tissus et fils de coton. — Céramique. — Verrerie. — Produits chimiques, sucres raffinés, savons. — Ouvrages en métaux, coutellerie, instruments de chirurgie. — Appréciations du jury de 1855 confirmées par
les relevés de nos exportations. — Les produits français en Algérie et
sur les marchés du Nouveau-Monde. — L'Allemagne, la Suisse, la Belgique et la Grande-Bretagne. — Cotonnades anglaises. — Fabrication des
soieries en Angleterre. — La marine dans ses rapports avec l'industrie.
— Dernières objections contre l'abandon des prohibitions. — Un nouvel
ajournement ne ferait que déplacer la difficulté. — Projet de loi de 1856;
enquêtes industrielles.

I.

Les industries abritées par la prohibition ayant répondu par des progrès fort remarquables à la faveur
dont elles étaient l'objet, on a demandé quels motifs
graves pouvaient commander au pays de les soumettre
à un autre régime.

Ces motifs ressortent, en partie, des considérations
générales que nous avons présentées tout-à-l'heure. Nous
en apercevons d'aussi sérieux dans le caractère même
des prohibitions

Et d'abord, comment se sont-elles établies? Sont-elles
nées de besoins bien constatés? Est-ce après avoir étudié
avec soin la situation des diverses productions européennes qu'on les a décrétées? Nullement. En 1793, on a
frappé de proscription certaines marchandises, non
parce qu'elles menaçaient le travail français, mais parce
qu'elles formaient les branches principales de la fabrication anglaise. Si la Grande-Bretagne fût restée l'alliée

de la République, notre tarif eût continué à admettre les étoffes de laine et de coton comme les tissus de lin et de soie, la poterie en terre de pipe, la coutellerie, les plaqués, comme la porcelaine et la mercerie. Les prohibitions ne constituent donc pas un fait régulier; elles se sont glissées dans notre régime économique à la suite d'un simple accident, et, par cette raison même, elles présentent les plus étranges anomalies.

Prenons pour exemple l'industrie des toiles. Assurément ce n'est pas l'étranger qui a compromis, en France, la filature et le tissage à la main. Du moment où l'on avait trouvé le moyen d'y appliquer la mécanique, ce procédé devait s'introduire parmi nous. Mais les envois des fabricants belges et anglais venaient beaucoup aggraver les embarras de la transformation (1). Cependant, loin de repousser les produits du lin, on a maintenu une tarification qui a permis d'en importer des quantités considérables. Aujourd'hui encore, après le changement de cette partie du tarif, la France consomme pour 12 à 13 millions de francs de toiles et de fils de lin étrangers, tandis qu'elle ne peut pas recevoir un mètre de calicot de Manchester, de drap de Verviers ou de mousseline de Saint-Gall. Le travail du lin n'est-il donc pas aussi national que celui de la laine ou du coton? Ne serait-il pas susceptible d'occuper autant d'ouvriers, de créer autant de richesses que les fabriques de faïence fine ou de plaqués, que couvre toujours la prohibition?

(1) Du reste, elle est beaucoup moins complète qu'on ne le suppose généralement, car M. Moreau de Jonnès, dans sa *Statistique de l'industrie de la France*, publiée en 1856, établit que le travail domestique représente encore les 4/5 environ des valeurs créées par la filature et le tissage du chanvre et du lin.

Dans l'industrie des soieries, malgré notre prééminence dans les belles qualités, nous laissons l'étranger placer annuellement sur notre marché pour environ 12 millions de francs de ses produits. La France reçoit également du dehors pour 6 millions de machines et mécaniques, pour 7 millions d'horlogerie, pour des centaines de millions d'autres fabrications diverses, dont la production intéresse le pays, tout comme l'emploi de la laine ou celui du coton. En vertu de quelle formule administrative prohiber à droite et pas à gauche? Est-ce que tous les travailleurs, à quelque catégorie qu'ils appartiennent, ne croiraient pas trouver avantage à s'affranchir complètement de la concurrence de l'étranger? Est-il juste que les uns voient leurs débouchés extérieurs se resserrer parce que les autres veulent entourer leur marché intérieur d'une infranchissable muraille? Et faut-il, au milieu du large mouvement d'idées qui nous entraîne, proscrire à jamais, par nos lois de douanes, une portion considérable des produits du monde entier, par le motif que la Convention nationale s'est vue forcée, il y a soixante-cinq ans, de déclarer la guerre aux Anglais? (1)

II.

A défaut du droit, les producteurs qui voudraient faire de la prohibition la charte de notre industrie sont-

(1) La loi de brumaire an V, substituée au décret de proscription de 1793, ne frappait de prohibition que les marchandises provenant *des fabriques ou du commerce anglais.* Il était entendu, d'ailleurs, qu'elle les excluait seulement *jusqu'à la paix* (chap. IV, page 23). Ce n'est pas l'un des aspects les moins curieux de notre système protecteur de nous montrer cette même loi inscrite encore aujourd'hui dans nos tarifs et appliquée à toutes les nations.

ils fondés à invoquer, du moins, la loi de la nécessité? Sur ce point, les faits constatés à l'exposition univer- selle de Paris peuvent être très-utilement consultés.

Sans doute, parmi les fabrications françaises qu'abrite la prohibition, il en est qui n'ont pas figuré au premier rang dans le concours solennel de 1855. Pour plusieurs articles, l'Angleterre, la Suisse, l'Allemagne, s'attachant à ne donner à leurs produits que des *qualités d'usage,* ont distancé notre pays. Mais, au total, les décisions impartiales du jury mixte ont assigné à la France une position fort élevée. Déjà, à l'exposition de Londres, elle avait obtenu 60 récompenses par 100 exposants, l'Angleterre 29 seulement, les autres nations réunies 18. Ces grands tournois ne seraient plus qu'un jeu d'enfants, si, une fois le rideau baissé, les manufacturiers qui y ont paru avec le plus d'éclat devaient continuer à se dire incapables de soutenir une lutte sérieuse.

III.

Dans l'industrie de la laine, la commission a jugé que les filés français fins méritaient, par leur perfection, la préférence qu'ils obtiennent, depuis quelques années, sur les marchés étrangers. Les beaux produits de MM. Paturle-Lupin, Seydoux, Croutelle, Sentis, etc., peu- vent braver toutes les concurrences. La brillante fabri- cation de Roubaix, si bien représentée par MM. Delattre, Lefebvre-Ducateau, Cordonnier et autres, les tissus lé- gers de Paris, les admirables étoffes d'ameublement de MM. Mourceau, ont soutenu leur légitime renom. Pour la branche la plus importante du travail des laines, pour les draps, la part qu'on nous a faite n'a pas été moins belle. « L'industrie drapière de la France, dit le » rapport du jury, s'est définitivement placée, par l'en-

» semble de sa fabrication, sur la même ligne que ses
» devancières et ses rivales. Nous pouvons même dire
» que, pour la nouveauté, dont la fabrication exige
» tant de goût, tant d'esprit de création, la France oc-
» cupe, sans contestation, le premier rang. » L'exposition des Cunin-Gridaine, des Montagnac, des Bacot,
des Chenevière, des Dumos-Masson, des Flavigny, des
Dannet, des Desmares, etc., a justifié ce témoignage (1),
et les bas prix de quelques draps communs de la Moravie ne sauraient autoriser une industrie aussi fortement
assise à réclamer encore l'appui de la prohibition (2).

IV.

Pour le coton, la situation relative de la France est
moins favorable. Le groupe de Manchester a manifesté,
dans l'ensemble de sa fabrication, une puissance que
nous n'égalons pas. Mais si les filés anglais peuvent être
vendus moins cher, ils ne sont pas mieux faits; ils
sont, au contraire, moins soignés dans les numéros inférieurs que les filés français. La même remarque s'applique aux tissus en blanc. Les mousselines de Tarare
ont été justement remarquées. Dans l'impression, Rouen
a fait des prodiges de bon marché. Ses gingas, notamment, l'emportent sur les similaires anglais par leur
élégance et par leur bas prix (3). La nouveauté de

(1) En cédant ici au désir de citer quelques-uns des noms les plus éminents de l'industrie française, nous n'entendons établir aucune comparaison.
Pour la seule industrie des draps, le jury a décerné à la France 128 médailles
ou mentions honorables.

(2) Vire a également exposé, dans les prix de 8 fr. 50 c. à 11 fr. le mètre,
de bons draps, susceptibles de lutter avec ceux de la Moravie. Dans un mémoire adressé en 1833 au ministre du commerce, la chambre consultative
d'Elbeuf disait déjà : *Nous pouvons produire des draps au même prix que
nos rivaux.* Seulement, elle redoutait les dangers d'*une concurrence en
baisse* avec des fabricants plus riches que les nôtres.

(3) Pour d'autres impressions, l'avantage est du côté des Anglais. Mais le

Mulhouse, que les Jean Dolfus, les Gros-Odier, les Hartmann, les Steinback et Kœchlin ont portée au plus haut degré de l'art, n'a pas rencontré de rivale dans les vitrines de l'Exposition. En résumé, l'Angleterre, à la faveur de sa merveilleuse organisation industrielle, transforme le coton à meilleur marché que la France. Mais sa suprématie, sous ce rapport, tient à des circonstances accidentelles qui tendent à disparaître, tandis que les avantages de notre pays, inhérents à son génie propre, grandissent à mesure que se développe, dans le monde civilisé, le goût de l'élégant et du beau.

V.

Dans la céramique, les fabricants anglais comptent aujourd'hui de redoutables rivaux. En France, MM. Dumortier, Godin-Theuillier, Pajot-Ruaut, ont exposé des grès fins et des grès de construction fort remarquables. Les faïences décoratives de M. Ristori (Nièvre) ont figuré honorablement à côté de celles de MM. Minton et Cᵉ, du Straffordshire. Les produits de Creil et de Montereau, les cailloutages de M. Vieillard, à Bordeaux (1), les porcelaines blanches de M. Pouyat (2), les services de

jury déclare que la lutte n'en est pas moins possible, parce que la différence dans le prix de revient est compensée par le fini et par la qualité de la marchandise.

(1) Nous croyons devoir rendre hommage aux habiles efforts de M. Vieillard en reproduisant ici un extrait du rapport du jury :

« La manufacture de Bordeaux renferme deux industries distinctes, la » faïence et la porcelaine dure, établies toutes deux sur de très-grandes » proportions. Cet immense établissement, qui est placé dans les conditions » les plus favorables pour l'arrivée de ses matières premières et l'écoulement » de ses produits, présente aujourd'hui le plus bel ensemble de fabrication » céramique qui existe en France, et mérite, par la bonne disposition de ses » ateliers, d'être offert comme modèle aux établissements du même genre. »

(2) Nos porcelaines blanches sont très-recherchées en Angleterre. Aussi

table de MM. Jullien et fils (Haute-Vienne), les porcelaines peintes de MM. Boyer, à Paris, et Havilaud, à
Limoges, ont été classés parmi les meilleurs échantillons
étalés au palais de l'industrie. Il ne faudrait à la plupart
de nos fabricants qu'un peu plus d'audace dans leurs
essais, avec moins de confiance dans la protection du
tarif, pour les placer, bientôt peut-être, tout-à-fait au
premier rang.

VI.

Pour les vitraux peints, l'exposition de M. Maréchal,
à Metz, a effacé celle de tous les producteurs étrangers;
après lui, M. Didron et M. Coffetier, à Paris, M. Ves-
sières, de l'Yonne, M. Petit-Gérard, à Strasbourg,
ont dignement soutenu la lutte contre leurs émules de
Birmingham, de Bruxelles et d'Aix-la-Chapelle.

A côté des verres de Bohême, toujours fort bien
fabriqués, la France a pu montrer avec honneur les
cristaux de Baccarat (1), de Clichy et de Saint-Louis. Les
glaces de Saint-Gobain et de Cirey, que nous citons ici
bien qu'elles ne soient pas au nombre des objets abrités
par la prohibition, ont excité l'admiration générale.
L'Allemagne livre toujours la gobeleterie ordinaire à
meilleur marché qu'aucun autre peuple. Mais la France
reprend sa supériorité dans la fabrication des bouteilles,
et on lit dans le rapport du jury que la maison veuve

a-t-on demandé la réduction du droit de 24 fr. 60 par 100 kilogrammes dont
elles s'y trouvent frappées.

(1) « Le cristal de Baccarat est renommé depuis longues années dans le
» commerce pour son éclat, sa pureté et sa blancheur. Il soutient la com-
» paraison avec les plus beaux cristaux anglais ; il est très-supérieur au plus
» beau verre de Bohême, dont la teinte est toujours un peu jaunâtre. »
(Rapport du jury.)

Leroy Soyez, à Masnière (Nord), ayant fait disparaître les inconvénients reprochés aux produits obtenus au moyen de moules fermés, a traité avec une compagnie anglaise pour la fourniture de 3 millions de bouteilles ainsi confectionnées.

VII.

Si nous passons aux produits chimiques (1), nous constatons que les progrès les plus remarquables réalisés depuis quelques années dans cette importante branche d'industrie sont dus au génie de nos fabricants. Pour quelques articles, les Anglais, disposant des matières premières à meilleur marché que leurs concurrents français, vendent à prix un peu plus bas. Mais, pour beaucoup d'autres, nous n'offrons pas la même infériorité. La compagnie de St-Gobain a créé à Chauny une fabrique de premier ordre qui livre au commerce, selon les termes du rapport du jury, des produits renommés par leur pureté et leur titre élevé. M. Kuhlmann, à Lille, MM. Perret, à Lyon, M. Kestner, à Thann, MM. Malétra, à Rouen, cinquante autres chimistes cités avec éloge par le jury, déclareraient probablement eux-mêmes qu'ils n'ont pas besoin, pour conserver la prospérité de leurs usines, de voir repousser par des droits prohibitifs les produits du dehors (2).

Pour les sucres raffinés, le jury s'est principalement

(1) La prohibition ne frappe plus qu'un petit nombre de produits chimiques. Mais il en est plusieurs dont le droit, de beaucoup supérieur à la valeur de la marchandise, équivaut à une exclusion absolue.

(2) L'un des plus habiles défenseurs du régime prohibitif, M. Ch. Dupin, disait à la tribune de la Chambre des députés, dans la discussion de 1836 : « Vous êtes sans rivaux pour la magnifique industrie des arts chimiques.» Nous étions sans rivaux en 1836, et il nous faudrait des droits prohibitifs en 1858 !

occupé de la fabrication betteravière, dont il a signalé les perfectionnements rapides (1).

Parmi les savons, ceux de la France ont figuré en première ligne. « En décernant une médaille d'honneur » à la savonnerie marseillaise, lit-on dans le rapport de » la 10e classe, le jury n'a fait que sanctionner, sur la » qualité des produits qui sortent de la presque totalité » de ses nombreuses usines, le jugement qui en est porté » tous les jours par les consommateurs, sur les divers » marchés du monde entier, et par les fabricants des » autres localités eux—mêmes, qui, pour recommander » leur production à l'attention du public, intitulent leurs » produits *savon de Marseille* (2). »

VIII.

Les ouvrages en métaux, dont on a tant amélioré la fabrication dans ces derniers temps, formaient une des parties les plus intéressantes de l'Exposition, et le rapport du jury, à leur égard, offre des indications d'autant plus précieuses que la 16e classe, au lieu de se fractionner en sections pour l'examen, a envisagé en commun l'ensemble de cette belle industrie. M. Barbezat, à Paris, a reçu la médaille d'honneur pour ses fontes d'ornement. D'autres médailles de premier ordre ont été accordées à la société anonyme de Romilly, pour ses foyers de locomotive, etc.; à la société Chamerot, à Paris, pour ses tuyaux de conduite; à MM. Palatieu et Chavanne, pour leur admirable collection de produits de forgerie; à MM. Oswald et Varnod (Bas-Rhin), pour leurs cuivres

(1) Voir le chapitre XXIII.
(2) Le savon se fabriquait à Marseille avant la conquête des Gaules par les Romains. (*Marseille ancienne et moderne*, par Guys.)

19

laminés; à MM. Bouillon (Limoges), Boucher (Paris), Mignard–Bellinge (Belleville), pour leur belle exposition d'ustensiles de ménage; à MM. Roswag (Schélestadt), pour leurs toiles métalliques; à MM. Laubenière (Rouen), Dandoy–Maillard, Lucq et C⁰ (Maubeuge), pour leurs divers produits de serrurerie; à MM. Japy (Beaucourt), pour leurs articles variés de quincaillerie; à la maison L. Grados et veuve Fugère (Paris), pour ses zincs estampés. Si la coutellerie anglaise, concentrée à Scheffield, où se fabrique l'acier fondu et où abonde la houille, a justifié sa réputation, la fine coutellerie française, dont les principaux groupes sont aujourd'hui à Paris, à Nogent, à Langres, à Thiers (Puy-de-Dôme), à Châtellerault, à Saint-Étienne, a mérité que le jury la plaçât au même niveau. Enfin nos instruments de chirurgie doivent à M. Charrière une grande perfection et sont incontestablement supérieurs à ceux de nos rivaux (1).

IX.

Si l'on consulte les relevés de nos exportations, on y remarque la confirmation éclatante des appréciations du jury de 1855. En effet, les fils et tissus de coton, les fils et tissus de laine, les poteries, verres et cristaux, les produits chimiques, les sucres raffinés, les savons, les ouvrages en métaux, la coutellerie, dont nous avons surtout parlé parce qu'ils forment le principal point d'appui de la résistance opposée à la réforme des tarifs, figurent pour des sommes considérables dans ces relevés.

---

(1) Les rapports du jury de 1855 ont été imprimés, et l'on y trouve exposés en détail les faits que nous avons dû nous borner à rappeler sommairement.

La moyenne des six dernières années (1) représente 363 millions. Est-il possible d'admettre, après avoir lu les rapports du jury de l'Exposition, que les fabricants français, mieux en position que les étrangers d'étudier les goûts et les besoins des consommateurs nationaux, et appelés à profiter tous les jours plus largement du bénéfice des réductions de taxes sur les matières dites *matières premières,* ne puissent se défendre, sur leur propre marché, sans la prohibition absolue des produits rivaux de ceux qu'ils livrent au dehors en quantités si considérables? (2)

X.

Au Mexique, comme au Brésil et dans les autres états

(1) RELEVÉ DES EXPORTATIONS.

	1852.	1853.	1854.	1855.	1856.	1857.
Tissus de coton......	65,200,000'	71,900,000'	59,400,000'	74,100,000'	72,100,000'	68,400,000'
Fils de coton.........	632,000	867,000	735,000	610,000	830,000	1,800,000
Tissus de laine.......	119,800,000	138,700,000	132,800,000	159,700,000	184,800,000	178,800,000
Fils de laine..........	4,667,000	4,375,000	4,425,000	5,531,000	6,637,000	8,800,000
Poteries, verres et cristaux..........	18,000,000	20,600,000	20,000,000	25,400,000	30,200,000	31,600,000
Produits chimiques..	26,000,000	30,400,000	33,000,000	36,900,000	37,300,000	27,854,000
Sucres raffinés.......	11,300,000	13,400,000	17,900,000	25,800,000	35,800,000	32,000,000
Savons.	3,900,000	3,900,000	5,200,000	6,000,000	6,700,000	5,700,000
Ouvrages en métaux, plaqués compris..	43,300,000	58,300,000	53,000,000	51,600,000	43,200,000	43,900,000
Coutellerie (a)........	1,500,000	1,500,000	1,800,000	2,300,000	3,200,000	3,100,000

(a) Toutes ces valeurs sont les valeurs *actuelles*, telles qu'elles résultent des indications fournies par la commission spéciale instituée depuis quelques années. Les valeurs *officielles*, établies d'après les données admises pour la formation des états antérieurement publiés par l'administration des douanes, représentent des chiffres plus élevés. Pour certains produits l'écart est énorme. Pour les tissus et fils de coton, notamment, il est de plus de 50 p. 100. On s'exposerait à se tromper gravement si l'on ne tenait pas compte, dans la comparaison des faits anciens et des faits nouveaux, de cette différence dans les procédés d'évaluation. La commission elle-même a, d'ailleurs, fort bien expliqué, dans l'exposé de ses travaux pour le classement de 1857, que ses estimations, souvent hypothétiques, ne devaient être accueillies qu'avec réserve. Mais les erreurs inévitables dans de pareilles appréciations, se produisant tantôt en plus, tantôt en moins, finissent par se balancer quand on raisonne sur des masses et sur plusieurs années.

(2) Voici, d'après les *Annales du Commerce extérieur*, comment se clas-

de l'Amérique méridionale, où, malgré des tarifs souvent rigoureux, l'industrie locale, jusqu'ici réduite à de stériles essais, laisse le champ libre à la concurrence de tous les pays manufacturiers, les producteurs français ont conquis une position qui devient de plus en plus belle. Là, de même qu'en Europe, quelques peuples étrangers l'emportent, pour certains tissus, dans les qualités destinées aux classes inférieures, qui recherchent, avant tout, le bon marché. Mais, dès que l'on peut atteindre à des prix un peu plus élevés, ce sont les produits français qu'on demande. Nos rivaux eux-mêmes se chargent de proclamer jusqu'à quel point l'opinion se prononce en notre faveur, car, après avoir imité nos dessins, ils donnent souvent à leurs étoffes des étiquettes et des mesures françaises. Ce n'est pas seulement à l'égard des soieries et des lainages nouveautés que ces tromperies sont mises en pratique. Pour les cotonnades, les qualités françaises ne sont pas moins ap-

sent, pour leur commerce spécial avec l'étranger, les principales nations de l'Europe et de l'Amérique :

PUISSANCES.	IMPORTATIONS.	EXPORTATIONS.
Angleterre...................(1855)	3,591,508,375ᶠ	2,592,202,125ᶠ
France. ....(1856)	1,990,000,000	1,893,000,000
États-Unis...........(1855-1856)	1,683,000,000	1,661,637,000
Association allemande (a).(1850)	682,500,000	648,500,000
Belgique. ....(1856)	435,500,000	369,800,000
Pays-Bas. ....(1853)	434,483,688	327,843,499
Russie......................(1852)	403,000,000	439,000,000
Espagne...... ....(1855)	276,416,000	340,028,000
États-Sardes................(1855)	210,468,000	134,355,000
Portugal (b)................(1854)	113,762,000	88,525,000

(a) Les chiffres relatifs à l'Association allemande ont dû être établis d'après des données plus ou moins conjecturales, parce que les relevés du Zollverein ne présentent que les quantités.

(b) La valeur des exportations est celle du commerce général, l'administration portugaise ne faisant pas d'article distinct pour les réexportations.

préciées, et l'on a vu à Rio-Janeiro des maisons anglaises appliquer l'étiquette de nos fabricants sur des indiennes expédiées aux provinces de l'intérieur (1).

En Algérie, où les marchandises prohibées en France sont admises moyennant des droits inférieurs à ceux qui se trouvaient inscrits dans le projet de loi de 1856, sommes-nous exclus du marché? Y rencontrons-nous même une concurrence sérieuse? Un chiffre répondra. Sur 3,540,382 kilog. de tissus et filés de coton ou de laine importés dans cette colonie en 1857, 3,493,292 k. provenaient des fabriques de la métropole.

XI.

A la vérité, les manufacturiers qui exportent ne sont pas toujours ceux qui vendent le plus au dedans. Les produits de chaque grande industrie variant à l'infini, la supériorité des uns s'allie, parfois, à l'infériorité des autres. Auprès des établissements en position d'expédier au loin des draps fins, des laines filées de belle qualité, des toiles de coton peintes, il peut s'en trouver qui ne sauraient fabriquer à aussi bas prix que les étrangers des draps communs légers, par exemple, ou des toiles de coton blanches. La levée des prohibitions ouvrirait donc la porte à certaines marchandises; mais on grossit démesurément les dangers de cette éventualité.

Nos producteurs redoutent l'Allemagne, la Suisse et, principalement, la Belgique et l'Angleterre. En fait, la prééminence relative de la Suisse et de l'Allemagne,

(1) *Annales du commerce extérieur.* Malheureusement certains expéditeurs français envoient au loin des produits dont la mauvaise qualité ralentit les effets de ce mouvement d'opinion. On accuse nos fabricants. Mais ce sont presque toujours des intermédiaires qui leur imposent la fraude et en profitent seuls.

pour quelques articles, tient à peu près uniquement à la différence du prix de la main-d'œuvre, moins chère dans ces deux pays que chez nous. Or l'écart diminue déjà sous l'influence des causes générales qui tendent à répandre partout les mêmes habitudes de bien-être. La Belgique et l'Angleterre peuvent sembler plus menaçantes : les capitaux y sont plus concentrés, le principe fécond de la division du travail plus généralement appliqué, les machines plus multipliées, les moyens de transport plus perfectionnés, la houille et le fer à meilleur marché. Personne ne le conteste. Seulement il reste à juger si la disproportion est assez grande pour que des droits de 20 à 25 p. 100, augmentés de tous les frais d'expédition, ne puissent pas suffire à préserver nos manufacturiers d'une concurrence véritablement compromettante.

Sans sortir des limites de l'empire, on trouve dans les situations d'industries similaires des différences bien plus marquées qu'il n'en existera jamais entre les grands établissements français et ceux de l'étranger. En Alsace, en Flandre, en Normandie, on remarque d'humbles usines qui prospèrent à proximité des plus vastes manufactures. Telle fabrique de produits chimiques, celle de M. Kuhlmann, pour en désigner une, en livre pour 3 millions de francs, telle autre pour 30 mille, sans que la première, malgré l'immense supériorité des ressources dont elle dispose, écrase la seconde. La statistique officielle que nous avons déjà invoquée évalue à plus de 4 millions de francs le rendement annuel de la principale filature de Tourcoing, tandis qu'on en voit figurer tout auprès qui ne fabriquent pas pour plus de 30 à 40 mille francs. Dans l'arrondissement de Rouen, il y a des établissements dont la production ne dépasse pas 12, 15,

20 mille francs; on en cite qui fournissent à la consommation jusqu'à 8 millions de francs de tissus. Les hommes d'ordre et d'intelligence parviennent toujours à faire leur place à côté de plus puissants qu'eux; et quand la lutte, condition indispensable des progrès industriels, règne ainsi à l'intérieur entre des concurrents de forces très-inégales, nous ne comprendrions pas, en présence de tous les faits constatés jusqu'ici, que nos habiles manufacturiers, armés de droits compensateurs destinés à balancer quelques avantages naturels ou acquis, ne pussent pas la soutenir contre l'étranger.

Pour la Belgique on n'ose plus guère insister. On argumente surtout de la position exceptionnelle de l'Angleterre. On signale le chiffre colossal de ses exportations, et l'on affirme qu'un pays dont la production est assez développée pour livrer de telles masses de marchandises pourrait ruiner, en peu de mois, notre marché, si l'accès ne lui en était pas interdit.

L'Angleterre, en effet, expédie beaucoup au dehors. Cependant, même sur ce point, on s'abandonne, sous l'influence de quelques gros chiffres applicables à un petit nombre d'articles, à de grandes exagérations. Nous avons indiqué plus haut, d'après les *Annales du Commerce extérieur*, que le Royaume-Uni a exporté, en 1855, pour 2 milliards 400 millions de francs de produits de son sol ou de son industrie. Ses échanges internationaux se sont encore accrus depuis trois ans. Mais ses possessions coloniales, où les négociants anglais conserveront longtemps l'avantage d'anciennes habitudes, absorbant seules 800 millions (1), ses ventes réelles à l'étranger se rapprochent de celles de la France.

(1) Quoique l'Angleterre ait ouvert ses colonies aux nations étrangères,

XII.

Parmi les produits anglais, les cotonnades plus particulièrement seraient, dit-on, fabriquées à si bas prix
que nos manufacturiers, quel que fût le droit substitué à
la prohibition, ne pourraient pas soutenir la concurrence.
A cet égard, nous trouvons dans les travaux d'un homme
que ne récuseront pas les protectionistes une indication
trop décisive pour ne pas être rappelée.

M. Thiers, après avoir procédé personnellement à une
enquête dans les magasins de Londres et dans ceux de
Paris, exposait à l'Assemblée législative que le mètre de
madapolam, vendu à Paris 90 centimes, coûtait à Londres 91 centimes, et, balançant la différence de largeur
par la supériorité de qualité du tissu français, il déclarait que *l'étoffe de coton mise à l'usage du consommateur
était meilleur marché à Paris qu'à Londres*. M. Thiers,
il est vrai, se hâtait d'ajouter que cela tenait au bénéfice des intermédiaires, plus nombreux et plus exigeants en Angleterre qu'en France. Nous ne le contes-
tons pas. Mais le fait, quelle qu'en soit la cause, n'en
subsiste pas moins : selon M. Thiers, l'étoffe de coton la
plus commune, celle-là même qui constitue le plus bril-
lant fleuron du fabricant anglais, coûte plus cher à Londres qu'à Paris (1). S'il faut un grand nombre d'inter-

elle y a encore une très-grande prépondérance commerciale. A ce sujet,
M. de Persigny, dans son discours d'ouverture du Conseil général de la
Loire (session de 1858), a reproché aux manufacturiers français de s'être
condamnés, *en continuant dans leur système de production à grand prix,*
à ne pas profiter des facilités que leur a données la nouvelle législation de la
Grande-Bretagne.

(1) La même allégation a été bien des fois produite par les défenseurs des
prohibitions. Dès 1814, M. Émeric David, dans un rapport dont nous avons
déjà cité un extrait (chapitre VI) disait à la Chambre des députés : « Nous

médiaires pour la livrer au marchand de la cité, il n'en faudrait pas beaucoup moins, apparemment, pour la vendre dans les magasins du Louvre, grevée du fret, du transport par chemin de fer, du camionnage; et, dût-on réaliser encore là une économie quelconque, le bon sens se refuse à admettre qu'elle fût assez élevée pour ne pouvoir être compensée qu'au moyen de la prohibition.

XIII.

Nous avons exposé, dans le chapitre précédent, les faits qui se sont accomplis à l'occasion des fers, des houilles, des laines, des blés, des bestiaux, des tissus de lin, des filés de coton à numéros élevés, dont on a pu, malgré d'effrayantes prédictions, lever la prohibition, diminuer ou supprimer les droits, sans nul dommage pour la production nationale. L'histoire du tarif anglais, devenu fertile en enseignements depuis qu'on l'a transformé, nous offre un autre exemple bien frappant. On lit dans le rapport du jury de 1855 (21e classe) : « Jusqu'en 1824, époque de la levée des pro-
» hibitions par Huskisson, l'industrie des soieries, en
» Angleterre, vécut sans faire parler d'elle autrement
» que par les crises terribles qu'elle éprouvait, et qui
» donnaient lieu à ces tristes processions des tisserands de
» Spiterfield, allant demander aux ministres du pain et
» toujours plus de protection. » En 1824, Huskisson, au grand effroi des fabricants, remplace la prohibition par un droit de 30 p. 100, et les manufacturiers anglais,

---

» fabriquons les étoffes de coton communes aussi bien et à peu près au même
» prix qu'aucune manufacture anglaise. Déjà, sur ce point, nous commençons
» à entrer en concurrence sur les marchés du dehors. Dans les belles qua-
» lités, il n'en est pas de même ; mais l'intervalle qui nous sépare est peu
» considérable ; *encore quelques jours*, et il sera franchi. »

qui avaient employé, en moyenne, dans chacune des dix années précédentes, 880,000 kilog. de soie brute, en mettaient en œuvre, en 1844, 2,358,000 kilog. En 1845, sir Robert Peel réduit le droit d'entrée de 30 à 15 p. 100. La fabrication nationale, ainsi stimulée, redouble d'efforts. Loin de succomber, comme le prédisaient les adversaires de sir Robert Peel, elle accroît de plus en plus sa production, si bien que l'Angleterre, en 1855, a pu absorber 3,420,000 kilog. de soies brutes et exporter presque autant de soieries de ses propres manufactures qu'elle en a reçu elle-même de l'étranger (1).

XIV.

L'infériorité de notre marine a également, dans la question qui nous occupe, une signification qu'on n'a peut-être pas assez remarquée. Les villes de fabrique et les ports de mer, dans la guerre qu'ils se sont faite, ont trop souvent perdu de vue la solidarité complète de leurs intérêts. Quand M. Mathieu de Dombasle condamnait le travail intérieur à s'amoindrir à mesure que se développait le commerce extérieur, il méconnaissait la loi de leur prospérité commune, comme l'oubliaient les ports de mer en s'attaquant aux manufactures. Si des fabriques florissantes forment l'un des plus précieux débouchés du commerce de transport, la marine mar-

---

(1) Voici les chiffres officiels publiés par l'administration anglaise pour 1855 :

Importation de soieries étrangères.................. 45,018,350 fr.
Exportation de soieries de la Grande-Bretagne.... 38,371,400 fr,

D'après un autre document reproduit dans les *Annales du Commerce extérieur* (livraison de mars 1858), les exportations de soieries anglaises auraient encore été beaucoup plus considérables en 1856.

chande, à son tour, est appelée à faire connaître les
produits nationaux aux contrées les plus lointaines, à
étudier les besoins, les habitudes, les préférences des
peuples étrangers, pour que les manufactures, bien
renseignées, puissent établir leurs marchandises d'exportation dans les conditions de vente les plus favorables. Malheureusement, il n'existe pas, en France, de
liens assez étroits, sous ce rapport, entre les armateurs
et les industriels. Tandis que les négociants anglais,
constamment à l'affût de marchés nouveaux, explorent
avec soin tous les parages où peuvent se rencontrer
des consommateurs pour les fabrications de leur pays,
nos ports de mer négligent souvent des contrées qui
leur offriraient des éléments d'échange fructueux. Croi-
rait-on, si les annales publiées par le Gouvernement ne
le constataient pas, que Bordeaux, même avant l'apparition de l'oïdium, laissât le Brésil, où les vins de la
Gironde sont très-recherchés, en manquer fréquemment, et les recevoir en partie par le port et sur des
navires de Hambourg? (1) Beaucoup de nos articles
manufacturés arrivent également dans les divers États
de l'Amérique méridionale sur des bâtiments étrangers.
On s'explique par là que nos producteurs ne soient pas
toujours exactement informés des modifications qu'ils
devraient introduire dans la nature de leurs envois pour
les approprier aux habitudes des populations éloignées.
Peut-être aussi se montrent-ils moins disposés que les
Anglais à se plier aux exigences du dehors. Toujours

(1) Les vins de Bordeaux sont ceux qui conviennent le mieux au climat
du Brésil. Les médecins en conseillent l'usage contre les fièvres intermit-
tentes, et les Brésiliens les préfèrent toutes les fois qu'ils peuvent s'en procurer. Malheureusement, on n'en apporte pas la dixième partie de ce qui
pourrait s'en consommer. (*Annales du Commerce extérieur.*)

est-il que certaines de nos marchandises peuvent se trouver distancées dans quelques pays, soit parce que notre marine ne fait pas en leur faveur une propagande assez active, soit parce que nos fabricants veulent imposer leur goût au lieu d'accepter celui des acheteurs étrangers, sans qu'on puisse rien conclure de ce fait dans l'examen des conditions nécessaires à l'industrie française sur le marché intérieur.

XV.

Pressés par l'évidence, beaucoup de manufacturiers ne soutiennent plus la nécessité absolue des prohibitions. Ils se contenteraient de droits de 25 p. 100 exactement recouvrés. Mais ils allèguent, en premier lieu, que la barrière, une fois abaissée, ne tarderait pas à être complètement renversée; puis, que des taxes de 25 p. 100 ne seraient point perçues, parce que la contrebande, affranchie des recherches à l'intérieur, se chargerait des introductions moyennant une prime de 10, 12, 15 p. 100; enfin, que la Belgique et l'Angleterre, dont la production exubérante est soumise à des crises presque périodiques qui obligent les détenteurs à vendre, en quelque sorte, à tout prix, n'hésiteraient pas, dans un moment d'embarras, à faire un sacrifice considérable pour disposer de notre vaste marché, et viendraient ainsi, tous les quatre ou cinq ans, jeter la perturbation dans nos principales industries. A vrai dire, ces trois objections sont tout ce qui reste aujourd'hui du faisceau d'arguments qu'on oppose, depuis 1814, à la levée des prohibitions. Examinons ce qu'elles peuvent avoir de fondé.

Les prohibitions établies en France s'appliquent à des objets qui peuvent supporter, sans dommage pour les

intérêts généraux du pays, un droit de douane de 25
p. 100. De l'aveu de plusieurs libres-échangistes, pour
des plaqués, pour des cristaux, même pour des tissus,
cette taxe n'aurait rien d'excessif. Il ne resterait donc
plus de motifs sérieux, quand on l'aurait adoptée, pour
l'abaisser encore, et comme le Pouvoir sait à merveille
que l'industrie a besoin de stabilité, il se contenterait
évidemment d'avoir trouvé, entre la doctrine d'une
liberté absolue et le principe des prohibitions, un terrain
de conciliation où pussent venir s'éteindre les débats
animés qui ne cessent de mettre en question le régime
économique de nos principales manufactures.

En formulant la seconde objection, on semble oublier
que le droit de recherche (1) existe uniquement à l'égard
des tissus ou filés de coton et des étoffes de laine. Toutes
les autres marchandises prohibées en sont affranchies.
Cependant le service des douanes ne signale jamais
d'introductions frauduleuses de quelque importance en
matière de cristaux, de plaqués, de produits chimiques,
de coutellerie, de savons. Pour s'exercer avec avantage,
la contrebande doit avoir pour objet, ou des marchandises présentant une grande valeur sous un très-faible
volume, comme les dentelles, les cachemires, les articles d'horlogerie, les aiguilles à coudre, ou des produits
tels que le tabac, dont le cours, en France, soit infiniment plus élevé qu'à l'étranger. Les tissus de laine ou
de coton, que les Anglais, les Belges ou les Allemands

---

(1) Le Gouvernement, afin de rassurer les manufacturiers, s'était montré
disposé, en 1834, à concilier le maintien de ce droit avec la levée des
prohibitions. Mais, introduit par amendement dans la loi de 1816, en dehors
de l'initiative du Gouvernement, il constitue une faculté exorbitante que ne
saurait plus justifier, dans l'état de nos mœurs publiques, la répression de
quelques opérations de fraude.

pourraient nous envoyer, n'offrent pas, en général, ces
caractères. Nous sommes loin, d'ailleurs, de l'époque
où les violences du blocus continental avaient presque
popularisé les contrebandiers ; l'opinion s'est modifiée,
et la désertion ne réunit plus aux frontières un personnel tout formé pour le commerce interlope. Les
denrées coloniales elles-mêmes, si faciles à transporter
clandestinement sans altération, grevées de droits énormes relativement à leur valeur, sont de plus en plus
délaissées par la fraude. Nous ne voulons pas dire
qu'elle ne tentât point, au moment où le droit de
recherche disparaîtrait avec les prohibitions, d'introduire quelques parties de filés fins ou de tissus de prix.
Mais on s'abandonnerait à des craintes sans fondement
si l'on croyait voir là un danger grave pour l'industrie
française de la laine ou du coton.

La dernière objection que nous ayons à discuter peut
paraître plus sérieuse. C'est celle que M. Thiers, dans
le débat de 1851, a mise le plus vivement en saillie. Il
soutenait que la prohibition pouvait seule empêcher les
Anglais, dans le cas d'une crise commerciale, de se
débarrasser à nos dépens, en perdant 30, 35, 40 p. 100,
des produits dont ils seraient encombrés. Burcke affirmait aussi, à propos du traité de 1786, que les manufacturiers français se résigneraient à des pertes momen-
tanées pour ruiner les fabricants anglais ! Depuis 1851,
une nouvelle crise est survenue, après tant d'autres,
sans que les Anglais aient inondé notre marché de fontes
ou de fers, de fils ou de toiles de lin, de filés de coton
à numéros élevés ou de tout autre produit affranchi de
la prohibition. Est-ce que la production métallurgique, dont les désordres ont souvent affligé la Grande-
Bretagne, est plus exempte d'embarras que celle de la

poterie? Est-ce que le stock des cotons filés fins ou des toiles et fils de lin ne s'engorge point parfois comme celui des toiles de coton, des filés communs ou des lainages? Et s'il est vrai que les Anglais n'ont pu trouver avantage à se soumettre à nos droits actuels pour nous livrer en quantités considérables des toiles ou des fils de lin, des fontes ou des fers, qu'ils fabriquent incontestablement à meilleur marché que nous, comment supposer qu'ils nous inonderaient, malgré des taxes de 20 à 25 p. 100, de tissus de laine ou de coton qui se vendent en détail, à Paris, à plus bas prix qu'à Londres?

XVI.

On n'aperçoit donc pas de motif vraiment sérieux pour conserver, au moment où tous les intérêts se rapprochent, les prohibitions qu'un funeste antagonisme a fait établir. Si l'Administration n'eût pas cru devoir s'arrêter aux résistances soulevées par son dernier projet de réforme, les fabricants qui ont menacé de fermer leurs ateliers auraient probablement reculé devant un jeu si périlleux. Dans tous les cas, les ajournements, en matière de tarifs de douanes, déplacent les difficultés sans les résoudre. Est-on plus avancé aujourd'hui qu'on ne l'était il y a quarante-quatre ans, lorsque M. Émeric David ne demandait plus pour les prohibitions que *quelques jours* d'existence? Pouvons-nous supposer, devons-nous désirer que la puissance de production de l'Angleterre, cet éternel argument de l'école restrictive, s'abîme dans quelque grand cataclysme? A l'approche de 1861, les convictions ne s'inclineront pas faute de raisons ou de prétextes, et l'on verra se reproduire les manifestations qui ont fait hésiter l'État en 1814, en 1830, comme en 1856. Mais le Gouvernement, fort de ses convictions,

seul organe impartial des intérêts de tous, qui se con-
fondent dans le sien, ne voulant et ne pouvant vouloir
que la prospérité du plus grand nombre, trop notoirement préoccupé du bien-être des classes ouvrières pour
être suspecté de le sacrifier à des réformes mal étudiées,
saura sans doute faire triompher son initiative des prétentions individuelles. Plus, même, il aura montré de
longanimité, plus il sera autorisé à proposer au Corps
législatif une modification efficace. Déclarer aux manufacturiers qu'on va ent'rouvrir la porte pour n'y rien
laisser passer, ce serait manquer de franchise à leur
égard, ou leur fournir l'argument décisif qu'ils ont déjà
opposé, en 1834, à M. Duchâtel : « Si vous comptez, lui
» disaient-ils, ne supprimer que le nom en maintenant
» la chose, à quoi bon nous inquiéter ? » Les pouvoirs
publics prendront une position plus nette et plus sûre
en proclamant que la révision du tarif doit avoir pour
résultat de faire apparaître sur nos marchés une partie
plus ou moins considérable des marchandises qui en sont
maintenant exclues.

XVII.

Sous ce rapport, le projet de loi du 9 juin 1856, modifié par le décret du 22 du même mois, avait peut-être
fait de trop larges concessions aux alarmes des intéressés.
Il serait à craindre que des droits de 35 à 40 p. 100 ne
frappassent la réforme d'impuissance, et le Gouvernement, s'il remplaçait les prohibitions par des droits excessifs, ne serait pas en mesure de peser, par son
exemple ou par ses conseils, sur les déterminations des
autres peuples. Dans notre opinion, les taxes les plus
élevées ne devraient pas dépasser 25 p. 100.

Les situations respectives nous semblent même assez

nettement indiquées pour que l'on s'abstienne d'ouvrir
de nouvelles enquêtes contradictoires. Celles qui ont
déjà eu lieu n'ont abouti qu'à surexciter l'antagonisme
des intérêts. Il est facile d'apercevoir l'utilité d'une
enquête sur l'impôt des boissons, sur l'impôt du sel, sur
le travail des enfants dans les manufactures, sur cent
autres questions qui peuvent mettre en lumière des faits
précis, bien que susceptibles d'appréciations diverses.
Mais une enquête sur le point de savoir dans quelle mesure telle ou telle industrie a besoin de la protection du
tarif des douanes ne peut amener que désordre et confusion. En pareil cas, il s'agit de dégager exactement
les prix de revient, c'est-à-dire de poursuivre une chi-
mère, car il n'y a pas d'industrie qui puisse avoir des
prix de revient uniformes. Ils varient selon les salaires,
qui présentent d'un département à l'autre des écarts de
30 à 40 pour 100, suivant le cours des matières premières, l'importance des capitaux, l'appropriation des
établissements, le degré d'intelligence ou d'activité des
chefs d'entreprise, et plus encore, parfois, suivant les
moyens de transport dont on dispose. Nous avons visité
dans les Pyrénées des forges, dites *catalanes,* qui en
étaient réduites à faire venir à dos de mulet le minerai
et le combustible de gisements ou de charbonnières
éloignés de plusieurs lieues. Comment arrêter des prix
de revient également applicables à de telles entreprises
et à nos grands établissements métallurgiques? Pour une
production dans laquelle les frais de transport ont une
bien moindre importance, les cotons filés, nous avons
vu M. Jean Dolfus, l'un des plus habiles manufacturiers
de cette riche Alsace dont l'industrie jette tant d'éclat
parmi nous depuis un demi-siècle, affirmer que les filés
français coûtaient, en moyenne, seulement 5 p. 100 de

plus que les filés anglais, tandis que ses adversaires
évaluaient la différence à 40 p. 100! L'élasticité des
calculs et des éléments d'appréciation, la diversité des
situations, se sont toujours prêtées et se prêteront constamment à de telles divergences. Récemment encore,
M. Ed. de Roucy, membre de la Chambre de commerce
d'Amiens, chargé d'aller étudier à Manchester l'industrie
des velours de coton, a présenté, dans son rapport, des
prix de revient d'après lesquels les Anglais fabrique-
raient ce produit à 85 p. 100 au-dessous des débours
de leurs concurrents français! Il est certain qu'ils en
avaient exposé, en 1855, de beaux spécimens cotés à
bon marché. Mais, si l'on tenait pour exacts les chiffres
de M. de Roucy, ne devrait-on pas en conclure qu'une
industrie aussi distancée a bien peu profité de la prohibition qui l'abrite depuis 60 ans? Et si, en 1858, on
pouvait être admis à demander, pour une fabrication
déjà ancienne, une protection calculée de manière à ra-
cheter un écart de 85 p. 100 dans les prix, autant ne
vaudrait-il pas dire avec le député de l'Aisne (chap. VI)
que la prohibition doit être éternelle? (1)

_____

(1) Nous exportons annuellement plus de 50 mille kilog. de draps et velours de coton sur les marchés où nous nous trouvons en concurrence avec
l'Angleterre, en Espagne particulièrement. La moyenne officielle des trois
dernières années est de 50,320 kilog.

CHAPITRE XIX.

FONTES. — FERS. — ACIERS. — MACHINES.

Sacrifices que le tarif des fers a imposés aux consommateurs. — Difficultés que la hausse des cours a créées. — Expédients qu'elle a fait adopter. — La guerre et l'industrie métallurgique. — État précaire de beaucoup d'établissements fondés dans de mauvaises conditions sous l'influence de l'exagération des droits. — Fabrications spéciales; propriété forestière. — Situation des grandes usines. — Effet des réductions décrétées depuis 1836. — L'élévation du prix du fer inconciliable avec les besoins de notre civilisation. — Tarif qui paraîtrait devoir être adopté. — Nécessité d'abaisser aussi le droit sur les aciers. — Nouveau procédé de fabrication. — Régime des machines.

I.

Après les produits prohibés se présentent d'abord les fers. On peut même les envisager comme occupant le premier rang dans l'économie générale du système protecteur par l'importance des intérêts divers qui s'y rattachent et par la vivacité des débats qu'ils ont provoqués.

La question des fers est difficile à aborder, non pas qu'elle ne soit simple en elle-même, mais parce que les faits y offrent un tel caractère qu'on ne peut guère les exposer avec exactitude sans paraître s'abandonner à des exagérations.

En 1814, le Gouvernement proclamait que le fer, matière première d'un grand nombre d'industries, ne devait être soumis qu'à des taxes modérées. On a vu comment il fut conduit à s'écarter de ce principe. Ainsi que nous l'avons rappelé, le droit, fixé d'abord à 16 fr. 50 c. avec le décime, fut élevé, en 1822, à 27 fr. 50,

c'est-à-dire à 120 p. 100 de la valeur réelle du produit.
Ce fut seulement en 1836 qu'on le réduisit à 22 fr. 50,
et il est aujourd'hui de 12 fr., double décime compris.

Ces divers tarifs ont imposé au pays une charge
fort lourde. Nous n'avons point la pensée d'en évaluer
le chiffre avec une précision mathématique évidemment
très-difficile à atteindre en cette matière. Mais il n'est
peut-être pas impossible de s'en rapprocher.

De 1815 à 1821 inclusivement, la consommation du
fer en France a absorbé 840,000 tonnes environ. Sans
le droit de douane, les prix français se seraient nivelés
sur le prix des usines du Nord. On ne connaissait guère
alors que les fers russes ou suédois, fabriqués, comme
les nôtres, au bois et au marteau. Vendus, dans nos
entrepôts, de 300 à 360 fr. la tonne, ils auraient pu
être livrés, dans l'intérieur de la France, de 340 à 400 fr.
environ, et, en raison de leur excellente qualité, ils
auraient nécessairement refoulé les fers français qu'on
aurait tenus plus haut. Mais, à la faveur de la taxe de
165 fr. par tonne, nos maîtres de forges vendaient de 500
à 565 fr., quelquefois même plus cher. La moyenne des
cours, de 1815 à 1821, varia de 520 à 600 fr. Par un
phénomène bien des fois observé, l'impôt agissait dans
une proportion supérieure à sa quotité réelle. Toutefois,
nous ne tiendrons pas compte de ce résultat particulier.
En calculant uniquement d'après l'élévation correspondante au droit, on voit que la France, dans la période de sept ans dont nous nous occupons ici, paya
le fer 165 fr. par tonne au-dessus du prix qu'aurait
amené la libre concurrence, ce qui représente, pour
840,000 tonnes, la somme de....... 138,600,000 fr.

A reporter............ 138,600,000 fr.

Report ...... 138,600,000 fr.

De 1822 à 1835, le sacrifice fait à la métallurgie et à la propriété foncière devint encore plus onéreux. Les préventions qui avaient d'abord accueilli les fers fabriqués à la houille s'étaient peu à peu dissipées. Si, pour certains usages, les fers au bois étaient toujours préférables, pour beaucoup d'autres, les fers à la houille pouvaient être employés tout aussi avantageusement, et l'énorme différence du prix devait les faire rechercher. La consommation s'était accrue dans des proportions considérables ; elle avait absorbé 2,240,000 tonnes, qui, vendues avec une plus-value de 275 fr. par tonne, correspondent à une surcharge de 646,000,000

Dans les vingt-deux années suivantes, la consommation, se développant chaque jour, a employé 6,824,600 tonnes dont la plus-value, approximativement établie d'après les nouveaux droits, donne........... 1,125,000,000

En appliquant le même mode de calcul aux fontes, sans remonter même au-delà de 1822, on arrive au résultat que voici :

Les propriétaires des hauts-four-

A reporter .... 1,879,600,000 fr.

	Report...... 1,879,600,000 fr.
neaux français ont livré, sous l'empire du droit de 1822, 560,000 tonnes de fontes, plus tard 12 millions 709,000 tonnes, en tout 13 millions 269,000 tonnes, qui représentent une surcharge d'environ.........	620,000,000
Total général..........	2,499,600,000 fr.

Nous le répétons, de semblables calculs sont nécessairement discutables. Dans quelques circonstances, les fers belges ou anglais se sont cotés en hausse, tandis que les fers français se trouvaient en baisse, et si l'on s'arrêtait à ces cours exceptionnels au lieu de prendre pour terme de comparaison la situation habituelle de chaque marché, on pourrait signaler des résultats très-différents de ceux que nous indiquons. Mais ce serait raisonner sur une anomalie. En général, les prix des fers français suivent régulièrement l'impulsion du marché anglais : en hausse quand les cours s'élèvent chez nos voisins, en baisse lorsqu'ils diminuent, se maintenant à la limite extrême au-dessus de laquelle les fers anglais pourraient nous arriver malgré la taxe. A Bordeaux, par exemple, les fers français de qualité moyenne étaient tenus dans les magasins de gros, il y a quelques mois à peine, à 37 fr., parce que les fers anglais valaient en entrepôt 26 fr. Aujourd'hui que les fers anglais sont offerts à 18 fr., les nôtres se cotent à 29 fr., et ils remonteront certainement, comme cela a eu lieu jusqu'à présent, si la hausse se manifeste au-delà de la Manche.

Allèguera-t-on que les réductions de droits décrétées par le Gouvernement impérial atténuent la surcharge

dont nous avons résumé les éléments? Elle a nominale-
ment diminué, en effet. Mais l'extension de la consommation fait porter la plus-value sur des quantités qui
deviennent tous les jours plus considérables. Décompo-
sons la situation pour une seule année, pour 1857, et
voyons les chiffres qu'elle nous donne.

D'après un document émané du ministère du commerce, la France a produit, dans cet exercice, 854,800
tonnes de fonte et 498,700 tonnes de fer. Avec les
importations on obtient, pour la consommation générale
de l'empire, 949,500 tonnes de fonte et 521,600 tonnes
de fer. Nos cours s'étant nivelés, à 1 ou 2 fr. près (les
prix-courants le constatent), sur la cote des fers anglais
augmentée du montant du droit, la plus-value dépasse
100 millions.

Au total, nous avons plutôt atténué que grossi nos
chiffres. Ainsi nous croyons ne pas nous écarter sensiblement de la vérité en admettant que le tarif des fers
a coûté aux consommateurs français 100 millions de
francs en 1857, et, depuis 1814, au-delà de 2 milliards.

Cette somme excède de beaucoup le montant de tous
les salaires payés aux ouvriers employés dans les
mines et dans les usines métallurgiques (1), c'est-à-dire
que l'impôt, un impôt caché aussi lourd qu'eût pu l'être

(1) En prenant pour type 1850, M. Moreau de Jonnès établit ainsi le montant des salaires :

Extraction du minerai.............. 12,000,000
Fabrication de la fonte et du fer..... 18,000,000

Total............... 30,000,000

Ce serait, pour quarante trois ans, 1,290 millions de salaires. Mais comme
la production de 1850 a été infiniment supérieure à la moyenne annuelle de
1814 à 1857, les salaires payés pendant cette période représentent à peine 7 à
800 millions, c'est-à-dire le tiers environ de la surcharge imposée aux consommateurs par le tarif.

un impôt direct nettement formulé dans la loi, a soldé
la main-d'œuvre pour le compte des maîtres de forges.
Quand le pays, en 1814, leur reprochait, par l'organe
des ministres du roi, *de n'avoir pas visé à l'économie de
la production;* quand il était constaté, dans l'enquête de
1828 et dans les déclarations du gouvernement de 1830,
qu'ils avaient abusé de la position, on évitait encore de
pénétrer au fond même des choses : en réalité, les maîtres de forges, au lieu de vivre de leur industrie, ont
vécu des subventions de la communauté.

II.

D'un autre côté, l'intérêt métallurgique a créé, à
diverses époques, de bien regrettables empêchements.
Il a beaucoup contribué à faire avorter le projet d'union
douanière avec la Belgique. En 1847, il a contraint
M. Guizot à renoncer à un traité fort avantageux pour
la France qu'il avait concerté avec le cabinet de Stoc-
kholm (1). Pour l'industrie du bâtiment, il a maintenu
notre pays à une énorme distance de l'Angleterre dans
les applications de la fonte et du fer. Pour l'établissement
de nos lignes de railways, il a occasionné des retards
plus préjudiciables peut-être que l'exagération des prix.
Sous la monarchie de 1830, la compagnie du chemin de
fer de Saint-Germain se vit forcée, à la suite de négociations sans fin avec nos maîtres de forges, de faire venir
des rails d'Angleterre, en acquittant le droit de 270 fr.
par tonne. Quelques années plus tard, nos usines étant

(1) La Suède consentait à réduire de moitié les droits d'entrée sur nos alcools, à recevoir nos vins à raison de 7 fr. par hect., nos soieries et nos tissus
de laine moyennant 10 p. 100 de la valeur, à la seule condition que la France
admettrait les fers au bois à des taxes modérées.

encore hors d'état de fabriquer de suffisantes quantités de rails, la compagnie du chemin de fer de Paris à Strasbourg dut avancer les fonds nécessaires pour la construction de fourneaux et d'ateliers d'affinage. La compagnie du Nord, celle de Lyon, éprouvèrent également de grands embarras. Le Gouvernement lui-même ne resta pas à l'abri de ces tiraillements. Le ministre des travaux publics échoua dans une adjudication de rails pour la voie de Paris à Chartres. Cependant il offrait aux adjudicataires 345 fr. par tonne, bien que plusieurs d'entre eux fussent en mesure de livrer à 300 fr., même à 250 fr.; mais les étrangers ne pouvant, en raison du droit de douane, alors de 206 fr. 25 par tonne (187 fr. 50 en principal), fournir à moins de 400 fr., les maîtres de forges, étroitement unis, exigeaient que le Ministre leur accordât ce prix.

Les mêmes difficultés se sont reproduites dans les dernières années. L'accroissement de la consommation ayant relevé le cours des fers anglais au moment où l'administration impériale venait de décréter la réduction du droit, nos maîtres de forges ont pu, malgré le changement du tarif, maintenir et augmenter même beaucoup leurs exigences. Non seulement les usines bien organisées ont continué à réaliser d'énormes bénéfices qui ont lourdement pesé sur la consommation, mais la production s'est trouvée dans l'impossibilité de subvenir en temps utile à tous les besoins. Des travaux importants ont été de nouveau ajournés, parce que les entrepreneurs ne pouvaient pas obtenir à bref délai les fers qu'ils avaient commandés. Rendus maîtres absolus des cours par l'activité des demandes, les propriétaires de forges auraient pu forcer encore la hausse. Plusieurs d'entre eux y poussaient. Il a fallu que les plus sages, voulant prévenir avant tout une nouvelle réduction de droits, agissent sur leurs confrères pour contenir leurs prétentions. D'habitude, les coalitions ont pour objet l'élévation des prix. Ici, c'est pour les empêcher de monter que les intéressés se sont concertés, et ce fait, probablement unique dans l'histoire de l'industrie, marque d'un caractère à part le régime des fers.

III.

Le temps d'arrêt survenu dans la hausse n'était cependant qu'un palliatif. Il laissait les cours à un prix excessif, et les maîtres de forges, tout en s'efforçant d'activer leur production, ne pouvaient pas suffisamment approvisionner le marché. Le Gouvernement, pour fournir à certaines compagnies de chemins de fer les moyens de hâter l'achèvement de leurs lignes, a dû les autoriser à importer des rails anglais, moyennant un droit inférieur de 40 p. 100, en moyenne, à la taxe inscrite au tarif; il a également admis en franchise tous les matériaux destinés aux constructions navales, et si ces expédients ont pu être l'objet d'observations critiques, si l'on s'est demandé en vertu de quel principe on accordait une réduction d'impôt à telle ou telle compagnie, si l'on n'a pas bien discerné pourquoi on la concédait pour les chemins de fer plutôt que pour l'agriculture et les nombreuses industries qui emploient les métaux, ce qu'on doit y voir surtout, ce sont de nouveaux témoignages des embarras de la situation.

IV.

Qu'a-t-on dit pour la justifier? On a parlé de gloire nationale et du danger de trouver la France, en cas de guerre, dépourvue de fer pour forger ses armes. On a ajouté qu'il y aurait un dommage grave, pour le pays, à laisser nos forges tomber en ruine et nos mines inexploitées.

Le premier motif n'est pas sérieux. Les Anglais, fussions-nous un jour en guerre avec eux, seraient les premiers à nous offrir leurs fers. Qui ne sait, d'ailleurs, que les quantités de métaux que pourrait exiger la lutte la plus longue et la plus acharnée ne forment qu'une portion à peine appréciable de celles dont l'agriculture et l'industrie font emploi? Sous l'ancienne monarchie, sous la République, sous Napoléon Ier, avons-nous manqué de fer à opposer au monde, quoique notre production fût dans l'enfance?

La seconde considération est plus digne d'examen. Mais a-t-elle, au fond, plus de valeur?

Par l'effet même de l'élévation des droits votés en 1814 et en 1822, il s'est fondé, en France, un grand nombre de forges qui, en raison de l'éloignement des matières premières, ne fonctionnent qu'à des conditions très-onéreuses. Des métallurgistes ont payé le charbon de terre 6 et 7 fr. l'hectolitre. Nous avons cité, dans le chapitre précédent, des forges pyrénéennes qui sont obligées de faire venir le minerai et le combustible, à dos de mulet, de gisements et de charbonnières fort éloignés. Il existe dans d'autres parties du Midi des hauts-fourneaux qui tirent leur minerai de l'Espagne, et, la fonte obtenue, l'expédient à des forges des départements du Nord. Toutes ces usines ne se soutiennent qu'à la faveur de prix excessifs. Dès qu'une baisse en Angleterre fait fléchir les cours du marché français, elles ne trouvent plus à vendre qu'à perte, et, en définitive, une partie considérable du sacrifice imposé aux consommateurs sert uniquement à atténuer les désastres d'établissements mal installés. Le fait n'est pas nouveau, car il avait déjà été signalé dans l'enquête de 1828. Y a-t-il donc là, au point de vue de la richesse générale du pays, un utile emploi de ses forces productives? Les capitaux, en France, surabondent-ils à tel point qu'on puisse, sans préjudicier à l'intérêt public, en détourner une portion de son courant naturel pour la jeter dans des exploitations dont l'existence factice doit disparaître au premier souffle d'une lutte sérieuse? Même aux beaux temps de 1822 et 1826, les prohibitionistes n'ont jamais prétendu qu'il fallût tout protéger. Ils ont constamment admis, au contraire, la nécessité de réserver l'action des tarifs pour les exploitations susceptibles d'arriver, un peu plus tôt ou un peu plus tard, à se soutenir par leurs ressources propres. Les forges qui ne produisent encore qu'à des prix exorbitants, après quarante-quatre ans d'épreuve, sont-elles dans ce cas? Ne se trouvent-elles pas condamnées à périr, à un moment donné, par la seule pression de la concurrence intérieure? Et si telle est, en effet, leur inévitable destinée, est-ce sur leurs besoins que doit être réglé le tarif des fontes et des fers?

VI.

On s'est prévalu de ce que plusieurs de ces usines produisent des qualités spéciales de fer très-recherchées pour quelques emplois industriels. Voudrait-on, par hasard, que l'État se constituât de nouveau juge des matériaux dont les travailleurs veulent se servir? Devrait-il imposer au pays, pour son approvisionnement en fer, un énorme supplément de dépense, afin d'assurer la fabrication de certaines espèces particulières? Si elles sont aussi précieuses qu'on l'assure, les producteurs

trouveront toujours à les placer ; et si l'on peut y sup-
pléer, elles tomberont, sans que l'étranger intervienne,
devant le bon marché des autres fabrications françaises.

La propriété forestière a également exercé, dans le
débat, une pression considérable. En 1822 et en 1826,
c'est principalement son intérêt qui a prévalu. Pour ce
qui la concerne, le tarif a bien produit les résultats
qu'elle en attendait. Tandis que le prix des fers et
de beaucoup d'autres objets appelés *matières premières*
baissait notablement, la valeur des bois s'élevait dans
une forte proportion. Mais est-il certain que la prime
accordée ainsi aux détenteurs de forêts n'ait pas contribué à accélérer le déboisement dont on s'est inquiété
à juste titre ? Est-il heureux pour le pays que le combustible de la très-grande majorité des consommateurs
ait doublé de prix ? Ne serait-il pas préférable qu'on
brûlât un peu moins de bois dans nos forges (1) et un
peu plus dans nos cités ouvrières ? On confond sans
cesse, quoique la science ait formulé des démonstra-
tions bien saisissantes, la valeur des choses et leur utilité. Est-ce qu'un million de stères de bois rend plus de
services quand il est vendu à 6 fr. le stère que s'il était
livré à 3 ?

VII.

Examinons maintenant si les forges bien installées,
bien outillées, qui constituent seules la véritable force de
notre industrie métallurgique, ne peuvent prospérer
qu'avec l'appui du tarif actuel.

M. Thiers, dont le nom revient fréquemment sous

(1) On a calculé que les forges dévoraient le quart de notre production.

notre plume parce qu'il est à bon droit l'un des plus accrédités parmi les protectionistes, disait à l'Assemblée
législative, en 1851 :

« Le fer à la houille français approche déjà beaucoup
» pour le prix du fer anglais, puisque le fer anglais coûte
» à Londres 12 à 15 fr., et que le fer français ne coûte
» pas plus de 16 fr. au lieu de production. »

Reprochera-t-on à M. Thiers de s'être trompé ? Ne
voudra-t-on pas lui concéder que nos métallurgistes
puissent vendre leur fer, à la forge même, au prix de
16 fr. le quintal métrique ? Il est vrai qu'on nous a
accoutumés à des prix bien autrement élevés, et que
l'indication de M. Thiers pourrait ne pas sembler exacte
si on la considérait comme une moyenne. Mais il a évidemment laissé en dehors de ses calculs les usines constituées de manière à ne fabriquer qu'à haut prix. Il aura
voulu parler seulement de celles qui se trouvent placées
dans des conditions favorables, et nous sommes convaincu qu'il n'aura pas précisé des chiffres, dans une
question aussi délicate, sans en avoir étudié avec soin
tous les éléments.

Du reste, si le taux de 16 fr. est un minimum pour
la France, le prix de 12 à 15 fr. est aussi une exception
à Londres. En général, le cours n'y descend pas au-dessous de 20 fr., et il faut même qu'il se maintienne habituellement plus haut, car, l'année dernière encore,
l'Angleterre ne nous envoyait que 23 mille tonnes de ses
fers, alors que les nôtres se vendaient, dans nos ports de
l'Océan, 36 et 37 fr., ce qui permettait au produit anglais
de s'y placer, nonobstant le droit, à 24 ou 25 fr.

On fait observer que nos voies de transport sont incomplètes (1) et que, par suite, les fers que nos pro-

_____

(1) A ce sujet, M. le comte de Morny a prononcé les paroles suivantes

ducteurs veulent expédier au loin se trouvent chargés de
frais très-lourds. Assurément, malgré les immenses travaux de viabilité exécutés en France depuis quelques
années, nous demeurons, sous ce rapport, bien loin de
la Grande-Bretagne. Mais si les transports sont onéreux
pour nos propres fers, ils ne le seraient pas moins pour
les fers anglais que le commerce dirigerait du littoral sur
l'intérieur, et il suffit par conséquent de se préoccuper,
pour établir l'équilibre, du prix de revient des deux fers
dans nos ports.

Or à 14 fr., cours évidemment bien faible, le fer anglais, grevé d'un fret de 2 fr. 50 de Londres au Hâvre,
de frais de chargement, de déchargement et de commission, reviendrait, dans ce dernier port, à 18 ou 19 fr.
au moins, à 20 fr. probablement, et l'on peut dès lors
ne pas s'expliquer, après la déclaration de M. Thiers,
comment un droit de 12 fr. serait nécessaire pour sauvegarder la position des grandes usines françaises.

Nous opposera-t-on ce que nous avons dit nous-même,
à la fin du chapitre XVIII, sur l'incertitude des discussions de tarif au moyen du rapprochement des prix de
revient ? Ce mode d'argumentation, nous le reconnaissons volontiers, est peut-être encore plus hypothétique
pour les fers que pour d'autres produits, parce que
la question se complique des fluctuations, souvent anormales, du marché anglais, où l'on a vu, presque d'une
année à l'autre, le prix des fers varier de 15 à 30 fr.
Mais ici le résultat du calcul est confirmé par des faits
authentiques. Malgré les brusques oscillations des cours

dans son discours d'ouverture de la session de 1858 du Conseil général du
Puy-de-Dôme :

« Si la France avait achevé ses routes et ses canaux, *elle pourrait faire*
« *sans crainte l'abandon des droits protecteurs.* »

de Londres, l'Angleterre ne nous a fourni, depuis la réduction de taxe décrétée en 1853, que des quantités de fer tout-à-fait insignifiantes relativement à notre production. En comprenant même les rails admis à des droits exceptionnellement abaissés de 40 p. 100, la proportion, pour 1857, ne dépasse pas 4 1/2 p. 100. Les rails en dehors, elle était restée, en 1856, dans d'aussi étroites limites, quoique les fers français fussent tenus à haut prix. En 1855, elle n'avait pas atteint 2 p. 100. En 1854, elle avait été en quelque sorte inappréciable puisque les envois anglais s'étaient réduits à 189 tonnes (1). L'importation est donc encore à peu près impossible bien que les forges françaises ne fournissent qu'à grand'peine aux besoins, toujours croissants, de la consommation, et il paraît difficile de ne pas trouver dans ce fait la preuve manifeste de l'exagération du tarif.

VIII.

A propos d'une réduction demandée en 1834, M. Meynard, parlant au nom de la commission des douanes, à la Chambre des députés, exposa dans son rapport du 29 avril que l'Angleterre, si cette réduction était accordée, *pourrait, à l'instant même, fournir la totalité de nos besoins pour plusieurs années.* En 1836, M. Thiers s'efforça de démontrer que l'adoption des propositions formulées par M. Ducos ruinerait inévitablement la métallurgie française. En 1851, argumentant pour les fers comme il avait argumenté pour les tissus de coton, il soutint que le rapprochement des prix ne devait

(1) Si l'on remonte au-delà du décret de 1853, on voit que, de 1822 à 1857 inclusivement, les importations de fers, comparées à la production intérieure, ne dépassent guère 2 p. 100.

pas être, pour la France, un motif d'abaisser ses tarifs, parce qu'il fallait une barrière élevée pour empêcher l'Angleterre d'inonder notre marché au premier embarras commercial. Cependant la réduction que M. Meynard signalait, en 1834, comme si périlleuse, a été votée, en 1836, sans qu'il en soit même résulté un instant de malaise. Les maîtres de forges ont pu également affronter sans dommage les nouvelles réductions décrétées en 1853. Finalement, le droit sur les fers, depuis 1834, a été diminué de 56 p. 100; tous les métaux destinés aux constructions navales ont été admis en franchise (1), et notre production métallurgique, au lieu de succomber, a continué de grandir (2).

Les défenseurs des maîtres de forges s'étaient donc exagéré démesurément le danger de la concurrence étrangère. Lorsqu'ils affirment aujourd'hui qu'on a atteint l'extrême limite des réductions compatibles avec l'existence d'une métallurgie nationale, doivent-ils inspirer plus de confiance? Les chiffres que nous avons cités répondent à cette question. Une nouvelle diminution de droits survenant, les maîtres de forges, à l'exemple des

(1) Cette mesure, très-vivement attaquée par les métallurgistes, a occasionné quelques faits de détail regrettables. Mais si elle n'a pas exercé une influence bien décisive sur nos chantiers de construction, elle n'a pas, non plus, amené sur le marché des fers les perturbations graves que les maîtres de forges y ont rattachées. En 1857, c'est-à-dire alors précisément que les importations en franchise offraient le plus d'activité, les cours se maintenaient encore au taux de 1846 et 1847.

(2) Nous écrivons en vue d'une situation normale. Depuis quelque temps, la fabrication s'est ralentie. Mais c'est un résultat accidentel de la crise commerciale qui a resserré la consommation du fer comme celle de tant d'autres produits. Sous l'empire des droits prohibitifs établis en 1822, l'industrie métallurgique a également traversé des périodes de malaise. L'importation n'y était évidemment pour rien, et elle est tout aussi étrangère (les chiffres le démontrent) aux embarras dont se plaignent aujourd'hui les maîtres de forges.

betteraviers, concentreraient leurs forces, et se trouveraient probablement mieux assis qu'ils ne le supposent
eux-mêmes. Moins attaqués, plus assurés de l'avenir,
amenés à introduire dans leur industrie les procédés les
plus économiques, ils imiteraient les producteurs anglais
qui savent renoncer, pour étendre leurs débouchés, à
des bénéfices exagérés. Tout indique qu'il y aurait pour
eux plus de profit réel à stimuler la consommation par
la baisse des prix qu'à la monopoliser en repoussant les
fers étrangers. N'est-il pas évident que l'industrie des
fontes et des fers aurait présenté plus de vitalité et moins
de ruines individuelles, si le tarif, au lieu d'offrir de telles
chances de bénéfices qu'on ait cru pouvoir se passer de
prévoyance et d'économie, n'eût accordé à la fabrication
nationale qu'une protection modérée? Les souffrances
amenées par l'invasion auraient pu être un moment plus
douloureuses. La transformation de la production au
charbon de bois et au marteau serait devenue plus
difficile parce qu'elle eût dû être plus rapide. Mais
les établissements fondés et dirigés avec sagesse auraient
résisté, et la France n'aurait pas acquitté une subvention
de 2 milliards.

IX.

Quand on a taxé les grains de l'étranger, on aurait
considéré comme une monstruosité de barrer le passage
aux cours d'eau qui viennent de son territoire fertiliser
notre sol. Est-il beaucoup plus logique de frapper le fer
de droits assez élevés pour agir presque à l'égal d'une
prohibition absolue? N'est-il pas aussi précieux pour
l'industrie que les moyens d'irrigation pour l'agriculture?
M. Ferrier lui-même, en général si affirmatif, et dont le
livre offre l'expression la plus complète du système res-

trictif, hésite sur la question des fers. « Ici, dit-il, on
» doit mettre d'accord les propriétaires des forges avec
» les diverses industries au sujet desquelles il importe
» d'avoir le fer à bas prix et de l'avoir de première
» qualité. » Dans un siècle où les efforts de l'homme,
renversant tout-à-coup les barrières qu'on pouvait croire
infranchissables, s'élançant au-delà des voies explorées,
transformant la nature morte en forces vives d'une irrésistible puissance, impriment à tous les travaux matériels
un mouvement dont l'immensité peut surprendre les
esprits les plus résolus, est-il bien de disputer à l'intelligente activité de la société ses moyens d'action les
plus parfaits? Ne faut-il pas que la fonte et le fer abon-
dent sur le marché pour se substituer de plus en plus à
la pierre et au bois, pour fournir aux travailleurs des
champs des instruments plus économiques, pour multiplier ces machines merveilleuses qu'un souffle créateur
semble animer, pour relier nos arrondissements les plus
reculés aux grandes artères de railways, et, dans quelques années, ne se demandera-t-on pas comment ces
intérêts de premier ordre ont pu rester si long-temps
sacrifiés aux prétentions des métallurgistes? (1)

(1) Turgot écrivait à l'abbé Terray, contrôleur général des finances :
« Le fer n'est pas seulement une denrée de consommation utile aux diffé-
» rents usages de la vie : le fer qui s'emploie en meubles, en ornements, en
» armes, n'est pas la partie la plus considérable des fers qui se fabriquent et
» se vendent. C'est surtout comme instrument nécessaire à la pratique de
» tous les arts, sans exception, que ce métal est si précieux, si important
» dans le commerce... Défendre l'entrée du fer étranger, c'est donc favoriser
» les maîtres de forges, non pas seulement, comme dans les cas ordinaires de
» prohibitions, aux dépens des consommateurs nationaux, c'est les favoriser
» aux dépens de toutes les manufactures, de toutes les branches d'industrie,
» aux dépens de l'agriculture et de la production des subsistances. »

X.

Toutefois, après avoir, pendant quarante-quatre ans, subordonné à l'intérêt particulier des maîtres de forges l'intérêt bien autrement général des travailleurs agricoles ou industriels qui emploient la fonte et le fer comme matière première ou à l'état d'outils, il ne faut pas, se jetant dans l'excès contraire, exposer notre production métallurgique aux perturbations d'une transformation radicale. C'était l'écueil du tarif de M. de Sainte-Beuve. Son droit de 1 fr. par 100 kilog. aurait pu, du moins pour long-temps, assurer à l'Angleterre l'approvisionnement exclusif d'une grande partie de notre littoral. Mais une taxe de 5 fr. (6 fr. avec le double décime) semblerait offrir une base de transaction également acceptable pour les producteurs et pour les consommateurs. Quoique représentant encore environ 25 à 30 p. 100 du prix moyen des fers anglais (1), elle ne pourrait ni entraver les approvisionnements ni laisser aux métallurgistes la faculté de maîtriser les cours, et cependant, si nos calculs ne nous trompent pas, elle suffirait pour contenir la concurrence étrangère dans des limites qui la rendraient sans péril. On ne doit pas perdre de vue que l'emploi de la fonte et du fer, en France comme à l'étranger, acquiert chaque jour des proportions plus considérables. Tout paraît annoncer que la consommation conservera assez de développement pour absorber, outre la production nationale, l'excédant d'importation que le nouveau tarif pourrait provoquer, et si la protection devenait trop faible à

—————————

(1) Le droit sur les fontes serait naturellement ramené aux mêmes proportions.

l'égard des établissements, sans forces propres, pareils
à ceux qu'avait fait surgir, en Angleterre et en Belgique,
il y a peu d'années, la fièvre de la spéculation, ce ne
serait que l'accomplissement de la destinée à laquelle
les condamnent fatalement les conditions de leur existence.

XI.

Le droit des aciers en barres devrait aussi être abaissé,
car, pour certaines espèces, il représente 50 p. 100 de
la valeur.

Depuis fort long-temps, la Grande-Bretagne, toujours
bien inspirée dans les questions de commerce et d'industrie, n'a rien négligé pour se procurer les meilleurs
aciers du Nord, ou les fers les plus propres à en fabriquer de bons. La France, au contraire, a cherché à affranchir ses propres métallurgistes de toute concurrence
par des taxes prohibitives. Aussi, lorsque l'Angleterre,
employant les produits des mines de Dannemora (1),
portait sa coutellerie à un haut degré de perfection,
la France imprimait aux formes le cachet de son bon
goût, faisait de très-jolis manches, mais, faute d'acier
de Suède à un prix modéré, n'y plaçait très-souvent
que des lames d'une désolante médiocrité. On le comprend : si, pour les articles de grand luxe, les fabricants ne regardent pas au prix de la matière première,
il en est tout autrement pour les objets de consommation
générale ; pour ceux-ci, l'intensité de la concurrence
fait rechercher le bon marché de la production, et quand

(1) Les fers de Suède occupent le premier rang, en laissant même, jusqu'à ce jour du moins, tous les autres à une grande distance pour la fabrication des aciers. (*Rapport du jury de* 1855.)

les matériaux de choix sont chers, on n'en emploie que d'inférieurs. La situation s'est beaucoup améliorée sous ce rapport. Comme nous l'avons rappelé dans nos observations sur l'exposition universelle, la fine coutellerie française peut lutter actuellement avec toute autre. La diminution de droits décrétée le 22 septembre 1853 a contribué à ce résultat, en permettant au commerce d'importer, en 1856 et en 1857, 1,851,088 kilog. d'aciers en barres étrangers, tandis qu'il n'en avait été introduit, en 1851 et 1852, que 568,099 kilog. Dans la fabrication des outils (1), dans la quincaillerie, des résultats analogues ont été observés. Il importe de seconder ce mouvement, car l'usage de l'acier, qu'on substitue déjà au fer dans beaucoup de circonstances, paraît destiné à transformer avantageusement plusieurs branches d'industrie. Dès à présent, il y a, nous le croyons, plus d'intérêt à améliorer l'approvisionnement de nos armuriers, de nos couteliers, de nos quincaillers, qu'à entourer quelques aciéries d'une protection excessive. Dans ce but, on pourrait, à la fois, réduire le droit sur les fers, ce qui laisserait à nos aciéries plus de facilité pour se pourvoir de fers de Suède, et admettre les aciers en barres eux-mêmes moyennant 10 fr. par 100 kilog. (2)

(1) On doit attribuer une partie de l'avancement qu'on remarque dans l'industrie des outils à un choix plus avantageux des matières. (*Rapport du jury en 1855.*)

(2) On peut dire sans exagération que les progrès de l'industrie de l'acier portent en eux-mêmes des progrès pour la plupart des branches du travail. Des personnes que nous considérons comme d'excellents juges ont signalé parmi les causes qui avaient assuré à l'industrie britannique la supériorité marquée qu'elle a eue long-temps sur celle des autres peuples, l'impulsion heureuse que la persévérance et la sagacité de quelques hommes ingénieux avaient donnée dans le Yorkshire à la fabrication des aciers. (*Rapport du jury de 1855.*)

XII.

A la vérité, un nouvel élément intervient au débat.
M. Stengel, directeur des fonderies royales de Löhe
(Prusse rhénane) a tenté le premier, il y a quelques
années, de fabriquer de l'acier par le procédé du puddlage, exclusivement employé, jusque-là, pour le fer.
Ces premiers essais, d'abord peu fructueux, ont été con-
tinués avec plus de succès. Aujourd'hui, plusieurs métallurgistes de la Prusse rhénane, l'établissement de Se-
raing, en Belgique, le Creusot, en France, livrent au
commerce, à des prix réduits, des aciers obtenus
par le traitement direct de la fonte. On tend même à
employer à cet usage des fontes de toute qualité. Mais
si le Creusot se prévalait de cette situation expérimen-
tale pour demander le maintien du tarif actuel, on serait assurément fondé à objecter que les aciers provenant
du puddlage, fort inférieurs aux autres, ne valent
pas au-delà de 60 fr. par 100 kilog., et que, par conséquent, un droit de 10 fr., de 12 fr. avec le double
décime, représenterait encore une protection convenable.

XIII.

Le tarif des machines (1) a subi bien des changements, et l'on a vu qu'il a donné lieu, dans nos assemblées parlementaires, à d'importantes discussions. Deux
systèmes sont toujours restés en présence. La multiplicité des machines étant d'un immense intérêt pour le

---

(1) Nous plaçons cet article dans le chapitre relatif à l'industrie métallurgique, parce qu'il n'a pas assez d'étendue pour faire l'objet d'un chapitre
distinct.

pays, fallait-il demander à l'étranger celles qu'il avait inventées avant nous et qu'il fabriquait mieux, ou était-il préférable d'en ajourner la possession pour nous mettre en mesure d'établir dans nos propres usines toutes celles dont nous pouvions avoir besoin ? L'hésitation des esprits à ce sujet a fait naître parfois d'étranges contradictions dans les actes administratifs. Le tarif maintenant en vigueur soumet toutes les machines indistinctement, à vapeur ou autres, entières ou en pièces détachées, à un droit au poids qu'on a cherché à proportionner autant que possible à la valeur de chaque espèce. Il peut sembler anormal d'appliquer une taxe au poids à des machines qui, suivant la qualité de la matière et le fini de la main-d'œuvre, offrent parfois, dans les mêmes espèces, d'énormes différences de prix. En somme, cependant, ce mode de perception est le moins défectueux de tous ceux qu'on a mis en pratique jusqu'à présent. Considérés dans leur ensemble, les nouveaux droits sont relativement modérés. Le fer, la fonte et l'acier convertis en machines sont plus favorablement traités qu'à l'état brut. Personne n'a eu à se plaindre de cette dérogation au principe fondamental du régime protecteur. Les industriels français qui réclamaient l'aggravation du tarif manquaient plus de confiance que de ressources. Dans la succursale du palais de l'industrie, les Schneider, les Polonceau, les Gouin, les Cail, les Kœchlin, etc., ont figuré honorablement, soit pour la bonne confection de leurs machines à vapeur, soit pour les perfectionnements qu'ils ont su y introduire, à côté des plus habiles constructeurs anglais. Non seulement nos fabricants livrent aujourd'hui une grande partie des machines qui s'emploient en France, mais ils ont su trouver des débouchés à l'étranger. Les états publiés

par l'administration des douanes établissent qu'ils ont
exporté pour 4,437,679 fr. en 1856, et pour 4,688,988
francs en 1857. Quand ils pourront obtenir à plus bas
prix les matières premières, leur position sera définitivement assurée.

CHAPITRE XX.

MATIÈRES PREMIÈRES.

Confusion qui s'est faite dans les idées à l'égard des matières premières. — Houilles. — Laines. — Cotons. — Digression sur l'impôt. — Autres matières dites *matières premières*. — Admissions en franchise.

I.

Les métaux, les tissus, les filés et les autres objets prohibés dont nous venons d'examiner la législation douanière, forment à peu près les cinq sixièmes de l'industrie manufacturière en Europe. Si l'on prononçait la suppression complète des prohibitions pour les remplacer par des droits de 25 p. 100 en maximum, si l'on réduisait la taxe sur les fers à 5 fr. par quintal métrique, tous les autres articles si nombreux de notre tarif deviendraient aisés à régler sur les mêmes bases. Nous ne nous arrêterons donc plus, avant d'arriver aux denrées alimentaires, qu'aux produits désignés sous le nom de *matières premières*.

Il s'est fait, à leur égard, une véritable confusion dans les idées. Quand on parle d'admettre en franchise ou à des droits modérés toutes les matières premières, les partisans les plus résolus du régime restrictif acceptent les arguments et les opinions des libres-échangistes les plus avancés. Mais, d'accord sur le mot, on ne s'entend pas sur la chose qu'il exprime, et nous reconnaissons qu'il est assez difficile de s'entendre.

Il n'y a guère, en effet, de matières premières dans le sens absolu du mot, c'est-à-dire de matières vierges de tout travail. Celles que nous offre la nature doivent être appropriées à notre usage par des transformations accomplies de main d'homme ou par des transports plus ou moins coûteux. Presque tous les objets qui entrent dans le commerce sont à la fois des produits achevés pour le vendeur et des matières premières pour l'acheteur. La machine la plus perfectionnée est la matière première, en d'autres termes, l'instrument de travail des industries qui l'emploient, de même qu'elle est le résultat complet de l'œuvre du mécanicien. La laine est le produit achevé de l'éleveur, comme elle est la matière première du fabricant de draps. On aperçoit que nous pourrions multiplier ces rapprochements à l'infini. Dans l'acception que le langage économique donne au mot *matières premières*, on aurait dû l'appliquer à la plupart des produits qui alimentent l'industrie manufacturière. Mais, avec cette interprétation, les fers, les fontes, les houilles, les laines, les lins et vingt autres articles qu'on a fortement imposés auraient dû être soustraits au régime protecteur, car ils réunissent tous les caractères des matières premières les plus indispensables aux fabriques. On ne s'est pas borné à les surtaxer; on a grevé de droits considérables ou même prohibé des matières exotiques sans similaires en France. Aujourd'hui encore, nous remarquons au nombre des marchandises frappées d'exclusion les extraits de bois de teinture, alors que ces bois, importés des lieux d'origine par navires français, sont admis en franchise. On subordonne ici l'intérêt des manufactures de tissus à celui de la navigation, qui recherche les produits encombrants, et de nos fabriques de produits chimiques, qui repoussent les extraits pour les préparer elles-mêmes. En réalité, l'appellation de *matières premières* n'a pas eu jusqu'à présent et ne saurait avoir de

sens bien précis. Aussi est-ce surtout pour l'ordre de
notre travail que nous rangeons sous cette dénomination
les quelques produits dont il nous reste à nous occuper.

II.

La houille est l'un de ceux dont l'abondance et le
bon marché intéressent le plus toute l'industrie manufacturière. Elle entre comme élément de premier ordre
dans les travaux de toutes les grandes usines. Elle remplace peu à peu et elle est destinée à remplacer un jour
presque complètement le bois dans la fabrication de la
fonte et du fer. Elle donne la vie à ces machines puissantes qui nous transportent en quelques heures d'une
extrémité à l'autre de l'Empire et qui bravent, sur les
mers, les vents et les tempêtes. Elle éclaire nos cités et
réchauffe le pauvre. De tous les produits commerciaux,
c'est celui qui pourrait être le plus justement considéré
comme un pur don de la Providence, car il est habituellement consommé dans l'état même où nous l'offre
la nature, sans autre travail humain que l'extraction et
le transport. Il est donc évident que la houille aurait
dû ouvrir la liste des matières premières, si l'on eût
voulu faire de ces matières une classification distincte,
et les soumettre à un régime spécial.

Mais, dans la voie où l'on était engagé, il a fallu protéger aussi nos mines de charbon. La loi du 28 avril
1816 tarifait la houille importée par mer à 1 fr. ou
1 fr. 50 par 100 kilog., selon qu'elle arrivait par bâtiments français ou étrangers. C'était deux à trois fois le
prix de la marchandise au lieu d'extraction. Depuis
1816, cette tarification a été souvent remaniée, et elle
est maintenant beaucoup plus modérée. Le droit sous
pavillon français est de 30 c. des Sables-d'Olonne à

Dunkerque, de 15 c. par les autres parties de l'Océan et par la Méditerranée. Par navires étrangers, la taxe s'élève à 80 c. dans la zône du nord, à 60 c. au midi des Sables-d'Olonne et dans les ports méditerranéens. Toutefois, la presque totalité des houilles que ne transportent pas nos propres bâtiments nous venant sur navires anglais, affranchis de surtaxe, les droits d'entrée par mer ne sont en réalité que de 30 et 15 c. Par terre, ils sont de 30 c. de Dunkerque à Halluin, de 10 c. par la Meuse et la Moselle, de 15 c. par les autres points de la frontière.

Ce ne sont pas les libres-échangistes qui se sont montrés les adversaires les plus ardents de la protection accordée aux charbons français. Les industriels du Nord et de la Normandie, tout en demandant le maintien de la prohibition absolue à l'égard des produits étrangers similaires des leurs, ont long-temps réclamé contre les droits relatifs aux houilles. Ils ont principalement attaqué le système des zônes, bien ancien cependant, car il remonte aux premières années du XVIIIe siècle. Ce système les a empêchés de profiter de l'avantage qu'ils auraient tiré de la proximité des houilles belges et anglaises. On leur a enlevé ainsi un bénéfice de position, et, s'ils n'avaient pas été couverts eux-mêmes par la prohibition, ils auraient pu être autorisés à se plaindre d'avoir à payer la prospérité de certaines houillères nationales, dont les actions ont atteint des cours fort élevés. Les dernières modifications apportées au tarif ont dégagé le terrain de la discussion. Nous ne dirons pas qu'il ne serait point préférable de réduire uniformément le droit à 10 ou 15 c. par quintal métrique. Dans le bassin du Nord, le charbon de terre ne coûte pas en moyenne, sur le carreau, au-delà de 1 fr.; il est livré à 90 c. dans celui de la Loire, à 65 ou 70 c. dans le Gard (1). Une taxe de 10 à 15 c. représenterait par conséquent environ 15 p. 100. D'ailleurs, ce n'est point l'extraction, c'est le transport qui forme, pour les consommateurs, le principal élément du prix de la houille. Chaque mine a donc un rayon d'approvisionnement toujours garanti, en raison des distances, contre la concurrence de l'étranger. Cela est si vrai que les houilles d'un même puits offrent, selon les lieux de consommation, d'énormes écarts dans les prix de vente (2), et si l'on tient compte, en outre, du développement rapide des besoins, il doit sembler démontré que le tarif pourrait être réduit partout à 10 ou 15 c., sans que les intérêts particuliers fussent sacrifiés à l'intérêt général. Nous sommes convaincu qu'on sera inévitablement entraîné jusque-là. Quelle que soit la richesse de nos bassins houillers, ils ne sont pas inépuisables (3), et il paraîtrait sage, en prévision de l'avenir, de recevoir de l'étranger toutes les quantités de houille qu'il voudra nous livrer. Mais enfin la situation actuelle est fort acceptable. L'importation étrangère, dont nous avons indiqué le chiffre au chapitre XVII, pourvoit presque à la moitié de la consommation totale de la France, et il

---

(1) Nous prenons ces chiffres dans un rapport que le ministre de l'agriculture, du commerce et des travaux publics a adressé à l'Empereur, au commencement de 1855, sur les mines et l'industrie minière en France.

(2) D'après le rapport déjà cité, les houilles du bassin de la Loire se vendent sur certains marchés jusqu'à 4 et 5 fr.

(3) « Les richesses des bassins houillers se dévorent beaucoup plus vite » qu'on ne le croit, dans quelques pays. Le bassin de Saint-Étienne, qui est » le plus productif de France, celui qui alimente le plus d'industries, doit, à » moins qu'il ne soit aménagé avec une économie parfaite, et surtout à moins » qu'on n'y découvre d'autres couches dans la profondeur, être épuisé dans » cent ans, dans soixante-dix peut-être. » (M. Michel Chevalier.)

est vraisemblable que la réduction décrétée le 26 juillet 1856 aura pour résultat d'augmenter encore le nombre des arrivages.

III.

Si la houille est l'un des instruments essentiels des grands progrès modernes, la laine est la matière première d'une des plus brillantes industries de l'Empire.

Nous avons présenté, dans la première partie de notre travail, l'historique du tarif des laines. On a vu, sous la Restauration, le Gouvernement, tiraillé en sens contraires par les éleveurs et par les manufacturiers, céder tantôt aux uns, tantôt aux autres, les mécontenter tous, ou par ce qu'il faisait ou par ce qu'il ne faisait pas, et, en définitive, manquer presque toujours le véritable but qu'il se proposait. Les choses se sont montrées moins dociles que les hommes ; elles ont réagi contre les lois factices qu'on voulait leur imposer, et la concurrence intérieure, les fluctuations de la production et de la consommation, sont venues souvent bouleverser l'effet de combinaisons qu'on croyait fort bien étudiées.

Malgré l'accroissement considérable des arrivages (1), depuis les différentes réductions de taxes prononcées à dater de 1834, les laines nationales se sont maintenues à des prix élevés (2), parce que la consommation de cette matière s'est développée plus rapidement que la production. Pendant que l'emploi des étoffes de laine s'étendait beaucoup à l'intérieur, l'exportation, de 25 à 30 millions seulement il y a trente ans, atteignait 165 mil-

(1) Voir le chapitre XVII.

(2) La Chambre de commerce d'Amiens a publié un relevé intéressant sur le prix des laines depuis des temps reculés jusqu'à nos jours.

lions en 1855 , 191 millions en 1856 et une somme à
peu près égale, nonobstant la crise, en 1857. La transformation qui s'est accomplie dans la mode est éminemment favorable aux aptitudes françaises. Les étoffes
façonnées réclament, plus que l'uni, le développement
du goût et de l'art du dessin d'ornementation. Toutes
les expositions publiques ont prouvé que nous ne comptions de rivaux ni sous l'un ni sous l'autre de ces rapports. Il est donc permis de penser que les lainages
français, déjà si recherchés en Europe, agrandiront
de plus en plus leur rayon de vente. Les États-Unis,
l'Amérique du Sud, en reçoivent des quantités importantes. Nous pouvons trouver là pour nos draps et pour nos
étoffes de fantaisie les succès que notre bonneterie a
toujours obtenus dans le Levant.

Mais, pour que nos fabricants ne perdent aucun de
leurs avantages, il faut leur laisser une grande liberté
dans le choix des approvisionnements et ne pas bouleverser, par des combinaisons de tarifs, les conditions de
leurs marchés d'achat et de leurs débouchés. L'Espagne,
par exemple, où l'industrie française place pour 100
millions de marchandises diverses, n'a guère à nous
offrir, en échange, que les produits de son agriculture.
Les laines qu'elle nous livre sont surtout des laines
communes, et ce sont précisément celles-là que les anciens tarifs, au moyen des *minimum,* surchargeaient le
plus. Il n'est donc pas surprenant qu'elle ait répondu à
la législation de 1824, 1825 et 1826 par des dispositions fort acerbes à l'égard de plusieurs de nos fabrications. En même temps, elle a cherché, ainsi que le
constatait l'enquête de 1834, à utiliser chez elle une
partie des laines que nous repoussions; de sorte que le
droit de 30 p. 100, en gênant nos manufacturiers dans

leurs approvisionnements, leur a créé au dehors des difficultés d'expédition et de nouveaux concurrents. La situation actuelle des fabriques de lainages et du marché des laines nationales semble indiquer que la loi du 26 juillet 1856 a équitablement pondéré tous les intérêts. Les dispositions en sont encore assez compliquées puisqu'elles ne présentent pas moins de vingt classifications diverses. Toutefois les laines le plus fortement taxées à raison de leur provenance et de leur qualité ne paient que 37 fr. 50; le droit s'abaisse à 10 fr. pour les laines communes d'Espagne en suint introduites par terre; il est de 5 fr. seulement pour les laines de même espèce importées des pays hors d'Europe par navires français; et nous pensons qu'il y a lieu de s'en tenir, à l'égard des laines en masse, à ces bases modérées de tarification, sauf à adopter, plus tard, les simplifications que le cours naturel des choses pourrait conseiller.

Le droit de 5 fr. a particulièrement pour objet les laines australiennes, qui nous arrivent, depuis quelques années, en quantités considérables (1). Chacun sait qu'elles ont amené une sorte de révolution dans l'industrie des éleveurs anglais. On a lu, à ce sujet, dans le *Moniteur* du 16 septembre 1854, des détails intéressants reproduits d'un article inséré dans les *Annales de l'Agriculture française*. Au lieu de tenter de lutter, soit en demandant appui au tarif, soit tout autrement, avec des rivaux en position de nourrir leurs troupeaux à peu près pour rien, les agriculteurs de la Grande-Bretagne

(1) Dans la période de 1854 à 1856, les importations anglaises représentaient à peu près le douzième de nos réceptions totales. Dans les trois dernières années, elles en ont dépassé le tiers, et ce sont surtout les laines d'Australie qui ont alimenté ce mouvement. Nous aurons à y revenir (chapitre XXV), à l'occasion des transports maritimes.

se sont décidés à ne voir dans les toisons que la partie
secondaire de leur production pour diriger tous leurs efforts vers la viande de boucherie. Par suite de cette
transformation, l'importation des laines en Angleterre a
pu arriver de 6 millions de kilog., chiffre de 1815, à
55 ou 60 millions de kilog., sans que les éleveurs aient
été lésés, et la nation y a trouvé le double avantage de
payer la laine moins cher et d'avoir de la viande de
boucherie en plus grande abondance. Nous ne voulons
pas dire que les choses doivent se passer ainsi en
France : nos possessions d'outre-mer n'offrent pas les
immenses pâturages de l'Australie, et nous ne saurions
prendre pour guides de nos rapports avec l'étranger les
règles que l'Angleterre a pu appliquer à ses colons.
Mais, sans aller aussi loin, l'Administration doit mettre
à profit les faits survenus dans la Grande-Bretagne pour
se tenir en garde contre de fâcheux entraînements.

Déjà, sur les réclamations pressantes de divers fabricants, le Gouvernement a consenti à proposer (1) de
fortifier la protection pour les laines peignées. On a af-
firmé que le droit uniforme de 70 fr. établi par le décret
du 5 novembre 1856 favorisait outre mesure les importations de peignés étrangers. Cependant, du mois
de novembre 1856 au 31 décembre 1857, il n'en a été
introduit, malgré la baisse des cours sur le marché anglais, que 124,898 kilog. D'après la nouvelle combinaison, la taxe varierait, selon la valeur des laines, de
50 à 120 fr. par 100 kilog. Peut-être ce changement
serait-il bien entendu. Mais, dans le sein de la commission des douanes du Corps législatif, on a également sol-

(1) Cette proposition, comprise dans le projet de loi du 6 avril 1858, n'a
pas été discutée.

licité l'aggravation du tarif des laines en masse. Il faut
s'attendre à d'autres manifestations dans le même sens.
Que les fabricants de lainages, en forçant leur production, déterminent un engorgement, les laines, moins demandées, baisseront momentanément de prix, et l'on
s'empressera, comme on l'a fait si souvent, d'imputer
le mal au tarif. Les enseignements du passé sont trop
décisifs, sur ce point, pour qu'on ne doive pas, le cas
échéant, se soustraire à des influences qui ont déjà compromis, sans profit réel pour elles-mêmes, les intérêts
généraux du pays.

IV.

Le coton est aussi l'un des principaux aliments de
notre travail manufacturier, et, comme il n'en est pas
produit en France, les tarifications diverses dont il a été
l'objet ne touchent pas au système protecteur. A la
vérité, l'industrie linière, croyant voir dans le coton son
plus redoutable ennemi, essaya, sous la Restauration,
d'obtenir qu'il lui fût livré en holocauste. Nous avons
dit également que Napoléon Ier l'avait frappé, en 1810, de
droits presque prohibitifs, dans le but de ruiner l'une
des sources de richesse de la Grande-Bretagne en sub-
stituant l'usage des tissus de lin à celui des tissus de
coton. Ces tentatives, contraires à la nature des choses, ne pouvaient pas prendre un caractère sérieux.
Aussi est-ce exclusivement sous la pression des nécessités financières que la Restauration, après avoir remplacé
par un simple droit de balance, en 1814, les taxes
exorbitantes dont le coton avait été grevé sous l'Empire,
l'imposa, en 1816, à 40, 50 et 55 fr. les 100 kilog. (1),

(1) Un traitement de faveur fut accordé aux cotons des colonies françaises
et de la Turquie.

suivant les provenances et le mode d'importation. Depuis, ces droits ont été plusieurs fois modifiés, sans
qu'on ait cru devoir renoncer complètement à en tirer
une ressource pour le Trésor. D'après la combinaison
actuelle (1), dont les dispositions principales remontent
à 1836, le coton importé en droiture des États-Unis,
par navires français ou américains, est soumis au droit
de 20 fr. par quintal métrique.

Les attaques qu'on a dirigées contre ce tarif sont-elles
bien fondées? Comprime-t-il réellement les opérations
commerciales ou la consommation? De 44 millions de
kilog. en 1836, l'importation s'est élevée à 64 millions
de kilog. en 1846, à 84 millions en 1856 (2). Elle a donc
grandi de 20 millions de kilog. dans chacune des trois
dernières périodes décennales. Aurait-on obtenu davantage avec un tarif réduit ou même avec l'exemption
entière de droits? Nous n'en sommes pas convaincu. Le
coton des États-Unis, qui figure dans notre approvisionnement pour les 19/20, valant en moyenne dans nos
entrepôts 160 fr. par quintal métrique, le droit dont il
est frappé, une fois confondu dans la valeur du produit
fabriqué, n'occasionne certainement pas une surcharge
assez sensible pour en resserrer les ventes à l'intérieur.

(1)		Par navires français.	Par navires étrangers.
Par mer...	des Colonies françaises.	Exempt.	»
	de Turquie..............	15 fr. p. 100 kil.	25 fr.
	de l'Inde................	10 » »	
	d'ailleurs hors d'Europe	20 » »	35 fr.
	des Entrepôts..........	25 » »	
Par terre................................		....	25 fr.

(2) En 1857, les arrivages sont descendus à 73 millions de kilog. Mais on
ne saurait voir dans cette réduction, résultat prévu de circonstances exceptionnelles, qu'un accident passager.

Il est également sans influence sur nos exportations puisqu'il est remboursé à la sortie des fils et tissus. Néanmoins il pourra sembler difficile de le maintenir ; on en fera, sans doute, la rançon de la levée des prohibitions. Mais le trésor de l'État, pour ne pas faillir aux destinées de la France, devant pourvoir à d'immenses besoins, il est permis d'hésiter avant de sacrifier une taxe, fort bien assise, qui a produit près de 18 millions en 1856 (1), et qui serait susceptible de prendre une grande extension à mesure que les progrès de l'aisance feront disparaître les haillons dont une partie de nos populations rurales est encore vêtue.

V.

A ce sujet, nous hasarderons une courte digression.

Dans les assemblées parlementaires de la Restauration et du Gouvernement de 1830, des hommes de parti, prenant la question de l'impôt par le petit côté, ont souvent égaré les esprits. Ce qu'ils voyaient, surtout, dans les revenus publics, c'était un moyen donné aux ministres pour multiplier le nombre des fonctionnaires. Le fisc était l'ennemi. Toute occasion de le combattre paraissait bonne. On criait constamment à la dilapidation. En 1829, M. Laffitte affirmait que notre budget, alors d'un milliard, dépassait tous nos besoins et pourrait être réduit d'un tiers ou au moins d'un quart.

Depuis qu'il s'exprimait ainsi, beaucoup d'hommes habiles, M. Laffitte lui-même, ont tenu les rênes de l'administration de nos finances. Il n'en est pas un qui ne se fût honoré d'attacher son nom à une réforme, et

(1) Quantités importées.   Droits perçus.   Primes payées.   Produit net.
1856... 81,250,675 kil.   19,850,594 fr.   2,153,062 fr.   17,697,532 fr.

pourtant le budget, au lieu de se trouver diminué d'un tiers ou d'un quart, n'a pas cessé de grossir. Est-ce la faute des gouvernements? Après les ministres de la Royauté, sont venus ceux de la République. Ont-ils fait mieux? On parle tout haut ou tout bas de gaspillage. Eh! mon Dieu! où ne s'en glisse-t-il jamais? Qu'on pût diminuer quelques dépenses dans les grands services publics, nous le voulons bien. Certaines simplifications doivent être possibles. Mais pour quelle proportion figureront, dans l'ensemble de nos charges, les économies véritablement réalisables? Serait-il prudent de beaucoup réduire la marine ou l'armée? Nos officiers et nos soldats sont-ils trop payés? Peut-on ne pas acquitter les arrérages de la dette? Ne faut-il plus s'occuper de nos voies ferrées, de nos canaux, de nos ports, de nos hospices, de nos musées? Parcourons les délibérations des conseils de département, des conseils d'arrondissement, des conseils municipaux. Que sollicitent-ils sans cesse? De l'argent, toujours de l'argent. C'est que notre état social a d'insatiables exigences : plus on fait, plus il faut faire. On va trop vite, dit-on. Serait-ce donc à notre pays, doué d'une si grande faculté d'initiation, à rester en arrière du mouvement qui s'accomplit dans le monde? Quand le char de la civilisation aura laissé retomber loin de lui la poussière soulevée dans sa marche, nos neveux ne se plaindront pas de ce qu'il ait dévoré trop d'espace. L'impôt qui l'alimente constitue le levier le plus puissant, il est la forme d'association la plus énergique des temps modernes (1), et nous croirions négliger l'un des côtés importants des questions de douanes si nous en isolions les nécessités légitimes du Trésor.

(1) « Avec des budgets bien employés, disait Napoléon Iᵉʳ, on créerait le monde. »

VI.

Nous revenons aux matières premières.

A l'exception des fabrications, la plupart des produits étrangers, autres que ceux dont nous avons fait le sujet d'articles distincts, sont aujourd'hui admis en franchise ou à des droits modérés.

Les peaux grandes, fraîches ou sèches, importées des pays hors d'Europe, par navires français, ne paient plus que 10 c. par 100 kilog.

Les soies écrues, gréges ou moulinées, sont taxées, les premières à 5 c. par kilog., les autres à 10 c.

Les suifs, que la loi du 27 juillet 1822 avait tarifés à 15 et 18 fr. par quintal métrique, acquittent, à l'importation sous pavillon français, 2 fr. pour les provenances de l'Inde, 5 fr. quand ils viennent de partout ailleurs.

L'ivoire brut, les écailles, les coquillages nacrés, arrivant dans les mêmes conditions de transport, sont exempts ou tarifés seulement à 10 c. par quintal.

Le droit sur le liége brut en planches ou en cubes, précédemment de 6 et 12 fr., a été ramené au taux uniforme de 50 c.

Le chanvre et le lin en tiges paient de 40 à 75 c. toujours par 100 kilog.

Les cuivres de première fusion peuvent être introduits moyennant un simple droit de balance (10 centimes par quintal).

Comme nous l'avons déjà dit, les bois de teinture apportés par nos bâtiments des pays hors d'Europe jouissent de la franchise.

Les bois à construire bruts ne paient que 5 et 10 centimes par stère; les mêmes bois en planches, de 5 centimes à 1 fr. par cent mètres de longueur. Les

mâts, mâtereaux, espars, pigouilles, etc., sont complètement exempts, sans distinction de provenance et de
mode d'importation. Les bois à brûler, les charbons de
bois et de chenevottes peuvent aussi être admis en franchise. Seulement certains bois d'ébénisterie nous semblent encore trop fortement tarifés. Nous n'apercevons
pas pourquoi on maintiendrait un droit relativement
élevé sur l'acajou (1), lorsque le noyer et le chêne, qui
ont leurs similaires en France, sont reçus à 5 centimes par stère. Le droit qui le frappe représente, en
moyenne, 30 p. 100 de la valeur de la matière brute
pour les importations directes sous pavillon français.
Confondu dans le prix des meubles, il est peu sensible
pour *les plaqués*. Mais, pour *les massifs*, il crée une
surcharge importante, et des fabricants de premier ordre
nous l'ont signalée comme un obstacle au développement
de leurs ateliers. L'ébénisterie est une des belles industries de la France. Elle est répandue sur toute la surface de l'empire. Parmi les maîtres qui l'exercent, et
plus encore parmi les ouvriers travaillant en chambre
pour leur propre compte, il en est un grand nombre qui
pourraient faire leurs approvisionnements dans de meilleures conditions si le droit de douane n'ajoutait pas notablement à la valeur de la marchandise. A un point de
vue différent, nous trouverions également utile d'encourager l'introduction des bois les mieux appropriés à
l'ébénisterie moderne : ce serait seconder les progrès

(1)		Par navires français.	Par navires étrangers.
Acajou (les 100 kilog.)	De l'Inde.........	5ᶠ » ᶜ	
	D'ailleurs, hors d'Europe......	7 50	21ᶠ 50ᶜ
	Des entrepôts....	18 50	

L'acajou vaut en moyenne, en entrepôt, de 20 à 22 fr. les 100 kilog.

d'un luxe bien entendu, sans nuire à nos exploitations forestières, puisque la cherté des bois indigènes démontre qu'ils ne manquent pas de débouchés.

Nous ne pousserons pas plus loin cette nomenclature. Telle que nous la présentons, elle suffit pour indiquer qu'on s'est attaché sérieusement, depuis quelques années, à élargir les voies du travail en favorisant les échanges. On n'a pas eu à le regretter. De 1852 à 1857, le commerce spécial de la France s'est accru de 53 p. 100. Si le Gouvernement ne se fût pas arrêté devant l'attitude hostile de la grande industrie manufacturière, la transformation serait déjà plus complète. Mais enfin la réforme d'un tarif aussi tendu que l'était le nôtre ne pouvait pas être l'œuvre d'un jour, et l'administration impériale, après s'être avancée avec une extrême prudence, ne sera pas exposée au danger de revenir sur ses pas.

VII.

Nous ne pensons pas, du reste, qu'il y ait lieu d'étendre la catégorie des objets maintenant reçus en franchise. Nous serions plutôt disposé à admettre qu'on l'a déjà trop élargie. M. Blanqui, parfois entraîné par la vivacité de son esprit à subordonner la vérité des choses à l'effet de l'expression, avait dirigé une attaque en règle contre la tarification des yeux d'écrevisse, des vipères, des cloportes, etc. Très-certainement, il eût été ridicule de chercher dans de pareils objets une menace pour l'industrie nationale ou un revenu pour le Trésor. Mais les droits de balance dont ils étaient atteints étaient établis uniquement comme une garantie d'exactitude pour la formation des états commerciaux. En les supprimant, on s'est trouvé conduit à en retrancher d'autres qui ne semblaient pas, au premier abord, beaucoup mieux justifiés. Il faut prendre garde cependant de trop multiplier ces exemptions. On a cru, en dehors de l'Administration, qu'il suffisait de décréter la franchise à l'égard de tels ou tels produits pour les exonérer de toute formalité de douane. C'est même principalement en vue de ce résultat qu'on a poussé aux suppressions de droits. Mais on ne s'est pas rendu compte des faits pratiques. Le service des douanes, quelle que soit la marchandise importée, doit exiger une déclaration régulière et s'assurer, par ses propres vérifications, que cette déclaration est exacte, car, s'il en était autrement, il serait par trop aisé d'introduire des produits fortement taxés sous la dénomination d'objets exempts. Les opérations sont donc toujours les mêmes, ou à peu près. Nous n'apercevons, d'ailleurs, aucun motif de n'appliquer l'impôt des douanes, comme l'ont demandé quelques écrivains, qu'à un petit nombre d'articles de grande consommation. Il y a un intérêt bien plus réel à alléger ceux-ci, et l'on en aura d'autant mieux la possibilité qu'on réclamera aux mille articles secondaires qui prennent place dans le mouvement commercial des grandes nations modernes la part proportionnelle dont ils peuvent être grevés. Si nous ne nous trompons pas, le meilleur tarif, pour la France, serait celui qui taxerait toutes les marchandises sans en surtaxer aucune.

CHAPITRE XXI.

CÉRÉALES.

Motifs qu'on a allégués pour justifier le système adopté en 1819. — Les salaires se nivellent-ils sur le prix du pain ? — Progrès accomplis sous le régime de la liberté des importations. — Blés de la mer Noire, de la Baltique et des États-Unis. — Les importations et les exportations depuis trente ans. — Anomalies de l'échelle mobile; son but et ses résultats. — Considérations qui doivent détourner de la rétablir. — Solidarité des peuples en matière de subsistances. — Droit fixe à l'entrée et à la sortie; intérêts du Trésor et du commerce.

I.

Nous avons exposé (chapitre VIII) comment on avait été amené, au commencement de la Restauration, à changer radicalement le principe de notre ancienne législation sur les grains et à étendre aux possesseurs du sol les avantages de la protection, dans le but avoué d'élever le prix de leurs produits.

Il était difficile de faire admettre *à priori* que la cherté du blé résultant de sa rareté pût être préférable au bas prix qu'amène l'abondance. Mais on a allégué, pour établir cette théorie : 1° que, le taux des salaires se nivelant sur le prix du pain, l'élévation du cours des grains ne pouvait pas léser les classes pauvres; 2° que certaines contrées étrangères étaient en mesure de nous livrer des blés en si grandes quantités et à si bas prix que nos agriculteurs, placés dans des conditions beaucoup moins favorables, seraient forcés de renoncer à cultiver des céréales si le marché français était librement ouvert à l'importation. On a ajouté que l'échelle mobile offrait la solution de toutes les difficultés puisqu'elle restreignait alternativement l'importation et l'exportation, selon les besoins des producteurs ou des consommateurs. Quelle est la valeur de ces assertions, déjà discutées bien des fois?

II.

Si, dans les dernières années de pénurie, les salaires se sont élevés, c'est principalement sous l'influence de la guerre et du développement prodigieux de nos travaux publics, qui, rendant les bras plus rares, les ont fait payer plus cher. En général, le niveau ne s'établit pas, ou, du moins, il ne se produit qu'à la longue, c'est-à-dire lorsque l'augmentation du prix du blé, au lieu de résulter accidentellement de la disette, est devenue un fait permanent dû au mouvement normal de toutes les valeurs. Sous la Restauration et sous le gouvernement du roi Louis-Philippe, le blé s'est coté dans certains départements jusqu'à 44 fr. l'hectolitre, sans que les salaires aient augmenté. On le conçoit sans peine. Les crises alimentaires ne pèsent pas exclusivement sur les classes vivant de salaires. Elles portent aussi une grave atteinte à l'aisance relative des rangs inférieurs de la bourgeoisie. De là un malaise qui inquiète les riches eux-mêmes. Le crédit vacille. Chacun restreint ses dépenses. Les bras inoccupés deviennent de jour en jour plus nombreux. Il y a dès lors tendance à la baisse bien plus qu'à la hausse des salaires. En pareil cas, c'est la charité publique et privée qui aide les populations ouvrières à traverser la crise, et si quelque chef de fabrique, si quelque grand propriétaire, touché des misères de ses travailleurs, leur fait des distributions gratuites, leur livre du pain et d'autres denrées à prix réduit, ou se décide même à augmenter le taux de

leur journée, c'est toujours un pur don de sa part,
puisque l'offre croissante des bras le rend maître de la
situation.

III.

Le système protecteur n'a été appliqué aux céréales
qu'en 1819. Sous le premier Empire, sous la République, sous l'ancienne Monarchie, on s'efforçait de procurer au peuple des grains à bas prix. On n'avait jamais
pensé qu'il pût être avantageux, au contraire, de restreindre l'abondance, afin d'élever les cours au-dessus
de leur niveau naturel. Alors qu'on attirait du dehors
les matières premières destinées à assurer du travail à la
classe ouvrière, on aurait cru tomber dans une étrange
contradiction si l'on eût repoussé les blés dont elle vit.
Le régime de liberté maintenu ainsi jusqu'à la loi de
1819 avait-il empêché notre agriculture de se soutenir
et de progresser? Bien loin de là, elle avait grandi
depuis un siècle plus rapidement que la population, et
elle s'était développée de la sorte avec des méthodes de
culture fort défectueuses, pendant une période constamment marquée par des désordres administratifs ou par
des convulsions politiques (1).

IV.

On s'est prévalu, il est vrai, de circonstances nouvelles qui auraient modifié profondément la situation,
et, en particulier, de l'apparition sur le marché français
des blés russes et américains.

---

(1) Vauban évaluait la production du blé, en France, à 30 millions d'hectolitres. Chaptal, en 1816, l'estimait à 51 millions d'hectolitres. A la vérité,
leurs moyens de constatation furent très-imparfaits. Mais la proportion
entre les deux chiffres qu'ils adoptèrent paraît être à peu près exacte.

Ici encore ne s'est-on pas arrêté à de trompeuses apparences? N'a-t-on pas généralisé quelques faits accidentels et converti en prix réguliers des prix exceptionnels provenant d'embarras momentanés parmi les détenteurs? En 1821, au moment où l'on allait adopter les dispositions les plus rigoureuses de nos lois céréales, les blés russes étaient tenus, sur la place de Marseille, à 23 fr. l'hectolitre (1). D'après une notice (2) communiquée par le ministère au Conseil général de l'agriculture, dans sa session de 1850, le cours ne serait jamais descendu, sur le marché même d'Odessa, de 1833 à 1848 inclusivement, au-dessous de 7 fr. 44 et s'y serait parfois rapproché de 20 fr. Depuis, les circonstances générales qui ont partout élevé les prix ont agi le long de la mer Noire comme sur les autres marchés. Dans les six premiers mois de 1857, les blés s'y sont cotés de 21 fr. 50 à 25 fr. par hectolitre, suivant le poids et la qualité, et, quoique l'abondance des deux dernières récoltes ait amené une baisse considérable, le froment d'Odessa, généralement inférieur au nôtre, vaut encore dans les entrepôts de Marseille, au moment où nous écrivons, 19 fr. l'hectolitre.

Ne s'est-on pas également mépris sur la puissance de production des contrées qui écoulent leurs excédants par Odessa, Dantzig et New-York? Dans un travail intéressant sur les forces alimentaires de la France, M. Michel Chevalier fixait à 11 millions d'hectolitres (3)

(1) Voir au chapitre VIII la déclaration faite à cet égard par le ministère.
(2) Imprimerie nationale, avril 1850.
(3)   Mer Noire............. 3 millions d'hectolitres.
        Baltique. 5   —   —
        États-Unis. 2   —   —
        Sicile.................. 1   —   —
            Total.......... 11 millions d'hectolitres.

les quantités *moyennes* de blé que les pays riches en
céréales pourraient fournir annuellement aux contrées
moins favorisées. Le *Moniteur universel,* dans son numéro du 7 avril 1854, portait à 5 millions d'hectolitres,
d'après les rapports d'un agent anglais, M. Jacobie, le
contingent particulier de la Russie méridionale (1). Sans
doute des notions de cette nature ne sauraient être
recueillies avec de complètes garanties d'exactitude.
D'un autre côté, la nouvelle législation de l'Angleterre et
les besoins extraordinaires qui se sont manifestés dans
l'Europe entière, pendant quelques-unes des dernières
années, ont dû imprimer un nouvel essor à l'agriculture russe et américaine. Tout indique aussi que le jour
où la France, la Belgique, l'Allemagne, reviendraient, à
l'exemple de l'Angleterre, au régime de la libre importation, limitée uniquement par un droit fixe modéré, les
pays de grande production de blé se mettraient en mesure d'en fournir encore de plus fortes quantités. Mais
ces efforts auraient pour résultat inévitable l'élévation des prix de revient. La valeur du sol s'accroîtrait. On cultiverait des terres moins fertiles. Les
bras, plus demandés, devraient être plus payés. La population consommerait davantage. Bien d'autres causes
de cherté surgiraient. Si, dans les pays d'une civilisation
avancée, la production est ordinairement plus coûteuse,
ce n'est point parce que la Providence s'y montre moins
prodigue de ses dons; c'est surtout parce que la société
procure à chacun de ses membres plus de bien-être et plus
de ressources qu'on n'en trouve dans les autres. Les voies
de communication y sont plus perfectionnées, les ports

(1) Le *Moniteur* ajoutait : « On doit donc se garder de croire que la Russie
» est un grenier d'abondance ouvert à tous les peuples. »

mieux entretenus, la sûreté des personnes et des propriétés mieux garantie, les procédés scientifiques plus
vulgarisés, les campagnes mieux assainies, les villes
mieux construites, mieux éclairées, mieux approvisionnées. Ces avantages ne s'obtiennent qu'au moyen d'un
budget élevé. Nous pressentons l'objection qu'on tirera
des charges que nous a léguées le passé et de certaines
dépenses publiques plus ou moins improductives. Dans
la limite où l'on peut la présenter avec justesse, elle
atténue peu notre argumentation. En général, l'impôt est
la représentation des éléments de bien-être et de prospérité assurés aux nations. A mesure que ces éléments se
multiplient, les différentes classes de la société atteignent
des consommations plus nombreuses ou plus recher-
chées, et tous les services deviennent plus chers, parce
que les salaires doivent pourvoir à une plus grande somme
de satisfactions. C'est la loi de tous les pays et de tous les
temps. Les contrées qui récoltent aujourd'hui du blé en
quantités supérieures à leurs besoins, ne sauraient y
échapper, et plus nous y activerons la production par
nos demandes, plus les prix de revient s'y élèveront.

Dans une note sur les blés de la Russie méridionale,
M. Thiers, signalant les différences de situation des agriculteurs étrangers et des nôtres, déclarait que le transport ne coûtait presque rien aux propriétaires russes.
« Leurs serfs ou mougies, disait M. Thiers, l'effectuent.
» Ils chargent les blés sur de petites charrettes, attelées
» de deux bœufs, dont les essieux sont en bois et les
» roues pleines, toutes pareilles par leur construction à
» celle des chariots que quelques-uns d'entre vous,
» Messieurs, ont vus dans le pays basque. On leur remet
» une provision de farine dans un petit sac. Ils partent.
» Le voyage dure quelquefois plus d'un mois. Le soir,

» quand le *mougie* arrive au bord d'un ruisseau, il dé-
» tèle ses bœufs, les laisse paître dans les steppes, pré-
» pare un peu de bouillie avec la farine qu'il a apportée,
» la fait cuire avec quelques herbes désséchées et se
» couche sur la terre. Le lendemain matin, il renouvelle
» ce frugal repas et se remet en route. Arrivé à Odessa,
» il décharge sa charrette, vend ses bœufs pour la bou-
» cherie, sa charrette comme bois à brûler, et revient
» à pied dans son pays. » Mais ce récit coloré a-t-il bien
la signification qu'on y a attachée? S'il faut, en effet,
pour conduire quelques hectolitres de blé à Odessa,
consacrer un mois au voyage, sans compter le retour,
abattre les bœufs de trait, brûler les charrettes, n'est-
ce pas le plus onéreux des moyens de transport? N'est-
il pas évident, du moins, que de telles opérations ne
sauraient se multiplier beaucoup sans devenir bientôt
impraticables?

Pourquoi, d'ailleurs, se jeter dans le champ des con-
jectures quand les faits sont significatifs? Depuis 1814,
plusieurs disettes ont affligé la France, et le Gouvernement s'est toujours empressé, dès qu'elles se sont
manifestées, de rechercher les moyens d'attirer les
grains étrangers : suppression complète des droits d'entrée, exemption des taxes de tonnage, primes même,
tout a été mis en usage pour encourager le commerce
à faire arriver du dehors le supplément d'approvisionnement qui nous manquait. Que voyons-nous cependant
sur les relevés publiés par l'administration des douanes?
Pendant les années 1816 et 1817, 1846 et 1847, 1853,
1854, 1855 et 1856, périodes de pénurie, tous les efforts
des particuliers, stimulés par les faveurs de l'État et par
l'élévation de nos cours, n'ont pu fournir, en moyenne,
que 4,359,187 hect. de blé, représentant à peu près

23

4 p. 100 de la consommation de la France en céréales, c'est-à-dire la quantité nécessaire à la population pendant 14 à 15 jours seulement (1). S'il en a été ainsi dans le passé, comment pourrions-nous craindre, pour l'avenir, d'être submergés sous l'importation, à côté du marché anglais, désormais librement accessible aux grains du monde entier et où les prix sont toujours plus élevés qu'en France?

V.

Prenons donc les choses telles qu'elles existent actuellement, sans nous préoccuper d'excès de production imaginaires. Plusieurs états européens ne récoltent pas assez de grains pour leur consommation. La France, en général, n'en demande à l'étranger que de faibles quantités; dans les bonnes années, elle en exporte (2)

(1) La statistique officielle que nous avons déjà citée plusieurs fois évalue la consommation de la France en céréales à plus de 111 millions d'hectolitres. Ce chiffre ne saurait être rigoureusement exact. Mais, en faisant même une assez large part à l'erreur, la proportion que nous avons indiquée ne saurait varier beaucoup.

(2) RELEVÉ DES IMPORTATIONS ET DES EXPORTATIONS DE 1828 A 1857.

ANNÉES.	IMPORTATIONS.	EXPORTATIONS	ANNÉES.	IMPORTATIONS.	EXPORTATIONS
	hect.	hect.		hect.	hect.
1828...	1,133,970	65,743	1843...	2,018,257	94,004
1829...	1,609,783	62,133	1844...	2,463,966	105,234
1830...	1,936,956	2,773	1845...	747,513	160,021
1831...	1,050,216	97,713	1846...	4,809,025	26,852
1832...	4,211,306	40,786	1847...	8,846,315	59,298
1833...	5,302	40,624	1848...	1,234,471	996,114
1834...	442	52,095	1849...	4,044	1,504,780
1835...	422	35,796	1850...	585	1,965,994
1836...	220,451	37,708	1851...	102,463	1,936,942
1837...	284,996	60,301	1852...	267,193	961,093
1838...	99,298	296,673	1853...	4,184,190	199,989
1839...	1,153,293	452,440	1854...	4,266,361	51,118
1840...	2,111,770	15,719	1855...	3,138,602	931
1841...	155,786	470,468	1856...	7,156,124	71
1842...	555,988	538,312	1857...	3,677,087	123,262

même plus qu'elle n'en importe. Mais, dans une période
de trente ans, de 1828 à 1857 inclusivement, nous avons
reçu pour la consommation 57,455,155 hectolitres de
blés exotiques et nous n'avons exporté que 10,454,987
hectolitres de froment indigène, ce qui fait ressortir un
excédant annuel d'importation de 1,566,672 hectolitres.
La différence, loin de diminuer, tend à augmenter, car,
si la production grandit vite, les besoins se développent
plus rapidement encore sous l'influence des progrès du
bien-être, et, subsidiairement, parce que les immenses
travaux exécutés depuis quelques années pour notre
réseau de chemins de fer et pour l'embellissement de
nos grandes villes ont attiré du fond des campagnes des
masses d'ouvriers qui se sont habitués à substituer du
pain de blé, dans leur consommation journalière, au
pain d'orge, de sarrasin ou de maïs, pendant que l'extension des cultures industrielles et maraîchères enlevait
chaque jour aux céréales quelques parties de nos meilleures terres.

VI.

La France, ne produisant pas assez de blé pour sa
consommation (1), trouve-t-elle dans l'échelle mobile
des facilités suffisantes pour compléter son approvisionnement?

En théorie, ce système de pondération apparente de
tous les intérêts peut satisfaire l'esprit. Dans l'application, il ne fonctionne jamais régulièrement. Par suite

---

(1) A la vérité, la France exporte plus de farines, de céréales inférieures,
de pommes de terre et de légumes secs qu'elle n'en importe. Mais, tout
compte fait, elle ne suffit pas à son approvisionnement en farineux.

des complications qu'entraîne la subdivision des classes et des marchés régulateurs, de forts droits subsistent souvent à l'importation en présence de cours élevés. Nous écrivions à ce sujet dans un journal, en 1847 : « Sur la » frontière des Basses-Pyrénées, où les salaires ne dé- » passent guère 1 fr. par jour, le pain se vend constam- » ment plus cher qu'à Paris. Pauvres, privées d'entre- » pôts, éloignées des ports, dépourvues des grandes » agglomérations qui attirent les capitaux et la spécula- » tion, les populations de ces contrées se voient enlever, » au profit de marchés plus riches, les produits à peine » suffisants de leur sol. Elles auraient une ressource pré- » cieuse dans leurs échanges avec nos voisins de la Pé- » ninsule. Mais, complètement sacrifiées dans le méca- » nisme de l'échelle mobile, elles ne peuvent, hors les » temps de disette absolue, user de ce secours qu'en » acquittant une lourde taxe au Trésor. Nous payons » ainsi les grains à un taux excessif à côté de l'Espagne » qui ne sait où placer les blés dont elle regorge (1). Elle » en nourrit ses bestiaux, et nos paysans, réduits à man- » ger des châtaignes et du maïs, n'en ont pas même en » suffisante quantité. » Les faits que nous signalions en ces termes, il y a onze ans, se sont bien souvent repro- duits, soit que nos voisins, embarrassés de leurs excédants comme en 1847, fussent repoussés par le droit d'entrée, soit que, voulant à leur tour recourir à nous, ils trouvas- sent un empêchement dans l'élévation du droit de sortie. A Marseille, les prix sont presque toujours bien supé- rieurs au cours des marchés régulateurs de la section. Sous l'empire de la loi de 1821, il arriva que la Corse

_____

(1) Les provinces septentrionales de la Péninsule avaient obtenu des ré- coltes fort abondantes.

fut en proie à une véritable famine, au moment où les mercuriales du continent la proclamaient officiellement dans
l'abondance. Le préfet d'Ajaccio, entraîné par l'émotion
populaire, dut prendre sur lui d'autoriser l'importation
des grains étrangers moyennant le minimum des droits.
Dans d'autres circonstances, on a vu simultanément la
Bretagne et la Normandie ne pouvoir pas exporter parce
que les prix étaient trop élevés, et la Provence empêchée
d'importer parce qu'ils étaient relativement trop bas (1)
dans la zône dont elle faisait partie. Il fallait que nos provinces de l'Ouest fissent refluer à grands frais leurs blés
vers le Midi, tandis que Marseille, sous un régime différent, aurait pu tirer de la mer Noire ou de la Sicile l'é-
quivalent des quantités que l'Angleterre aurait demandées si volontiers à nos ports de l'Océan.

Ces anomalies ne constituent pas le vice le plus grave
de l'échelle mobile. Jetant le trouble et l'instabilité dans
les opérations du commerce des grains, elle en détourne
les capitalistes qui redoutent les chances du jeu. Comment se risquer, en effet, à moins de circonstances
exceptionnelles, à demander des céréales aux pays
éloignés, lorsqu'une oscillation dans les cours suffit pour
doubler, pour tripler les droits de douanes, à l'instant
même où la baisse des prix rend le marché moins favorable aux importateurs? La mobilité du droit augmente
la part du hasard en déconcertant la prévoyance. Elle
offre un autre inconvénient encore plus sérieux : les
pays de grande production, ne pouvant pas compter sur
le débouché de nations dont la législation ne donne
nulle sécurité au commerce des céréales, font moins
d'efforts pour accroître leurs excédants, et, quand sonne

(1) Nous parlons toujours des prix régulateurs, très-différents des prix réels.

l'heure où les besoins deviennent pressants, on n'y trouve que des ressources incertaines ou trop coûteuses.

Il y a beaucoup moins de différence qu'on ne le suppose communément entre la production des meilleures années et celle des plus mauvaises. Pour les cultures qui se sont localisées, pour les huiles d'olive, pour les houblons, pour les garances, pour les mûriers, des influences atmosphériques défavorables suffisent parfois pour anéantir presque entièrement les récoltes. Les céréales sont dans d'autres conditions. Venant sous toutes les latitudes, et, à peu près, sur tous les sols, elles ne rencontrent jamais une année complètement calamiteuse. Si la sécheresse les compromet dans le Midi, elle les favorise dans le Nord ; si des pluies abondantes diminuent le rendement des contrées naturellement humides, elles augmentent celui des terrains trop sablonneux. En définitive, on n'évalue pas à plus de 10 p. 100, pour l'ensemble de la France, l'écart de production d'une année bien partagée à une autre qui l'a été fort mal. Or les prix varient, sous l'action des terreurs populaires, des emmagasinements qu'elles provoquent ou des spéculations qu'elles déterminent, de 60, de 80, de 100 pour 100 ! L'échelle mobile seconde ces mouvements d'opinion de même que les règlements locaux les excitaient sous l'ancien régime, et, en empêchant l'approvisionnement régulier des entrepôts, elle contribue aux disettes comme y contribuaient, à leur insu, les intendants lorsqu'ils interdisaient la libre circulation des blés d'une province à l'autre.

VII.

Personne, au surplus, ne se dissimule aujourd'hui les défectuosités de l'échelle mobile. Mais on la considère comme le seul instrument de protection douanière susceptible de fonctionner avec quelque énergie au profit de la culture des céréales. On aperçoit fort bien qu'on ne pourrait y substituer un droit permanent qu'à la condition de le limiter à un taux peu élevé, et l'on s'attache au régime créé en 1819, non parce qu'on le juge bon en soi, mais parce qu'on ne trouve pas mieux. Voyons donc s'il offre effectivement aux producteurs des avantages de nature à balancer ses graves imperfections:

On ne contestera pas qu'il ne soit sans objet dans les temps de cherté, puisque le Gouvernement, en pareil cas, se hâte toujours de le supprimer.

Aux époques de grande abondance, il est tout aussi illusoire, parce que nos propres blés descendent à si bas prix que les grains étrangers, chargés des mêmes frais commerciaux que sous le régime des plus hauts cours, ne peuvent plus se présenter sur nos marchés en quantités d'une véritable importance. Quelques chiffres le démontreront.

Pendant la pénurie de 1846 et 1847, le prix *moyen* des blés, dans toute l'étendue de la France, avait atteint 23 fr. 62 c. dans la première année, 29 fr. 37 c. dans la seconde. L'échelle mobile avait été momentanément supprimée. On la rétablit en 1848, et le droit d'entrée s'élève, dans les périodes suivantes, jusqu'à 16 fr. l'hect. pour les introductions sous pavillon français. La protection agissait donc, en apparence, avec une extrême intensité. Cependant les blés français se cotèrent : 16 fr. 37 en 1848, 15 fr. 35 en 1849, 14 fr. 40 en 1850, 14 fr. 55 en 1851. En 1852, la cherté commence à revenir, et l'on suspend de nouveau, en 1853, l'échelle mobile. Mais, après quatre années de gêne, 1857 et

1858 nous donnent d'abondantes récoltes. Le Gouvernement se refuse, malgré les instances dont il est assailli, à remettre l'échelle mobile en vigueur, et les cours, qui auraient dû, suivant la théorie, tomber bien au-dessous de ceux de 1849, 1850 et 1851, se maintiennent, en 1857, au chiffre exceptionnel de 23 fr. 83, pour ne descendre, dans les dix premiers mois de 1858, qu'à 16 fr. 59. Ainsi, quoique l'échelle mobile ne fonctionne plus depuis cinq ans, les cours actuels sont supérieurs aux cotes signalées, sous l'action la plus énergique de ce régime, dans les années qui ont suivi la disette de 1846 et 1847.

L'échelle mobile n'agit donc directement sur les prix que dans les années d'abondance moyenne. Même alors, son influence se produit dans des conditions singulières : nous les résumerons encore en chiffres.

Dans les vingt dernières années, le prix commun des blés, en France, a été de 21 fr. 14 (1), et, d'habitude, quand on laisse en dehors les distinctions arbitraires de zônes, on envisage le cours de 21 fr. comme très-largement rémunérateur. A ce taux voici ce qui arriverait : dans la première classe, comprenant les ports de la Provence, les blés étrangers ne pourraient être importés que sous le paiement d'un droit de 7 fr. 50 par hect. (double décime compris), et dans la quatrième, où figurent les ports de la Bretagne et de la Normandie, appelés par leur position à concourir à l'approvisionnement de l'Angleterre, les blés français qu'on voudrait exporter seraient assujettis à un droit de 4 fr. 80 par hect., de sorte que les froments d'Odessa, repoussés de

---

(1) Nous avons dit ailleurs que le taux moyen de 1800 à 1814, malgré la cherté excessive de 1811 et 1812, avait été de 21 fr. 31.

Marseille, afflueraient à Londres, d'où ils éloigneraient, à leur tour, nos blés de l'Ouest, que la taxe de sortie aurait désarmés contre cette concurrence. Un pareil ordre de choses ne paraît-il pas bien peu conforme aux lois naturelles de la production et de l'échange?

On peut, dit-on, améliorer l'échelle mobile sans la supprimer, en revenant à peu près à la combinaison que M. Duchâtel avait proposée en 1834 (chapitre XII).

Le projet de M. Duchâtel était certainement préférable aux dispositions que la Chambre y substitua. Mais c'était toujours l'échelle mobile avec ses inégalités, ses chances aléatoires, ses incertitudes continuelles pour le producteur, pour le consommateur, pour le commerce, et, avant de la rétablir après cinq ans d'interruption, il faudrait marquer nettement le but que l'on poursuit.

Quelle était la situation au moment où l'échelle mobile remplaça le régime de la libre importation des grains? Les prix de notre marché étaient-ils avilis? Notre production des céréales était-elle menacée? Nous avons montré le contraire (chapitre VIII). Les cours, en 1848, étaient restés au-dessus de la moyenne. Ce qu'on voulut en 1849, et plus encore en 1821, on eut la franchise de le proclamer. On désira, *à l'imitation de l'Angleterre,* dont on rejette l'exemple aujourd'hui, retrouver les prix élevés de quelques-unes des années antérieures. Serait-ce encore ce qu'on voudrait maintenant? Et, dans ce cas, un système qui pousse au renchérissement du pain pourrait-il se concilier avec les principes économiques de l'administration impériale?

On a toujours obscurci les discussions de douanes en posant en fait ce qu'il y avait précisément à établir. Peut-on admettre, a-t-on demandé, que la France ne produise plus qu'une faible partie des céréales nécessaires à sa consommation, et, sans posséder la puissance maritime de l'Angleterre, se repose sur l'activité du commerce du soin d'assurer son approvisionnement? En formulant la difficulté dans ces termes, on a oublié le point de départ. M. de Villèle, M. Lainé, tous les hommes éminents qui ont coopéré avec eux à la confection des lois de 1819 et 1821, ont déclaré que l'introduction, *au fond sans danger*, devait être contenue seulement *en raison de son action morale sur les prix*. Il y a par conséquent à examiner, non pas si la France cessera de récolter des céréales, mais si les lois du pays seront combinées de manière à en augmenter facticement le prix. Le débat est engagé entre la cherté et le bon marché. Faut-il tendre à faire payer le pain à haut prix pour assurer aux producteurs de blés une plus forte rémunération? Ou vaut-il mieux, suivant la doctrine séculaire de l'administration française, laisser les cours prendre leur niveau naturel sous l'aiguillon de la concurrence?

Dans les rangs élevés de la société, la dépense en pain est relativement insignifiante; pour les ménages aisés, il importe assez peu qu'il coûte dix centimes de plus ou de moins par livre. Il en est tout autrement pour les populations ouvrières. Une famille de trois personnes consomme, en moyenne, 1,000 demi-kilog. de pain par an. A 15 centimes par demi-kilog., c'est une dépense de 150 fr.; à 25 centimes, la dépense s'élève à 250 fr. Voilà une surcharge de 100 fr. par an pour le père de famille qui, fort souvent, n'en gagne pas plus de 5 à 600, même quand la maladie ou le chômage ne vient pas l'atteindre. Pour lui, ce n'est pas la gêne, c'est la misère dans toute la douloureuse acception du mot, qu'amène une telle hausse, et l'on ne saurait s'étonner de ce que M. le docteur Meslier, dans un mémoire lu à l'Académie de médecine, en 1843, ait établi, d'après des relevés faits pour une période de cent soixante-un ans, de 1674 à 1835, que la mortalité, invariablement soumise à l'influence du prix du pain, augmente dans les années où il est élevé et diminue lorsqu'il est faible (1).

Et, remarquons-le, la plupart des cultivateurs, consommant en nature une grande partie des grains qu'ils récoltent, profitent peu de l'accroissement des prix. Sont-ils plus riches ou mieux nourris quand le blé qu'ils mangent vaut 30 fr. l'hectolitre au lieu de 20? Les propriétaires aisés qui afferment leurs terres (2) ou en vendent les produits, tirent seuls un avantage réel de la hausse. En France comme en Angleterre, quoiqu'à un moindre degré, ce sont ceux-là surtout qu'on a voulu favoriser en organisant le régime des céréales. Nous ne sommes pas convaincu qu'on ait bien servi même cet intérêt restreint : les arrivages étrangers refrènent les spéculations aventureuses, qui s'exercent indistinctement en baisse et en hausse; ils arrêtent les oscillations de prix sans motif; ils substituent la réalité des choses aux écarts de l'opinion populaire, qui se dédommage toujours d'avoir exagéré la disette en exagérant l'abondance, et peut-être arriverait-on, s'il était possible d'établir un compte bien exact, à reconnaître que notre

(1) Dans les temps de pénurie qui précédèrent la révolution de 1848, le rédacteur en chef d'un de nos grands journaux politiques engageait les ouvriers à manger plus de viande afin de pouvoir manger moins de pain. Le conseil était bienveillant. Mais on oubliait que la viande était encore plus chère que le pain, proportionnellement à sa puissance nutritive, et que la difficulté résidait précisément dans le prix.

(2) On a presque toujours vu les fermages s'élever après les années de disette, sans baisser dans la même proportion quand revenait l'abondance.

législation des grains a été plus nuisible qu'utile à ceux qu'elle devait protéger tout spécialement.

On ne s'est pas assez arrêté aux différences profondes qui séparent de la production industrielle, en quelque sorte illimitée, la production des céréales, nécessairement bornée, dans chaque pays, soit par l'étendue et le degré de fertilité du sol cultivable, soit par la difficulté de conserver long-temps les grains ou d'en transporter au loin des quantités suffisantes pour remplacer les récoltes d'un grand peuple (1). Ce dernier genre d'exploitation ne saurait avoir à redouter les perturbations inopinées qu'une concurrence étrangère sans contrepoids pourrait, à un moment donné, jeter dans le travail industriel, et, d'un autre côté, quand certains objets manufacturés deviennent trop chers, on peut en acheter moins, se contenter de qualités inférieures, ou même s'en passer, tandis qu'on ne saurait, en France, ni se passer de pain, ni restreindre beaucoup la consommation qu'on en fait d'habitude.

VIII.

Frédéric Bastiat, dans un ouvrage qui restera (2), a défendu chaleureusement le principe de la solidarité des peuples. L'avenir donnera raison à ses doctrines. Dans les larges voies où est entrée la civilisation moderne, beaucoup d'antagonismes politiques tendent déjà à disparaître pour faire place à des intérêts plus universels. La guerre, assurément, n'a pas dit son dernier mot. On

---

(1) Le transport de 20 millions d'hectolitres de céréales, qui n'approvisionneraient la France que pendant à peu près deux mois, représenterait 1 million 600 mille tonnes, équivalant à 5,332 navires de 300 tonneaux, c'est-à-dire plus d'une fois et demie l'effectif total de la marine française.

(2) *Harmonies économiques.*

aperçoit à l'horizon des nuages qui pourront grossir et déchaîner de nouvelles tempêtes. Mais, du moins, à l'étranger de même qu'en France, on arrive à ne plus croire nécessaire de régler les rapports permanents des peuples en vue de mésintelligences susceptibles d'éclater accidentellement entre eux. En matière de subsistances surtout, on se rapproche de la pensée de Bastiat. Les disettes sont l'une des plus affreuses calamités que la Providence puisse infliger à l'homme. Elles le frappent dans sa santé et dans celle de ses enfants ; dans son aisance et dans sa moralité. Si, depuis soixante ans, elles sont devenues, en France, moins nombreuses et moins cruelles, c'est en partie parce que les grains peuvent circuler librement sur tous les points du territoire. Pourquoi la communauté de besoins et de souffrances qui lie entre elles, sous ce rapport, les diverses provinces d'un même État ne confondrait-elle pas dans un même intérêt toutes les nations commerciales ? Nous savons bien qu'il faudra, long-temps encore peut-être, compter avec les préventions des masses, toujours promptes à s'alarmer quand elles voient expédier pour l'étranger les grains dont elles craignent de manquer. Mais, sans renoncer à la faculté de limiter l'exportation dans les circonstances exceptionnelles, la France pourrait témoigner par sa législation générale qu'elle entend ne pas isoler habituellement ses moyens d'alimentation de ceux des autres peuples. S'ils se rencontraient tous sur ce terrain, hardiment abordé par l'Angleterre, les producteurs, rassurés par la stabilité du marché dans les pays susceptibles de recevoir leurs excédants, se trouveraient encouragés à étendre leur culture ; la somme générale des grains disponibles s'accroîtrait ; les fluctuations de prix seraient moins tranchées ; les grands entrepôts, constamment approvisionnés, préviendraient ces déplorables paniques qui, presque toujours, dans les crises alimentaires, viennent grossir démesurément le mal, et l'on résoudrait ainsi, par le seul procédé vraiment pratique, la grande question, depuis si long-temps agitée, des greniers d'abondance.

IX.

Pour atteindre ce résultat, il ne serait point nécessaire d'adopter le principe de la franchise absolue des importations. Un droit fixe modéré ne gênerait pas les approvisionnements : agissant dans la proportion exacte de sa quotité, il ne présenterait pas cet inconnu de l'échelle mobile, qui déconcerte le commerce, et, nous trouvant au dépourvu lorsqu'une crise survient, provoque des terreurs dont l'action sur les cours est bien plus décisive que celle de la pénurie elle-même. Limité, par exemple, à 2 fr. par hectolitre (1) pour les importations par navires français, à 2 fr. 50 pour les arrivages sous pavillon étranger, avec des chiffres proportionnels pour les grains inférieurs et pour les farines (2), il offrirait une garantie à nos producteurs dans les temps d'abondance, et rien n'empêcherait de le maintenir aux époques de cherté parce que son influence sur le prix *du pain* serait à peine appréciable.

Le droit fixe assurerait aussi au Trésor public, ce grand caissier de tous, dont la prospérité intéresse le pauvre comme le riche, une source permanente de

---

(1) Il y aurait à examiner s'il ne serait pas préférable de taxer les blés au poids, élément de valeur plus exact que la mesure.

(2) En Angleterre, le droit est de 43 c. par hect. pour les grains et de 93 c. par 100 kilog. pour les farines, sans distinction de provenance ou de pavillon.

recettes fructueuses. Aujourd'hui, quand la disette se manifeste, la suspension du jeu de l'échelle mobile ne laisse plus subsister qu'un simple droit de balance. Le consommateur n'y gagne jamais rien, parce que ce sont surtout d'aveugles préoccupations qui précipitent le mouvement de hausse, et le Trésor sacrifie ainsi en pure perte des produits qui pourraient être utilement employés. Dans les cinq années 1853-57, il a été livré à la consommation 22,422,364 hect. de froment étranger. A 2 fr. 40, double décime compris, ont eût trouvé là une ressource de près de 54 millions (1), tandis que les acquittements sur les blés, pendant cette période, n'ont produit que 5,931,274 fr.

A la sortie (2), le droit normal devrait être fixé à un chiffre très-peu élevé (si on ne le supprimait pas complètement) afin de ne point contrarier les exportations destinées à faire équilibre aux arrivages de l'étranger; et, dans l'intérêt de nos minoteries, on ne taxerait pas les farines plus fortement que les grains dont elles proviendraient.

Notre législation sur les céréales entrave à la fois l'importation, au préjudice des consommateurs, et l'exportation, au préjudice des producteurs (3). Les uns et les autres tireraient profit d'un système plus libéral, et l'excédant des recettes du Trésor représenterait seule-

(1) Nous prenons pour base le chiffre du droit que nous avons proposé pour les importations sous pavillon français. Mais, en fait, une grande partie des grains que nous recevons du dehors est transportée par des navires étrangers. En calculant sur un droit principal de 2 fr. 50, les perceptions eussent dépassé 67 millions.

(2) Nous nous occuperons, à un point de vue plus général, dans le dernier chapitre, de la question des droits de sortie.

(3) Elle a aussi pour résultat, comme on l'a dit avant nous, de faire toujours importer aux plus hauts prix et exporter aux plus bas, d'où une double cause de perte pour le pays.

ment des frais de transport improductifs ou une partie des bénéfices de la spéculation. Le commerce maritime, à son tour, trouverait dans ce régime un énergique stimulant. Lorsque le niveau des échanges se serait établi régulièrement, on importerait et, par contre-coup, on exporterait davantage. Le courant, au lieu d'être dévié par le tarif, suivrait la pente naturelle que lui imprimeraient les besoins et les prix des divers pays. On peut évaluer à 5 ou 6 millions d'hectolitres au moins, en moyenne, les quantités de blés qui nous arriveraient du dehors ou que nous y enverrions annuellement. Ce serait à peu près 400 mille tonnes de fret. Les réexportations prendraient en même temps beaucoup plus d'activité, parce que la France, reliant par sa position la mer Noire, la Baltique, les États-Unis, l'Égypte, l'Italie et l'Espagne, doit devenir le plus grand entrepôt de céréales du monde entier dès que sa législation donnera au commerce de suffisantes garanties de stabilité. La transformation du tarif des grains nous offrirait donc tous les éléments d'un mouvement d'affaires considérable, et c'est une considération à peser dans un moment où l'on voudrait pouvoir conserver les moyens de travail que le cabotage, gravement menacé par les chemins de fer, procure à nos villes du littoral.

CHAPITRE XXII.

BESTIAUX ET VIANDES SALÉES.

Insuffisance de notre consommation en viande de boucherie.—Résultats du tarif de 1822 et du décret du 14 septembre 1853.—Modifications à apporter au régime actuel. — Viandes salées ; rôle qu'elles jouent dans l'alimentation publique ; effets du décret du 5 octobre 1854.

I.

Lagrange écrivait, en 1796 (1) : « Pour augmenter le » bien-être des Français, il faudrait pouvoir augmenter » la consommation de la viande. »

On a établi, depuis peu, un rapprochement d'après lequel les départements français où l'on consomme le moins de viande se feraient remarquer, entre tous, par l'accroissement de la population et par la durée de la vie moyenne. On en a conclu que *la théorie de l'excellence de l'alimentation par la viande était contredite par les faits comme par la raison.* Cette démonstration, repoussée par la science médicale, nous paraît bien incomplète. Il ne suffit pas de comparer entre eux un certain nombre de départements où des circonstances décisives ont pu échapper à l'observation. Il faudrait rapprocher le présent du passé, la France des autres peuples, et encore, en procédant ainsi, n'arriverait-on qu'à des hypothèses discutables. Dans tous les cas, si la viande n'est pas, pour l'homme, un élément essentiel de santé, elle est, du moins, l'une des conditions de son bien-être. Or personne ne conteste que la consomma-

_____

(1) *Essai d'arithmétique politique.*

tion n'en soit extrêmement restreinte parmi nous. Selon des statistiques officielles, elle aurait beaucoup diminué depuis soixante ans et serait descendue à 20 kilog. par tête. On a révoqué en doute l'exactitude de ces chiffres (1). A la vérité, les ateliers de travailleurs recrutés pour la construction des chemins de fer et pour l'embellissement de nos grandes villes consomment au-delà de la moyenne que nous venons d'indiquer. Mais chacun n'a qu'à regarder autour de soi pour se convaincre que la viande de boucherie est encore généralement un objet de luxe pour les classes ouvrières. Au lieu de la poule au pot dominicale, beaucoup de nos paysans se procurent à peine cinq ou six fois par an un morceau de médiocre viande de vache, et dans les cités, où l'on en mange davantage, il n'y a cependant que les familles aisées qui puissent en acheter plus d'un ou deux jours par semaine.

Ce n'est pas, d'ailleurs, par un goût plus marqué pour d'autres aliments ou sous l'influence d'anciennes habitudes que nos populations consomment si peu de viande. C'est uniquement parce qu'elle est trop chère. La seconde qualité de bœuf vaut, en moyenne, dans les villes, 1 fr. 40 le kilog. Un ouvrier qui gagne 2 fr., jours fériés et chômages déduits (2), ne peut guère, après avoir payé son

---

(1) D'après un discours prononcé à Poissy, le 31 mars 1858, par M. Rouher, ministre de l'agriculture, du commerce et des travaux publics, la consommation de Paris, en viande de boucherie, se serait élevée à 71 kilog. et demi par tête en 1856 et à 73 kilog. en 1857. Mais dans quelle mesure la population flottante, si considérable aujourd'hui à Paris, contribue-t-elle à former ces chiffres? La statistique agricole publiée par l'un des prédécesseurs de M. Rouher évaluait la consommation générale de France :

A 21^k 63 par tête dans le Nord oriental;
A 22 41 — dans le Nord occidental;
A 19 27 — dans le Midi oriental;
A 15 49 — dans le Midi occidental.

Pour l'ensemble du territoire, la moyenne était fixée à 20 kilog.

(2) Nous avons donné ailleurs la moyenne générale des salaires dans les

pain, ses vêtements, son logement, la petite partie de
mauvais vin qu'il boit, prélever 70 c. sur le reste
pour un demi-kilog. de viande. Il donne la préférence
à la charcuterie, qui, par son haut goût, semble sup-
pléer à la quantité, mais n'y supplée plus ou moins
imparfaitement qu'en faisant manger plus de pain, et ne
saurait jamais remplacer, dans l'alimentation, une proportion suffisante de viande de boucherie.

II.

La consommation étant resserrée par la cherté, et
celle-ci ne pouvant provenir que de la rareté relative
du bétail, on doit rechercher les moyens d'en avoir en
plus grande abondance.

Selon les défenseurs du régime adopté en 1822, c'était
en encourageant les propriétaires à multiplier les élèves
qu'on devait y parvenir; il fallait donc leur assurer des
prix largement rémunérateurs, et, pour atteindre ce
résultat, repousser les bestiaux étrangers ou ne les laisser
pénétrer que moyennant un droit élevé. Telle était
l'argumentation de M. de Saint-Cricq. Il voulait, comme
on l'a vu (chapitre X), mettre les herbagers en mesure
d'obtenir 50 c. par demi-kilog. de la viande sur pied,
qui se vendait de 40 à 42 c.; le droit de 50 fr. par tête
de bœuf était calculé de manière à augmenter le prix
de 10 à 11 c.

Le tarif de 1822 ayant fonctionné pendant trente ans,
on a pu constater jusqu'à quel point il a tenu ses pro-
messes. Il a certainement contribué, avec d'autres causes

---

fabriques. De 2 fr. 07 pour les hommes, elle a pu s'élever, depuis la formation de la statistique à laquelle nous avons emprunté ces chiffres, de 20 à
25 p. 100. Mais, dans les campagnes, la moyenne est ordinairement plus
faible, et en calculant sur un salaire commun de 750 fr. par an, nous croyons
être plutôt au-delà qu'en-deçà de la vérité.

indépendantes du droit de douane, à élever les cours. Les herbagers plaçaient la viande, en 1852, à des prix supérieurs à ceux qu'on avait entendu leur assurer. Mais ce résultat même démontrait que les quantités de bétail disponibles n'étaient pas en rapport avec les besoins de la consommation (1), et le Gouvernement impérial a dû suspendre l'application du tarif.

Aux termes du décret du 14 septembre 1853, les bestiaux étrangers n'acquittent plus, à leur entrée en France, que des taxes fiscales très-peu élevées : 3 fr. par tête de bœuf ou de taureau ; 1 fr. par vache, génisse, bouvillon et taurillon ; 25 c. par veau, porc, brebis ou mouton, etc. C'est exactement le régime qu'avait établi la loi du 28 avril 1816, conforme elle-même dans son esprit à tous les précédents de la législation française. Quel en a été l'effet ?

L'importation, de 374,121 têtes (2), pour l'ensemble

(1) On estime que la France ne possède pas plus de 150 têtes de bétail par mille habitants, tandis que certains états de l'Allemagne en ont 500, et l'Amérique 1,000 au moins.

(2)   RELEVÉ DU MOUVEMENT DES BESTIAUX.

DÉSIGNATION des BESTIAUX.	AVANT LE DÉCRET.				APRÈS LE DÉCRET.			
	1850.	1851.	1852.	TOTAL.	1855.	1856.	1857.	TOTAL.
IMPORTATIONS.								
Bœufs............	1,323	2,502	1,133	4,958	40,344	35,160	39,961	115,465
Taureaux.........	2,635	2,616	2,400	7,651	3,190	2,718	2,725	8,633
Vaches...........	12,116	8,117	8,577	28,810	73,726	66,171	59,141	199,038
Génisses, bouvillons, taurillons............	1,666	905	603	3,174	13,254	8,874	6,962	29,070
Veaux............	15,787	13,578	12,945	42,310	33,462	30,725	31,343	95,530
Brebis ou moutons.....	75,812	99,822	103,165	278,799	309,145	327,505	390,396	1,026,844
Porcs............	4,002	2,354	2,063	8,419	35,852	35,028	47,385	118,757
EXPORTATIONS.								
Bœufs............	8,051	9,483	10,325	27,859	10,949	10,408	12,297	33,654
Taureaux.........	79	69	97	245	229	284	224	737
Vaches...........	3,969	5,964	6,912	16,845	7,868	8,333	11,736	27,937
Génisses, bouvillons, taurillons............	1,925	1,515	691	4,131	1,258	1,766	2,122	5,126
Veaux............	3,457	3,698	3,517	10,652	4,516	5,236	7,406	17,158
Brebis ou moutons.....	51,164	44,941	46,193	142,298	53,202	50,577	54,669	158,448
Porcs............	34,922	35,107	29,681	97,710	19,179	24,175	26,497	69,851

des trois années antérieures au décret, a fourni, pour
1855, 1856 et 1857, 1,593,337 têtes, ce qui donne un
excédant annuel de 406,405 têtes, dont la moitié porte
sur la race ovine.

L'exportation étant demeurée à peu près stationnaire,
cet excédant a été appliqué aux besoins de l'agriculture
et de la consommation intérieure. Au premier aperçu,
il peut sembler considérable. Mais, en réalité, il représente à peine 2 à 3 p. 100 du nombre des animaux qu'on
abat, en France, chaque année (1). Aussi le prix de la
viande, loin de fléchir, a-t-il suivi le mouvement de
hausse des autres denrées alimentaires. Les herbagers
de la Normandie, malgré la concurrence fort active des
éleveurs du Poitou (2), vendent leurs produits plus cher
qu'avant la promulgation du décret. Sur les frontières du
Nord et de l'Est, qu'on croyait plus particulièrement menacées, des résultats analogues se sont manifestés. Pour
les bestiaux, comme pour les céréales, les frais de transport renfermeront toujours l'importation dans des limites
fort éloignées des immenses besoins de notre consommation. D'ailleurs, les producteurs étant soumis partout
à la loi économique de l'offre et de la demande, à mesure que les bestiaux étrangers ont été plus recherchés
leur prix s'est élevé. Le Piémont, la Suisse, l'Allemagne,
la Belgique, cotent actuellement leurs animaux de bou-

---

(1) La statistique officielle imprimée en 1840 porte le nombre des animaux annuellement abattus en France à 13,618,727, et le subdivise ainsi :

Bœufs	492,905	Brebis	1,337,527
Vaches	718,956	Agneaux	1,035,188
Veaux	2,487,362	Porcs	3,957,407
Moutons	3,482,166	Chèvres	157,416

(2) Depuis la construction du chemin de fer d'Orléans, les éleveurs du
Poitou expédient sur le marché de Poissy des quantités considérables de bestiaux.

cherie à un taux rapproché de celui de nos herbagers. Hâtons-nous d'ajouter que le décret de 1853, s'il
n'a pas amené la baisse, a ralenti les progrès de la
hausse, car, sans l'admission des bestiaux étrangers, les
éleveurs français, assurés de rester maîtres du marché
et profitant des préoccupations du consommateur, auraient pu forcer encore les cours.

De l'ensemble de ces faits, officiellement constatés
aujourd'hui, il résulte, d'une part, que le tarif de 1822, en
vigueur pendant plus de trente ans, n'a pas amené l'a-
bondance qu'on disait en attendre; en second lieu, que
l'extrême modération des taxes provisoirement établies
par le décret de 1853 n'a nullement compromis notre
production. C'est la condamnation définitive du régime
restrictif dans son application à l'introduction des bestiaux étrangers. Pour que la viande, comme le pain,
descende à la portée des masses, il faut élargir le marché. Que chacun, de proche en proche, ait la perspec-
tive de vendre à ses voisins ce qu'il ne trouverait pas à
placer chez lui, et ce stimulant, bien autrement efficace
que la protection douanière, réagira sans aucun doute,
un peu plus tôt ou un peu plus tard, selon les circonstances, contre les causes de cherté survenues depuis
quelques années.

Il y a ceci de spécial dans l'élève des bestiaux, que
plus on produit, plus on est en mesure de produire,
parce que chaque tête de bétail donne une quantité
considérable d'engrais (1) qui sert à fertiliser et à multiplier les prairies. Le blé épuisant la terre, on est obligé

---

(1) D'après M. Moll, en produisant 100 livres de viande on produit 6 milliers de fumier, et 100 livres de laine représentent la production de 40 milliers de fumier.

de remplacer, par des moyens artificiels, les substances
fécondantes qu'il lui enlève. Le bétail, au contraire,
rend au sol plus qu'il n'en reçoit. Il fournit ainsi, outre
ses services propres, un précieux adjuvant pour la culture. La multiplication des bestiaux, déjà si utiles à
l'homme par eux-mêmes, favorise donc la production
des céréales, et, puisqu'il est malheureusement vrai que
les besoins de toutes les grandes nations se sont développés plus vite que leurs ressources alimentaires, on
ne voudra pas revenir à une législation qui restreignait
l'importation pour élever les prix.

L'agriculture elle-même, considérée dans ses intérêts
apparents et immédiats, aurait peut-être plus à perdre
qu'à gagner au rétablissement du tarif de 1822. Pour
l'immense majorité des paysans, le bœuf est, avant tout,
un instrument de travail. Ce qui importe le plus, pour
eux, c'est de l'obtenir à bas prix, et il y a aussi, dans
certains départements, beaucoup de laboureurs qui,
achetant les animaux maigres pour les engraisser, trouvent plutôt avantage que préjudice dans la facilité de
l'importation; de sorte que l'élévation des prix ne profite
bien clairement qu'à un petit nombre d'herbagers.

III.

Cependant nous ne conseillerions pas de s'en tenir
précisément aux droits établis par le décret de 1853.
Les bœufs qu'on introduit pouvant être évalués, en
moyenne, à 400 fr., la taxe de 3 fr., portée à 3 fr. 60
par le double décime, ne représente que 90 c. par
100 fr. de valeur. Élevée à 10 fr. en principal, elle
serait encore assez peu sensible pour ne gêner ni les
échanges internationaux ni le développement de la
consommation. Nous n'apercevrions pas, du reste, de

motifs déterminants pour la convertir en une taxe au poids. Commandé par l'équité sous un régime de forts droits, ce mode de perception n'offrirait plus, avec une tarification réduite, qu'un intérêt très-secondaire, au moins balancé par les difficultés inséparables de son application dans les petits bureaux de douanes répandus sur nos frontières de terre. Dans la combinaison que nous indiquons, le droit sur les vaches, bouvillons et taurillons pourrait être fixé à 5 fr. en principal, et l'on adopterait des taxes correspondantes pour les veaux, génisses, brebis, moutons, etc.

IV.

Les viandes salées occupent une place importante dans l'alimentation publique de la France. La population parisienne, notamment, en consomme des quantités considérables. Dans beaucoup de départements, les paysans ne mangent guère que de celles-là. Partout, dans les grandes villes en particulier, la cherté de la viande fraîche pousse de plus en plus à l'emploi des viandes salées. Jusqu'à ces dernières années, la législation en a contenu l'importation. Le droit a été porté successivement à 8, à 15, à 23 fr. pour les arrivages par navires français, puis enfin à 36 fr., en 1826. On comprend que ces dernières tarifications aient paralysé les spéculations commerciales, et empêché nos armateurs de demander aux États-Unis ou à l'Amérique du Sud de grandes masses de salaisons. Dans les trois années antérieures au décret du 5 octobre 1854, qui a réduit la taxe à 50 c. par tous pavillons, nous n'en avions importé, en moyenne, que 140,422 kilog., alors que l'Angleterre en reçoit environ 50 millions de kilog. Les effets du décret de 1854 n'ont pas tardé à démontrer péremptoirement que c'était bien le droit de douane qui comprimait les introductions. Dès l'année 1855, elles se sont élevées à 4,152,804 kilog. Elles ont atteint 6,928,071 kilog. en 1856. Ces chiffres sont encore bien faibles pour un pays de 36 millions d'habitants. Mais lorsque le mouvement commercial se sera mieux établi, le continent américain, dont les ressources en viandes salées sont presque illimitées, nous fera certainement des envois plus nombreux, et nous y trouverons un très-utile auxiliaire de nos moyens généraux d'alimentation. Tout permet de penser que la production intérieure n'en souffrira pas plus dans l'avenir qu'elle n'en a souffert depuis trois ans, parce que nos besoins se développent avec assez d'intensité pour absorber à la fois la fabrication nationale et l'importation.

Le décret de 1854 a aussi imprimé à nos opérations d'entrepôt un mouvement de quelque intérêt. Assurés de pouvoir, au besoin, placer les salaisons étrangères sur le marché français, les armateurs de plusieurs de nos ports en ont fait venir de fortes parties éventuellement destinées à la réexportation. Sans doute, l'approvisionnement de l'armée de Crimée avait beaucoup stimulé les arrivages. (1). Ils ont fléchi à la paix. Mais, au total, le décret du 5 octobre, rendu surtout en vue des consommateurs, a fourni en même temps à nos places maritimes un nouvel et précieux élément d'échange et de fret.

Ces avantages seraient-ils attachés au maintien du droit insignifiant de 50 c. par 100 kilog.? Nous ne le croyons pas. S'il était bien d'adopter la tarification la

---

(1) La France a réexporté pour la Turquie, en 1855, 6,448,193 kilog. de viandes salées.

plus faible au moment où il fallait créer le courant des importations et réagir ainsi contre les effets de l'ancienne législation, aujourd'hui que les relations et les habitudes sont suffisamment établies pour se développer d'elles-mêmes, à la seule condition de n'être point entravées, les viandes salées étrangères, dont la valeur moyenne est de 80 à 90 fr. par 100 kilog., pourraient, sans inconvénient, supporter une taxe de 5 à 6 fr.

CHAPITRE XXIII.

DENRÉES COLONIALES.

Proposition formulée par l'école de la balance du commerce. — Résultat des surtaxes appliquées aux sucres. — Motifs invoqués pour et contre une réduction de droits. — A quelle limite on pourrait s'arrêter; décret du 29 décembre 1855. — Antagonisme entre le sucre de canne et le sucre de betterave; réclamations des ports de mer. — Causes de l'infériorité de la production coloniale. — Réforme du pacte colonial. — Progrès du raffinage ; drawback. — Question des cafés. — Cacaos.

I.

Parmi les marchandises qu'on désigne sous le nom de *denrées coloniales,* le sucre, le café, le cacao, se placent au premier rang.

S'il est des produits dont le tarif aurait semblé pouvoir être réglé avec l'assentiment unanime de toutes les opinions, ce sont assurément ceux-là. Néanmoins, de profondes divergences s'étaient élevées. L'école de la balance du commerce, dominée par une première erreur de doctrine, avait soutenu que l'impôt sur les denrées coloniales devait tendre à en modérer la consommation, parce que, *si elle venait à s'accroître, elle nous coûterait des capitaux productifs;* on proclamait donc que les droits de douanes, en cette matière, ne devaient avoir pour maximum que *le point où l'élévation de la taxe donnerait trop d'appât à la contrebande.* Plus tard, l'intérêt vinicole a cru apercevoir un danger dans l'extension de la consommation du sucre et du café. De telles préoccupations ne pouvaient évidemment pas être durables. L'Administration, les libres-échangistes et les protectionistes, renversant d'un commun accord la proposition

formulée par M. Ferrier, admettent tous, depuis long-
temps, que l'impôt sur les denrées coloniales, exclusivement fiscal, doit être abaissé jusqu'à la limite extrême
où le Trésor cesserait d'être dédommagé, par l'accroissement des quantités imposables, de la diminution du
droit.

II.

Mais, à un autre point de vue, la question spéciale
des sucres embrasse des intérêts complexes qu'il était
difficile de concilier. Ainsi s'expliquent les nombreux
changements survenus dans cette partie de notre législation douanière.

A l'origine, on croyait n'avoir à stipuler que pour des
sucres de canne, français ou étrangers, et l'on employait
le jeu des surtaxes pour assurer le placement, sur le
marché de la métropole, de tous ceux de nos colonies.
La protection, souvent excessive (1), accordée sous cette
forme à la production coloniale, a attiré sur elle le danger le plus redoutable qui pût la menacer. Nous avons

---

(1) TABLEAU DES SURTAXES ÉTABLIES DEPUIS 1816 JUSQU'A CE JOUR.

Loi du 17 décembre 1814.	20ᶠ	par 100 kilog.
— 28 avril 1816.	25	—
— 7 juin 1820.	30	—
— 27 juillet 1822.	50	—
— 28 avril 1833.	40	—
Ordonnance du 21 août 1839.	27	—
Loi du 3 juillet 1840..	20	—
— 13 juin 1851.	15 50	—
Décret du 27 mars 1852.	19	—
— 20 décembre 1854.	15	—
— 29 décembre 1855.	12	—
Loi du 28 juin 1856 { Du 27 mars 1856 au 30 juin 1858. . . .	12	—
{ Du 1er juillet 1858 au 30 juin 1859. . .	10	—
{ Du 1er juillet 1859 au 30 juin 1861. . .	8	—
{ A partir de cette dernière date.	5	—

rappelé par quelles combinaisons successives on a tenté
de le conjurer. Les circonstances sont venues en aide
aux efforts du Gouvernement : quelques mauvaises récoltes de betterave ont enchéri le sucre indigène, et le
prix exceptionnel des vins a fait consacrer une assez
grande quantité de produits sucrés à la fabrication des
alcools, en même temps que plusieurs colonies étrangères offraient un déficit très-considérable. Mais cette
situation accidentelle a cessé. La lutte entre les deux
sucres, un moment suspendue, a déjà recommencé, et
elle menace de devenir plus compromettante qu'elle ne
le fut à nulle autre époque.

III.

M. Dumas avait pensé que le seul moyen d'en atténuer
les effets était de développer la consommation; il proposait, dans ce but, d'abaisser le droit de 20 fr. par 100 k.,
en maintenant l'égalité de traitement entre le sucre de
betterave et le sucre de canne.

Dans son projet, il suffisait, pour dédommager le
Trésor de la diminution de la taxe, d'une augmentation
de consommation d'environ 60 millions de kilog. Or,
depuis 1851, les acquittements se sont accrus de 62
millions de kilog. Mais on puise dans cet accroissement
même l'argument le plus sérieux qu'on oppose aux promoteurs d'une réduction de droits. En 1789, la consommation totale de la France était seulement de 25 millions
de kilog. L'élévation excessive du prix du sucre sous le
premier Empire (11 à 12 fr. par kilog.) la fit descendre
à 7 millions de kilog. (1). En 1820, les cours étant ren-

(1) Nous donnons ce dernier chiffre d'après les relevés officiels. Mais la
contrebande, stimulée par l'énormité des droits, importait chaque année
plusieurs millions de kilog. de sucre.

trés dans les limites de 2 fr. 50 à 3 fr., elle atteignit 36 millions de kilog., et elle a grandi, d'année en année, de façon à dépasser, pour 1857, 181 millions de kilog. (1), indépendamment des excédants de rendement dont le raffinage dispose. Elle n'aurait pu, dit-on, se développer ainsi si elle était comprimée par l'impôt. On repousse donc la réduction comme ne devant aboutir qu'à altérer l'une des sources les plus fécondes du revenu des douanes.

Il est toujours impossible de prévoir dans quelle proportion l'abaissement du prix d'une denrée en étendra la vente, car rien n'empêche l'acheteur d'appliquer à d'autres objets l'épargne qu'il réalise sur cette denrée. En second lieu, la réduction du droit n'atteint que l'un

(1) CONSOMMATION DU SUCRE EN FRANCE DEPUIS 1839, ANNÉE QUI A SUIVI L'APPLICATION DE L'IMPÔT AUX SUCRES DE BETTERAVE.

ANNÉES.	SUCRES			TOTAUX.	Exportation de raffinés.	Quantités livrées à la consommation intérieure.
	COLONIAUX.	ÉTRANGERS	INDIGÈNES.			
1839	71,613,062	655,340	27,537,000	99,805,402	7,604,660	92,203,742
1840	78,445,086	6,666,360	28,102,000	113,213,446	4,036,120	109,177,326
1841	74,514,503	12,042,268	27,162,000	113,718,771	8,917,040	104,801,731
1842	77,443,048	8,209,553	35,070,000	120,722,601	6,215,000	114,507,601
1843	79,455,301	9,605,305	29,155,000	118,215,606	7,415,870	110,799,736
1844	87,581,874	10,268,742	32,075,000	129,725,616	7,409,050	122,316,566
1845	90,958,078	11,542,003	35,132,000	137,632,078	15,659,820	121,972,258
1846	78,631,607	15,184,865	46,845,000	140,661,472	9,700,570	130,960,902
1847	87,826,082	9,626,068	52,369,000	149,821,150	14,168,440	135,652,710
1848	48,372,766	9,539,987	48,103,000	106,015,755	6,358,770	99,656,985
1849	65,466,104	18,877,858	43,793,000	128,136,962	10,014,070	118,122,892
1850	51,171,527	23,858,373	59,758,890	134,788,790	15,853,620	118,955,170
1851	48,450,355	23,839.140	64,080,677	135,920,172	15,700,080	120,220,092
1852	64,018,112	29,768,477	64,128,550	157,915,139	16,840,450	141,074,689
1853	65,682,080	30,877,974	73,814,518	170,374,572	19,882,940	150,491,632
1854	82,111,428	38,067,608	66,443,738	186,622,774	27,394,510	159,228,264
1855	90,947,276	59,654,896	56,181,847	206,854,019	35,480,720	171,103,299
1856	93,551,027	32,899,364	88,521,968	214,952,359	39,279,570	175,672,789
1857	84,952,400	51,378,300	79,178,500	215,489,200	33,734,000	181,755,200

des éléments du prix de revient; elle ne touche pas à la valeur vénale de la marchandise, et l'on peut craindre, nous le comprenons, qu'une diminution de taxe de 24 c. par kilog. sur un produit coûtant en moyenne, au détail, 1 fr. 50, n'exerce pas une influence suffisante pour rendre au Trésor, par l'augmentation des quantités imposées, ce qu'il perdrait par le changement de la quotité du droit.

Cependant, au nombre des articles de consommation générale, le sucre est l'un de ceux dont l'emploi offre le plus d'élasticité. Condiment précieux d'une foule d'aliments, recherché des vieillards, des enfants et des adultes, il devrait avoir déjà pénétré profondément dans les habitudes de nos populations; et, malgré l'accroissement que nous venons de mentionner, la France n'absorbe pas encore plus de 5 kilog. de sucre par personne, alors qu'on en consomme 8 à 10 kil. par tête dans certains états de l'Italie, 12 à 13 kil. en Angleterre, 14 kil. en Hollande, près de 20 kilog. aux États-Unis. La différence des conditions alimentaires ne saurait expliquer seule un tel écart. Il provient aussi de ce que les masses, chez nous, n'ayant pas assez d'aisance pour acheter beaucoup de sucre à 75 c. le demi-kilog., n'en consomment guère qu'au cabaret et au café. Dans quelle mesure et avec quelle rapidité une réduction d'impôt agirait-elle? Nous n'essaierons pas de le préciser. Mais il est une considération qui, à nos yeux, domine le débat : M. Beugnot, dans son rapport de 1851, constatait *que les deux tiers des habitants de la France ne connaissaient pas l'usage du sucre.* Il est certain que le droit de douane contribue à forcer la grande majorité de la nation à s'en priver, et, au moment où l'on cherche à augmenter le bien-être des peuples, on peut se demander s'il est de bonne administration de frapper un produit aussi utile que le sucre, déjà cher par lui-même, d'une taxe de 80 p. 100.

IV.

Les réformes les mieux justifiées peuvent échouer, quand on les propose isolément, devant les nécessités financières, le Trésor public n'étant pas toujours en position de s'imposer un sacrifice immédiat pour un intérêt d'avenir. On n'échappe guère à cette difficulté que par des mesures d'ensemble conçues de manière à balancer les pertes par des avantages assurés. Nous avons indiqué, dans les pages précédentes, divers changements dont l'adoption procurerait un assez notable accroissement de recettes; et l'on pourrait, au moyen de ces ressources supplémentaires, faire face au déficit qu'amènerait inévitablement, dans les premières années, la réduction des droits sur les sucres.

Selon nous, M. Dumas avait bien choisi la limite à laquelle il conviendrait de s'arrêter d'abord. Sous beaucoup de rapports, mieux vaudrait, sans contredit, descendre au dessous de 25 fr. par 100 kilog. (1). Mais le sucre se prête trop bien à la perception de l'impôt pour qu'on ne doive pas éviter, en remaniant la taxe dont il est frappé, d'en réduire le chiffre nominal à tel point que l'extension de la consommation ne puisse pas équilibrer promptement les recettes. Nous voudrions seulement que l'abaissement du droit, au lieu de s'accomplir en quatre années par diminutions successives de 5 fr.,

---

(1) En Angleterre, le droit est de 11 sch. 8 d. par quintal de 112 livres représentant 50 kilog., pour le sucre terré étranger comme pour le sucre provenant des possessions de la Grande-Bretagne.

Le tarif de Colbert (1664) ne taxait le sucre brut qu'à 4 fr. par quintal marc.

comme le proposait M. Dumas, s'opérât en deux, en une même si c'était praticable. L'action en serait ainsi plus prompte et moins exposée aux résistances commerciales qui contrarient parfois, au début, l'effet des mesures de l'espèce.

Pour obtenir d'une réduction représentant 24 c. par kilog. une influence efficace sur la marche ascensionnelle de la consommation, on devrait ne pas s'exposer à la neutraliser par de trop fortes surtaxes sur les sucres étrangers. Plus le marché s'élargira et plus les cours y tendront à la hausse, s'il n'est pas suffisamment approvisionné. A cet égard, le décret du 29 décembre 1855 nous paraît avoir concilié aussi bien que possible les intérêts de la production coloniale, de la fabrication indigène et de l'industrie maritime. Cependant il a été attaqué. Au terme de la remise d'impôt dont jouissent les sucres coloniaux en vertu de la loi de 1856, la surtaxe ne sera plus que de 5 fr. pour ceux du Brésil, de la Havane et de tous les pays hors d'Europe, l'Inde exceptée. Elle se trouvera supprimée pour les sucres de la Chine, de la Cochinchine et de Siam, et sera réduite à 2 fr. pour les sucres des autres contrées de l'Inde (1). Habitué qu'on a été à des surtaxes presque prohibitives, on a dénoncé ce nouveau régime comme devant menacer sérieusement nos colonies et la sucrerie indigène. Ces appréhensions seraient-elles fondées? Nous ne le croyons pas : le niveau tend à se faire entre les prix de revient des différents pays producteurs, et l'éloignement de certains sucres étrangers représente déjà, au profit de la Martinique et de la Guadeloupe, à plus forte raison pour

---

(1) Il ne s'agit ici que des importations par navires français. Apportés sous d'autres pavillons, les sucres étrangers de toute origine sont soumis uniformément au droit de 65 fr. (78 fr. avec le double décime).

les fabricants de la métropole, un véritable droit différentiel. Tout au plus pourrait-il nous sembler opportun,
le jour où l'on ramènerait l'impôt sur nos sucres à 25 fr.,
de maintenir intégralement les surtaxes de 2 et 5 fr.,
qui, appliquées à des droits réduits de 45 p. 100,
assureraient une protection très-réelle aux deux productions nationales sans restreindre sensiblement les
facilités qu'on a voulu offrir à la marine et aux consommateurs.

V.

Malheureusement la réduction du droit, pût-on la
décréter bientôt, ne ferait pas disparaître l'antagonisme
des deux sucres, et c'est là qu'est la difficulté vraiment
grave qui, jusqu'à présent, a rendu la question inso-
luble.

La production betteravière est illimitée; 100,000
hectares suffiraient pour fournir plus de sucre que le
pays n'en consommera de long-temps. Elle pourra donc
toujours, quel que soit l'agrandissement des débouchés,
se mettre en mesure d'y subvenir, et comme ses prix
de revient, à égalité de droits, seraient aujourd'hui inférieurs à ceux des planteurs, les colonies, unies aux
ports de mer, manifestent de vives alarmes.

Suivant la loi du 13 juin 1851, la réduction d'impôt
accordée aux sucres coloniaux devait cesser entièrement après quatre ans. Le délai a été prorogé jusqu'au
1er juillet 1861. Mais la loi du 28 juin 1856, qui a fixé
la remise à 7 fr. par 100 kilog. jusqu'au 30 juin 1858,
avait réglé qu'elle descendrait alors à 5 fr. jusqu'au
30 juin 1859, pour être ramenée à 3 fr. pendant les deux
dernières années. A l'approche de la première modification, le commerce maritime en a demandé l'ajourne-

ment. Il s'est appuyé sur les embarras qu'a créés aux importateurs la baisse des cours.

Le prétexte était mal choisi, car la baisse dont on se prévalait résultait principalement de l'agiotage effréné qui, après avoir maîtrisé les marchés par d'énormes accaparements, avait réagi par son excès même contre les spéculateurs. Comment les cours n'auraient-ils pas beaucoup fléchi à la suite de manœuvres au moyen desquelles on avait produit une rareté factice et déterminé une hausse de 30 à 40 p. 100 ? Peut-on admettre que l'État, témoin impassible de pareils désordres, doive intervenir uniquement pour protéger, à l'heure du revers, les négociants qui s'y seront livrés? On n'était donc pas bien inspiré en excipant de la dernière crise pour solliciter la prorogation du régime provisoire établi par la loi de 1856 (1). D'ailleurs, si le délai primitif, étendu de trois ans pour la remise intégrale, de trois autres années pour une modération de 5 et de 3 fr., n'a pas suffi aux colons, se seraient-ils crus plus en mesure au terme d'une nouvelle période triennale? Mieux valait aborder franchement la difficulté, déclarer que les colons ne pouvaient pas fabriquer au même prix que les indigènes, et réclamer en faveur des premiers une diminution permanente d'impôt. Au fond, c'est le véritable but que poursuivent encore les ports de mer.

Mais, en se prêtant à leurs vues, ne s'exposerait-on pas à éterniser les tiraillements? Les prix de revient diffèrent d'une année à l'autre, en France comme aux colonies, selon l'abondance des récoltes. Il arriverait que la betterave produirait peu dans une année où la canne, au contraire, donnerait des résultats avantageux.

---

(1) Le Gouvernement s'est refusé à la proposer au Corps législatif.

La même coïncidence pourrait se rencontrer en sens inverse. Faudrait-il remanier aussitôt la loi pour établir la pondération qu'on aurait voulu lui demander? On s'est trop accoutumé, en France, à penser que les tarifs devaient préserver les producteurs et les spéculateurs de tout désordre commercial. Betteraviers, colons, armateurs, tous réclameraient dans l'avenir, de même qu'ils n'ont pas cessé de réclamer dans le passé, et l'on aurait ainsi consacré, sans aboutir, la violation de l'un des principes de notre droit public : l'égalité devant l'impôt.

VI.

Que faire cependant? Le café, le cacao, les épices, ne pourront jamais être cultivés dans nos colonies sur une grande échelle. C'est surtout du sucre qu'elles doivent produire, et lorsqu'elles ne trouveront plus à le placer, elles cesseront de compter dans le monde. Doit-on, acceptant dès à présent cette éventualité, savoir prendre son parti, et de la ruine des colons, et des débouchés qu'ils offrent à la production nationale, et du recrutement (1) que la navigation réservée assure à notre personnel naval?

La question, ainsi posée, serait des plus embarrassantes. Mais nous nous demandons si, en la présentant en ces termes, on n'en a pas négligé l'élément essentiel.

La canne est infiniment plus riche que la betterave. Elle contient 18 à 20 p. 100 de sucre, la betterave 9 à 10 seulement, et néanmoins les colons n'obtien-

(1) Dans l'état présent des choses, le sucre exotique représente environ 136 mille tonnes sur 560 milles à peu près qu'offre le mouvement général, à l'entrée, des navires français venant des pays hors d'Europe.

nent guère qu'un rendement de 5 à 6 p. 100, tandis que les fabricants indigènes, au moyen des procédés perfectionnés de la science moderne, sont parvenus à extraire de la betterave presque tout le sucre dont elle est pourvue. Telle est la cause fondamentale de l'infériorité des colons. Si la plupart d'entre eux ne fabriquaient pas aujourd'hui comme on fabriquait il y a deux siècles, ils trouveraient dans l'inépuisable fécondité de leur sol, dans la richesse de la plante qu'ils exploitent, une large compensation de l'éloignement du marché. Dans la longue polémique qui précéda la loi de 1843, l'un des défenseurs des colonies, M. Adolphe Guéroult, faisait argument de cette situation pour réclamer l'interdiction avec indemnité de la sucrerie betteravière, *dans l'intérêt des producteurs indigènes, eux-mêmes. Le moment arrivera,* disait-il (1), *où ce ne seront plus les colons qui demanderont la suppression du sucre indigène; ce seront les fabricants métropolitains qui, succombant sous une lutte inégale, viendront sommer le Gouvernement de réparer par le rachat de leur industrie les encouragements inconsidérés qui les ont poussés dans une voie sans issue.* Nous n'avons pas à rechercher si la conclusion de M. Guéroult était bien logique; nous voulons constater uniquement que cet écrivain, au courant de la production coloniale, la jugeait de force à reprendre son ancienne prééminence sur l'industrie betteravière. D'autres organes des colons, M. Paul Daubrée (2), notamment, proclamaient avec lui que la canne devait tuer un jour la betterave. Ne serait-il donc pas bien plus normal d'inciter les colons à transformer

(1) *Les colonies françaises et le sucre de betterave,* 1842.
(2) *Question coloniale sous le rapport industriel,* 1811.

leur système d'exploitation, comme les y engageaient MM. Guéroult et Daubrée, que de leur concéder un privilége préjudiciable à la fois au Trésor, à leurs rivaux métropolitains et au bon droit ?

Pour ce qui nous concerne, nous avons vainement demandé aux nombreuses publications qu'a fait éclore la question des sucres une combinaison plus acceptable. A la vérité, la transformation conseillée aux colons n'est pas facile. Pour introduire dans leur fabrication les procédés nouveaux, ils auraient besoin de capitaux assez considérables. D'où les tirer ? Si leurs embarras financiers, plus ou moins aggravés par l'émancipation, proviennent en grande partie, comme on l'a prétendu, de leur imprévoyance et de leurs habitudes somptueuses, ces embarras n'en sont pas moins réels. Les planteurs, grevés presque tous de lourdes charges hypothécaires, ne trouveraient probablement pas dans nos ports de mer de bien larges crédits. Mais, de l'avis d'hommes compétents, les obstacles, quoique sérieux, ne seraient pas insurmontables. Lorsque les capitaux des places maritimes ne se déroberont plus, la fabrication proprement dite pourra se séparer de la culture; il y aura aux colonies, ainsi que dans la métropole, des agriculteurs pour fournir la plante à sucre et de grandes usines pour l'exploiter dans de bonnes conditions (1); la canne donnera 10 à 12 p. 100, 14 à 15 peut-être, et, malgré la distance, le sucre colonial viendra braver sur le marché métropolitain toutes les concurrences.

_____

(1) Quelques essais ont déjà été faits dans les Antilles et à La Réunion. Le sucre provenant des nouveaux établissements est celui qu'on désigne dans le commerce sous le nom de *sucre d'usine*.

VII.

Au lieu de donner aux colons une véritable prime pour les aider à s'immobiliser dans leurs procédés séculaires, il serait plus avantageux pour tous de relâcher les liens du régime colonial, en ajoutant quelques concessions nouvelles à celles qu'ont obtenues nos Antilles et La Réunion.

A part les règlements maritimes, les restrictions qui subsistent aujourd'hui profitent peu à la métropole et servent surtout à justifier les priviléges des colonies. D'après le tableau ci-dessous (1), nous avons reçu de nos possessions à sucre, en 1857, pour 94,017,494 fr. de produits, et nous y avons expédié pour 62,867,679 fr. de marchandises françaises. Sur cette dernière somme, les deux tiers environ représentent des objets de modes, des soieries, des articles de l'industrie parisienne, des vins, des eaux-de-vie et d'autres produits que les planteurs, même sous le régime d'une liberté absolue, n'auraient certainement pas fait venir de l'étranger. Qu'est le reste dans le mouvement général du commerce de la France? D'ailleurs, il ne serait pas question de concéder aux colonies des immunités que la

(1)

		IMPORTATION DE MARCHANDISES	
		COLONIALES en France.	FRANÇAISES aux Colonies.
1857	La Réunion............	55,855,670ᶠ	25,520,125ᶠ
	La Martinique........	22,874,728	19,659,835
	La Guadeloupe.......	16,087,196	17,687,719
	TOTAUX........	94,017,494ᶠ	62,867,679ᶠ

métropole ne possède pas elle-même. Tout ce qu'elles peuvent équitablement demander, c'est l'application du tarif des douanes françaises. Or, avec ce tarif, il est bien peu de marchandises, les prohibitions fussent-elles levées, que nos Antilles et La Réunion trouvassent bénéfice à acheter à nos rivaux.

Nous n'apercevrions pas plus d'inconvénients à les autoriser à expédier à l'étranger, quand elles croiraient y avoir avantage, les produits de leur sol. Évidemment la France n'a pas à craindre de manquer de sucre. Appréhenderait-on que les colonies, en dirigeant le leur sur l'étranger, n'enlevassent à notre marine de long cours une portion considérable de son fret? Mais, attirées en France par leurs anciennes habitudes, par toutes leurs relations commerciales, bien plus encore par un tarif différentiel, elles ne chercheraient à vendre leurs sucres au dehors que lorsque notre propre marché serait engorgé, et il serait alors de toute justice de ne pas les en empêcher.

Dans cet ordre de choses, les colonies se trouveraient complètement assimilées à la métropole. Devenues pour leur commerce de simples départements français, elles recevraient de l'étranger, sous les conditions du tarif général, ce qu'elles auraient profit à en tirer, et elles y vendraient, aux mêmes conditions, ce qu'elles pourraient y placer avec avantage. Pour leurs échanges internationaux, elles emploieraient indistinctement des navires de tous pavillons, moyennant le paiement des surtaxes réglementaires. Dans leurs rapports avec nos ports de mer, elles occuperaient exclusivement des navires français, suivant le principe qui exclut du cabotage les bâtiments étrangers. Elles n'auraient plus, dès ce moment, aucun motif de prétendre que la métropole les exploite à son profit exclusif, et celle-ci pourrait reconquérir, sans cesser d'être équitable, une plus grande liberté d'action.

Les objections viendraient-elles des planteurs? Nous ne le supposons pas, car, ne pouvant plus entretenir la pensée de se voir sacrifier le sucre de betterave, ils devraient être satisfaits d'un régime économique qui conserverait à leurs produits, dans la mère-patrie, l'avantage d'un tarif différentiel, tout en leur permettant de choisir, soit pour leurs achats, soit pour leurs ventes, les marchés les plus favorables. Dans tous les cas, il est des situations qui commandent de prendre un parti, ne fût-il pas exempt d'inconvénients. Telle est celle qui nous occupe ici. La transformation sans laquelle les colons succomberont inévitablement offre des difficultés graves; se prévalant de ce qu'on appelle le pacte colonial, ils somment la métropole de recevoir d'eux, à des prix suffisamment rémunérateurs, la seule denrée susceptible de les faire vivre, et puisqu'il n'est pas possible, dans l'état présent de leur industrie, de leur donner une garantie complète à cet égard, y a-t-il autre chose à faire qu'à leur rendre la part entière de liberté commerciale dont jouissent les Français du continent?

VIII.

Le raffinage présente également un moyen de transaction d'une importance très-réelle. La France excelle dans les arts chimiques. Beaucoup de nos raffineurs, à Paris, à Nantes, à Marseille, ont sensiblement perfectionné leurs procédés et donné à leurs établissements des proportions qui ont réduit leurs frais généraux. Bordeaux, demeuré en arrière, paraît décidé à saisir de nouveau le rang qui lui appartient dans cette fabrication. Plu-

sieurs usines du Nord sont admirablement montées.
Aussi nos exportations de raffinés ont-elles presque dé-
cuplé depuis vingt ans. De 4,136,297 kilog., chiffre de
1837, elles se sont élevées, en moyenne, pendant les
trois dernières années, à 36,164,430 kilog. (1). L'Angleterre, elle-même, reçoit des raffinés français. On
peut conserver ce lot aux sucres exotiques en les admettant seuls au drawback. Tout récemment, les betteraviers ont demandé à y participer, et, en équité stricte,
leur prétention devait sembler fort légitime. Le droit
sur le sucre indigène étant un impôt de consommation
absolument au même titre que le droit sur le sucre colonial, quoi de plus simple en apparence que de rembourser l'un comme l'autre quand la marchandise, au
lieu de rester dans l'intérieur de l'empire, passe à l'étranger? Mais cette mesure eût fermé l'une des issues par
lesquelles on parviendra peut-être à sortir des complications qu'a fait naître la sucrerie indigène, et les betteraviers, après avoir grandi, pendant vingt-cinq ans, à
l'ombre de l'exemption complète de taxe, devraient se
montrer assez modérés, si les intérêts privés savaient

(1) RELEVÉ, PAR ORDRE D'IMPORTANCE DANS LES QUANTITÉS, DES PAYS QUI
ONT DEMANDÉ EN 1857, DES RAFFINÉS FRANÇAIS.

États sardes. . . .	5,675,985 k.	Grèce.	1,274,485 k.
Algérie..	4,849,776	Chili.	1,226,753
Turquie.	4,740,741	Toscane.	956,957
Deux-Siciles. . . .	4,726;924	Égypte et États	
Suisse.	3,104,794	barbaresques...	605,965
Autriche.	2,808,640	Angleterre.	462,241
États romains. . .	2,313,636	Autres pays. . . .	1,213,067

En Turquie, en Autriche, dans les États sardes, dans les Deux-Siciles,
ce sont surtout les Hollandais qui font concurrence à la raffinerie française.
Ils y placent de 25 à 30 millions de kilog. de sucres raffinés.

En 1856, nos importations pour l'Angleterre s'étaient élevées à 1,825,493
kilogrammes.

l'être, pour se contenter de la magnifique position qu'ils ont prise sur le marché intérieur.

Si l'égalité d'impôt, long-temps réclamée par nos colonies, était définitivement établie; si le droit était abaissé à 25 fr. pour tous les sucres français; si la sur-taxe applicable au sucre étranger n'était point portée au-delà de 20 p. 100; si les colonies avaient la faculté de commercer avec le dehors aux conditions détermi-nées par le tarif de l'empire; si l'on réservait enfin aux sucres de canne, comme compensation des immunités anciennement accordées à la betterave, la faveur tem-poraire du drawback, sauf à en régulariser le régime, chacun s'arrangerait de façon à tirer le meilleur parti possible de ses forces propres ou acquises, et il pour-rait bien se révéler dans nos colonies, amenées à re-noncer à de vieux errements incompatibles avec les nécessités nouvelles, plus de vitalité qu'on ne leur en attribue.

IX.

Les droits actuels sur le café datent de quarante ans Quand on les a adoptés, cette denrée se vendait, en en-trepôt, de 450 à 500 fr. par 100 kilog. La taxe, fixée à 50 fr. pour le café de La Réunion, à 60 fr. pour celui des colonies françaises en deçà du Cap, à 78 et 95 fr. pour les similaires étrangers, pouvait ne pas sembler exagérée. Actuellement le café est coté en entrepôt de 160 à 180 fr. les 100 kilog. L'impôt des douanes repré-sente donc en moyenne 50 p. 100 du prix de revient de la marchandise.

Quoique la consommation ne soit pas restée station-naire (de moins de 5 millions de kilog. en 1816, elle

a atteint, en 1857 (1), 28 millions de kilog.), elle ne
s'élève qu'à 777 grammes par tête, et, d'après ce qui
se passe ailleurs, on doit la juger susceptible de prendre, en France, une grande extension. Chacun est à
même d'observer autour de soi que le café pénètre de
plus en plus dans le goût de nos populations. Dans les
villes, il constitue, pour une grande partie des classes
pauvres et moyennes, le principal élément des repas du
matin. On compte par milliers, à Paris, dans les ports de
mer, dans les centres industriels, les petits établissements publics où l'on ne sert guère autre chose. Si tout
ce qui se prend ainsi sous l'apparence de café méritait
en effet ce nom, on serait probablement surpris du chiffre exact de la consommation. Mais la chicorée grandit
en parasite à l'abri du tarif et se substitue trop souvent au café.

Dans le projet de loi de 1851, M. Dumas proposait
de ramener les droits à 40 fr. pour les cafés de La Réunion, à 45 fr. pour ceux de nos colonies des Antilles,
à 57 fr. pour ceux de l'Inde et à 60 fr. pour ceux des
autres contrées hors d'Europe. C'était, en moyenne, une

(1) QUANTITÉS DE CAFÉ CONSOMMÉES EN FRANCE DEPUIS 1816.

1816... 4,877,900 k.	1830... 9,805,716 k.	1844... 15,577,719 k.
1817... 4,630,000	1831... 8,259,956	1845... 15,880,165
1818... 6,796,200	1832... 10,438,185	1846... 16,847,572
1819... 6,629,000	1833... 9,365,249	1847... 16,797,686
1820... 8,122,300	1834... 10,893,721	1848... 14,862,334
1821... 7,311,700	1835... 10,336,485	1849... 18,150,865
1822... 9,148,800	1836... 11,170,578	1850... 15,363,555
1823... 8,209,000	1837... 12,341,458	1851... 18,659,248
1824... 10,724,800	1838... 12,087,228	1852... 21,573,322
1825... 7,477,900	1839... 12,116,531	1853... 19,956,762
1826... 7,995,400	1840... 14,372,444	1854... 21,720,009
1827... 10,027,597	1841... 12,954,116	1855... 26,740,595
1828... 9,328,129	1842... 15,109,906	1856... 23,222,436
1829... 9,095,342	1843... 14,529,997	1857... 27,997,432

réduction de 13 centimes par kilog. Toutefois les cafés
étrangers, appelés à jouir du dégrèvement le plus
fort, alimentant presque exclusivement notre consommation (1), la diminution réelle, pour l'ensemble des
quantités, eût atteint 30 centimes environ par kilog. Ce
stimulant aurait-il suffi et suffirait-il aujourd'hui pour
remplacer promptement par l'accroissement des quantités la diminution de la taxe? Non, peut-être, si l'on
considère le café isolément. Mais chaque kilog. de café
faisant employer au moins 4 à 5 kilog. de sucre (2), il ne
faudrait qu'un bien faible excédant de consommation
pour que l'impôt prélevé sur les deux produits désinté-
ressât le Trésor de son sacrifice. La réduction du droit,
évidemment très-profitable au commerce et aux classes
pauvres, aurait, de plus, pour résultat de refouler la
chicorée, qui n'a aucun titre à la double protection dont
la couvre la tarification des cafés et la prohibition de la
chicorée étrangère. Il y aurait donc encore là un nouvel
élément de compensation. On pourrait même examiner s'il ne serait pas avantageux de descendre au-dessous des limites qu'avait fixées M. Dumas, de n'exiger,
par exemple, que 30 fr. pour les cafés de La Réunion,
35 fr. pour ceux des Antilles françaises, des Indes ou

---

(1) Voici, avec l'indication des lieux de provenance, le relevé des quantités de café introduites en 1857. On voit que nos possessions n'y figurent
que pour 995,531 kilogrammes sur 27,997,432.

Indes anglaises . .	6,730,356 k.	Philippines.	612,836 k.
Haïti.	6,500,650	Cuba et Porto-Rico	422,786
Brésil.	5,284,397	Indes françaises. .	394,637
Indes hollandaises.	3,577,519	La Réunion. . . .	390,248
Vénézuéla.	1,675,289	Guadeloupe. . . .	210,646
Guatémala.	1,275,191	Autres pays. . . .	923,877

(2) D'après le rapport de M. Beugnot, la proportion serait même de 6 à 7
kilogrammes pour un.

des autres contrées hors d'Europe, et 50 fr. pour les cafés provenant des entrepôts.

X.

Jusqu'à présent, le cacao a été peu mêlé aux discussions économiques. Il n'y a guère que certains intérêts particuliers qui soient intervenus pour en faire modifier la tarification. Cela s'explique. Pendant long-temps, on n'en avait presque pas consommé en France. Quelques villes du Midi, rapprochées de l'Espagne, le connaissaient seules comme aliment. Ailleurs, les préparations dont on le rendait l'objet étaient peu propres à le faire apprécier par les consommateurs (1). Aujourd'hui les chocolats de plusieurs maisons de Paris valent les bons chocolats d'Espagne et de Bayonne (2). Peu à peu le goût s'en est répandu. Sans imiter nos voisins de la Péninsule, qui servent du chocolat à toute heure du jour comme les Orientaux offrent du café, on a commencé à l'introduire dans les habitudes journalières, et, mieux connu, il deviendra d'un usage plus général.

La loi du 28 avril 1816 avait taxé le cacao à 80, 115 et 120 fr., selon les provenances. Sous l'empire de ce tarif, l'importation se maintenait entre 600 et 700 mille kil. Les réductions de droits accordées par les ordonnances des 29 juin 1833 et 8 juillet 1834, converties en loi le 2 juillet 1836, la firent monter presque tout-à-coup à 1,400 mille kil., et elle a dépassé 4 millions de kil. (3).

---

(1) Nous ne savons pas si M. Delamarre a grossi le mal. Mais, dans le livre qu'il a publié sur *la vie à bon marché*, il accuse certains fabricants de chocolat des sophistications les plus graves.

(2) Cependant elles y mêlent encore, presque toujours, une petite quantité de farine de riz. Le consommateur parisien, disent-elles, le préfère ainsi.

(3) Une élévation de prix résultant de circonstances accidentelles, a ramené l'importation, en 1857, à 3,412,929 kilog.

Le changement de tarification a évidemment concouru à ce résultat. Les droits actuels varient de 40 fr., pour les provenances des Antilles françaises, à 65 fr., taxe applicable aux arrivages des entrepôts d'Europe. La plus grande partie de ceux que reçoit la France, venant du Brésil et de Vénézuéla, paie 55 fr., soit, avec le double décime, 66 fr. Ce droit n'a rien d'excessif; relativement à la tarification des cafés et surtout des sucres, on peut même le trouver modéré, car les cacaos ordinaires valent communément, en entrepôt, de 150 à 200 fr. Mais il s'agit d'un produit vraiment utile, presque inconnu dans la plus grande partie de la France. Il pourrait donc être opportun, pour en vulgariser l'usage, de diminuer le droit, et, sans nous exagérer la portée de cette réduction, nous croyons, du moins, que le Trésor n'aurait rien à y perdre, chaque kilogramme de cacao faisant employer en minimum 1 kilog. de sucre.

Il y a des consommations que les gouvernements doivent s'abstenir d'exciter; telle est celle des alcools, si souvent funeste à la santé et à la moralité publiques. Le sucre, le café, le cacao, sont, au contraire, des éléments d'un bien-être légitime, qu'il faut rapprocher autant que possible de la portée des classes laborieuses. Il reste beaucoup à faire, en France, sous ce rapport, et, quoique le développement naturel de l'aisance publique doive toujours demeurer le principal stimulant de la consommation des denrées de luxe, le moment nous semble venu de rompre en fait, comme on a rompu en doctrine, avec la pensée restrictive qu'avait exprimée M. Ferrier.

CHAPITRE XXIV.

VINS ET AUTRES DENRÉES.

Denrées diverses. — Le système protecteur étendu aux vins; décrets de 1854; nouveau tarif à adopter. — Importance des exportations et conquête de nouveaux débouchés. — Extension dont la consommation est susceptible; falsifications. — Suites probables du développement de la culture de la vigne à l'étranger.

I.

En dehors des céréales, des bestiaux et des denrées coloniales, il est peu d'objets de consommation que le tarif frappe de taxes élevées. Les pommes de terre ont toujours été admises en franchise ou moyennant un simple droit de balance, ce qui n'a pas empêché ce genre de culture de se développer, en France, plus que tout autre. Les fromages hollandais de pâte dure sont taxés à 10 fr. par 100 kilog.; les autres, de 6 à 15 fr., selon l'espèce et la provenance. Les droits sur les huiles d'olive ont été successivement réduits, soit par la loi générale, soit en vertu de traités de commerce, à un taux modéré. Peut-être la tarification du houblon, fixée à 60 fr. en 1826, ramenée à 45 fr. en 1855, devrait-elle encore être abaissée, car, en raison du prix élevé de ce produit, on le remplace souvent, dans la fabrication de la bière, par des ingrédients qui en altèrent la qualité. Il y aurait lieu aussi d'examiner si le droit prohibitif dont le poisson de mer a été frappé, dans l'intérêt de notre marine, n'a pas créé plus d'abus que de matelots, et ne pourrait pas être diminué de moitié sans compromettre les armements sérieux. Mais ces questions pouvant être considérées comme accessoires, nous ne nous occuperons plus que des vins.

II.

Antérieurement à la maladie de la vigne, on avait peu remarqué que les producteurs vinicoles avaient cru devoir, comme tant d'autres, demander appui au régime protecteur. Depuis 1816, les vins ordinaires étaient taxés à 35 fr. par hect., les vins de liqueur, à 100 fr. Les décrets des 30 août et 5 octobre 1854 ont en quelque sorte supprimé ces droits, puisqu'ils les ont réduits à 25 c. par hect., sans distinction d'espèces ou de qualités. On n'a pas tardé à reconnaître que les vins étrangers ne devaient ni menacer les similaires français, ni procurer un secours bien efficace à nos populations. Quoique stimulée par les prix exorbitants des vins indigènes, l'importation n'a livré, en moyenne, pendant chacune des trois années 1855, 1856 et 1857, que 462,674 hect., formant à peine la centième partie de notre consommation habituelle. Les vins ordinaires d'Espagne, qui pourraient seuls arriver sur nos marchés en quantités réellement considérables, sont mal fabriqués, soignés plus mal encore, et transportés souvent dans des outres qui les souillent d'une odeur indélébile. Vendus en nature, ils heurtent le goût des consommateurs français ; employés à des coupages, ils réussissent beaucoup moins qu'on ne l'avait supposé. Nos vignerons ne sauraient donc avoir rien à redouter de cette concurrence. Le Portugal, la Sicile et l'Allemagne, de leur côté, n'ont pas de vins ordinaires à opposer aux nôtres. Il n'y aurait ainsi nul inconvénient à conserver, lorsque l'abondance reviendra, la tarification réduite adoptée dans un moment de pénurie. Seulement, dans l'ordre

26

d'idées qui nous a conduit à demander le maintien de certains droits sur nos principales denrées alimentaires, nous croyons devoir proposer également d'élever la taxe sur les vins ordinaires (1) de 25 c. par hect. à 5 fr.

Pour les vins de liqueur, la question semblerait d'abord se présenter sous un autre aspect. L'Hérault et les Pyrénées-Orientales produisent quelques espèces qu'on a voulu comparer aux qualités analogues de l'Espagne et du Portugal, et l'on pourrait demander pourquoi, beaucoup d'articles manufacturés restant protégés, on ne frapperait pas ces vins de luxe, exclusivement destinés à la table du riche, d'un droit assez fort pour rassurer nos vignerons du Midi. Mais le Porto, le Madère, le Xérès ne vont pas généralement aux mêmes consommateurs que le Frontignan, le Lunel, le Rivesaltes, le Collioure ou le Bagniuls. Au lieu de protéger les propriétaires de quelques vignobles, un droit élevé protégerait seulement la fabrication cettoise, qui a le privilége d'échapper, par l'audace de ses tromperies commerciales, aux poursuites dont les falsificateurs plus humbles sont l'objet. La taxe sur les vins de liqueur étrangers ne doit être, à notre avis, qu'une taxe fiscale, et nous pensons qu'on resterait dans une mesure convenable en la fixant à 20 fr. par hect.

Le droit sur les alcools, momentanément réduit à 15 fr., a été porté par le décret du 14 juillet 1855 à 25 fr. par hect. en principal. Accordé aux réclamations des betteraviers, désormais hors d'état d'en profiter parce que la baisse normale des prix les a forcés à fermer leurs distilleries, il équivaut, d'après les cours

_____

(1) Le tarif considère comme vins ordinaires tous ceux qui ne sont pas vins de liqueur.

actuels des spiritueux, à 45 p. 100 environ. Mais les industries qui auraient pu le juger onéreux trouvent aujourd'hui toute facilité d'approvisionnement dans la production nationale.

III.

C'est dans l'exportation que se concentre, pour la France, l'intérêt réel du commerce des vins et des spiritueux avec l'étranger. On a reproché aux départements vinicoles, à la Gironde en particulier, d'avoir beaucoup exagéré l'influence de notre législation douanière sur leurs ventes au dehors. Le marché intérieur, s'élargissant à mesure que s'accroîtront la population et l'aisance, sera toujours le plus sûr et le plus vaste débouché de nos vins. On rencontre à l'étranger des habitudes différentes. Quand on voit la Normandie, où les vins de Bordeaux peuvent arriver sans autre surcharge de prix qu'un fret de 5 fr. et un droit de 1 fr. 75 par barrique, faire encore aujourd'hui du cidre sa boisson favorite, on ne doit pas être surpris que l'Angleterre et la plus grande partie de l'Allemagne restent fidèles à la bière (1). Nous admettons aussi qu'on a pu grossir l'importance de nos exportations d'autrefois. Selon les données soigneusement recueillies par l'habile rapporteur de la commission d'enquête nommée en exécution de la loi du 20 décembre 1849, la totalité de nos exportations en vins et eaux-de-vie, avant la Révolution, ne dépassait pas 1,054,087 hect. C'est le chiffre moyen des quatre

(1) Selon des documents publiés par le parlement anglais, la consommation en vins de toute origine ne s'élèverait, dans la Grande-Bretagne, qu'à 280 mille hect., représentant moins d'un litre par tète. Les vins de France entreraient dans cette consommation pour 7 à 8 p. 100 seulement. L'Espagne en fournirait 41 p. 100, le Portugal 39.

années 1786, 1787, 1788 et 1789. Depuis cette époque, les expéditions de la France en vins et eaux-de-
vie ont doublé. Elles se sont élevées dans les cinq
années antérieures à la maladie de la vigne à 10,038,839
hect. pour les vins, à 1,624,048 hect. pour les eaux-
de-vie et liqueurs (1), ce qui donne une moyenne de
2,007,767 et 324,803 hect. Si quelques débouchés se
sont resserrés, d'autres ont été conquis. L'Algérie reçoit
actuellement plus de 400,000 hect. de nos vins. Les
États-Unis en achètent plus de 300,000, indépendamment de 100,000 hect. d'eaux-de-vie. Les républiques
de l'Amérique méridionale nous offrent un nouveau marché qui commence à prendre de l'importance. De ces
divers faits, rapprochés de l'accroissement continuel de
nos plantations en vignes, on peut conclure que l'intérêt vinicole s'est montré parfois peu juste et trop
exclusif. Mais on doit reconnaître, en même temps, qu'il

(1) EXPORTATIONS EN VINS, EAUX-DE-VIE ET LIQUEURS, PENDANT LES 30
DERNIÈRES ANNÉES.

ANNÉES.	VINS.	EAUX-DE-VIE (a)	LIQUEURS.	ANNÉES.	VINS.	EAUX-DÉ-VIE	LIQUEURS.
	hect.	hect.	hect.		hect.	hect.	hect.
1828..	1,244,093	414,652	2,755	1843..	1,429,749	167,287	6,403
1829..	1,114,737	331,141	2,944	1844..	1,402,924	138,041	6,844
1830..	874,651	184,151	2,800	1845..	1,482,855	132,564	5,892
1831..	805,749	145,183	1,518	1846..	1,360,322	109,025	4,478
1832..	1,307,798	244,644	2,364	1847..	1,488,270	207,693	4,697
1833..	1,337,894	226,445	3,066	1848..	1,548,381	257,571	3,365
1834..	1,393,394	164,630	3,185	1849..	1,872,182	339,875	4,049
1835..	1,300,671	187,843	3,395	1850..	1,910,654	284,071	4,313
1836..	1,305,219	203,174	5,512	1851..	2,269,030	379,151	6,114
1837..	1,114,302	193,316	6,878	1852..	2,458,572	339,884	5,375
1838..	1,453,317	207,944	5,831	1853.	1,976,026	270,040	5,793
1839..	1,193,774	155,926	5,471	1854..	1,335,213	158,837	6,077
1840..	1,333,581	195,067	5,603	1855..	1,214,977	159,869	9,007
1841..	1,587,892	206,734	7,802	1856..	1,274,947	197,536	9,253
1842..	1,367,506	163,906	7,187	1857..	1,124,474	170,145	10,055

(a) A partir de 1834, les quantités d'eaux-de-vie ne représentent que le nombre d'hectolitres
d'alcool pur.

représente l'une des sources les plus fécondes de la richesse nationale. La culture de la vigne, si éminemment naturelle à notre sol, offre à l'agriculture, au commerce, à la marine, des éléments d'activité qui n'ont peut-être pas toujours été assez appréciés, et si l'on arrivait à rendre plus rapide le mouvement ascensionnel de nos exportations, on trouverait là plus d'éléments durables d'avenir et de prospérité que dans la protection exagérée dont jouissent quelques industries manufacturières.

IV.

La consommation du vin est partout susceptible d'une grande extension. En France, en dehors même des départements qui boivent plus particulièrement du cidre ou de la bière, une partie très-considérable de la population n'en consomme que le dimanche, au cabaret, où on le lui sert trop souvent dénaturé et toujours grevé d'un impôt fort lourd (1). A l'étranger, s'il y a des pays où le vin pourra rester long-temps encore un objet de luxe, on en trouve d'autres qui en demanderont des quantités de plus en plus importantes, lorsque le commerce, en mesure d'abaisser ses prix à un taux modéré, saura comprendre que son premier intérêt est de renoncer aux falsifications dont on s'est plaint justement. Elles ne sont assurément pas nouvelles, car Philippe le Hardi reprochait aux vignerons de Bourgogne et de Champagne (2) de mêler à leur vin de l'eau en grande

---

(1) Le décret du 17 mars 1852 l'a porté à 15 p. 100 (18 p. 100 avec le double décime).

(2) On lit dans une ordonnance rendue en 1395 par Philippe le Hardi, duc de Bourgogne :

» Apprenant que, depuis peu, plusieurs de nos sujets, pour avoir une plus

quantité. Quoique se combinant d'habitude avec une diminution proportionnelle dans les prix, elles ne sont pas moins dommageables. A l'extérieur surtout, où les vins ne se boivent pas au moment même des sophistications, ceux qu'on a altérés tournent, s'acidulent et ne constituent bientôt qu'une détestable boisson. Les vins de la Gironde ont ainsi compromis leur renom, si bien justifié cependant par leur incontestable supériorité.

M. Michel Chevalier proposait, à ce sujet, il y a quelques années, le rétablissement des inspecteurs spéciaux qui étaient chargés, avant la Révolution, de contrôler la qualité des produits exportés (1). Malheureusement une telle institution serait bien difficile à reconstituer aujourd'hui, et nous ne sommes pas convaincu qu'il n'en résultât point beaucoup plus d'inconvénients que d'avantages. C'est plutôt à la moralité du commerce, moins rare encore qu'on ne le dit, à son intérêt bien entendu, qu'il faut faire appel. On compte à Bordeaux un grand nombre de maisons honorables qui ne livrent pas plus au dehors qu'au dedans des vins frelatés. L'autorité de leur exemple et le spectacle de leur

---

» grande quantité de vin, plantent en cachette un très-mauvais et très-
» déloyal cépage nommé *goamez,* lequel donne en grande abondance de très-
» mauvais vin, doux d'abord, mais bientôt amer et gâté, ce qui nuit à la santé
» et cause de dangereuses maladies; *sachant de plus qu'on y introduit de*
» *l'eau en grande quantité;* apprenant que l'on fume le bon plant avec toute
» sorte de mauvais fumier; ce qui amène des altérations dangereuses dans le
» produit; voyant avec peine le commerce s'éloigner de nos États, mal énorme
» qui exige un prompt remède de notre part, ordonnons, etc... »

(1) M. Michel Chevalier ajoutait : « Il faudrait croire aux théories absolues de liberté commerciale d'une foi bien étrange, dans un siècle qui se
» pique d'être esprit fort, pour ne pas voir que l'absence de tout règlement,
» en matière de commerce, est un fait monstrueux. » *(Lettres sur l'Amérique du Nord.)*

succès produiront de meilleurs résultats que des agents de contrôle dont la compétence serait toujours fort contestée. Que le commerce ne vende plus de l'eau alcoolisée pour du vin, ou du Cahors dénaturé pour du Médoc, que les propriétaires de la Charente ne fabriquent plus du cognac avec des esprits de betterave ou de grains, que les Champenois ne convertissent plus en Aï les vins blancs de l'Alsace, et les États-Unis, l'Amérique du Sud, la Russie, l'Allemagne, la Belgique, l'Angleterre, etc., nous offriront des débouchés d'autant plus vastes que nous leur aurons donné, de notre côté, un accès plus facile sur notre propre marché.

V.

On a paru se préoccuper de l'extension de la culture de la vigne dans quelques contrées où elle était autrefois inconnue (1). M. le duc de Raguse, dans ses récits de voyages, signalait les beaux résultats obtenus en Crimée, où les ceps de Bourgogne de la qualité la plus fine produisaient, disait-il, 60 pièces par hectare. La culture s'est surtout développée dans quelques parties de l'Autriche, de la Suisse et de l'Allemagne. Mais, loin de s'en montrer inquiète, la France doit s'en applaudir. Ce qui ralentit le plus la consommation de nos vins dans les

---

(1) Dans une motion développée à la Chambre des communes, en 1854, un membre du Parlement, M. Oliveira, évaluait la production annuelle du continent européen à 96,530,000 hect. ainsi répartis :

France.......................	40,500,000	hectolitres.
Espagne et Portugal..........	27,000,000	—
Allemagne et Autriche......	24,530,000	—
Italie et Grèce................	4,500,000	—
Total...................	96,530,000	hectolitres.

pays étrangers, c'est, outre les tarifs qui pourront s'abaisser et les fraudes commerciales qu'on parviendra peut-être à atténuer, l'empire d'usages différents. Les diverses boissons provenant de la macération ou de la distillation des grains, le café, le thé, remplacent le vin, non seulement parce que les vins ordinaires de bonne qualité sont chers, mais encore parce qu'ils sont peu connus. A mesure que les crûs indigènes donneront des produits plus abondants, l'usage du vin s'étendra et fera apprécier la supériorité des espèces françaises. Telle est, en effet, la condition favorable des produits naturels (1) à chaque pays, qu'ils n'ont jamais à craindre de concurrence vraiment redoutable. L'Angleterre ne voit pas élever, sur un point quelconque du globe, une fabrique nouvelle de toiles de coton sans que l'un de ses débouchés en soit menacé. La France peut apprendre que l'on plante de la vigne partout, et s'en féliciter pour l'avenir de ses vignobles.

(1) La culture de la vigne a marqué, en France, dans les temps les plus reculés. On lit dans M. Henri Martin : « Domitien ordonna d'arracher les » vignes dans les provinces chevelues, parce qu'il craignait que la trop grande » extension des vignobles ne nuisît aux céréales, si diminuées en Italie. Les » restrictions imposées à la culture de la vigne, en Gaule, ne furent complè- » tement abrogées qu'au bout de deux siècles. »

CHAPITRE XXV.

SYSTÈME PROTECTEUR DANS SON APPLICATION A LA MARINE.

Temps antérieurs à la Révolution ; situation à la fin du dix-huitième siècle. — Acte de navigation du 21 septembre 1793, resté sans application. — Mesures prises par la Restauration. — Ensemble des privilèges accordés à la marine marchande ; représailles des États-Unis ; guerre de tarifs ; traités de 1822 et 1826. — Part de la marine française dans la navigation de concurrence ; avantages assurés aux pays producteurs de marchandises encombrantes. — Difficultés qui se présentent pour la révision des traités. — Décret du 17 octobre 1855 ; accroissement de notre matériel naval ; causes de la cherté de notre navigation ; mesures prises pour les atténuer. — Nouvelles demandes des ports de mer. — Surtaxes et tarif de navigation.

I.

Les mesures adoptées, à diverses époques, en faveur de la navigation marchande (1), ont constitué le régime protecteur dans son application à la marine, et elles fonctionnent en France depuis le quinzième siècle.

En 1482 , la Provence venait d'être réunie à la Couronne par le testament et la mort de Charles d'Anjou. Marseille, à la suite de luttes énergiques, était restée en possession, sous ses anciens comtes, d'une indépendance presque complète. Préoccupé des moyens de prévenir des difficultés nouvelles, Louis XI jugea politique de favoriser l'industrie des armateurs marseillais, et, dans ce but, il défendit d'importer les denrées du Levant autrement que par navires français. Le traité conclu en

_____

(1) En raison de l'intime corrélation des faits , nous n'avons pas cru devoir, pour la question maritime, séparer la partie historique, d'ailleurs peu étendue , de nos observations sur la situation actuelle.

1535 (1), entre François Ier et Soliman II, réserva le monopole du commerce, dans les possessions ottomanes,
aux marchands qui trafiqueraient sous la bannière de
France. Les stipulations en furent renouvelées et étendues, sous Charles IX, en 1569 (2). Henri IV voulut
adopter des mesures plus générales. Elles tombèrent
bientôt en désuétude. Louis XIV les reproduisit en
les complétant. Pendant l'administration de Fouquet, il
assujettit les navires étrangers faisant l'intercourse et
le cabotage en France à un droit de 50 sous par tonneau,
et il est digne de remarque que ce droit, antérieur de
quelques mois à l'acte de navigation de la Grande-Bretagne, servit de prétexte à Cromwell pour en justifier
les dispositions rigoureuses (3).

Le gouvernement français ne le maintint pas avec la
fermeté dont l'Angleterre lui donnait l'exemple. La Hollande, contre laquelle la taxe de 50 sous par tonneau
avait été principalement dirigée, obtint, à la paix d'U-
trecht, d'en être affranchie. Deux édits, l'un de 1740,
l'autre de 1765, élevèrent le droit de fret applicable
dans nos ports aux autres bâtiments étrangers, à 5 fr.

(1) De nombreux traités de commerce avaient été conclus antérieurement
avec l'Angleterre, l'Espagne, le Danemarck, etc. Mais ils stipulaient principalement *la faculté* de trafiquer.

(2) Le pavillon français flotta long-temps seul en Turquie avec celui de
Venise; il couvrit long-temps, dans les mers ottomanes, les marchandises
anglaises, catalanes, génoises, siciliennes, ragusaises. L'Angleterre ne s'af-
franchit de l'intermédiaire du pavillon français, dans le Levant, qu'en 1599,
et la Hollande qu'en 1612. (Henri Martin; *Histoire de France.*)

(3) L'acte de navigation était depuis long-temps dans la pensée des hommes
politiques de l'Angleterre. Venise et les villes anséatiques avaient autrefois
adopté des dispositions à peu près analogues. M. Henri Martin, dans son histoire si complète, rappelle que, avant même l'acte de navigation, des règlements anglais, contraires à l'esprit des traités, réservaient exclusivement
l'importation des vins aux navires de la Grande-Bretagne.

pour la navigation internationale et à 10 fr. pour le cabotage, qui n'avait pas encore été interdit aux navires
des nations rivales. Mais plusieurs traités particuliers
intervenus depuis la paix d'Utrecht étendirent à diverses
puissances l'exemption que nous avait arrachée la Hollande. Indépendamment de l'Espagne, que le pacte de
famille appelait à jouir, en France, des priviléges réser-
vés au pavillon national, les villes anséatiques, le Danemarck, la Suède, l'Angleterre, obtinrent successivement
d'être exonérés du droit de fret pour l'intercourse. Ils
n'y restèrent soumis que pour le cabotage, et l'on peut
dire que notre marine de long cours, à la fin du dix-
huitième siècle, était livrée à la libre concurrence de
l'étranger.

II.

Il faut bien reconnaître que nos armateurs n'étaient
pas en état de soutenir la lutte, car le pavillon français
ne prenait qu'une faible part à nos échanges par la voie
de mer (1). Des préoccupations d'une autre nature, la
crainte surtout de faire naître de graves conflits diplomatiques, avaient détourné l'Assemblée constituante de
chercher un remède au mal. Mais lorsque la Convention,

(1) Voici comment s'exprimait sur la situation de notre marine le représentant Marec, dans son rapport relatif à l'acte de navigation :

« Le transport maritime de nos échanges avec les Européens, les Levan-
» tins, les Barbaresques et les Anglo-Américains, évalué sur une année
» moyenne de 1787 à 1789 inclusivement, a occasionné l'emploi total de
» 16,225 bâtiments, jaugeant en masse 1,184,170 tonneaux.

» Il n'a été employé dans ce transport, pendant le même temps, que 3,765
» bâtiments français, jaugeant ensemble 295,231 tonneaux, c'est-à-dire que
» le pavillon français n'y a paru que pour un peu plus que deux dixièmes,
» tandis que le pavillon anglais y a participé pour près de quatre dixièmes,
» et celui de toutes les autres nations pour les quatre dixièmes restants. »

(*Moniteur* du 6 juillet 1793.)

préférant une guerre ouverte à des sentiments d'hostilité mal contenus, crut devoir la déclarer à l'Angleterre
et à la Hollande, la situation ne fut plus la même. Le
gouvernement révolutionnaire, si soucieux de développer toutes les forces défensives de la France, ne pouvait
pas négliger d'appliquer à la marine son énergique volonté. Dès le 1er mars 1793, la République annulait
tout traité d'alliance et de commerce entre la France
et les puissances ennemies. Le 3 juillet suivant, le représentant Marec, du Finistère, proposa, au nom des
comités de marine, de commerce et de salut public, d'a-
dopter un acte de navigation dont les dispositions principales étaient la reproduction du fameux bill de 1651.
Plusieurs mois furent consacrés à en préparer les détails
d'application (1). Enfin, le 21 septembre 1793, la Convention nationale sanctionna le projet qui lui avait été
soumis, et, le 18 octobre suivant (27 vendémiaire an
II), un second décret en régla l'exécution.

L'acte du 21 septembre disposait (art. 3) qu'aucune
denrée ou marchandise étrangère ne pourrait être importée que directement par bâtiments français ou appartenant aux habitants des pays d'origine, et il interdisait d'une manière absolue aux navires étrangers
(art. 4) de transporter d'un port français à un autre
port français les denrées et productions de la France

_____

(1) Sous la monarchie, le droit de fret était seul perçu pour le compte et
par les agents de la ferme générale. Des droits accessoires, tels que les droits
de phare, de balisage, d'ancrage, de congés, etc., étaient recouvrés, par des
employés spéciaux, au profit de l'amiral et des tribunaux de l'amirauté. La
Convention voulut coordonner ces différentes taxes et les refondre dans un
tarif nouveau, pour en confier exclusivement la perception au service des
douanes. Telle est l'origine des complications qu'offrent encore aujourd'hui
nos droits de navigation.

ou de ses colonies (1). Le tarif était combiné avec les
restrictions écrites dans l'acte de navigation pour ga-
rantir à notre marine une protection efficace. Mais les
temps ne se prêtaient guère à l'application de mesures
de ce genre. Quand nos ports furent bloqués, quand
les escadres et les corsaires de l'Angleterre eurent jeté
sur les pontons des milliers de nos matelots, anéanti
notre matériel, terrifié nos armateurs, il fallut bien
déroger, en faveur des neutres, au principe de l'importation directe et à celui qui interdisait le cabotage aux
étrangers. La force même des choses ne permit pas non
plus à l'Administration de se montrer fort rigoureuse
sur les conditions de nationalité. Chaque fois que le
Gouvernement essaya de revenir sur les concessions
qu'il avait faites ou sciemment tolérées, les circonstances dominèrent sa volonté, et la révolution de 1814
trouva l'acte de navigation suspendu de fait depuis long-
temps.

III.

La Restauration ne jugea opportun ni de l'abroger ni
de l'appliquer dans toutes ses prescriptions. Ainsi elle
renonça à interdire aux bâtiments étrangers la faculté
d'importer dans nos ports les produits du sol ou de l'industrie de tierces puissances. Mais elle réserva exclusivement le cabotage et la navigation coloniale aux navires français. Le tarif annexé à la loi du 17 décembre
1814 frappa, en outre, d'une surtaxe le transport, sous

(1) Le régime des entrepôts était alors fort restreint; les mutations d'un
port à l'autre n'étaient autorisées que par exception. La défense portée dans
l'article 4 de l'acte de navigation équivalait donc à l'interdiction complète du
cabotage pour les navires étrangers, et telle était, en effet, la véritable pensée de la Convention.

pavillon étranger, des denrées tropicales, des bois et des autres marchandises qui offrent un aliment important de fret. Pour les provenances de l'Inde, elle était communément de 10 fr. par quintal métrique; pour les autres, de 5 fr., ce qui représentait une prime de 100 fr. par tonneau dans le premier cas, de 50 fr. dans le second, au profit de notre marine. En 1846, le Gouvernement proposa de convertir ces droits supplémentaires en une taxe proportionnelle au montant du droit principal et applicable à tous les produits exotiques arrivant par navires étrangers. Les chiffres qu'il indiquait augmentaient les fixations de 1814. Cependant les délégués du commerce maritime ne les trouvèrent pas suffisants. La commission de la Chambre des députés accueillit leurs réclamations, et la majorité vota des dispositions d'après lesquelles la prime, maintenue à 50 fr. pour les arrivages des entrepôts d'Europe et de la Méditerranée, s'élevait à 100 fr., 200 fr., 300 fr. même, suivant le cas, pour les voyages hors d'Europe. Ces nouvelles tarifications embrassaient tous les produits qui font l'objet des grandes spéculations commerciales. La surtaxe proportionnelle qu'avait demandée le Gouvernement ne fut établie qu'à l'égard des marchandises de moindre importance.

IV.

Depuis 1846, on a continué, dans les divers remaniements du tarif, à encourager les opérations de nos armateurs par des surtaxes ou des droits différentiels plus ou moins considérables. Voici, en définitive, comment peuvent se résumer les avantages dont jouit aujourd'hui la navigation française (1) :

(1) Indépendamment des primes pour la pêche, du droit prohibitif applica-

1° Monopole (1) du cabotage, c'est-à-dire des transports effectués d'un port de l'empire à l'autre, qu'il s'agisse de marchandises étrangères ou de productions nationales;

2° Privilége exclusif d'importer dans la métropole les denrées des colonies françaises des deux Indes (2), de charger dans nos ports des productions nationales pour ces mêmes colonies ou d'y transporter certaines marchandises étrangères prises dans nos entrepôts;

3° Perception de droits de tonnage sur les navires étrangers;

4° Surtaxes applicables à la plupart des marchandises introduites sur ces mêmes navires ou par terre;

5° Régime de droits différentiels, d'après lequel les denrées exotiques arrivant sous pavillon français sont plus ou moins imposées, selon qu'on les a chargées dans des contrées plus ou moins rapprochées de la France (3);

6° Enfin, réduction d'un cinquième des droits d'en-

ble au poisson de pêche étrangère, de l'interdiction d'importer par terre des denrées coloniales, et de quelques autres dispositions accessoires de moins d'intérêt.

(1) Il n'existe qu'une seule exception; elle s'applique aux navires espagnols, en vertu du pacte de famille.

(2) L'Algérie est soumise à un régime mixte. Les transports entre la France et cette possession doivent s'opérer exclusivement sous pavillon national. Mais les navires étrangers sont autorisés, *jusqu'à nouvel ordre*, à y faire le cabotage. Ils peuvent aussi importer dans la colonie toute espèce de marchandises, moyennant le paiement des surtaxes réglementaires. Dans les deux cas, ils sont soumis à un droit de tonnage qui, fixé en principe à 4 fr. par tonneau, est réduit à 2 fr., en vertu de dispositions spéciales, pour les Russes, les Belges, les Portugais, les Sardes et les Toscans.

(3) Ce régime n'est appliqué qu'à un certain nombre de marchandises : ce sont, notamment, les denrées coloniales, les laines, les peaux, les graisses de toutes sortes, le guano, le blanc de baleine, les dents d'éléphant, les écailles de tortue, les coquillages nacrés, les riz, les graines oléagineuses, les gommes et résineux exotiques, l'huile d'olive, les espèces médicinales, les matières tinctoriales, les bois et les marbres.

trée inscrits au tarif, en faveur des produits naturels, le
sucre excepté, importés en droiture par navires français des pays situés au-delà des îles et passages de la
Sonde.

Cet ensemble de dispositions devait aider et a aidé,
en effet, au développement de nos armements maritimes.
Mais, en dépassant le but, on s'est trouvé conduit à con-
tracter des traités qui ont exposé nos armateurs à une
concurrence redoutable de la part des pays qui produisent précisément le plus de marchandises encombrantes.

Les surtaxes de 1816, aggravées encore dans les
années suivantes, avaient excité une vive irritation aux
États-Unis. Le gouvernement américain, représentant
une nation essentiellement maritime (1), ne pouvait pas
admettre que les produits de son sol et de son industrie
fussent traités en France de telle sorte que le transport
dût en être exclusivement opéré par nos propres bâtiments. La diplomatie n'ayant pas réussi à s'entendre,
un vote du Congrès, en date du 15 mai 1820, frappa
notre marine de taxes prohibitives. Le 26 juillet suivant,
le cabinet des Tuileries répondit par une ordonnance
qui soumettait les navires américains entrant dans les
ports de France à un droit de 90 fr. par tonneau (2).
Cette guerre de tarifs ne pouvait pas se prolonger. A la
suite de négociations qui ne durèrent pas moins de deux

---

(1) « Quand je vois de quel esprit les Anglo-Américains mènent le commerce,
» les facilités qu'ils trouvent à le faire, les succès qu'ils y obtiennent, je ne
» puis m'empêcher de croire qu'ils deviendront un jour la première puissance
» maritime du globe. Ils sont poussés à s'emparer des mers, comme les Ro-
» mains à conquérir le monde. » (M. de Tocqueville.)

(2) Une seconde ordonnance du même jour accorda une prime de 10 fr.
par 100 kilog. à l'importation des cotons que les bâtiments français auraient
chargés dans des ports autres que ceux des États-Unis, car il ne fallait pas
que nos fabriques fussent exposées à chômer faute de matières premières.

ans, on finit par tomber d'accord sur les termes d'une transaction. Mais, comme on le voit fort souvent, après avoir trop penché d'un côté, on se laissa trop pousser de l'autre. Le traité du 24 juin 1822, qui règle encore aujourd'hui nos rapports avec l'Union, stipula que les produits naturels et manufacturés des États-Unis importés dans nos ports sur des bâtiments américains, seraient affranchis de toute surtaxe (1), à la seule condition d'acquitter pour le corps même du navire un droit de 5 fr. par tonneau.

L'Angleterre se plaignait aussi de nos surtaxes. En présence de la concession faite aux États-Unis, il était bien difficile de se refuser à lui donner apaisement. Des conférences s'ouvrirent, et le traité du 26 janvier 1826 fut conclu. Ce traité, toujours en vigueur, admit encore plus complètement que la convention de 1822 le principe de la libre concurrence du pavillon; il assimila les bâtiments anglais aux navires français, dans le transport direct des produits du sol et de l'industrie de la Grande-Bretagne ou de ses possessions en Europe, soit pour les droits applicables aux cargaisons, soit même pour les taxes de tonnage, ce qui plaça, dans nos ports, la marine anglaise sur le pied d'une égalité parfaite avec la nôtre pour l'importation de toutes les marchandises du Royaume-Uni (2).

---

(1) Le traité établissait un droit additionnel de 20 fr. par tonneau; mais il était réductible d'un quart chaque année, et il a disparu depuis 32 ans.

(2) On avait inséré dans la convention des restrictions qui plaçaient la France et l'Angleterre dans une situation tout-à-fait anormale pour l'intercourse indirect. Elles ont été récemment supprimées. Le gouvernement de la Restauration envisageait l'article 14 de la Charte comme lui donnant le droit absolu de conclure des traités de commerce, alors même qu'ils devaient entraîner l'application de nouvelles taxes; aussi les traités de 1822 et 1826, malgré leur importance, ne furent-ils pas soumis aux Chambres. Mais, dans

27

V.

Quoique le régime de la similitude du traitement
pour le transport direct des productions nationales ait
été consacré par des conventions ultérieures avec d'autres peuples, ce sont surtout les traités de 1822 et 1826
qu'on a attaqués; on n'a pas cessé de les considérer
comme l'une des causes les plus actives de l'infériorité
relative de la navigation française, et il était réellement
peu logique, au moment même où l'on accordait à des
industries secondaires l'appui de taxes excessives ou de
prohibitions, de livrer au choc de l'Angleterre et des
États-Unis celle qui se trouve le plus étroitement liée à
la puissance du pays.

Ce n'est pas que la marine nationale soit demeurée
aussi stationnaire qu'on le dit communément. La navigation de concurrence de la France s'est élevée, dans
les vingt dernières années, de 758,405 tonneaux à
2,279,960. Elle s'est accrue ainsi de plus de 200 p. 100.
A la vérité, nous avons encore laissé une fort large part
dans notre intercourse aux marines rivales. Elles y
sont comprises pour 67 p. 100 (4,633,640 tonneaux
sur 6,913,600). Dans les expéditions directes de la
Grande-Bretagne ou de ses possessions en Europe sur
nos ports de l'Océan ou de la Méditerranée, les navires
français ne figurent pas pour plus de 24 p. 100. La
proportion est encore plus désavantageuse pour nous

la discussion de la loi du 17 mai 1826, MM. Casimir Perrier, Alexis de
Noailles, Royer-Collard, Humann, le général Sébastiani, attaquèrent cette
doctrine à propos de la dernière convention avec l'Angleterre, et, nonobstant
l'opposition du ministère, la Chambre des députés voulut établir son droit en
consacrant par un vote la taxe de 1 fr. par tonneau dont le traité avait frappé
les bâtiments français venant de la Grande-Bretagne.

relativement aux États-Unis, puisqu'elle ne dépasse pas
5 p. 100. Mais, pour imputer exclusivement aux traités
cette situation fâcheuse, il faudrait ne pas la voir se
produire dans nos rapports avec des pays qui n'ont point
de conventions spéciales avec l'Empire. Or, la part de
nos navires dans la navigation de concurrence est réduite à 5 p. 100 avec la Suède, à 4 p. 100 avec l'Association allemande, et à 2 p. 100 avec la Norwége (1).

De tous les temps, les nations pourvues d'une marine
suffisante ont exporté sur leurs propres navires leurs
produits de grand encombrement. Il est aisé de comprendre qu'il doive en être ainsi. En général, les opérations maritimes ont pour premier élément le fret de
départ. Quand on expédie un bâtiment pour des contrées

(1) TABLEAU COMPARATIF DU MOUVEMENT GÉNÉRAL DE LA NAVIGATION DANS
LES PORTS DE FRANCE, ÉTABLI D'APRÈS LES CHIFFRES MOYENS DES QUATRE
ANNÉES 1854, 1855, 1856 ET 1857, ET DES QUATRE ANNÉES 1834, 1835,
1836 ET 1857.

NATURE de la NAVIGATION.		PÉRIODES.	NAVIRES FRANÇAIS.		NAVIRES ÉTRANGERS.	
			Nombre.	Tonnage.	Nombre.	Tonnage.
Navigation de concurrence... (Entrée et sortie réunies.)		1854 à 1857	18,248	2,279,960	30,098	4,633,640
		1834 à 1837	10,245	758,405	16,719	1,811,888
		Augmentation	8,003	1,521,555	13,379	2,821,752
Navigation réser- vée............... (Entrée et sortie.)	Cabotage......	1854 à 1857	198,646	7,235,849	»	»
		1834 à 1837	189,472	6,027,089	»	»
		Augmentation	9,174	1,207,760	»	»
	Colonies et grande pêche.	1854 à 1857	3,719	678,274	»	»
		1834 à 1837	1,890	362,368	»	»
		Augmentation	1,829	315,906	»	»
TOTAL GÉNÉRAL...........		1854 à 1857	220,583	10,194,084	»	»
		1834 à 1837	201,577	7,147,862	»	»
		Augmentation	19,006	3,046,222	»	»

lointaines, on n'est pas toujours assuré d'avance d'y trouver une cargaison ou de se la procurer à des conditions
favorables. Sur ce dernier point, il y a souvent de l'incertitude dans les spéculations. Au port d'armement, au
contraire, on sait à quoi s'en tenir, et les bénéfices d'un
premier fret disposent à affronter les éventualités du retour ou en atténuent les chances mauvaises. Les Anglais
ont les houilles et les produits métallurgiques (1); les
Américains, les cotons (2), les tabacs, les viandes salées,
les grains; les États du Nord, les bois. La France, à part
ses vins, n'a guère à fournir à l'étranger que des objets
présentant une valeur élevée sous un faible volume, et
probablement cette circonstance contribue plus encore
que les traités à contenir l'essor de notre marine commerciale (3).

Mais, sans se flatter de transformer par ses lois de
tarif une situation inhérente en partie à la nature même
des choses (4), notre pays pourrait tenter de les combiner de manière à ne pas sacrifier sa part légitime dans
l'intercourse général du monde. Si nous avons besoin

(1) Les houillères anglaises livrent à la consommation intérieure ou au
commerce étranger de 60 à 70 millions de tonnes de charbon. La Grande-
Bretagne exporte également de 12 à 13 cent mille tonnes de fontes et de fers.

(2) Les États-Unis, où le cotonnier était presque inconnu il y a soixante
ans, produisent aujourd'hui environ 550 millions de kilog. de coton. Leurs
fabriques n'en emploient guère que le cinquième. Le reste alimente l'exportation.

(3) Même aux époques les plus glorieuses de son histoire, la France n'a
jamais occupé le premier rang par sa marine marchande. Les républiques
italiennes, les Hanséates, les Portugais, les Espagnols, les Hollandais, ont eu
autrefois la prééminence sur elle, comme l'ont maintenant les Américains et
les Anglais.

(4) L'Angleterre elle-même, malgré l'immense développement de sa marine et de son commerce, reçoit sur des navires américains, suédois, norwé-
giens, une grande partie des cotons et des bois qu'elle tire de ces pays.

des objets d'encombrement que nous livre l'étranger,
il a intérêt à nous les vendre ; et, pourvu que nous sachions ne pas recourir à des dispositions qu'on soit fondé
à considérer comme hostiles, il ne saurait trouver mauvais que nous nous préoccupions des moyens de donner
à notre marine le degré de développement dont elle
peut être susceptible.

VI.

Malheureusement, il se présente des difficultés fort
sérieuses.

Les Américains se plaignant déjà de se trouver
moins favorablement traités, en France, que d'autres
peuples étrangers, il ne semblerait guère opportun de
dénoncer la convertion de 1822 dans le but d'augmenter
ensuite le droit de tonnage spécial applicable à leurs
navires (1). Nous ne croirions pas plus aisé de revenir,
dans nos relations avec eux, au régime des droits différentiels : quand le Gouvernement français, ému des
plaintes des armateurs, a voulu réserver à la marine
nationale le transport des tabacs nécessaires à ses propres manufactures, il a soulevé, pour ce fait seul, les
protestations du cabinet de Washington, et les paroles
prononcées par M. Buchanan, dans son remarquable
message du 8 décembre 1857 (2), indiquent assez

(1) Les bâtiments appartenant à des nations qui n'ont pas de traité de
commerce avec la France, ne paient jamais, de quelque point du globe qu'ils
soient partis, au-delà de 3 fr. 75 c. par tonneau. C'est le maximum du droit
de tonnage. Les Américains seuls sont soumis à la taxe de 5 fr., et ils l'acquittent même dans le cas de simple relâche.

(2) En voici le texte, d'après la traduction française reproduite dans le
Moniteur du 25 décembre :

« Il est vraiment à regretter que deux nations dont les produits sont de

comment serait accueillie aux États-Unis toute mesure
adoptée chez nous dans le même esprit.

Pourrait-on plutôt dénoncer le traité de 1826? On
l'a pensé, et nous supposons aussi que la nouvelle législation économique de nos voisins les détournerait d'user
de représailles. Mais jugerait-on digne de la France de
ressaisir d'anciennes concessions parce qu'elle croirait
pouvoir le faire sans danger? Trouverait-on juste, si
elle conservait ses traités avec les États-Unis, la Hollande, la Russie, les Deux-Siciles, la Sardaigne, etc.,
de briser celui qu'elle a conclu avec la Grande-Bretagne? Se tenant pour satisfaite de figurer pour un ving-
tième dans son intercourse avec les États-Unis, aurait-
elle une raison plausible à alléguer contre la convention
de 1826, qui ne l'empêche pas d'obtenir 24 p. 100 dans
sa navigation de concurrence avec l'Angleterre? Les
ministres français diraient-ils au gouvernement de la
reine Victoria : Nous maintenons le traité de 1822
parce que nous craignons de provoquer des actes hostiles aux États-Unis; mais nous n'hésitons pas à rompre
celui de 1826 parce que nous comptons sur votre ma-
gnanimité? Il y aurait dans tout ceci de véritables im-
possibilités morales.

Les États-Unis et la Grande-Bretagne offrent à notre
production ses plus riches débouchés. Nous plaçons
dans ces deux pays au-delà du tiers de la totalité de
nos exportations. Dans les quatre dernières années
(1854 à 1857), nous avons expédié en marchandises du

» nature à appeler l'échange le plus étendu et les relations commerciales les
» plus libres, continuent à appliquer l'une contre l'autre des restrictions
» surannées. Notre traité commercial avec la France est, sous ce rapport,
» une exception à nos traités avec toutes les autres nations commer-
» ciales. »

sol ou de l'industrie de la France (1), en Angleterre pour
1,422,500,000 fr., aux États-Unis pour 1,044,800,000
francs, en tout pour 2,467,500,000 fr., sur un chiffre géné-
néral de 6,730,400,000 fr. Les nations chez lesquelles
nous rencontrons un aussi facile accès ne sont-elles pas
fondées à compter sur notre impartialité?

En définitive, après avoir eu le tort de conclure les
traités de 1822 et 1826, on s'exposerait à commettre
une nouvelle faute si on les dénonçait aujourd'hui par
une disposition spéciale dirigée exclusivement contre
les Américains et les Anglais. Le Gouvernement français se placerait peut-être sur un terrain plus favorable
en se prévalant précisément des réclamations des États-
Unis pour provoquer une combinaison *générale* susceptible de lui restituer la liberté d'action qu'il a perdue.
Autant les cabinets de Londres et de Washington pourraient s'étonner de nous voir chercher à exclure les
armateurs de leurs pays d'avantages maritimes accordés,
chez nous, à d'autres nations (2), autant, sans doute,
il leur paraîtrait naturel que la France voulût renoncer
à des stipulations particulières que le mouvement des
idées et le rapprochement des peuples rendront désormais plus nuisibles qu'utiles, ou, du moins, à peu près

(1) RELEVÉ DES EXPORTATIONS DE LA FRANCE POUR L'ANGLETERRE ET LES
ÉTATS-UNIS.

	États-Unis.	Angleterre.
1854............	216,500,000 fr.	556,400,000 fr.
1855............	246,800,000	307,400,000
1856............	523,600,000	372,200,000
1857............	257,900,000	386,700,000

(2) Indépendamment des traités que nous avons conclus avec les États-
Unis et avec divers Gouvernements européens, nous en avons avec le Brésil,
la Bolivie, l'Uruguay, le Mexique, et d'autres États du continent américain.
Tous ces traités ont pour base l'égalité du pavillon.

sans objet. On pourrait ainsi arriver à une sorte de transaction commune, qui, laissant chaque pays libre de régler à son gré sa navigation coloniale, son cabotage et l'intercourse indirect, établirait, pour les transports directs, un système uniforme de droits de tonnage applicables, dans les mêmes conditions, à toutes les puissances maritimes.

Ces droits, fixés proportionnellement au taux habituel du fret, ne sauraient être assez élevés pour modifier notablement notre position vis-à-vis de l'Union américaine. Il y a aux États-Unis, à côté d'immenses éléments d'activité commerciale, des habitudes dont l'Europe devra subir les conséquences jusqu'à ce qu'elles s'atténuent par l'effet de leur excès même. Mais, si les cotons de la Géorgie continuaient à nous arriver presque en totalité sous pavillon américain, notre marine pourrait trouver, dans les nouveaux arrangements, une protection suffisante pour prendre une plus large part à la navigation de concurrence avec l'Angleterre et les autres nations européennes.

VII.

On a voulu accorder à nos armateurs un encouragement d'une autre nature en les mettant à même de se procurer des navires à prix réduits. Dans ce but, le décret du 17 octobre 1855, modifié par celui du 17 octobre 1857, a admis temporairement en franchise les matériaux destinés aux constructions navales et autorisé la francisation des bâtiments étrangers moyennant le paiement d'un droit de 10 p. 100 de la valeur.

Comme nous l'avons indiqué dans le chapitre XIX (page 321, note 1), la première de ces dispositions n'a pu exercer qu'une faible influence sur les conditions habituelles du travail de nos constructeurs. La seconde a peut-être pesé davantage sur les cours. Mais, d'une incontestable opportunité au moment où les chantiers ne suffisaient pas aux demandes résultant des nécessités exceptionnelles de la guerre, pouvait-elle recevoir un caractère définitif? Notre système de douanes étant admis, était-il bien de n'assurer à nos ateliers de construction, ressource principale des populations maritimes, qu'une protection nominale de 10 p. 100? Le Gouvernement ne l'a point pensé, et il s'est refusé à proroger le décret de 1855, dont la durée avait été limitée à trois ans.

Il ne suffit pas d'acheter des navires; il faut les employer. De 670,260 tonneaux seulement au 31 décembre 1847, notre effectif naval s'élevait, au 31 décembre 1857, à 1,052,535 tonneaux (1). Il s'est ainsi accru, dans la dernière période décennale, de 382,275 tonneaux, représentant 58 p. 100 (2). Les cinq dernières

(1) D'après les *Annales du Commerce extérieur*, l'effectif de la marine commerciale de l'Angleterre formait, au 31 décembre 1857, 4,558,740 tonneaux.

Si l'on compare l'effectif naval au chiffre de la population, c'est la Norwége qui possède aujourd'hui la marine la plus développée. D'après un article inséré dans le *Moniteur* du 3 juillet 1857, elle présente plus d'un tonneau pour trois habitants, tandis qu'on ne compte qu'un tonneau pour 4 1/2 aux États-Unis, qu'un tonneau pour 6 1/2 en Angleterre, et qu'un tonneau pour 10 en France.

(2) L'augmentation, en France, s'est produite principalement dans les grands ports, où elle a dépassé de beaucoup la proportion que nous indiquons ci-dessus. Voici comment elle s'y résume :

Marseille.............. 166 p. 100
Bordeaux.............. 110 —
Le Hàvre.............. 71 —
Nantes................ 55 —

Pour la marine à vapeur spécialement, Marseille laisse bien loin toutes nos autres places. Cette partie de son effectif forme 46,630 tonneaux, tandis qu'on compte seulement 13,613 tonneaux au Hàvre, 4,526 tonneaux à Nantes, et 1,312 tonneaux à Bordeaux.

années ont coopéré à cette augmentation pour 289,830 tonneaux. On s'est aperçu, à la paix, qu'on était allé trop loin, et l'on a dû désarmer beaucoup plus de bâtiments que l'étranger ne nous en avait fourni (1). Ce n'est ni la rareté ni le prix de nos navires qui contribue le plus à la cherté relative de notre navigation. Elle provient, en partie, de causes semblables à celles qui empêchent certains de nos manufacturiers de fabriquer à aussi bon marché que leurs concurrents. On doit l'attribuer surtout à ce que les éléments de fret ont manqué long-temps à nos armateurs. Là où nos rivaux trouvaient sans peine de complets chargements de retour, nous nous procurions difficilement quelques tonneaux. L'Administration s'est attachée à transformer cette situation. La diminution des surtaxes afférentes aux sucres étrangers, la révision du tarif des laines, des graines oléagineuses, des bois, etc., les droits de faveur et les franchises concédés, pour les importations directes sous pavillon national, à d'autres produits originaires des contrées lointaines, ont heureusement coïncidé avec le développement de nos consommations intérieures et beaucoup élargi la base des opérations de nos ports de mer. C'est dans cette voie, c'est dans la réforme de notre système général de douanes, que l'industrie maritime de la France rencontrera désormais ses plus sûres conditions de succès.

VIII.

Toutefois, il ne nous semblerait pas à propos d'accep-

(1) Du 17 octobre 1855 au 31 mai 1858, il a été francisé 225 navires étrangers jaugeant ensemble 67,745 tonneaux.

ter de la part des ports de mer les tendances trop exclusives qu'ils ont si souvent reprochées à l'industrie
manufacturière. De récentes demandes expliquent notre
réserve à cet égard. Voici ce qui se passe, notamment,
pour les laines.

Nous avons rappelé qu'il en arrivait en France, depuis
quelques années, des quantités considérables provenant
de l'Australie. Au lieu de les importer du pays de production, nous les prenons, en majeure partie, dans les
docks de la Tamise. Les organes de l'intérêt maritime
ont insisté pour que le tarif fût remanié de façon à en
assurer à nos navires le transport direct.

Et d'abord, est-il bien certain qu'il y ait avantage
pour la France à encourager le déplacement qui s'accomplit dans notre commerce des laines? Il y a vingt
ans, l'Espagne, l'Allemagne et la Belgique nous fournissaient plus des deux tiers de celles que nous tirions de
l'étranger. Maintenant, ces puissances ne nous en livrent
que le cinquième. Si l'on arrivait, par le jeu des tarifs,
à les exclure entièrement, n'en résulterait-il pas, pour
l'ensemble de nos échanges, plus de dommage que de
profit? Vendrions-nous à l'Australie, en produits français, l'équivalent de ce que nous ne placerions plus sur
les marchés des peuples européens dont nous aurions
nous-mêmes repoussé les laines?

Le fret normal de Melbourne en France ou à Londres,
par navire anglais, est d'environ 150 fr. par tonneau de
450 kilog. de laine (1). Or la différence du droit, lorsque
l'importation s'opère sous pavillon national, est de 12 fr.
par 100 kilog., double décime compris. Elle représente

_____

(1) On sait que le poids commercial de ce qu'on appelle le tonneau varie
suivant la nature des marchandises.

donc, pour 450 kilog., une protection de 54 fr., c'est-
à-dire de 36 p. 100, proportionnellement au taux du
fret anglais. Ce n'est point assez, dit-on. Mais pourquoi?
Est-ce qu'il existe, dans les conditions générales de construction et d'armement, une différence de plus de
36 p. 100 entre le bâtiment anglais et le bâtiment français (1)? Serait-on bien assuré, d'ailleurs, en élevant
encore une protection déjà si forte, d'atteindre le but
qu'on se propose? Si les navires anglais transportent
une grande partie des laines australiennes envoyées en
Europe, c'est moins parce qu'ils se contentent d'un fret
inférieur que parce que la Grande-Bretagne, trouvant
dans sa colonie un débouché considérable pour ses propres produits (elle y en a placé pour 92 millions de
francs en 1857), prend des laines en retour. La France,
assure-t-on, ferait l'inverse : recevant des laines, elle
expédierait ses vins, ses tissus, etc. Avec le temps ce
pourra être vrai dans une certaine mesure. Seulement
il ne paraît pas nécessaire, pour en venir là, d'assurer
à nos armateurs un droit différentiel de plus de 36
p. 100 et de s'exposer, en remaniant de nouveau le tarif
des laines, à réveiller, au premier engorgement du
marché, les débats animés qu'a entretenus, pendant
quarante ans, l'antagonisme des éleveurs et des manufacturiers. Il est désirable, sans doute, que la marine
française transporte directement les laines australiennes employées par nos fabricants, comme il serait à
souhaiter qu'elle n'abandonnât pas les cotons aux Amé-

---

(1) D'après des informations que nous croyons pouvoir tenir pour exactes,
les frais d'armement seraient presque aussi élevés en Angleterre qu'en
France. Ce sont les Américains et certains peuples du Nord de l'Europe qui
naviguent aujourd'hui à des conditions de bon marché dont nous sommes
loin d'approcher.

ricains, les houilles aux Anglais, les bois aux bâtiments du Nord. Mais quand on lui a accordé une protection de 36 p. 100, n'a-t-on pas fait tout ce qu'il est possible de faire sans s'écarter des principes de modération qui dirigent l'administration économique de l'Empire?

IX.

En général, nos lois de navigation portent peu l'empreinte d'une vue d'ensemble bien arrêtée. On remarque dans le tarif plus de 80 articles pour les seuls droits de tonnage, que les conventions internationales, basées sur le principe de la réciprocité, ont soumis au caprice des législations étrangères. Ainsi les navires anglais, quand ils ne sont pas admis en franchise, acquittent tantôt 3 fr. 75 par tonneau, tantôt 1 fr. 25, tantôt 1 fr.; les Danois, 2 fr. 10 dans certains cas, et, dans d'autres, 0,06 c. seulement; les Belges, 3 fr. 75, 2 fr. 20 ou 1 fr.; les Suédois, 3 fr. 75 c., 50 c., 25 c., etc. Pour les surtaxes, destinées uniquement à équilibrer le prix du fret, on est également arrivé à des combinaisons difficiles à justifier. Ouvrant au hasard le tableau des droits, nous voyons l'acajou *de l'Inde* frappé d'un supplément de 165 fr. par tonne, s'il arrive des lieux de production, et de 495 fr. s'il est importé de toute autre partie *de l'Inde*. Pourquoi cette diversité de chiffres à l'égard de marchandises venant de la mer des Indes par navires étrangers? Pourquoi une surtaxe de 600 fr. sur les dents d'éléphant, alors que le fret de ce produit, sous pavillon français, n'excède pas 150 fr.? Ne serait-il pas utile de ramener un peu d'ordre dans ces dispositions? Lorsqu'on s'en occupera, on voudra, sans doute, calculer les surtaxes proportionnellement au fret, et si l'on juge, dès à présent, qu'une protection de 30 p. 100 doit suffire à notre marine, il ne faut pas préparer de nouveaux embarras en élevant les chiffres différentiels qui dépassent ce taux.

CHAPITRE XXVI.

QUESTIONS DIVERSES.

Droits de sortie ; principes divers successivement adoptés à leur égard. — Système actuel. — Primes ; abus qu'elles ont amenés. — Multiplicité des marchandises admises à ce régime. — Admissions temporaires en franchise. — Résumé.

I.

Les principes de l'administration française, en matière de droits de sortie, se sont bien des fois modifiés. Dans l'origine, l'exportation de presque toutes les marchandises était interdite. *On craignait de s'affaiblir ou d'enrichir ses voisins,* dit M. Dareste de la Chavanne, *si l'on portait chez eux des denrées ou tout autre objet qui pût leur être de quelque utilité.* Dans ces temps reculés, nos rois accordaient, moyennant finance, des exceptions aux prohibitions de sortie, et c'était à peu près l'unique aliment de l'impôt des douanes. Quand le commerce international eut commencé à se développer, ce fut encore à l'exportation qu'on demanda principalement la contribution des traites. Le régime qui prévalut alors découlait d'une idée fort simple : tout droit de douane augmentant le prix de la marchandise pour le consommateur, on en frappait le produit français destiné à être payé par l'étranger plutôt que le produit exotique acheté par les nationaux. Plus tard l'établissement du système protecteur conduisit à la proposition inverse : on ne voulut plus taxer les marchandises françaises dans la crainte d'en restreindre l'écoulement au dehors. A la vérité, on continua à empêcher, par des prohibitions ou par des taxes élevées, la sortie des matières brutes utiles à l'industrie. Mais, peu à peu, cette dernière restriction elle-même fut jugée plus préjudiciable qu'avantageuse aux manufactures, et dans un rapport au roi, du 8 octobre 1838, M. Martin (du Nord), ministre du commerce, proclama la nécessité d'agrandir le marché des matières premières par la liberté de l'exportation.

II.

Aujourd'hui les prohibitions à la sortie ne frappent plus que quelques objets (1) désignés principalement parmi ceux dont la production n'est pas susceptible de s'accroître toujours selon les besoins. On ne s'est point borné, d'ailleurs, à supprimer des interdictions mal entendues. On a exempté des droits, d'abord toutes les marchandises qui pouvaient rencontrer une concurrence active sur les marchés étrangers, puis beaucoup de celles qu'une taxe de sortie n'aurait pas empêché d'y placer. Enfin le décret du 5 décembre 1857, procédant par disposition générale, n'a conservé de tarification qu'à l'égard d'une soixantaine d'articles. C'est même uniquement par des considérations financières qu'on n'a pas adopté une mesure plus radicale (2), car le Conseil d'État, dans un exposé de motifs du 1er avril 1858 (3), a admis, en principe, la suppression de toutes

(1) Ce sont, indépendamment des poudres, des armes et des projectiles de guerre, le bois à brûler, le charbon de bois et de chènevottes, les écorces à tan, les perches, la pâte de papier, les drilles, les contrefaçons en librairie, le minerai de fer et certaines matières propres à la fabrication de la colle.

(2) Les objets provisoirement maintenus au tarif de sortie représentant encore les 4/5 des perceptions qu'on réalisait à l'exportation.

(3) Il s'agissait d'un projet destiné à faire convertir en loi les décrets rendus dans les deux années précédentes. Nous avons dit que le Corps législatif ne l'a pas discuté en séance publique.

les taxes de sortie, *afin d'abréger les formalités de douanes et de donner un nouveau degré d'activité aux opérations de notre commerce extérieur.*

L'abandon complet des droits de sortie permettrait, en effet, de simplifier les opérations de douanes relatives aux exportations. Il donnerait également de grandes facilités pour les expéditions faites en cabotage. Cependant, s'il ne devait se justifier que par ces motifs, nous inclinerions à le juger dans un ordre d'idées autre que celui dont on s'est inspiré depuis quelques années.

Supposons, pour prendre un exemple, que les vins et les eaux-de-vie, frappés maintenant à l'exportation d'un simple droit de balance (1), fussent désormais tarifés ainsi :

Vins en futailles.............. 1 fr. par hectolitre.
Vins en bouteilles............. 2 —
Eaux-de-vie .... 3 —

Pense-t-on que ces nouvelles taxes pussent être une entrave pour nos exportations ? Les vins de France acquittent, à l'entrée en Angleterre, 158 fr. 90 par hect. (douane et accises); en Russie, 86 fr. 73; aux États-Unis, 30 p. 100 de la valeur (2). Nos eaux-de-vie sont imposées, dans le premier de ces pays, à 412 fr. 72 par hect.; dans le second, à 173 fr. 46; dans

(1) TARIFICATION ACTUELLE.
- Vins en futailles.................. » 04 c. par hectolitre.
Vins en bouteilles................. » 05 —
Eaux-de-vie......................... » 05 — d'alcool pur.
(2) C'est un acte du Congrès du 3 mars 1857 qui a réduit les droits sur les vins et les eaux-de-vie à 30 p. 100 de la valeur. Antérieurement à cet acte, les vins payaient 40 p. 100 et les eaux-de-vie 100 p. 100 ! Le droit de 30 p. 100 est le plus élevé de ceux que consacre le nouveau tarif des États-Unis.

le troisième, à 30 p. 100 du prix reconnu à l'arrivée. Un droit d'exportation de 1 c. par litre pour les vins en fûts, de 2 c. pour les vins sous verre, de 3 c. pour les eaux-de-vie, se confondant dans ces taxes et dans les frais divers de transport ou de commission, serait certainement sans influence. Le jour où ce tarif serait adopté, le commerce français ne vendrait ni une barrique de vin ni une bouteille d'eau-de-vie de moins, et, d'après la moyenne des expéditions constatées dans les cinq années antérieures à l'invasion de l'oïdium, on assurerait au Trésor un accroissement de recettes d'environ 5 millions, dont l'étranger seul ferait les frais (1).

En examinant de ce même point de vue tous les articles du tarif, on en trouverait plusieurs qui pourraient, comme les vins et les eaux-de-vie, supporter un droit de sortie. Les produits variés expédiés de Paris sous la dénomination générique de *produits de l'industrie parisienne* acquittent, par 100 kilog., un droit de 2 fr. qui n'a pas resserré nos envois au dehors. La Bretagne et la Normandie fournissent annuellement à l'Angleterre pour 11 millions de francs d'œufs de volaille, bien qu'ils soient également soumis à une taxe d'exportation de 2 fr. par quintal métrique. En définitive, il

(1) Dans un rapport présenté à la Chambre des députés, au nom de la Commission des douanes chargée d'examiner le projet devenu loi de l'État sous la date du 7 juin 1820, M. Morgan du Belloy exprimait la même pensée. *Le commerce des vins*, disait-il, *a toujours prospéré sous l'influence des droits de sortie. Comment supposer qu'un modeste prélèvement de 1 à 2 fr. par hect. pût faire obstacle à des ventes qui résistent au dehors à des taxes centuples ?*

Le tarif de 1664 taxait les vins, à la sortie, à 10, 12 et 16 livres par tonneau, suivant les points d'exportation.

Celui de 1791 établissait une échelle de droits de 17 articles. Les vins *rouges* exportés par la Gironde y étaient imposés à 21 livres par tonneau (7 livres par muid), les vins *blancs*, à 12 livres.

ne serait pas impossible d'augmenter de 10 à 12 millions de francs, sans nul dommage pour nos producteurs, cette partie du revenu des douanes, et ce serait une ressource précieuse pour aider à la réforme du tarif des denrées coloniales.

Mais la question se présente sous un autre aspect. Lorsque les gouvernements sont poussés à rechercher les moyens de multiplier les échanges, il serait peu opportun de remanier les droits de sortie dans un esprit qui pourrait sembler opposé à ce résultat. Pour les boissons en particulier, l'administration française, constamment incitée par les départements vinicoles à solliciter auprès des puissances étrangères la diminution des taxes, s'exposerait à être accusée d'inconséquence si elle les imposait à la sortie. En ce moment même, on discute beaucoup, dans la Grande-Bretagne, le tarif des vins et des spiritueux. Un parti considérable (1) en poursuit la réduction, et il serait fâcheux de donner à ses adversaires un prétexte qu'ils ne manqueraient pas d'exploiter.

III.

Notre système de primes procède de la donnée économique qui a conduit à la suppression des droits de sortie.

Le drawback proprement dit n'est que la restitution du droit payé, à l'entrée, sur la marchandise étrangère avec laquelle a été fabriqué le produit exporté. Le principe en est juste en soi. Quand les taxes d'importation sur les matières premières sont trop élevées pour

---

(1) Un de ses représentants a parcouru le département de la Gironde, il y a quelques semaines, pour y recueillir des informations.

permettre à nos fabricants de vendre au dehors après transformation, il est utile de les restituer à la sortie. Mais on a souvent réglé les choses de manière à convertir *le drawback* en véritable *prime de fabrication*.

Pour les fils et tissus de laine, notamment, la loi de 1826 tenait compte au fabricant exportateur de la plus-value qu'était censé donner aux laines nationales le droit imposé aux laines étrangères. Aujourd'hui encore, l'équivalent de la taxe d'importation est remboursé à la sortie des produits provenant de laines françaises, comme pour ceux qu'on a fabriqués avec des laines étrangères; de sorte que les contribuables, pauvres et riches, subventionnent les manufacturiers pour leur faciliter l'accès des marchés étrangers (1).

Pour les sucres, l'abus a été plus grave. A certaines époques, l'État a payé jusqu'à 120 fr. par 100 kilog. de raffinés obtenus avec des sucres bruts taxés à 49 fr. 50 seulement, ce qui assurait au fabricant, déduction faite des déchets, le remboursement d'abord, de plus, *une prime* à peu près égale au montant du droit d'importation. Depuis, on a voulu replacer les raffineurs dans les conditions du drawback. Mais le rendement réel de beaucoup d'usines étant supérieur à celui qu'on a pris pour base, l'industrie reçoit encore, pour les raffinés qu'elle exporte, au-delà de ce qu'elle a payé à l'introduction des sucres bruts. En outre, elle dispose en franchise de tous ses résidus, qui se substituent dans la consommation à une quantité correspondante de sucre dont le Trésor perd le droit. Enfin elle obtient la prime

_____

(1) En 1856, les droits d'entrée perçus sur les laines se sont élevés à 8,595,072 fr., et les primes acquittées à l'exportation des lainages ont atteint 9,379,777 fr.!

pour les expéditions faites à destination des colonies
françaises, *où les raffinés étrangers sont prohibés*, et la
métropole s'impose ainsi un sacrifice très-notable pour
offrir à ses colons des sucres cotés à plus bas prix (1)
qu'en France.

IV.

Le drawback ne s'applique pas exclusivement aux
lainages et aux sucres raffinés. On l'a étendu aux fils et
tissus de coton, aux chapeaux de paille, aux meubles
en acajou, aux savons, aux soufres, aux verreries, au
plomb, au cuivre, au laiton, aux peaux, aux fontes
pour la fabrication des machines à feu, aux machines à
vapeur placées sur les navires français, au beurre salé,
aux viandes salées, au sel ammoniac, à l'acide nitrique,
à l'acide sulfurique et à tous les produits dérivés du sel
marin. Cette multiplicité de marchandises admises au
drawback engendre des écritures et des formalités sans
fin. Nous ne serions pas surpris que telle prime coutât
au Trésor, en frais de personnel et de papier, une
somme supérieure à celle que reçoit l'expéditeur. En
émiettant à ce point la protection, on s'est jeté dans des
détails dont on pourrait dégager les rapports de l'Administration avec le commerce sans amoindrir nos exportations. Est-ce que les débouchés du commerce vinicole
se trouveraient resserrés parce que les expéditeurs ne

(1) L'Algérie a reçu, pendant les trois dernières années, 15,346,938 kil.
de raffinés français représentant une prime d'environ 12 millions de francs.
A la vérité, ils ont acquitté, à leur arrivée dans la colonie, une taxe spéciale
de 20 fr. par 100 kilog. Mais, déduction faite du produit qu'elle a donné, il
reste encore une perte sèche de 9 millions.

toucheraient plus pour le verre une prime représentant
un demi-centime (1) par bouteille?

L'esprit de l'homme se façonnant à toutes les pratiques dont il a le spectacle journalier, notre système de
primes compte encore des partisans. Mais nous l'avons
toujours considéré, dans la forme où on l'a fait fonctionner, comme l'une des applications les plus vulnérables
du régime protecteur. Accorder une remise aux consommateurs étrangers pour les inciter à acheter certaines de nos fabrications ; dépenser, pour favoriser au
dehors la vente des lainages et des raffinés, plus que
l'État n'a encaissé à l'entrée des produits bruts, c'est une
anomalie qui ne saurait constituer ni un sage moyen d'encouragement ni un emploi légitime de l'impôt.

En procédant à la réforme que la situation nous paraît
appeler, il y aurait à rechercher si le drawback, calculé
de façon à ne jamais perdre son caractère de restitution
pure et simple, ne devrait pas être désormais restreint
à un très-petit nombre d'articles. L'abaissement succes-
sif des taxes d'entrée faciliterait cette simplification.
Elle paraîtrait d'autant mieux justifiée que les peuples étrangers se sont habitués à tenir compte, dans
l'élaboration de leurs tarifs, des primes ou des rembour-
sements concédés à la sortie par les nations rivales, et
l'on pourrait, nous le croyons, arriver à s'entendre pour
renoncer partout à ce mode de protection, devenu à
peu près illusoire depuis qu'on l'a généralisé.

V.

Les admissions *temporaires* en franchise de marchan-

_____

(1) La prime est de 1 fr. 25 par 100 kilog. pour les bouteilles ordinaires.
La bordelaise pèse, en moyenne, 450 grammes.

dises destinées à recevoir en France un complément de
main-d'œuvre sont une forme spéciale du drawback. On
les a aussi beaucoup multipliées. La première application en fut faite, en 1828, à l'égard des blés importés
pour les minoteries de la Provence. On les a étendues
aux foulards écrus, aux fers introduits pour être galva-
nisés, aux matériaux nécessaires pour construire des ba-
teaux et chaudières en fer, au riz apporté pour la mouture, aux huiles de graines grasses et aux huiles d'olive
à épurer, aux racines de garance, au tartre brut, aux
graines de colza, de sésame et de lin à convertir en
huile, aux gommes du Sénégal, au liége brut, aux planches pour la confection des caisses, aux futailles vides,
au zinc brut et en saumons, à l'iode, aux chapeaux de
paille, aux cylindres en cuivre brut destinés à être gra-
vés, au plomb, à l'étain, aux fontes brutes, à la potasse,
au carbonate de potasse, au suif brut, aux châles de
crêpe de Chine unis, à tous les matériaux nécessaires à
la construction des bâtiments de mer (1), et, tout récemment, aux chanvres bruts, teillés ou en étoupe (2). On
a semblé, en les développant de la sorte, y chercher une
transaction entre les excès du régime protecteur et le
système économique plus libéral qui a toujours été dans
les tendances de l'administration française.

Nous n'en méconnaissons pas l'utilité. Nous pensons
même qu'on serait amené, si notre système de douanes ne
se détendait pas, à leur donner plus d'extension. Mais
c'est encore là un palliatif qui ne saurait tenir lieu d'une
réforme générale. D'ailleurs, l'admission temporaire

(1) Cette dernière disposition, que le décret du 17 octobre 1855 avait au-
torisée pour trois ans, a cessé d'avoir son effet.
(2) Décret du 27 octobre 1858.

n'est fort souvent qu'un mensonge commercial consacré
par l'Administration. La marchandise étrangère qu'on a
importée est livrée à la consommation intérieure, et
l'on exporte, en échange, un produit français qui profite
de l'exemption des droits de sortie, comme la denrée
étrangère a été affranchie du paiement des taxes d'entrée. Dans certains cas, il n'y a pas seulement lésion
pour le Trésor; il se produit un désordre administratif
regrettable et une concurrence déloyale entre les représentants de diverses industries. Sans s'exagérer la
portée de ces faits, on doit ne pas se dissimuler qu'ils
constituent un état de choses peu régulier, et nous esti-
mons qu'il conviendra, si l'on remanie le tarif d'entrée,
de faire disparaître les admissions temporaires ou, du
moins, de n'en plus conserver que quelques rares applications.

VI.

Pour nous résumer en peu de mots, nous dirons que
le système protecteur a perdu, en se généralisant, son
véritable caractère. Le jour où l'on a voulu tout protéger, on a élevé pour tous le niveau des prix de revient
et balancé des sacrifices plutôt que des profits. Les
prohibitions, les taxes de 80, 100, 150 p. 100, les
restrictions adoptées à l'égard des denrées alimentaires, n'ont rien de commun avec la protection limitée
qu'avait organisée Colbert. Sans doute elles ne nous ont
pas empêchés de participer aux merveilleux progrès de
l'industrie moderne : la France, assez féconde en ressources pour sortir triomphante des commotions politiques
les plus périlleuses, a supporté les rigueurs de tarifs,
comme elle s'était pliée au frein des anciens règlements
de fabrication. Mais le moment de changer de route

nous paraît venu. De l'aveu des défenseurs les plus habiles du régime de douanes de la Restauration, il augmente la cherté des objets consommables ; il crée ainsi
une cause permanente de mécontentements et resserre
notre mouvement commercial (1), car, pour vendre et
acheter beaucoup au dehors, on doit aujourd'hui produire à bas prix. D'un autre côté, il impose au Gouvernement une situation difficile : appelé à concilier les
prétentions opposées des diverses catégories de travailleurs, il voit fort souvent remonter jusqu'à lui la res-
ponsabilité des accidents industriels les plus indépendants
de son action. D'ailleurs, *tout ce qui est dans la nécessité
des temps doit s'accomplir* (2). Or les peuples ne se rapprochent pas uniquement pour des satisfactions intellec-
tuelles. Sans vouloir confondre leurs intérêts, ils demandent, du moins, à multiplier leurs échanges, et cette
partie de leurs aspirations contribuera plus sûrement
que la propagande de quelques hommes réunis en
congrès à faire prévaloir un jour l'influence morale
contre la force matérielle. La France, placée si haut
parmi les nations, ne saurait vouloir s'isoler par son attitude d'un courant d'idées dont ses écrivains ont principalement l'honneur. Nous comprendrions cependant
qu'elle hésitât si elle devait, pour abandonner à son
tour d'anciens errements, affronter les hasards d'une
liberté de commerce absolue. Il pourrait en résulter, en
effet, des perturbations fâcheuses pour le présent et
compromettantes pour l'avenir. Mais il ne s'agit pas de

---

(1) Comme nous l'avons exposé au chapitre XVII, il s'est considérablement
développé depuis quelques années. Mais il n'est pas encore en rapport avec
le chiffre de notre population et la richesse de notre territoire.

(2) Paroles prononcées par le Président de la République lors de la dis-
tribution des récompenses aux exposants de Londres.

substituer les excès de la concurrence illimitée aux excès de la protection. Nous ne comprenons, nous ne désirons surtout, qu'une réforme modérée. L'issue des expositions de Londres et de Paris, le tableau de nos exportations, le succès complet des mesures partielles émanées de l'initiative du Gouvernement impérial, démontrent qu'elle peut s'accomplir sans danger pour les industries qui la repoussent, et nous la croyons commandée à notre pays tout autant par l'intérêt de sa position dans le monde que par les nécessités pressantes de ses consommations intérieures.

FIN.

TABLE DES MATIÈRES.

DEUXIÈME PARTIE.
CONCLUSIONS.

Bordeaux, imp. Delmas, rue Ste-Catherine, 139.

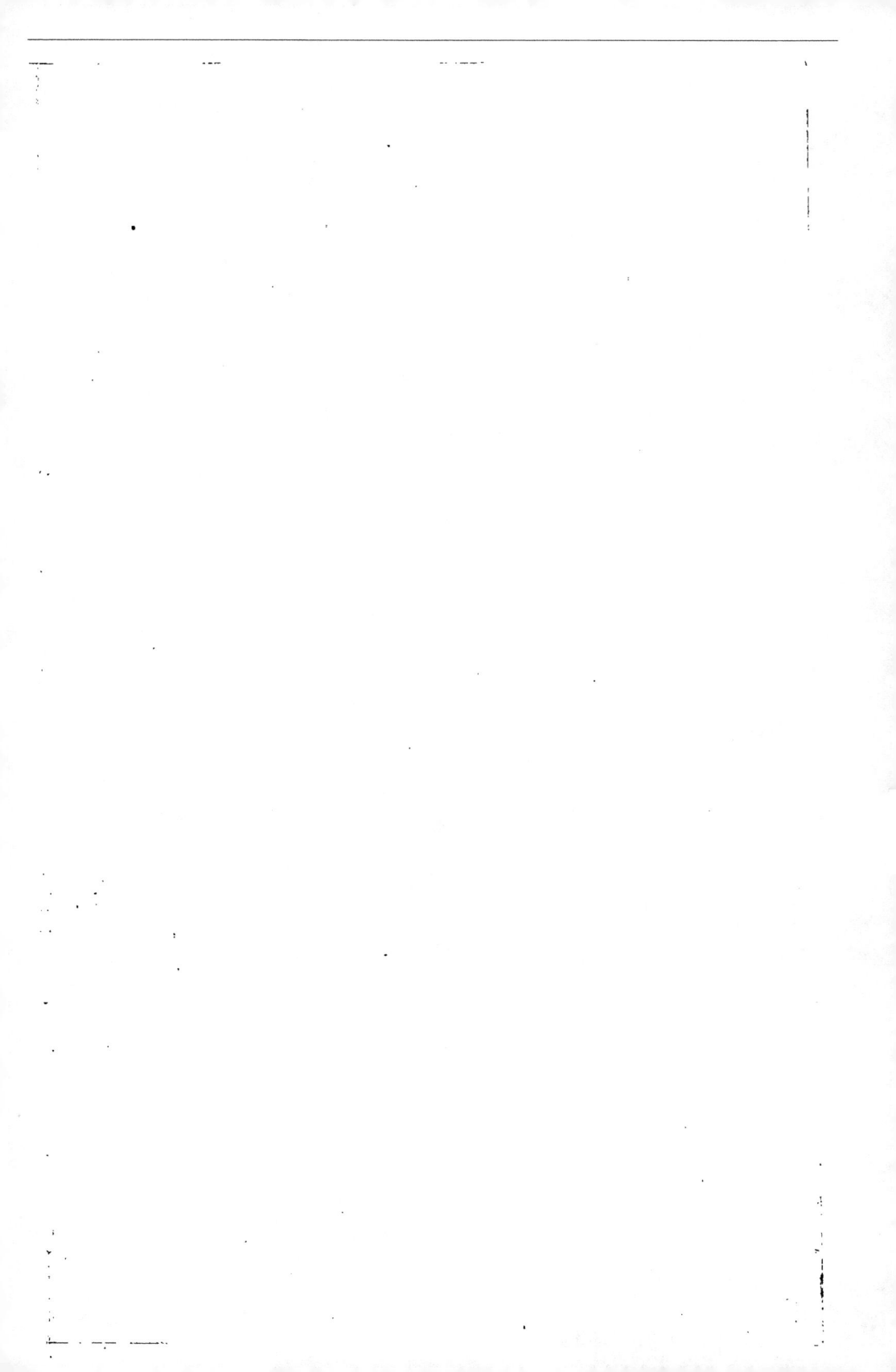

www.ingramcontent.com/pod-product-compliance
Lightning Source LLC
Chambersburg PA
CBHW060529220326
41599CB00022B/3473